CON EL RIFLE AL HOMBRO

COLECCIÓN CUBA Y SUS JUECES

EDICIONES UNIVERSAL, Miami, Florida, 2009

HORACIO FERRER

CON EL RIFLE AL HOMBRO

Copyright © 2009 by Herederos de Horacio Ferrer

Primera edición, 1950
Imprenta «El Siglo XX», La Habana, Cuba

Reedición facsimilar 2009

EDICIONES UNIVERSAL
P.O. Box 450353 (Shenandoah Station)
Miami, FL 33245-0353. USA
Tel: (305) 642-3234 Fax: (305) 642-7978
e-mail: ediciones@ediciones.com
http://www.ediciones.com

ISBN-10: 1-59388-154-1
ISBN-13: 978-1-59388-154-2

HORACIO FERRER

Comandante del Ejército Libertador y Coronel Médico Retirado
del Ejército Nacional

CON EL RIFLE AL HOMBRO

PROLOGO

por

MIGUEL ANGEL CARBONELL

Presidente de la Academia Nacional
de Artes y Letras

LA HABANA
IMPRENTA "EL SIGLO XX"
MUÑIZ HNOS. Y CIA.
BRASIL 153-157
1950

*A la venerada memoria
de mis padres:*

*Benito José Ferrer y Toledo
Dolores Díaz y Gálvez*

INDICE

PÁGS.

Dedicatoria V
Indice VII
Prólogo IX

Primera Parte
RECUERDOS DE LA GUERRA DE INDEPENDENCIA

Dos Palabras.. 1
Por qué me fuí a la guerra..................................... 9
De conspirador a mambí.. 16
Bautizo de fuego.. 21
Ceja de Tana.. 24
En la caverna de Polifemo..................................... 27
Ataque a La Zanja... 34
Con el general Suárez... 39
En el pórtico de la muerte.................................... 44
La vela encendida... 48
Cinco días en un bote... 52
Expedicionario del "Laurada".................................. 61
A orillas del Cauto... 70
Toma de Victoria de las Tunas................................. 78
Asalto a "El Guamo"... 92
Protegiendo expediciones..................................... 101
Cruce de la Trocha de Júcaro a Morón......................... 107
Remembranzas de la vida en campaña:
    De madrugada... 114
    ¡Sic transit gloria mundi!............................... 115
    Los dos espectros.. 116
    Palo Prieto.. 117
    Hijos de auras y monos................................... 118
    Rasgo de astucia... 119
    ¡Yo que le tiré con consideración!....................... 120
    El buey de Manaca.. 121
    Sabroso majá... 123
    Juan Enrique Sanz.. 124
    El día del armisticio.................................... 126
¡La Paz!... 128
"In memoriam".. 144
Homenaje a la Sanidad Militar del Ejército Libertador de Cuba... 156

Segunda Parte

LAS REVOLUCIONES EN LA REPUBLICA

La revolución contra Estrada Palma	175
Alzamiento racista en 1912	210
La revolución liberal de 1917:	
Elecciones generales	215
La rebelión en marcha	220
Reconquista de Camagüey	226
La guerra en su apogeo	234
La Revolución en Oriente	236
Combate decisivo	239

Tercera Parte

ACTUANDO CONTRA MACHADO Y CONTRA LOS SEPTEMBRISTAS

Machado, Presidente de la República	251
En el pináculo del poder	254
Hacia el abismo	259
Mi actuación conciliadora: la conferencia de "El Dique"	267
Guerra sin cuartel	279
La conjura	294
La Mediación	312
El Golpe de Estado	320
En la Secretaría de la Guerra y Marina	338
El 4 de Septiembre	349
Días de tormentos: resolución	357
El "Hotel Nacional"	370
Actuando contra los septembristas	375
Ataque y defensa del "Hotel Nacional"	388

PROLOGO

El doctor y coronel Horacio Ferrer, revolucionario de los que honran y enaltecen el significado de esta palabra, deformado circunstancialmente por el gansterismo disfrazado de militancia política y por prestidigitadores del erario público, ha recogido en estas páginas sucedidos de nuestras luchas emancipadoras, vistos desde su personal actuación; y aspectos de nuestras discordias intestinas en que le tocara actuar como militar, con absoluta prescindencia de pasiones sectarias.

Si se buscara en el estudio de los blasones del autor de este libro aquel que le caracterice, el del desinterés saltaría de inmediato a nuestros ojos. Ferrer, que sufrió de niño la orfandad al ser asesinado su padre, médico altruísta; que vió en el semblante de su madre la huella del martirio; que se forjó en el estudio mientras se cavaba el pan; que unido a su hermano Virgilio conspiró en La Habana, en las aulas universitarias, fiel al mandato maternal: "ustedes tienen dos madres; pero la más necesitada es Cuba"; que, guerrero, culminó el heroísmo; militar, se ajustó a la ley; médico, hace de la ciencia sacerdocio; y ciudadano, honra la civilidad, es compendio de cuanto de noble, valeroso y puro encierra la endeble naturaleza humana.

Del hogar, enlutado por la furia enemiga, recibe Ferrer la inicial proyección de patria, la primera lección de separatismo. A la forja revolucionaria no vendrá él por acción refleja de la propaganda pública o secreta; sino como manifestación vital del ancestro. Ha creado la convicción antes de conocer el dogma. Los apóstoles del separatismo no tendrán que influir en su posición: echarán, cuando más, nuevo combustible a la hoguera. A la escuela de dolor, que es su niñez, seguirá una adolescencia razonadora que, al ahondar su vida interior, descubrirá una ruta; y, al palpar la exterior, comprenderá que el mundo es más promisor para quien más ensaya conocer su arcano, y apurará ciencias y letras en afán sostenido de conocer, de ser más para mejor servir el ideal que le llevará a ser soldado de su patria irredenta.

De Matanzas, viene a La Habana, ya graduado de Bachiller, en 1893, con el ánimo de comenzar la carrera de Medicina. Trabaja como dependiente en la farmacia *La Occidental,* del doctor Anselmo Castells. Ganará el sustento y pagará las matrículas. Pero como todo en la vida, aun lo más amargo, tiene por contraste su compensación, este trabajo inferior será para él vía hacia la independencia. En la farmacia intimará con Marcos Aguirre, como él dependiente y estudiante, que parece enterado de la conspiración dirigida por Martí en los Estados Unidos, y de que es en La Habana delegado Juan Gualberto Gómez. Le entusiasma el saberse ya en oportunidad de colaborar al empeño que juzgaba ensueño de su personal sentir, en momentos en que no habían llegado hasta él manifestaciones de rebeldía. La Universidad servirá a Ferrer como templo de saber y ágora en que propagar, con fe de convencido, el ideal que siente arraigado a su ser con raíces indestructibles. En las horas de receso, su conversación será toda de patria. Él, su hermano Virgilio, Marcos Aguirre, Ramón Campuzano y Francisco Fabre, van llevando por contagio a los demás compañeros la fiebre separatista. Se exaltarán con la prosa de Sanguily. Gozarán con la prédica apostólica de Juan Gualberto Gómez. Leerán con fervor a Enrique Collazo y a Manuel de la Cruz. Sabrán, más tarde, de la propaganda afanosa, por traer a Cuba la guerra necesaria, de los emigrados dispersos por el mundo que la mano evangélica de Martí va juntando para la lucha. Se oirá recitar a Ferrer, en el grupo de fieles, los versos ardorosos de Heredia, de Santacilia o de Teurbe Tolón, las estancias bélicas de *El Hijo del Damují,* o las décimas emocionadas de Roa. Así, entre fulgores de entusiasmo y caídas circunstanciales, cuando la impaciencia de los años crece y la aurora del separatismo no hace luz en las entrañas de la noche colonial, llega el año de 1895. El fracaso de Fernandina ha cerrado las postrimerías de 1894. Pero, con el amanecer del nuevo año, se sabe que Martí no ha caído en mortal abatimiento; sino que, sacando recursos insuperables de la potencialidad de su espíritu, ha autorizado a Juan Gualberto Gómez, defiriendo a sugestiones de éste, para que disponga el levantamiento en la segunda quincena de febrero. Marcos Aguirre ha traído la noticia, que acaba de conocer de labios de un confidente. Pero, con el alegrón, desaparece el confidente. Ferrer pierde el único nexo que tenía con la conspiración; mas como no era él de los que necesitaban ser influídos de separatismo, al comenzar la guerra parte hacia Camagüey, por donde tenía posibilidades de llegar al campamento de Máximo Gómez, desembarcado en Playitas, en abril, en compañía de Martí. El 5 de julio, sale de La Habana con su hermano Virgilio y con Ignacio Díaz López, a bordo del lanchón *Tínima,* dedicado al transporte de ganado; y con algunas literas para pasaje. En otro lanchón, el *San Fernando,* remolcados ambos por el *Humberto Rodríguez,* iba Néstor Aranguren. El día 7 llegaba a Nuevitas. Y en un tren, cargado de tropas españolas, salió para Camagüey. Ya instalado con sus compañeros en el hotel *Gran Oriente,* avisó a su amigo José Molina Torres, quien dividió pronto el grupo entre las casas de los comprometidos a llevarlos al monte. Vestidos de guajiros y con zapatos de charol, poco avisados fueron los agentes de España al no descubrirlos. El práctico encargado de conducir a Ferrer era Manuel Carmenate, luego acaudalado ganadero. Trece leguas a caballo, y acampaba en San José de Najasa, a las órdenes del Prefecto Ramiro Ronquillo, quien lo incorporó a una pequeña partida, mandada por el capitán Oliva, que iba precisamente en busca del general Máximo Gómez, en aquellos momentos en el camino de Guáimaro para sorprender un convoy. Ya en el campamento de Gómez, abrazó a su hermano y a Ignacio, llegados dos días antes. Fué la de Salvador Cisneros, marqués de Santa Lucía, la primera mano prócer que estrechaba su diestra de adolescente. Y el 22 de julio se cumplía el ensueño de su juventud: estrechaba la de Máximo Gómez y quedaba incorporado a su escolta. Pronto formaba parte de la infantería Gómez, mandada por el capitán Raúl Arango, como sargento de sanidad; y su hermano Virgilio como teniente. El primer encuentro, en *Limones,* no era el más a propósito para acrecentar el entusiasmo separatista en quien no tuviese muy en lo hondo la veta. Atacaron un convoy conducido de Puerto Príncipe a Sibanicú, Cascorro y Guáimaro. Protegían el convoy mil quinientos hombres, a las órdenes del coronel Rafael Ibáñez Aldecoa. Hostilizar a aquella columna una partida mal armada, da la medida de la temeridad del insurrecto. Ferrer iba al combate con un revólver desarticulado, al que era necesario sujetar la masa para disparar. Arango, buen tirador, fantasiaba asegurando, a cada disparo, derribar a un enemigo. Pero la realidad, es la que pinta Ferrer en la escapada milagrosa, agotado el parque y descentralizada la partida; en las treinta horas sin comer, en los cinco compañeros horriblemente mutilados. Pero no dejaron de hostilizar la columna aquellos pocos cubanos. Vivaquearon en *La Antorcha,* para interceptar de nuevo el convoy, emboscados en *Ceja de Tana.* Tres días después, llegaban al Cuartel General, en *San José de Guaicanamar.* El capitán Arango, al dar cuenta de la operación, informó que los hermanos Ferrer habían acudido al combate armados con malos revólveres. El coronel Sánchez Agramonte los felicitó y los condujo a presencia del General en Jefe, que se levantó de su asiento y les dió la mano en que tantas veces vibró el acero curvo y corto en los combates por la libertad. Horacio Ferrer sentía sus diez y nueve años sacudidos por la emoción en aquel apretón de manos del viejo glorioso de *Palo Seco.*

Pero las revoluciones tienen sus grandes reveses. Tornan, a veces, en terribles pesadillas los ensueños generosos. No todo era andar al lado de Gómez, sintiendo el goce del sufrimiento bajo el palio de su gloria. Su condición de sargento de Sanidad arrojaba sobre Ferrer obligaciones que no eran las de las cargas, la emboscada o la sorpresa en el combate. Tal cuando en *Manicaragua* tiene que asistir al ex-bandolero Juan Muñoz, para quien la revolución había sido Jordán depurador. Nunca corrió peligros mayores que al lado de este hombre, que tuvo la audacia de acampar entre sus propios enemigos. Oía él las voces de los españoles, mientras Muñoz alardeaba de su osadía y hacía preparativos para una resistencia ilusoria.

Votada ya la constitución en Jimaguayú y elegido el consejo de gobierno, tomó parte Ferrer en el desventurado ataque de *La Zanja,* en la costa sur de Camagüey. Ordenó este ataque el Presidente Cisneros, y tomaron parte en él dos mil hombres, a las órdenes de los generales Mayía Rodríguez, Jesús Rabí, José Manuel Capote y Manuel Suárez. Interfería el Presidente Cisneros la jurisdicción del General en Jefe, que no ocultó su inconformidad. Comenzaban los primeros resquemores entre los poderes civil y militar. Ferrer veía asomar la simiente de las funestas divisiones que llevaran la guerra iniciada por Céspedes a la sima del Zanjón. A las órdenes del general Avelino Rosas, asistió al imprevisor asalto al fuerte de *Bagá,* situado en el puerto de Nuevitas, el 13 de agosto de 1896, recibiendo una herida de bala que le destrozó el maxilar inferior. La narración, sencilla y conmovedora, que hace él de este sucedido, patentiza su resignación heroica. El trapo mugriento, con sebo de res, que le había servido para limpiar el rifle, lo utilizó Ferrer de tapón para contener la hemorragia, formando un gran hematoma. Se improvisó una camilla y lo llevaron en ella, trece leguas, generosos soldados, por caminos espantables, arroyos y pantanos, hasta llegar al mal llamado *Hospital de México.* No podía hablar ni tragar. La inflamación de la cara y del cuello eran deformantes. Allí lo atendieron, supliendo la ciencia con la ternura, las señoras Concha de la Peña viuda de Zayas y Luz Cardona de Miró. Doña Concha y su hija Fara, casada luego con el coronel José Clemente Vivanco, le atendieron solícitamente; pero no podían brindarle lo que no tenían. Se debatió largos días entre la vida y la muerte. El heroísmo del cubano no estaba sólo en el combate desigual, en aquel luchar con las armas mismas arrebatadas al enemigo. Estaba, también, en aceptar sin una queja el destino fatal que le esperaba, herido o enfermo, desprovisto el Ejército Libertador de lo más rudimentario, sin hospitales y casi sin médicos. Necesitado de una operación para extraerle el proyectil, operación que no era posible hacerle en la manigua, al fin, el 2 de octubre, el Gobierno de la República en armas le autorizó a salir para el exterior. Acompañado de su hermano, algunos amigos y dos prácticos, enviados por el gobierno, marchó a caballo, hacia la costa norte, once leguas, y durmió en un rancho vacío, sin más alimento que un poco de leche. El día 4 llegaba a la hacienda *La República*, de Manuel Cazares, jefe de comunicaciones de la zona norte. Allí se unió al teniente coronel Fernando Méndez. Once leguas más de ruda galopada, y el día 8 acampaba en la casa del coronel Calixto Agüero, veterano del 68, que prestaba servicios como comunicante. El Gobierno había autorizado sólo simbólicamente la salida de Ferrer; porque no existía barco. La sagacidad del cubano pronto alumbraría rumbo para proporcionárselo. El ciudadano Valbuena y el coronel Agüero, sabedores que de Manatí había salido un balandro hacia Gibara, tripulado por cuatro españoles, partieron a su encuentro en una canoa, y en el estrecho puerto, lo capturaron. Fueron respetadas las vidas de los tripulantes, aunque se les internó, mientras el balandro era ocultado en Sabanalamar. Llamábase el balandro *La joven Amalia,* y fué bautizado por los rebeldes con el nombre de *Hatuey.* No embarcó Ferrer inmediatamente, porque el tiempo estaba aciclonado. Al fin, el trece, salió de Dumañuecos. Ya en Mono Ciego, pequeño arenal a lo largo del canal que conduce a Manatí, ocupado y vigilado por el enemigo, pasó una noche tormentosa, en lucha con los mosquitos y jejenes. Para librar al herido de la plaga, fué necesario enterrarlo en la arena, dejándole sólo descubiertas la nariz y la boca, aunque abroqueladas con una rama. Hacía más desesperante su situación el cuerpo hinchado, a causa de haber cruzado por bosques cubiertos de guao. Este había hecho presa de Ferrer al extremo de que la inflamación de los párpados no le permitía ver. Pasó el 14 y el 15 desesperado. El 16, hambriento, se trasladó a *Las Minas.* Entretanto, los españoles buscaban afanosamente el balandro en los manglares de Sabanalamar. La lancha cañonera *La Golondrina,* era la perseguidora. El astuto Valbuena formó una gran fogata e hizo creer a los moradores de la comarca que había quemado el balandro. Pronto llegó la versión a conocimiento de los españoles. Y cesó la afanosa búsqueda. El 20, al amanecer, estaba Ferrer de nuevo en Mono Ciego, en inquietante espera del balandro.

Tendía la mirada por el bosque en melancólico adiós, o la clavaba en el blanco arenal, tocado por la espuma, sobre la que veía más que las reverberaciones solares, el gris de su vida interior, clavada en la cruz de dolorosas interrogaciones. Era la lucha entre una necesidad de irse y un no querer irse. Y así pasaron por su imaginación, en cinta calidoscópica, la caída trágica del padre, el dolor de la madre distante, su ensueño libertador frustrado. Y en el momento de abandonarla, la dura tierra le pareció más amable que nunca, pese a los dolores físicos. Cuanto había en él de sensibilidad no se iba tras la sabana del mar; sino en dilatada perspectiva a la montaña. Pronto se refugió en la esperanza. El volvería a la indómita selva, regazo del honor cubano, a arrostrar nuevos peligros, a ofrendar la vida en el combate, a enfrentarse con la epidemia y con el hambre. No había sido estéril el primer ensayo. Comprobó que aquella su inquietud espiritual de la adolescencia, que le impulsaba hacia una entidad humana en todo y por todo distinta a aquella torva, con marcado sentido de animalidad que la colonia le ofrecía, no era una utopia: que sumaban legión los hombres galvanizados por su propia inquietud; que Cuba contaba con magníficas reservas de dignidad, materia prima forjadora de pueblos.

A las diez de la noche salía Ferrer por la boca del puerto, burlando al enemigo. El 21, pasó el Canal de Bahamas, sin encuentros que hubieran sido mortales. El 22, una tromba marina puso en peligro la embarcación. El 25, llegaba a Nassau. Los nueve cubanos allí residentes, con el doctor Salas a la cabeza, le facilitaron cuanto su pobreza podía ofrecerles. El 27, salía en el vapor *Niágara* para New York. Y el 31 arribaba a la gran Metrópolis. Operado con éxito feliz, la bala enemiga le dejó en el rostro una condecoración de gloria.

Si valeroso fué Ferrer en sus diez y nueve años, buscando en el *Tínima* la ruta separatista para incorporarse a sus mantenedores, en grado mayor lo fué cuando, curado en tierra extranjera de la herida recibida en el combate de *Bagá,* que lo convirtió en mártir durante largos días en los hospitales desiertos de la manigua, decidió volver a ella. Con el general Carlos Roloff embarca en el *Laurada.* Al divisarse la costa de Cuba, Roloff le llama, y al tiempo de entregarle un rifle, le dice: "Yo quiero que usted sea el primero en desembarcar. Intérnese hasta lograr contacto con fuerzas cubanas. Escoja un compañero para esta operación". La encomienda no era grata. Pero Ferrer, forjado en la escuela de que el militar no discute órdenes, obedece. Y en la noche del 20 de noviembre, a la luz del faro de *Lucrecia,* desembarca en Banes, con Guillermo Valls por compañero. Destroza los zapatos en la marcha afanosa por caminos ásperos. Y el amanecer le sorprende sin encontrar humanidad alguna. Divisa en la cercanía un molino. Como buen mambí, se da cuenta, por ello, de que está en zona enemiga. Deja a Valls la documentación, con orden de desaparecerla con la vida antes que entregarla, y avanza en busca de orientación. Aparece de pronto un jinete, que huye despavorido al divisarlo. Se detiene ante el imperativo de su rifle. Es cubano, y lo acompaña a la prefectura de Jagüey, a legua y media de Banes. En seguida, cien hombres, que se elevan en la tarde a cuatrocientos, favorecen el alijo. Cuando se presenta al general Roloff, éste le felicita llamándole por un grado superior, el de capitán. Había ganado su mejor ascenso, según su propia expresión, y ofrendado a la República el mayor servicio entre cuantos había prestado y prestase.

Pronto entraría en un escenario de muerte: la zona del Cauto. Allí, a las órdenes del teniente coronel Carlos García Vélez, el hoy glorioso general, reliquia escapada a los naufragios de la independencia, a quien la República, en perenne forja de homenajes a tanto vivo culpable, le debe el de la gratitud nacional reconocida a su heroísmo de fundador, a su talento de diplomático y a sus acendradas virtudes de humanista, pudo Ferrer constatar la resistencia nativa. El hambre, las enfermedades y las plagas de insectos, rivalizaban en atacarle. Las mujeres sufrían, a veces sin un lienzo con que cubrirse, ocultas en los ranchos; pero multiplicándose en el servicio. El teniente coronel García Vélez, que con una mina voló el cañonero *Relámpago* cuando rendía su periplo hacia Cauto el Embarcadero, cerrando a España la vía fluvial, puso a Ferrer al frente de un pequeño destacamento, cuyo objetivo era evitar que el enemigo reanudase la navegación por el río. Con el alférez Valls y un práctico, atravesó Ferrer aquel paraje cenagoso, se extravió, a pesar del práctico, en la Ciénaga de Virama, cruzó a nado arroyos crecidos, y anduvo veinte leguas, sin alimento, para acampar, caída la noche, en un bohío abandonado, en las márgenes del Cauto. "La zona a que había sido destinado —narra Ferrer— ofrecía un aspecto completamente primitivo. Era algo así como una larga lengua de tierra que se extendía desde el Guamo, por el este, a la albufera de Virama, por el norte. En toda la larga extensión de terreno, que sumaba algunos centenares de caballerías de tierras muy pobres, sabanas y ciénagas, había solamente dos casas: la del Subprefecto Moreno, que habitaba en el extremo oeste, en *Remate,* y la de Reyes, hacia el centro. Un sólo trillo llevaba de uno a otro extremo de la península a través de la sabana, y algunos otros laterales permitían llegar al río. Tenía aquel territorio peculiaridades que lo distinguían de cualquier otro lugar de la Isla. Cuando se entraba en él por la finca *La Punta* la entrada principal, llamaban en seguida la atención unos emparrillados montados sobre largos horcones, y algunas varas cruzadas a manera de escalas. Estos entarimados, distribuídos sin orden ni concierto por el potrero, junto al monte, eran las camas de los pobres mambises que tenían que pernoctar en aquel lugar. Era imposible dormir en el suelo ni en hamacas, porque la plaga —como decía la gente— atormentaba de tal modo que no se podía conciliar el sueño, y los guajiros, habiendo observado que algunos insectos volaban sólo a poca altura del suelo, idearon aquella empalizada para dormir a cinco o seis metros de altura, donde se libraban de las picaduras de muchos de ellos".

Los que no alcanzaban entarimados, tenían que dormir en medio de grandes fogatas. A veces las exploraciones se hacían en la sabana de *La Punta,* no en previsión de enemigo; sino para rehuir las nubes de mosquitos, llamados alazanes por su color, que cubrían al jinete y al caballo y que a veces cegaban a éste impidiéndole la marcha. En ese ambiente tenía que actuar Horacio Ferrer.

En Victoria de las Tunas, formó parte de los ochenta y cinco hombres que, al mando del teniente coronel Calixto Enamorado, iniciaron el asalto al Cuartel de Caballería, frente a la granizada de balas que los fusilaban. Cae muerto a su lado el capitán Oro. Y cuando, herido el general Mario G. Menocal, que va en auxilio de ellos, le sustituye el teniente coronel García Vélez, se ofrece a éste —ya tomada la fortaleza— para llevar un parte al mayor general Calixto García, en demanda de un cañón de dinamita. Atraviesa desde el cuartel de Caballería hasta la trinchera de la casa del Cura, donde estaba Calixto García con Rabí, Capote y Salcedo. Fué, hasta el arroyo, bajo los tiros del fuerte *Concepción,* y desde este último lugar hasta la tienda de campaña del jefe cubano, le hizo fuego también el número once. Cumplida su misión, sufrió al retorno nueva tenaz cacería. Capitán ayudante del *Regimiento Vega,* de la brigada de las Tunas, Horacio Ferrer experimentó la íntima satisfacción de haber contribuído denodadamente a que su brigada fuese citada en la orden del día.

Al lado del teniente coronel García Vélez luchó en el desventurado y sangriento asalto de *El Guamo,* que costó a los insurrectos setenta y tres bajas.

Con el general Menocal cruzó la trocha de Júcaro a Morón. Antes había peleado con el general Vega en las fincas *El Faro y Palo Prieto,* donde una granada estalló casi sobre su cabeza; y protegido el alijo de la expedición de *Palancón,* realizando una marcha de doce leguas desde la finca *Nóbrega* hasta Antón, con una infantería harapienta y con el fango a la rodilla; marcha amargada por los que en el camino quedaron, perdidas las fuerzas, aniquilados por la enfermedad. Participó asimismo con el general Carlos González Clavel en los fuegos de emboscadas de *Los Puercos, Humilladero* y *Los Chinos,* y en aquella galopada de diez y ocho leguas al mismo *Palancón;* pero partiendo del potrero *San Luis,* para favorecer nuevo alijo, bajo una lluvia tenaz que se prolongó durante varios días.

El mérito de este libro del coronel Horacio Ferrer está en que revela la abnegación de que estuvo investido el cubano en todo momento en su ansia de conquistar una patria libre. No luce su mayor relieve en la descripción de las batallas en que el Ejército Libertador triunfó; sino en aquellas fugas bajo la cacería enemiga; en aquel hostilizar diez hombres a quinientos; en burlar en bote la Marina española; en la muda imploración de auxilio del sargento Guevara, muerto en el desastre de *El Guamo,* destrozado totalmente el maxilar inferior; en los puestos de prácticos, acechados por las guerrillas que les darán muerte; en la horrible mutilación de Rafael Izquierdo; en la muerte a bayonetazos y atado a un árbol de Luis Clarete y Fuentes, por orden del satánico coronel Landa; en el holocausto de Angel la Guardia; en el martirio de Juan Enrique Sanz; en la proclividad a la inmolación de Secundino Alfonso; en aquellos que morían, entre ayes atormentadores, sin que sus compañeros pudieran rescatarlos; en los que deliraban, abrasados por la fiebre, en barracas de guano, sobre "tarimas hechas con estacas, cujes y yerba de guinea". Está en aquellos soldados alimentados con caguazos de caña o con majá, que dormían sobre el suelo, mojados de pies a cabeza; en aquellos miles de hombres sin armas, devorados por la viruela, el tifus o el paludismo, atormentados por el dolor de heridas que no se podían atender a tono con lo preceptuado por la ciencia, ocultos en cañaverales o en ciénagas, esperando la muerte por aniquilamiento o por un enemigo implacable, que no daba cuartel. Ferrer narra estas viacrucis con la sencillez del que copia del natural. El conoce por experiencia esas rutas de martirio. Dígalo si no aquella salida suya de Dumañuecos con una bala alojada en el maxilar, con la herida inflamada, agudo el dolor, cruzando caminos intransitables y estrechas veredas obstaculizadas por el guao de costa, más terrible que la persecución tenaz del enemigo.

Hay en este libro observaciones que patentizan el espíritu de sacrificio del Ejército Libertador. "Se carecía de tal modo de municiones —dice— que muy frecuentemente había que recoger entre todos los hombres de una fuerza las cápsulas que tuvieran para entregárselas a los que se ponían de guardia, quedando el resto en el centro del campamento, incapacitado para la pelea". Y cuando refiere el estado de miseria del insurrecto, sobre todo en 1898, desaparecido el ganado, extinguidos los predios de labranza, casi sin jutías, infructuosos y sangrientos los asaltos a las zonas de cultivos españoles, en busca de viandas o de reses, amarradas de noche junto a los fuertes, mueve a admiración este resumen: —"Hubo que recurrir a los corojales, para comer sus semillas, y abrir sus troncos para chupar sus tripas". Evocando las fuerzas de Tunas, en marcha, dice de aquella valiente infantería: —"Los más de aquellos hombres iban descalzos y todos harapientos, muy mal alimentados y sufriendo enfermedades, con el fango a las rodillas, pues la prolongada estación de las aguas había dejado los caminos sin fondo, y a los mismos que compartíamos con ellos aquella marcha nos admiraba tanta abnegación. Muchos quedaron tirados por los caminos en espera de recuperar fuerzas para seguir; pero los más llegaron junto con nuestra pequeña caballería". Tal el espíritu, la fortaleza de los hombres que hicieron la independencia. Con razón pudo escribir José Martí: "el que puso un pie en la guerra o el que armó un cubano de su bolsa, lleva un sello en el rostro que ni su propia ignominia podrá borrar luego".

Abundan síntesis de juicios que aclaran hechos hasta ahora no fijados por el historiador. "El Gobierno y Gómez se enredan en luchas bizantinas"; "Gómez cruza la trocha de Júcaro a Morón indignado con el general Suárez, que es conminado a que se le incorpore". "Viene irritadísimo y diciendo cosas muy duras del Gobierno y del jefe de Camagüey, —afirman comisionados que le vieron". "En Antón fusiló a dos hombres, y en Consuegra al capitán Joaquín González, y está tan mal humorado que las escenas de insultos y planazos son diarias". "Se reciben comisiones anunciando que Gómez tiene cercado en Saratoga al general Jiménez Castellanos; pero Suárez, a una hora de marcha de aquel lugar, tuerce el rumbo y se mete en Cacaotal. Esto produjo fuerte indignación en la oficialidad". "Se movió con nosotros por *Los estropajos, Najasa* y otros lugares, lamentablemente, hablando mal del Consejo de Gobierno", —dice de Gómez.

Destaca Ferrer, por un rasgo, el carácter del General en Jefe. Había hostilizado durante cinco días un convoy, que salió de San Miguel en dirección de Guáimaro. Agotado el parque, se retiró a la finca *Oriente*. Magnífica la casa de vivienda, pocos se explicaban que Gómez rehusase ocuparla y acampase en "un guamajal, a orillas del monte, situado a unos dos kilómetros de la casa, unido por estrecha vereda a la finca *México*, circunstancia que él conocía bien desde la guerra de los diez años". Cercano tiroteo denunció pronto la presencia del enemigo. Era el jefe español, que después de dejar el convoy en Guáimaro, había salido tras el rastro insurrecto, creyendo copar al General en la casa de vivienda de *Oriente*. Y mientras lanzaba fiera acometida, sobre la fuerza cubana que cubría el rastro, Gómez, cauteloso, emprendió retirada hacia la finca *México*.

Un dato que importa destacar, porque es raíz de muchos males de la República. Ya firmada la paz, en los festejos que celebró Jovellanos por la entrada de la Tercera Brigada del Quinto Cuerpo del Ejército Libertador, de que era jefe el brigadier Clemente Gómez, y

Ferrer jefe de Estado Mayor, apunta éste en su diario: "Cuatro días duraron los festejos con el mayor regocijo, y sin que hubiera que lamentar ningún incidente con los guerrilleros que, acobardados y temerosos de venganzas, agitaban también banderas cubanas". Era el caballo de Troya, favorecido por los norteamericanos, más preocupados del orden que de la justicia, que se nos entraba ya en las filas libertadoras, con "la mano de la Colonia y el guante de la República", de que hablara Martí, para usurpar el triunfo y envenenar la República en sus cimientos.

El primer capítulo de este trastorno fundamental de la vida cubana, habíalo escrito el general Shafter en la entrada de Santiago de Cuba, al respetar y hacer respetar a guerrilleros y voluntarios, en cumplimiento de la disociadora política expansionista del Presidente McKinley, mientras el mayor general Calixto García, el héroe a quien tocó dar la última batalla por la redención, era desconocido por el aliado y depuesto de su alto cargo por el desorientado Consejo de Gobierno.

"¿Cómo pudo concebirse —escribe el general Carlos García Vélez en el notable ensayo que sirve de prólogo al libro *Calixto García,* de Aníbal Escalante— decisión tan diabólica, de dejar en Cuba afianzados y equiparados a los cubanos a los emigrantes nativos de España, que fueron en todo tiempo enemigos nuestros, opositores intransigentes de las Reformas, sostenedores a todo trance de la integridad nacional, defendiéndola con las armas hasta el último momento, pues hasta los sacerdotes españoles portaron armas durante el sitio de Santiago de Cuba? ¿Cuál fué el objetivo? ¿Pudo ser el inicio de la naciente política imperialista? ¿Obedeció a idéntico plan que el desarrollado arteramente contra las Filipinas? ¿Se llegó a contar con la supuesta idiosincrasia de los cubanos, coléricos y prontos a repeler un agravio, para volverse contra los protestantes? ¿Se buscó un pretexto para preparar la anulación de la Resolución Conjunta? ¿Acaso, fué añagaza reiterada de la diplomacia europea, para que se quedaran con Cuba, Puerto Rico y Filipinas, apoyando a la española? ¿Hubo una consigna para que la prensa europea, casi unánimemente, se mostrara conforme y alabara el despojo como una solución satisfactoria de los intereses de sus nacionales y que ofrecía las necesarias garantías? Podría reproducir aquí los juicios, día por día, de los principales periódicos alemanes, ingleses, franceses y austriacos, contestes en el derecho de conquista de los anglo-americanos, juzgando despectivamente a los nativos, sinónimo de salvajes, ineptos, para el Gobierno propio".

Para dar cumplida respuesta a este interrogatorio del general García Vélez apelaré, fiel a la interpretación del documento, a las instrucciones dadas por la Secretaría de la Guerra de los Estados Unidos al jefe de las operaciones de su preparada campaña en las Antillas, en 2 de abril de 1897. En él, dando ya por sentado el triunfo sobre España, se habla del apoyo a peninsulares y cubanos contrarios a la revolución, para crear dificultades con las reivindicaciones que los atropellos podían suscitar, llegando a esta conclusión: "nuestra política se concreta en apoyar siempre al más débil contra el más fuerte, hasta obtener el completo exterminio de ambos, para lograr anexarnos la gran perla de las Antillas".

Olvidaba el aliado circunstancial la realidad de que el batallón de infantería de su Marina, primero en desembarcar en territorio cubano, al mando del capitán Mc-

Calla, pudo resistir los tres días de fuego de las tropas españolas, merced al auxilio de las tropas cubanas, al mando del coronel Enrique Thomas; que en la entrevista del almirante Sampson y del general Shafter con el mayor general Calixto García, en el Aserradero, fué el criterio del jefe cubano el dominante, aceptándose su plan para el desembarco de los diez y seis mil setenta y dos hombres de tropa y ochocientos quince jefes y oficiales, así como del material de guerra, desembarco efectuado sin dificultades durante los días 22, 23 y 24 de junio de 1898, porque las fuerzas del brigadier Demetrio Castillo Duany batían al enemigo en Daiquirí y le hacían retroceder. Olvidó también el aliado que la toma de Santiago de Cuba, por las fuerzas de Shafter, la posibilitó el glorioso ejército mandado por el mayor general Calixto García.

La realidad es que la conducta de los norteamericanos —como atinadamente observa Ferrer— no respondió a los postulados de la Resolución Conjunta. A pesar de la colaboración eficaz prestada a su desembarco por las fuerzas de Calixto García, cuya visión amplia, capacidad militar y conocimiento del terreno fuera para ellos guía y sostén ante la nulidad militar de Shafter, la política del Presidente McKinley, acusadamente imperialista, agravió al ilustre jefe insurrecto, que debió ser el primero en entrar en Santiago de Cuba. Pero, como queda expresado, a los norteamericanos les preocupó más brindar garantías a voluntarios y guerrilleros que respetar a los insurrectos los derechos comprados con su sangre. El cubano separatista, desposeído de todo, sufría hambre en los campos, por medida inconsulta del interventor que, al exigir, so pena de castigo, el respeto a la propiedad, privó al soldado cubano de tomar los alimentos donde los encontrara. Entretanto, sus aliados se complacían en confirmar en sus cargos a los servidores de la Monarquía.

Muchas dudas y muchas amarguras sufrieron los libertadores en aquel duro período transicional. Erradicada la República en armas del Tratado de París, indiferente el gobierno de la Casa Blanca a la crisis económica en que se veían los revolucionarios, sólo triunfantes en apariencia; expectante y sin rendir las armas, con previsión que le enaltece, el generalísimo Máximo Gómez, luego del fracaso de la misión cubana a Washington, presidida por el mayor general Calixto García, muerto en los momentos en que más necesitaba Cuba de su consejo y de su brazo, la impresión que ofrecía Cuba era sólo la de un cambio de dominación.

Ferrer transcribe, precisamente, la proclama de Máximo Gómez desde su campamento de Yaguajay, reveladora de dudas e inquietudes.

A resolver, siquiera en parte, ese desventurado momento de transición, que pudo derivar violencias perjudiciales al surgimiento de Cuba republicana, contribuiría un hecho fortuito, de verdadera trascendencia histórica, no revelado hasta hoy: la visita al Presidente McKinley del general Carlos García Vélez, para agradecerle los honores rendidos al cadáver de su padre, el mayor general Calixto García. McKinley estaba informado por agentes empeñados en ahondar interesadamente la crisis cubano-norteamericana. Deseoso de conocer directamente, pese a su imperialismo, la disposición de los cubanos aun en los campos y en posesión de sus armas, rogó al general García Vélez que lo visitara todas las mañanas, mientras durase su permanencia en Washington. Y fué García Vélez, cuyas reiteradas visitas constituyeron verdadera actualidad de prensa; quien, con el civismo que le caracteriza, puntualizó al Presidente norteamericano la injustificable conducta de las tropas de la Unión en Santiago de Cuba frente a las fuerzas cubanas; y el desconocimiento de los libertadores como aliados, actitud que contrastaba con el apoyo y cortesías brindadas a los que habían combatido el separatismo, ahora convertidos en validos del interventor. Y como McKinley le preguntara si era cierto que el general Máximo Gómez observaba posición agresiva frente a ellos, el general García Vélez justificó la dignidad de su actitud significándole que al general en jefe cubano no se le convencía con la actuación elusiva observada por la ocupación militar; sino aclarando los propósitos de los Estados Unidos en cuanto a Cuba en lo inmediato y en lo porvenir. —"¿Usted cree —le manifestó el Presidente— que si yo le enviase un delegado personal a ese objeto, sería bien recibido por el general Máximo Gómez? Asintió García Vélez, y quedó acordada la salida para Cuba, al siguiente día, del secretario particular del Presidente. Tal el origen de la visita de Porter a Cuba.

Ya en la paz, no pone Ferrer su grado de comandante del Ejército Libertador en la balanza de las ambiciones. Continúa sus estudios hasta graduarse de doctor en Medicina, en 1901. Ingresa como teniente médico en el Ejército Nacional, del que llega a ser jefe de Sanidad, por riguroso escalafón. Se ve envuelto en el oleaje de tres revoluciones. Y cuando afirmada su carrera, reclamada su intervención científica dentro y fuera de Cuba, honrado con su elección como Miembro de la Academia de Ciencias, con abundante bibliografía que destaca su actuación lúcida en la disciplina de la Oftalmología, se acoge al retiro, deja en el Instituto armado a que perteneciera el recuerdo de una ejemplar actuación. Sin embargo, no sería definitivo su alejamiento del Ejército. La crisis provocada por la reelección del general Machado, tras la impopular prórroga de poderes, y la ola de terror desencadenada en el país, que culminó en la mediación del enviado personal del presidente Roosevelt, señor Welles, le movieron a actuar, sin espíritu sectario, por su derrocamiento, luego de agotar gestiones por evitar a Cuba días nefastos. Posteriormente, el golpe de estado del 4 de septiembre contra el gobierno presidido por Carlos Manuel de Céspedes y Quesada, del que fuera, en los últimos días, ministro de la Guerra, le llevó a defender, con las armas en la mano, abroquelado en el Hotel Nacional, el derecho de la oficialidad del Ejército, desconocido por los sargentos, y la intangibilidad de la República, comprometida por el cuartelazo.

De todo ese proceso de luchas civiles, justas siempre en la raíz, devendría la desnaturalización del ideal y el prevalecimiento de los menos aptos y de los menos virtuosos, con su secuela de la *recortada* como medio y el peculado como fin.

Ferrer hurga en los antecedentes y procesos de esas revoluciones y aporta importantes antecedentes para su cabal esclarecimiento. Queda allí constancia de lo mucho que hizo por resolver la salida de Machado por vías de generosa renunciación, estorbado siempre por los intereses creados en torno suyo, cuando no por la incomprensión del llamado a eliminar ambiciones en obsequio de su patria. Su actuación cerca del Ejército no fué nunca en tendencia a que el soldado falseara su juramento, traicionando al Gobierno; sino que ante la disyuntiva de ver caer la República por la permanencia en el poder de un hombre, contra la voluntad popular, retirara a ese hombre su apoyo en busca de vías legales que facilitasen la sustitución. Y así se hizo. La actitud del ejército, consciente y mesurada, le abrió a Welles el camino que él y los mediadores no hubieran encontrado. Pero los acontecimientos posteriores escaparon a su previsión. Las cartas que aquí figuran del mayor general Mario G. Menocal, explicando a Ferrer su conducta frente a la ingerencia; son, al par que denotadoras de una alta previsión política, testimonio de una personalidad vigorosa, hecha a forjar soluciones y no a esperar retazos de justicia de un tutelaje disfrazado de benevolencia. Estos documentos justifican y dan relieve a la posición expectante de Menocal en aquellos momentos, la misma adoptada por el Directorio Estudiantil.

Convencido de que los males de Cuba han de curarse a expensas del propio organismo, combatí en todo momento la ingerencia de los Estados Unidos en nuestros asuntos públicos. Combatí la apelación a Washington del Partido Liberal, en 1917 y en 1920; y me identifiqué con la frustrada revolución de los Veteranos y Patriotas, porque su jefe supremo, el general Carlos García Vélez, se opuso al intento intervencionista del coronel Despaigne, manteniéndose siempre tan distante del peculado de Zayas como de la intromisión de Crowder. Con estos antecedentes, dicho queda que la mediación del señor Welles me tuvo como adversario. El general Menocal y el Directorio Estudiantil estaban en lo cierto. Desde el punto de vista del gobierno, cortos de vista fueron los que aceptaron aquel juicio de residencia, similar al empleado por España contra sus máximos representantes en las Indias Occidentales. La misión Welles, fué un fracaso del representante personal del presidente Roosevelt, fracaso que afecta al poderdante. Ya Hull, con acertado juicio, señaló los males de esa política personalista del presidente Roosevelt, así en América como en Europa.

He protestado siempre la duplicidad de muchos cubanos aceptando la ingerencia cuando suponen que puede favorecerle, sin perjuicio de considerarse anti-ingerencistas. No cabe la apelación al Norte como crimen de lesa patria cuando es el gobernante (Estrada Palma en 1906) quien apela, y su aceptación como generadora de bienes cuando la promueve la oposición. Ya lo dijo el fundador: "sólo perdura y es para el bien la justicia que se labra y la libertad que se conquista con las propias manos".

La realidad es que en Cuba las revoluciones han sido provocadas siempre por la ambición de los gobiernos. Sin la obstinación del Partido Moderado en reelegir a Estrada Palma contra la voluntad mayoritaria, desconociendo la vida del derecho y el derecho de vida, no se hubiera producido la revolución de agosto, y como secuela la intervención de los Estados Unidos. Sin la abortada propaganda reeleccionista, no hubiera tomado cuerpo, bajo la presidencia del mayor general José Miguel Gómez, la disociadora asonada de Ivonet y Estenoz, ni el brote militarista acaudillado por el entonces jefe de las Fuerzas Armadas, general José de Jesús Monteagudo contra la aspiración presidencial del doctor Alfredo Zayas y, en definitiva, contra el propio general Gómez, que hábilmente sorteó dificultades, aconsejado por el insigne Manuel Sanguily, y pudo salvar la República. Sin la obstinación del general

Menocal en perpetuarse en el poder, perdida ya la fuerza popular que le exaltara a la presidencia, no hubiera surgido la revolución de 1917, con las lamentables deserciones militares que nos inclinaron ya a los cuartelazos comunes en la historia política del Continente, ni las notas humillantes del ministro González, asumiendo función ejecutiva, ni la acusación de germanófilos contra los impugnadores de la tiranía. Sentí de cerca la persecución y pude constatar hasta dónde llegan las intransigencias de banderías en un medio perturbado por la ambición. Sin el peculado de Zayas, culminado en el coqueteo con la reelección, no se hubiera producido la revolución de los Veteranos y Patriotas ni la farsa supervisionista de Crowder. Sin la reelección de Machado, sobre la prórroga de poderes, se hubiera ahorrado al país mucha sangre y se habría preservado a Cuba del rezago de la incapacidad volcada sobre el poder para explotarlo. Sólo en dos ocasiones han sido víctimas los gobernantes: una, cuando el integérrimo Carlos Manuel de Céspedes y Quesada vió compensada su buena fe con el cuartelazo del 4 de septiembre de 1933. Otra, cuando el pulcro y austero Miguel Mariano Gómez vió usurpado su derecho, en diciembre de 1936, por las fuerzas armadas en contubernio con un Congreso que, pretextando extralimitaciones del Ejecutivo, no quiso ver que la extralimitación estaba en la política militarista, que logró por tal vía instituir en Cuba dos poderes: uno, en Palacio, con responsabilidades y sin prerrogativas; otro, en Columbia, con prerrogativas y sin responsabilidades.

Al analizar las causas y consecuencias de la revolución de agosto de 1906, Ferrer aporta referencias personales en relación con la trágica muerte del coronel Enrique Villuendas, líder ilustre del Partido Liberal, representante a la Cámara por Las Villas, miembro de la Convención Constituyente de 1901 y orador de palabra elocuente que en sus veintiocho años próvidos constituía una de las más firmes esperanzas de Cuba, a cuya emancipación había ofrecido su brazo adolescente. Ferrer fija hechos, que pudo constatar en el escenario mismo de los acontecimientos. Pero sean cuales fueran los móviles determinantes del trascendental suceso, que conmovió la nación, no es la tragedia en sí lo que asombra al observador sereno al enfocar los hechos desarrollados en el hotel *La Suiza,* de Cienfuegos. Las pasiones exaltadas pudieran haberlos determinado impremeditadamente, o haberse producido por agresividad del compañero de Villuendas, de *Chichí* Fernández, como se desprende de lo actuado por Ferrer en el propio lugar de los sucesos. Lo que asombra es la conducta del gobierno de Estrada Palma ante la caída de un libertador que era, a la vez, congresista y prestante figura de la juventud intelectual. Lo que pasma es la profanación de su cadáver que, al decir de Manuel Sanguily, desde su escaño del Senado, "fué tomado por los pies, con inhumano contento, por empleados subalternos de la justicia, haciendo que su cabeza repicase como fatídica campana de escalón en escalón". Y, entretanto, el senador José Antonio Frías, Mefistófeles entre telones, que aprendió, como secretario del tirano quisqueyano *Lily,* el modo expeditivo de eliminar adversarios políticos, era recibido en Palacio con honores de triunfador.

Villuendas, en carta al mayor general José Miguel Gómez, escrita en la antesala misma de la muerte, le revela la existencia de un complot contra su vida, y concluye: "Pero no se preocupe usted por esto. Aquí el problema es si el pueblo va a votar o no, y en todo caso si se le ha de llevar inerme a una matanza segura". Con este antecedente, al producirse su muerte, lógico es que se pensase en el asesinato premeditado. La carta revela el estado de persecución y de amenaza que contemplaba el líder del liberalismo, el mismo que contemplaban, en Oriente, Demetrio Castillo Duany y Juan Gualberto Gómez; y, en Las Villas, José de Jesús Monteagudo, Gerardo Machado, Carlos Mendieta, Manuel Piedra, Orestes Ferrara, Agustín Cruz y José Manuel Carbonell.

Antes de conocer la muerte de Villuendas, que le sorprendió en Jovellanos, ya el general José Miguel Gómez había partido hacia La Habana para elevar su protesta ante el poder central por las amenazas y atropellos de los esbirros del gobierno, prenuncio de lamentables derramamientos de sangre. Lejos de oírsele, tras la muerte de Villuendas, se sembró pavor en la conciencia cubana para ir al copo electoral. Y el propio general Gómez, sin garantías, abandonó el país. Y es que el gobierno de Palma dividió a los cubanos en buenos y malos: buenos los que se plegaban a su perpetuación; malos los que no querían ver a Cuba convertida en feudo de una camarilla de facciosos sin más ley que la ambición.

La intransigencia que caracterizaba a los hombres del Partido Moderado era tal que no admitían ser discutidos. Todo lo que fuera contra su permanencia en el poder lo juzgaban delictuoso. Cuando el general Carlos García Vélez, entonces ministro en México, ve llegar fugitivos a los generales Machado y Monteagudo, por la violencia imperante en Cuba, decide venir para La Habana, soñando hallar percusión a su espíritu conciliador. Llega, celebradas ya las elecciones fraudulentas. Con el ánimo de suavizar distanciamientos, visita a Estrada Palma, sobre quien tenía gran ascendiente. Pero Estrada Palma, rechaza todo entendimiento cordial, reiterando el criterio peyorativo de que sus adversarios sólo ambicionan los millones por él acumulados en el tesoro. A poco, el propio García Vélez es vigilado y perseguido. Al verse asediado por los agentes de policía, comprende la justicia que anima a los liberales, y entra en la conspiración para derrocar al Gobierno. Cuando ya la revolución es inminente, habla con el general Juan Rius Rivera, miembro ilustre del gobierno y de la revolución redentora, a quien trataba familiarmente, para que evite a Cuba días de sangre. Rius Rivera no le presta atención. Cree inconmovible la dictadura. Y se embarca en misión diplomática al exterior, llevando, como secretario de la misión, al doctor Salcedo. Pronto sabría que no fantasiaba el general García Vélez. Una noche de agosto de 1906, en recepción que ofrecía en el Palacio Presidencial al Enviado Extraordinario de Cuba el Presidente de Colombia, general Reyes, éste le hizo pasar ceremoniosamente a su despacho. —"Excelencia —le dijo— ¿qué noticias tiene usted de su país? ¿Tiene usted conocimiento de alguna alteración del orden?" —"Oh, no —respondió confiado el general Rius Rivera— la tranquilidad es completa allí. El gobierno de Estrada Palma tiene verdadero respaldo popular". —"Pues mis noticias son otras, Excelencia", y le tendió un despacho que acababa de recibir de su Legación en La Habana, anunciándole que había estallado una potente revolución. —"¿Con qué cuenta el gobierno de Estrada Palma para mantenerse?" —interrogó el Presidente Reyes. —"Con la ley, respondió retóricamente Rius Rivera. —"Pues si no cuenta con un mochito⁽¹⁾ —dijo socarronamente el general Reyes— está perdido".

La revolución había estallado con fuerza en las seis provincias. Y a pesar de que sus principales dirigentes habían sido detenidos, surgieron jefes, se improvisaron caudillos. El propio Gobierno, persiguiendo sin motivo al general Enrique Loynaz del Castillo, que acababa de regresar de los Estados Unidos, a donde había ido en busca de salud, determinó su levantamiento en armas, inyectando a la revolución con sus viriles arrestos que pronto imprimieron alarmante actividad a las operaciones en la provincia de La Habana. Fué su actitud amenazante, a las puertas de la capital, después del combate de Wajay, en que derrotó al jefe del Ejército, mayor general Alejandro Rodríguez, lo que movió a Estrada Palma a pedir al gobierno de Roosevelt el envío de barcos a La Habana. Cuando mediaron en el conflicto el mayor general Mario G. Menocal y el insigne Manuel Sanguily, Estrada Palma, creyendo hallar aliados, aceptó su intervención; pero cuando éstos comprendieron la justicia que asistía a los revolucionarios y la necesidad de llegar a un entendimiento con ellos, calificó a los mediadores de "dos alzados más". En vano se apeló a su patriotismo. Dejó acéfalo al Gobierno y, en consecuencia, franco el camino a la ocupación extranjera por tiempo indefinido.

Triunfaba la tesis mantenida, en reunión verificada en su casa, por el doctor Ricardo Dolz, intransigente mantenedor del régimen, cuando ante soluciones cubanas, sugeridas por el general Menocal, declaró: "Prefiero la intervención norteamericana, porque es un es-

---

(1) Nombre con que se conoce en Colombia al machete.

tado de derecho." El general Menocal, rápido, se levantó de su asiento y en actitud amenazante, exclamó: "Doctor Dolz, recuerde que está usted en su casa, porque yo lo estoy olvidando ya." La intervención del general Cebreco, evitó que la acción acompañase a la palabra.

Igual génesis fraudulenta que la reelección de Estrada Palma, tuvo la reelección de Menocal. Esta última en condiciones todavía más agravantes, porque a las cinco de la tarde del primero de noviembre de 1916, todo el país sabía el triunfo del Partido Liberal, con la candidatura Zayas-Mendieta. El propio coronel Aurelio Hevia, secretario de Gobernación —bien lo recuerdo— reconoció este triunfo con mi hermano José Manuel, en la Acera del Louvre. Lo que sucedió después, era del dominio público. Se reunieron en Palacio elementos muy diversos: políticos, damas de la alta sociedad y agentes enfurecidos del continuismo, y echaron sobre Aurelio Hevia cargos de debilidad reiterados, que operaron la reacción prevista. El día 2, la trama estaba urdida. Yo estaba en la oficina del Directorio Liberal, en la calle de Galiano, con los generales José Miguel Gómez, Enrique Loynaz del Castillo y el coronel Carlos Mendieta. Rebosaba de jefes y militantes del Partido. Todo era júbilo. De pronto, irrumpió, como un escapado a la tragedia, el doctor Pedro Sánchez del Portal, nervioso, con la ropa salpicada de tierra colorada. Habló con el general Gómez. Vi que el rostro del general, hasta entonces plácido, se tornó iracundo. Me acerqué a Mendieta. Le manifesté mi inquietud. Algo muy grave ocurría. En efecto, la documentación electoral había sido robada en Santa Clara. Se suplantaba la verdad. En seguida salió Mendieta, a quien acompañé, junto con mi inolvidable camarada de *Heraldo de Cuba,* luego director de *El Mundo,* Enrique Palomares, hacia la Junta Central Electoral, y se formuló la protesta.

En la noche, la tiranía puso en juego la fuerza. Pelotones de soldados, a paso de carga, desfilaron por la calle de Galiano, del mar hacia Reina, y se detuvieron frente al Directorio, situado entre San José y Barcelona. En vano se protestó. El general Loynaz, con sus grandes gestos, ensayó uno que pudo costarle la vida, al enfrentarse con los soldados. Se hizo fuego, sin piedad, sobre la masa inerme que se agrupaba allí ansiosa de noticias. Los heridos eran muchos. Acudían unos a las casas de socorro. Otros a su domicilio, temerosos de una nueva agresión. Algunos al *Heraldo de Cuba,* a denunciar la iniquidad. Yo fuí con el grupo que siguió al general Loynaz a la casa del doctor Zayas, en la calle de Morro. Y después para el *Heraldo,* de que era secretario de Redacción. Allí llegaban por docenas los heridos. Al siguiente día, enfermo el general Loynaz, me comisionó para que viera a Zayas en su nombre y le indicara que procediera con tacto en cuanto a la provincia de Pinar del Río, porque el senador Wifredo Fernández reconocía el atropello y le prometía ayudar al Partido Liberal. Zayas me contestó: —"Dígale al General que así se hará." Y sin alterarse, agregó: —"Ponga en su conocimiento que yo vi hoy al honorable señor Presidente de la República y me prometió hacer justicia." Ni ante aquella flagrante usurpación de sus derechos perdió la ecuanimidad el doctor Zayas. Para él, quien le usurpaba el triunfo, seguía siendo "el honorable señor Presidente."

Comisiones conciliadoras de los partidos en pugna comenzaron a actuar. En la última visita hecha por los jefes liberales al presidente Menocal, se produjo un incidente entre éste y el coronel Mendieta. El Presidente, previendo otra posible entrevista, manifestó que si a ella acudía Mendieta, la reunión terminaría violentamente. El camino de la revolución se vislumbraba.

La Junta Central Electoral comprobó el fraude. Los tribunales, aunque presionados por el Ejecutivo, confirmaron el fallo, disponiendo la celebración de nuevas elecciones. Pero acudir a los comicios parciales bajo los mismos que habían burlado los generales, era un suicidio, máxime cuando toda acción conciliatoria resultaba inútil.

En realidad el fallo judicial, aunque muy celebrado, fué tímido. Pudo y debió ser un pronunciamiento definitivo, y sólo viabilizó la posibilidad de una nueva emboscada. Quiero aprovechar la oportunidad que este acontecimiento me brinda para declarar que la lenidad, unas veces, y la negligencia, otras, de nuestro independiente poder judicial, han sido generadoras de nuestras luchas civiles, tanto como lo son hoy del alarmante desarrollo del pandillismo y del peculado.

Ferrer evoca tan dolorosos sucesos con el escepticismo de saber que no servirán de señales para evitar caídas a la República, como no lo han servido hasta ahora. "Después de los amargos días que nos trajo la reelección de Estrada Palma —razona— jamás un presidente cubano debió intentar reelegirse. Menocal y Machado olvidaron bien pronto la lección. Y todos los otros presidentes intentaron continuar en el cargo; pero fueron detenidos a tiempo por la opinión pública o por un consejo amistoso venido del exterior."

Acaso previó Ferrer los males que para Cuba se derivarían del golpe de estado de septiembre de 1933, cuando decidió abandonar su retiro en el Gabinete para actuar en contra de aquel pronunciamiento. Negados por el Presidente Grau todos los caminos a una justa conciliación, aceptó sereno el choque desigual; pero inevitable. La batalla del Hotel Nacional, desatada desde el poder, será siempre un baldón para sus provocadores y motivo de orgullo para quienes encarnaron nobles ansias de reivindicación, abonadas por tantas vidas útiles, tronchadas muchas de ellas por la iniquidad, luego de enarbolada la bandera de parlamento.

Ferrer narra con acopio de antecedentes los hechos en su causa eficiente y en su causa ocasional. Retirado del Ejército, en el ejercicio de su carrera de Medicina, que le permite vida holgada, sin necesidad, por tanto, de apelar al cargo público como recurso económico; sin apetencia por la función pública, probada por la sobriedad con que acogió su posible designación a la presidencia de la República, a la caída de Machado, y por su aceptación, muy a desgana, del Ministerio de la Guerra en los últimos días del gobierno de Céspedes, salió una vez más a la vida pública confiando en que su compañerismo con el presidente Grau podía hallar solución adecuada al problema planteado por los sargentos a la oficialidad del Ejército. Desconocido en el desinterés de su actuación y engañado, adoptó el camino compatible con su conducta de siempre.

Serenamente, casi sin armas y sin parque, él y el general Sanguily, secundados por un grupo valeroso de oficiales, resistieron la acometida injustificada de miles de soldados con ametralladoras y artillería gruesa, y el bombardeo de la Marina desde la costa. Plegada la bandera, pero no la dignidad, vió escarnecido el pacto de rendición, ametrallados sus compañeros, y para que nada le faltara a su gloria de vencido, sufrió la injuria de la turba, siempre con el triunfador; la amenaza de ejecución por parte de la soldadesca desenfrenada y, en definitiva, la prisión en la fortaleza de La Cabaña.

No hallaréis en estas memorias trasfondos recelosos, ni falsos decires, ni manifestaciones detonantes. No descubre, al relatar, desahogos producidos por la antipatía, alojados en el subconsciente, que brotan al exterior al primer choque con lo externo. Ferrer no actuó entonces, ni actuará jamás movido por la vehemencia. Su combustible no será nunca la pasión. El ideal le anima. Si yerra, será en obediencia a convicciones. Su posición es siempre la de quien desdeña lo artero, admira al hombre real, repudia la falsía. Quien le conoce, sabe que Ferrer embrida el concepto, mide el impacto, razona, y oye con gentileza la razón que se le opone. La seda de su palabra y la elegancia de su circunspección, animada a ratos por el más fino humor, le suavizan los relieves del carácter, sostenidamente enérgico, y la recia contextura de una voluntad inmune a la fatiga. Por otra parte, él probó que la vida independiente, que le creara su virtuosismo científico, no le ha deshumanizado. Su naturaleza sensible despliega a todos los vientos la bandera del altruísmo.

Cuando un cambio de gobierno favorece su libertad, vuelve a ejercer la ciencia; y en decoroso retiro, puestos los ojos en lo alto, sigue el desenvolvimiento de la República, no amargado y deseoso de que tropiece para que fracasen sus adversarios; sino anhelante de su ventura. Y como entiende que la economía de su país no se vitaliza sólo con leyes que impidan el traspaso de la tierra; sino explotando sus surcos remuneradores, a cultivar la tierra ofrendó sus inagotables energías. Y así contribuye, en sus maravillosos predios de *Baraguá,* a dar la última batalla por Cuba: la difícil batalla de contribuir a que su patria sea dueña de sí misma, fundamentada no sólo, en la propiedad de la tierra; sino en hacer que esa tierra sea, como es la suya, por el prodigio de su esfuerzo, raíz de un pueblo libre.

Viví muy de cerca los acontecimientos narrados por Horacio Ferrer. Ensayé evitarlos, inclinando el ánimo del presidente Céspedes, que me hizo siempre el honor de tenerme por su leal consejero, al imperativo de restablecer la normalidad en lo inmediato y reducir el soldado a su campamento. Pero su gabinete era un mosaico de ideas contrapuestas, y no todos los que figuraban en él estaban dotados de las condiciones inherentes al hombre de estado. La falta de coordinación o los intereses de grupo, retardaban o estorbaban a veces el cumplimiento de sus disposiciones. El doctor Laredo, secretario de Gobernación, demoraba refrendar Decretos, ya firmados por el Presidente, dando lugar a la movilización de las protestas extremistas, que casi siempre invalidaban su ejecución. Demetrio Castillo, en la Secretaría de la Guerra, era una especie de ministro simbólico, que se enteraba de las graves perturbaciones del orden, en que individuos de la tropa tomaban parte, cuando yo llevaba al Presidente el trágico balance de cada día y le reafirmaba mi criterio de que sólo en el restablecimiento del principio de autoridad radicaba la firmeza de su poder. Parte de la ayudantía militar se conformaba con aplaudir ejecuciones de porristas en las calles, alardeando revolucionarismo, para ganar el favor de los funcionarios más exaltados, y daba paso a la audiencia presidencial a sus validos, sin medir los enojos que al Presidente podía provocar la preterición de cubanos de ejecutoria; pero fuera de la órbita de su simpatía. En más de una ocasión frustré, no sin condenar su proceder, este trato discriminatorio de alguno de sus ayudantes. La cabal manifestación de autoridad estaba encarnada en el general Enrique Loynaz del Castillo, que el 12 de agosto había tomado las estaciones de policía y asumido su jefatura. En proclama sintética, expresó que los laureles de la libertad no debían mancharse con la sangre inútilmente derramada y exigió a la población recogerse temprano, para evitar que las medidas represivas que la conservación del orden exigiera, pudieran afectarla. Responsable de su misión, no cedió a la amenaza de grupos subrogadores de la ley. Pero, conocedores de su desprendimiento, agentes interesados le invocaron falsamente a Céspedes para que facilitase con su renuncia la gestión del Gobierno. Y triunfó la estratagema. Por otra parte, el ejército estaba acéfalo. Su Estado Mayor consentía, como lo comprobó Ferrer al ser llamado, tarde ya, a ocupar la Secretaría de la Guerra, la intromisión levantisca de civiles en los campamentos, mientras la oficialidad joven era permeada por la ola reformista, que al cabo precipitaría su caída. No advirtieron que lo que se movía en los bajos fondos del Ejército era sólo un problema de apetitos, al que se fueron sumando muy diversos elementos, en realidad sin programa.

Céspedes no merecía la deslealtad. Era un cubano apostólico, y hubiera resultado admirable gobernando a Cuba en su primera etapa republicana. Creía que al cubano se le ganaba con amor. Reunía todas las virtudes para honrar la primera magistratura: talento, visión clara de los problemas económicos, cultura universal bien aplicada, patriotismo, renunciación. Pero había en él cierto fondo de candidez. Juzgaba por las suyas las virtudes de los otros. Confiaba, tal vez demasiado, en el desinterés del cubano. No advertía que las revoluciones tienen sus idealistas; pero también, acaso más, sus grandes simuladores. Que dar el pecho a la muerte por el ideal, es de los menos. Y de los más pensar en el hartazgo del presupuesto. Historiador, y gran conocedor de la Historia, no debió pensar que era fácil contentar la masa anarquizada con la substitución de Machado por él. Que muchos se sentían con estatura presidencial, y que no les preocupaba el orden; sino la anarquía, que les brindara la esperanza de un lugar en el timón. Vió sólo Céspedes de la revolución el gesto emancipador; pero no advirtió la densidad fingida en los granos huecos, ni la inconformidad del pillaje en acecho, ni el ansia de trastornos en muchos que querían desdibujar su proselitismo en el proceso histórico que acababa de cerrarse para que no fuera a contrastarse con el circunstancial revolucionario del presente.

Céspedes me hablaba de la Cuba de la independencia, de la del primer cuarto de siglo, todavía sin complicados problemas clasistas, mientras yo le mostraba una Cuba polarizada por extremismos totalitarios, cuya esencia no entendía la masa; pero cuyos medios combativos estábamos palpando. El problema de Cuba —le decía yo— no es ya problema de himno y bandera: ya nadie cree en los viejos postulados ideológicos. Es un problema de seguridad social. Y si el Gobierno no puede brindar esa seguridad, será arrollado por los más, que aspiran a darse por sí mismos, lo que no se les dé por el Gobierno. Extrañado del cuadro, me suponía invadido por el pesimismo; pensaba que yo recargaba los tonos de sombras e insistía en que triunfaría su política de amor. Una mañana me llamó, un tanto preocupado por los asaltos y saqueos. Y me pidió que continuara y rematara una proclama al pueblo en tendencia a lograr la normalidad, y anunciando medidas para imponerla, si continuban los atentados contra la vida y contra la propiedad. Aunque escéptico, porque sin medidas coercitivas que la respaldasen nada significarían en aquel momento las palabras, aquel mismo día, en la noche, leía yo, en su nombre, la proclama; pero la admonición careció, como lo esperaba, de eficacia activa. Pensé en una frase de Martí: "Con un Decreto de Hamilton no se le para la pechada al potro del llanero." El festín trágico prosiguió. Y el Estado Mayor del Ejército insistía en consentir la identificación de la calle con el cuartel: "Que vaya el soldado a confundirse con el pueblo en el goce de la libertad", había declarado el Presidente al iniciar su gobierno. Por mi fraternal amistad con él, pude decirle: "La frase ha sido la más infortunada que pudiera pronunciarse en Cuba en esta hora. Ha dado usted una patente a la indisciplina militar." No necesitaba, en verdad, de esta patente la indisciplina, producida por generación espontánea; pero ello evidenciaba que nadie ensayaría el viraje. Cuando Ferrer lo intenta, es ya tarde. Ya se avecinaba la tempestad del 4 de septiembre, con su pintoresca pentarquía y su funesto, aunque regocijado jerarca, cuyo gesto reivindicatorio cuadra más a la zarzuela que a la historia, que anarquizaría al país, determinando la preponderancia militarista, que no hemos rebasado todavía.

Yo di cuenta al Presidente, dos días antes de su partida al interior de la República, de un escrito del doctor Escasena, que exteriorizaba pormenorizadamente el golpe de estado que se tramaba. El Presidente, no pareció concederle mayor importancia. Me encargó que se lo transcribiera confidencialmente al Secretario de la Guerra. Así lo hice. Pero el doctor Ferrer, me declaró, posteriormente, que no había recibido el escrito, seguramente en trámite de salida o de llegada cuando ya se precipitaba la tempestad que en el mismo se anunciaba.

Un saldo doloroso, en el orden de los valores morales, derívase del recorrido que Ferrer hace por nuestras luchas civiles. Odios implacables, con olvido de los principios de humanidad, siegan vidas fraternales. No parece lógico que los que en su guerra con España brindaran garantías al vencido, pudieran olvidar esa conducta. Y sin embargo, así lo evidencian los hechos. Caen alevosamente, en 1906, el general Quintín Banderas, a quien habían respetado las balas españolas. En 1917 Gustavo Caballero, también libertador. En 1933, cuántos compañeros de Ferrer en el combate del Hotel Nacional, sacrificados en plena rendición: Céspedes, Boffil, la Torre, Pina, Dobal, Rojas Grau, Sebasco, Gómez Viera, Folch, Girón Guerra y Campi Abadía. La justicia arbitraria que aplicaran jefes militares en nuestra primera guerra civil, a un glorioso soldado de la invasión, daba frutos remuneradores en el andar de los años. La ejecución impune del vencido no era ya caso de excepción; sino sistema. Y, para mayor escarnio, a la masacre del Hotel Nacional le sirvió de corolario la inconsciencia del Presidente Grau iluminando el Capitolio.

No se busque en este libro unidad cronológica ni descripción cabal de sucedidos, ni se acuse olvido de este o aquel actor. No se ha propuesto Ferrer hacer historia detallada de las revoluciones cubanas; sino relatar de ellas episodios en que le tocó actuar. No es la suya una visión de conjunto; sino un enfoque local. Tiene de singular su relato, la ausencia de fantasía. Presenta los hechos escuetamente. No hace de la revolución libertadora un derrotero de triunfos; sino una viacrucis. Contrasta, en rápidas pinceladas, pretérito y presente. El ayer sobre ara de sacrificios; el hoy en puente de ambiciones. Podrá no estarse de acuerdo con alguna afirmación, enfocar de modo distinto su mismo panorama, discriminar posiciones de conducta donde él las asocia; pero los estudiosos de nuestra historia hallarán aquí aportes para fijar acontecimientos.

De su lectura se desprende que nunca hubo en el cubano una conjunción mayor de ilusiones y entusiasmos que en la hora de buscar, en tinieblas, los caminos de la emancipación. Era el ansia romántica de una vida propia, en plenitud de derechos. A todo se renunciaba por ofrendar la vida a Cuba. Riquezas, hogar, comodidades, todo se volcó en holocausto de ese ideal. Acaso por estar el separatista vaciado más en molde emocional, que en conciencia cívica, se descuidó la rigidez del concepto económico, indispensable a la estructuración de un nuevo *status,* y nos sorprendió la declaración de guerra a España por los norteamericanos, en cándida oblación a éstos por su desprendimiento cristiano, sin ahondar en lo que no se ve, en la realidad del hecho histórico, casi siempre movido por grandes intereses o por grandes codicias.

La devoción por la independencia miraba más a lo inmediato que a lo porvenir. Era más conmotiva que razonadora. No hundía la pupila en lo económico. Se nutría de sueños. Un sueño fué el brote de la revolución redentora, brote imperfecto, en desajuste con la realidad, sin la debida simultaneidad y congruencia entre las provincias y la previsora función, diplomática, capaz de contrarrestar la poderosa influencia de la diplomacia española y de sus colonias; sin la caja nutrida, apta para mantener el envío de armas y de parque, más que de hombres, a la isla en guerra. El mismo Martí, cerebro organizador del movimiento, es presa de desvaríos poéticos cuando sobrestima la potencia de la revolución y escribe al exterior urgiendo el envío de una expedición más, y ya hemos triunfado.

Y aun perduran los sueños en los hombres esforzados, valerosos, abnegados de la generación fundadora.

Hoy, como en los años mozos, la patria es para Horacio Ferrer templo donde se ora, y no mercado donde todo se pone en almoneda. Podrá una generación enferma hacer de ella Vellocino y treparlo por escalones de lodo: él seguirá viéndola con claridades divinas como cuando se moría en un rincón de monte sin esperar la recompensa. Él sabe que la patria no es este pugilato incivil, este codeo con el crimen, este saqueo del erario público con el aplauso de una plebe sin decoro, la inhibición acomodaticia de los llamados a perseguir de oficio el delito, y el hartazgo de una casta que se reparte el poder como botín. Para él la patria sigue siendo aquel trocar la riqueza por la persecución y el hambre, aquel sufrir por la libertad, aquel pelear por el decoro del hombre, aquel acatamiento al dogma que fué la errante República creada en Jimaguayú. Para él Cuba sigue siendo aquel ejército vestido de dril, con la estrella en el sombrero de yarey, cuyo General en Jefe ordenó silencio ante la tumba de Martí, y le hizo con piedras en bruto, espontáneo pedestal a su grandeza; aquella República con un ejército harapiento; pero heroico y abnegado; con mujeres que preferían a la holganza bajo la tiranía, el rancho en lo intrincado de la selva, cubriéndose con burdos lienzos y soportando la intemperie; que cuidaban con orgullo de los heridos y se inclinaban reverentes al paso de soldados que no podían lucir más condecoraciones que las cicatrices de las heridas recibidas en desigual combate.

Si falsos legatarios han traicionado el ideal, poniendo la patria en usufructo; si a la emulación en la virtud ha sucedido la pasión disoluta por obtener fáciles riquezas; si en el ansia de subir se pone en juego la emboscada y el crimen es solución y se glorifica al que lo consintió desde el poder en la más desenfrenada demagogia que pueda concebir la mente humana, no insista el cubano, adormecido por el manzanillo del pesimismo, en el cómplice dejar hacer; sino organice la resistencia y erija en la plaza pública la guillotina en que habrá de descabezar la delincuencia.

Los pueblos se pudren en la inhibición egoísta, y nunca se crecen más que cuando deciden barrer con civismo la impudicia que les asquea la conciencia.

Esa es la gran lección que se desprende de la obra de Horacio Ferrer.

Miguel Angel Carbonell.

DOS PALABRAS

ME *complació siempre, en mi ya larga existencia, referir en el seno del hogar anécdotas relacionadas con la Guerra de Independencia; con ello perseguía el propósito de prender en el corazón de mis hijas, desde su infancia, el amor a la patria, y enseñarles a venerar el recuerdo de los que todo lo sacrificaron en holocausto a los ideales emancipadores sufriendo con heroica abnegación todas las privaciones imaginables, mal armados, peor vestidos, agobiados por el hambre, las enfermedades y la intemperie, y acosados por los martirios que acarreó la acción de un enemigo implacable, que se empeñaba en ahogar en sangre las ansias de libertad del pueblo cubano, matando prisioneros, asaltando hospitales de sangre y pasando a cuchillo a sus moradores, sin respetar heridos, mujeres y niños.*

Y tras mis relatos se producía siempre la súplica de mis hijas pidiéndome que escribiera aquellas anécdotas que con tanto interés me oían referir, y la promesa, por mi parte, de complacerlas algún día. Pero se sucedían los años y la lucha tenaz en el campo de la profesión médica por conquistar un nombre y asegurarle un futuro económico a mi familia, embargaba totalmente mi acción, y apenas pude alguna que otra vez ordenar apuntes de la vida en campaña, que la pérdida parcial de mi "Diario" hacía más difícil. Fué necesario que mi protesta contra los actores del 4 de septiembre me llevara, primero, a ser cañoneado en el Hotel Nacional y se me encerrara, después, largo tiempo en un calabozo de la Fortaleza de la Cabaña, para que, tratando de vencer la nostalgia del cautiverio, me decidiera a emprender la redacción de mis memorias; pero trasladado en breve a otra galera donde se apiñaban sesenticuatro prisioneros, casi todos jóvenes, y como tales bulliciosos, vime obligado a suspender mi labor. Escapada aquella oportunidad, pasaron los años, y vuelvo ahora a emprender la tarea deseoso de complacer a mi familia y a los amigos que así me lo piden, brindándome esto la oportunidad de rendir el tributo de un recuerdo a muchos compañeros desaparecidos, cuyos nombres, de otro modo, hubieran quedado en el olvido.

No obstante ser yo un hombre eminentemente civil y de haber desenvuelto la mayor parte de mis actividades en la vida en el campo de una rama de la medicina, las circunstancias y las vicisitudes de la patria me han llevado a actuar como militar lo mismo en la guerra emancipadora que en todas las revoluciones que la ambición desmedida de los políticos ha provocado en nuestra patria. Por esta razón, y en justificación del título CON EL RIFLE AL HOMBRO, *elegido para este libro, agrego a los recuerdos de la guerra, artículos sobre las contiendas armadas en la República, muy particularmente en la lucha contra el* machadato *y contra la rebelión militar de septiembre del 33, ya que en ambas ocasiones me llevaron las circunstancias a ser uno de los principales actores.*

Al evocar en la primera parte de este libro recuerdos de la Guerra de Independencia, trataré extensamente el asalto y toma de Victoria de las Tunas, una de las más notables acciones de aquella campaña, y el asalto al Guamo, catalogado entre las derrotas más funestas que presencié. Casi la totalidad del resto de esta primera parte lo ocupan episodios que viví, más o menos interesantes, esmerándome particularmente en poner en evidencia la vida azarosa de los improvisados guerreros, sus penalidades y abnegación, para que se comprenda mejor el sacrificio. Se ha cometido el error de historiar sólo sobre fáciles victorias de nuestras armas, y esto da a las actuales generaciones un falso concepto de la contienda, haciéndoles creer que vivimos de triunfo en triunfo, cuando precisamente resultaba lo contrario, las más de las veces fuimos derrotados en los combates; y así tenía que ser puesto que el Ejército Libertador no contó en sus mejores tiempos con más de 25,000 hombres mal armados y peor alimentados, y se enfrentó con 250,000 españoles, que poseían todos los recursos de los ejércitos modernos y eran mandados por jefes y oficiales procedentes de escuelas militares. Aquel aguerrido ejército que mandó España a Cuba para someternos, fué superior en número y en armamentos, al que envió para combatir, en su lucha por la libertad, a toda la América Latina, sumados éstos a todos los que envió Inglaterra contra las trece colonias que en el Norte proclamaron su independencia.

En los relatos que hago en la segunda y tercera parte omito hablar de heroísmos, puesto que se trata de lucha entre hermanos; y aunque muchas personas señalen el defecto de que no se les nombre, por ejemplo, en la lucha contra Machado, me anticipo a declarar que no ha sido mi propósito escribir historia detallada de aquellos acontecimientos, sino hacer una sucinta relación de los hechos que me obligaron a una acción personal.

Y si un proverbio árabe recomienda para que dejemos huellas de nuestro paso sobre la Tierra, tener un hijo, sembrar un árbol y escribir un libro, la misión queda cumplida, puesto que hijos he tenido, árboles sembré a millares y va en estas páginas el libro.

No tengo la pretensión de escribir una obra cabal; sólo persigo el fin enunciado en los primeros párrafos, pero es posible que muevan interés algunos episodios y que en otros encuentre el historiador aclaración de algunos puntos oscuros del pasado, y que mi actuación en los acontecimientos de 1933 quede completamente justificada.

HORACIO FERRER.

PRIMERA PARTE

RECUERDOS DE LA GUERRA DE INDEPENDENCIA

POR QUE ME FUI A LA GUERRA

Mi padre había sido vilmente asesinado en el pueblo de Unión de Reyes, donde vivíamos, y donde él ejercía su profesión de médico. Todas las pesquisas que se hicieron para esclarecer aquel acto vandálico resultaron infructuosas; no obstante, mi madre siempre sospechó que fuera el inductor su concuño Domingo Acosta, quien estuvo procesado por esta causa. Era mi padre tan querido en la localidad, fué tan intensa su vida en favor de la población, gozaba de tan alta estima, como médico y como caballero correctísimo, que nadie se explicaba que pudiera tener un sólo enemigo. El Municipio, en prueba de gratitud a su benefactor, dió su nombre a una de sus principales calles.

Mi madre quedó viuda a los treinta años, con cuatro pequeñuelos, el mayor de ocho años, contando para su sostenimiento y educación sólo con la pequeña fortuna que mi padre, muerto tan tempranamente, estaba a la sazón consolidando. Desde entonces hasta los ochenta y cinco años, edad a que se prolongó su existencia, mi madre estuvo siempre llorando la desaparición violenta e inesperada del amante esposo. Puede asegurarse que no hubo viuda que llorara más a su marido, tan enamorada vivió de él y en tan alto concepto tenía sus virtudes; y si no levantó al desaparecido una tumba como la de Artemisa a Mausolo o como la que en Agra le erigió el emperador Jehan a su esposa Muntaz Mahal, lo llevó siempre en el corazón y nos dejó un tomo de poesías —*Ayes del alma*— dedicadas todas a él, enseñándonos a venerar su recuerdo como el más preciado don.

Yo contaba entonces cinco años y me apegué mucho a mi madre, al verla siempre llorando sin consuelo. Más tarde, venciendo su dolor, no para mitigarlo, sino en cumplimiento de un deber, principió ella misma a educarnos y a instruirnos, inculcándonos el amor a la verdad, al estudio y a la honradez; y al hablarnos de historia nos contaba que hubo un hombre de valor y audacia extraordinaria que se llamaba Máximo Gómez, que luchó diez años por hacer a Cuba independiente; y también de sus labios oí por vez primera los nombres de Carlos Manuel de Céspedes y de Ignacio Agramonte. Nos inculcaba el amor a la patria; pero cuidando siempre de no despertar en nosotros odio a los españoles ni a persona alguna; y, profundamente religiosa, llegaba su bondad a pedirnos que perdonáramos a los asesinos de nuestro padre.

La simiente de amor a Cuba, sembrada en mi espíritu por mi madre durante mi niñez, germinó fácilmente en mi adolescencia al calor de las publicaciones de vehementes escritores, y fueron los poetas líricos los que primeramente me conmovieron. Tendría yo nueve años cuando cayeron en mis manos unos versos que circulaban clandestinamente; se trataba nada menos que del himno que inmortalizó a *Perucho* Figueredo, cuyo cuarto verso "que morir por la patria es vivir" era para mí la síntesis del himno fulgurante que convocaba a la pelea y señalaba la senda de la mayor gloria a que podía aspirar un cubano. Desde aquella temprana edad hasta los dieciocho años que contaba cuando estalló la guerra, aprendí de memoria muchas poesías que recitaba en reuniones de amigos; amé en Heredia tanto al genio inmortal que cantó *Al Niágara* como al patriota inmaculado y ferviente que añoraba morir por su Cuba adorada, y al recitar el *Himno del Desterrado* recalcaba con énfasis "que no en balde entre Cuba y España, tiende inmenso sus olas el mar". Pero eran Miguel de Teurbe Tolón y *El Hijo del Damují* mis poetas predilectos; del primero veía en *El Juramento* la más alta expresión de la dignidad cubana y gustábame repetir con acento de firmeza el último terceto: "Primero mi verdugo sea mi mano, que merecer de un déspota insolente el perdón de ser libre y ser cubano". Y sus versos *A mi madre,* ¡cuántas y cuántas veces los recité adolorido en reuniones familiares! Y del segundo gustábame recitar su oda *A Camprodón,* alternándola con el *Canto a España* de Pedro Santacilia, que conmovía con sus vibrantes endecasílabos a la juventud de mi tiempo.

Ya en la Universidad la muchachada se reunía en el aula, y mientras esperábamos al profesor, comentábamos las composiciones del tomo de *Los Poetas de la Guerra* que acababa de publicarse en Nueva York. *Panchito* Fabré, culto y sentimental, presintiendo quizás su próximo sacrificio heroico, exclamaba: ¡Qué honor tan grande nos espera; combatir con las armas por la independencia de Cuba!

> y morir cual valiente girondino
> con un himno inmortal en la garganta!

Marcos Aguirre, fácil poeta y a la vez un Hércules de veinte años, daba un puñetazo sobre la mesa y rugía con Hurtado del Valle:

> ¡Guerra! con justa saña
> la voz de ¡guerra! por los aires suba
> y saque a los tiranos a campaña,
> porque cada criollo que hay en Cuba
> tiene un agravio que vengar de España!

Ramón Campuzano, delicado y tierno, recitaba *El Combate de Báguanos,* de Fernando Figueredo; otro repetía *Vida mía,* de Ramón Roa, y mi hermano Virgilio, lacónico y sentencioso, agregaba: "Todo eso está muy bien; pero cuando llegue la hora es menester que no haya rezagados". Y así pasábamos el tiempo esperando al profesor.

Por eso he dicho siempre que fueron nuestros poetas los que despertaron más tempranamente el espíritu bélico en la generación del 95.

Los discursos de nuestros grandes oradores y varios libros y artículos publicados en la pre-guerra completaron nuestra conciencia revolucionaria y dieron forma definida a nuestros ideales de libertad.

El partido Autonomista había nacido vigoroso y lleno de los mejores propósitos, levantando el espíritu público, al terminar la epopeya del 68. Las proezas extraordinarias de los combatientes de aquella guerra, jamás superadas y sólo parcialmente igualadas en algunas de las más terribles contiendas en que se ha empeñado la humanidad, habían dejado al pueblo cubano exhausto, en la más desoladora miseria; y el Pacto del Zanjón se impuso como una tregua. Puesto que la lucha armada contra España había fracasado, un grupo de cubanos talentosos concibió el propósito de conquistar el mayor número de libertades posibles por el camino de la evolución. Sus prédicas contribuyeron a educar al pueblo en el ejercicio cívico de sus derechos, y bastó que combatieran al partido Unión Constitucional —enemigo de que hiciera España concesiones a Cuba— para que quedase bien establecida la línea divisoria entre insulares y peninsulares. El error de los autonomistas fué el no haber sabido retirarse a tiempo, al estallar la guerra; como hicieron algunos de ellos, entre otros Enrique José Varona, Alfredo Zayas y Raimundo Cabrera; creyeron, por el contrario, que una transacción, implantándose la autonomía, sería el fin de la lucha entre opresores y oprimidos, y perseveraron en su empeño ciegamente.

La publicación, en 1887, del libro *El 27 de Noviembre de 1871*, sobre el fusilamiento de los estudiantes de Medicina, por el doctor Fermín Valdés Domínguez, conmovió profundamente a la sociedad cubana y ganó muchos prosélitos a la causa del separatismo, despertando, no ya adversión, sino desprecio y odio a los voluntarios españoles, autores de aquel crimen espantoso, cometido con la anuencia del Capitán General. Manuel de la Cruz, con su libro *Episodios de la Revolución,* un tanto imaginativo —como correspondía al fin que se proponía— contribuyó eficazmente a la propaganda revolucionaria, al exaltar a los héroes de la contienda del 68, refiriendo sus hazañas. Prestó Enrique Collazo notable servicio en la preparación de un estado revolucionario con la publicación de *Desde Yara hasta el Zanjón* y Fernando Figueredo al dar a luz *La Revolución de Yara;* y aunque Ramón Roa en *A pie y descalzo* señaló los terribles sufrimientos de la campaña del 68, no por eso se desalentó la juventud, sino se creció ante el martirio que se le narraba. Y si bien Raimundo Cabrera no tuvo propósitos revolucionarios al dar a la estampa *Cuba y sus jueces,* reveló tan brillante y virilmente los abusos de los españoles en la colonia, su impiedad y latrocinio, que no quedó cubano de mediana cultura que no lo leyera, y los comentarios, siempre hostiles a los españoles, volaban de boca en boca.

Pero por encima de todos estos forjadores de voluntades para hacer frente a los cruentos sacrificios que se avecinaban; en primer lugar, indiscutiblemente, en la preparación de la conciencia ciudadana y en la demostración de la incapacidad de España para continuar gobernándonos, hay que colocar la acción tenaz, sin treguas ni desmayos, de Manuel Sanguily. Mientras casi todos los patriotas significados en la guerra se dispersaron por los países vecinos, ensayando renovar la guerra, unos, escépticos los más, pero lejos del déspota vencedor y vengativo, Sanguily se mantuvo siempre en la capital de la colonia, rodeado de los voluntarios españoles que le odiaban y que él marcaba en el rostro con el hierro candente de sus discursos; frente al pretor de poderes omnímodos y procederes siniestros, acusándole a cada paso, señalando sus errores y sus horrores, y con su verbo implacable, irónico, mordaz, atrevido; pero siempre justo, exaltando el alma cubana —nuevo Plutarco forjador de hombres— fué el más alto mentor de la juventud revolucionaria. Sus *Hojas Literarias* y sus discursos eran proclamas de guerra, y en ellos zarandeaba a las autoridades españolas haciéndoles sentir el flagelo de su elocuencia, y a la vez recordaba los días difíciles de la gran lucha; encomiaba a los mártires y a los héroes; dignificaba a los caídos; señalaba los errores cometidos por los patriotas y templaba las almas para el sacrificio en aras de la patria.

Los tres años que precedieron al *Grito de Baire* fueron de intensa excitación. Juan Gualberto Gómez había publicado, en 1890, en *La Fraternidad,* su famoso artículo titulado "Por qué somos separatistas", y fué condenado por la Audiencia de La Habana a varios años de prisión; pero presentado recurso de casación por Rafael M. de Labra, ante el Tribunal Supremo, de España, éste anuló la sentencia estimando que no era delito hacer propaganda por las ideas separatistas. El general Camilo Polavieja consignó en sus *Memorias*: "El día que se firmó tal sentencia abandonamos los medios de sostener nuestra soberanía en la Isla de Cuba".

Al amparo de aquella resolución del más alto tribunal de justicia de España, la prensa separatista tomó alientos. Eduardo Yero, en Santiago de Cuba y José Miró, en Manzanillo, hacían abierta campaña contra el gobierno español. En *La Protesta* y

La Verdad, en La Habana, José Clemente Vivanco, Usatorres Perdomo y otros escritores noveles reflejaban las tendencias separatistas.

No obstante que la oposición arreciaba, los gobernantes españoles persistían en sus intransigencias con la colonia. La pérdida de todo su inmenso imperio de la América del Sur y América Central no les había dejado ninguna enseñanza, ni tampoco la lección objetiva de Inglaterra, que después de perder las trece colonias del Norte estableció la autonomía en las restantes, haciéndose amar por sus gobernados. Las represiones sangrientas y crueles de todo movimiento revolucionario, eran la política exclusiva de España; así ahogó en sangre Polavieja los levantamientos de la llamada *Guerra Chiquita.* Limbano Sánchez, Pío Rosado, y más tarde Carlos Agüero fueron víctimas de la impiedad. Las oficinas del Estado eran ladroneras públicas, desempeñadas siempre por españoles que venían a ellas a enriquecerse; en los establecimientos comerciales e industriales no se daba entrada a los cubanos, siendo españoles los dueños y dependientes; la instrucción pública yacía abandonada, porque había el criterio de que mientras más ignorante fuera el pueblo más fácil sería manejarlo; las elecciones resultaban una farsa; el atraso en materia de higiene era tal, que Cuba había alcanzado justificada fama mundial como uno de los países de más alta mortalidad. El plan de *Reformas de Maura,* formulado por el ilustre político español cuando ocupó el Ministerio de Ultramar, con ser rudimentarias las ventajas que ofrecía, fué substituído por otro proyecto de Abarzuza —que tampoco pasó de proyecto— en el que apenas se hacían concesiones.

La corrupción administrativa era tan enorme que, a pesar del peligro de la fiebre amarilla, venían de España oleadas de favoritos a levantar en corto plazo una fortuna en los contrabandos de aduanas y los contratos públicos. El poder judicial se doblegaba ante el Gobernador y los coroneles de voluntarios. El bandolerismo estaba tan extendido, que cuando Polavieja hizo fuerte campaña de represión, en poco tiempo apresó ciento sesenta y cuatro bandoleros y encubridores, mató cuarenta y tres en sus persecusiones y llevó veinte al patíbulo; pero difícilmente podía exterminarlos cuando en muchos casos la Guardia Civil actuaba de acuerdo con los secuestradores, al extremo de que en 1891 fué fusilado por esta causa el comandante Eustasio Méndez, de aquel cuerpo. Los desmanes de la tiranía no tenían límites. La colonia había sido vilmente engañada con las promesas del Zanjón y era baldón y oprobio vivir así. El cubano estaba reducido a la condición de paria en su propio país.

En todos los hogares se comentaba la situación política y se llegaba a la conclusión de que lanzarnos nuevamente a la guerra contra España, sin recursos para hacerlo, era una locura, pero una locura necesaria a la que nos arrastraba la desesperación.

En el seno de mi familia —toda cubanísima— cambiábamos impresiones frecuentemente sobre el tema palpitante, y en una ocasión mi abnegada madre epilogó una de aquellas charlas exclamando, estremecida por la emoción, pero con noble entereza: "¡Mis hijos tienen dos madres: la patria y yo, y ellos deben acudir a la que más los necesite!"

Aquel día —para mi hermano y para mí— quedó echada la suerte.

DE CONSPIRADOR A MAMBI

Yo me había graduado de bachiller en Artes y Letras en el año 1893, en el Instituto de Segunda Enseñanza de Matanzas, y venía entonces a La Habana para estudiar la carrera de Medicina. Como nuestros recursos eran muy limitados, mi hermano y yo ingresamos como dependientes, él en la droguería de Johnson y yo en la de Anselmo Castells. Allí conocí a Marcos Aguirre, estudiante y dependiente también; pronto estrechábamos amistad y acabamos por arrendarle a Castells una de sus varias farmacias, *La Occidental,* en la calle de Corrales esquina a Cienfuegos, donde aun hoy perdura. Aguirre contaba diez y nueve años de edad y yo diez y siete; era joven de privilegiada inteligencia y extraordinariamente fuerte; no fué nunca pendenciero, cuidaba de no lastimar jamás con sus palabras y actos, pero cuando se le ofendía reaccionaba tan violentamente, que nunca tuvo necesidad de dar más de una trompada para derribar a su contrincante, y diré de paso que siempre su contrincante resultaba ser algún gallego —como se les decía generalmente a los españoles— que había tenido la osadía de hablar mal, en su presencia, de Cuba o de los cubanos.

Pronto la farmacia *La Occidental* se convirtió en un centro de conspiración; allí acudían algunos jóvenes, casi todos estudiantes, movidos por la atracción personal de Marcos Aguirre, y por vez primera supimos que en los Estados Unidos había un orador llamado José Martí, que acababa de fundar el Partido Revolucionario Cubano, tratando de reunir bajo una sola bandera a todos los cubanos para lanzarse a la guerra en demanda de la independencia. Debo confesar que las prédicas de Martí nos eran casi desconocidas; la carta de Enrique Collazo y José María Aguirre, publicada en *La Lucha,* nos había dejado en dudas sobre la personalidad de Martí, y fué preciso que aprendiéramos a conocerle a través de algunas personas que le visitaron en los Estados Unidos y que volvían electrizadas por su mágica palabra. Lo que sí supimos fué que Máximo Gómez, Calixto García y Antonio Maceo estaban prestos a tomar las armas, y eso nos bastó para alistarnos en la revolución.

Las noticias de la conspiración en el extranjero nos llegaban particularmente por conducto de un alto empleado de Castells, cuyo nombre lamento no recordar; él era la persona de contacto entre Juan Gualberto Gómez y los jóvenes entusiastas, y por él supimos de un emisario de Martí —después he sabido que fué el comandante Gerardo Castellanos— que recorrió la Isla aunando voluntades, y nos enteramos superficialmente de las gestiones, en pro de la guerra, hechas por Néstor Leonelo Carbonell, José Dolores Poyo, Fernando Figueredo y otros patriotas, en los clubs revolucionarios de la emigración.

Así las cosas, a mediados del mes de enero de 1895 nos sorprendió la prensa dándonos la noticia de que los vapores *Lagonda, Amadis* y *Baracoa* habían sido apresados en Fernandina por las autoridades de los Estados Unidos, con armas y municiones, preparados para un desembarco en Cuba con los principales jefes revolucionarios. El gobierno español se dió entonces cuenta de que no eran meras habladurías lo que se venía repitiendo sobre la conspiración de los emigrados y que *el visionario* José Martí trabajaba firmemente por lanzarnos a la guerra. Fracasada la expedición de Fernandina —admirable concepción de estrategia que de cristalizar hubiera puesto en grave aprieto al gobierno español— los proyectos revolucionarios sufrían serio quebranto y parecía que toda la obra de los emigrados venía a tierra. Nosotros nos quedamos completamente desorientados. El confidente que traía los informes de Juan Gualberto Gómez, no aparecía, hasta que por el 20 de febrero estuvo presuroso hablando con Marcos Aguirre, el más caracterizado de nuestro grupo, notificándole que se había ordenado el levantamiento para el día 24; y desapareció sin que más nunca volviéramos a saber de él. ¿A dónde ir? ¿A quién debíamos incorporarnos para el pronunciamiento? Ninguna orden concreta. El 24 se supo que el día anterior el capitán general Emilio Calleja, conocedor de lo que se tramaba, había puesto en vigor la ley de Orden Público, para sofocar cualquier intentona, y esa misma tarde principiaron a publicarse noticias sensacionales: grupos de patriotas se habían alzado en armas contra España en las provincias de Matanzas y Santiago de Cuba. Actuando rápidamente, las autoridades españolas detuvieron al general Julio Sanguily y al doctor Pedro Betancourt, designados Jefes del movimiento en Occidente; batieron y apresaron en Ibarra a López Coloma; su compañero Juan Gualberto Gómez se entregó a las autoridades en Vellocino, y Martín Marrero, levantado en Jagüey Grande, fracasó también. En Oriente la situación era indecisa. Los desembarcos de Maceo y Crombet, por una parte, y de Martí y Máximo Gómez por otra, vinieron a consolidar la revolución; pero Crombet cayó a penas desembarcado y Martí duró vivo poco más de un mes.

Los conspiradores de *La Occidental* hacíamos esfuerzos por incorporarnos a los sublevados, pero era muy difícil llegar a ellos desde La Habana. Al terminar nuestro curso en la Universidad en el mes de junio, resolvimos marchar a Camagüey, que acababa de ser invadido por Máximo Gómez, y en vista de que el resto de los conspiradores de nuestro grupo no se resolvía a actuar, decidimos hacerlo mi hermano Virgilio, Ignacio Díaz López y yo. No había entonces ferrocarril central ni carreteras que llevaran a aquella provincia, y como único medio de transporte había que utilizar dos lanchones, el *Tínima* y el *San Fernando* que, remolcados por el vaporcito *Humberto Rodríguez,* se dedicaban a traer ganado de Camagüey a La Habana. Cada lanchón tenía cuatro o seis literas para pasajeros. El día 5 de julio de 1895 salimos de *La Occidental,* donde nos despidieron algunos amigos, convencidos de que íbamos a correr una loca aventura, y los tres compañeros nos acomodamos en el *Tínima;* a las nueve de la noche salíamos por la boca del Morro y el día 7 al oscurecer, estábamos en Nuevitas. Durante el viaje nos dimos cuenta de que en el otro lanchón, el *San Fernando,* iban también otros tres jóvenes sin conexión con nosotros, pero se adivinaba su objetivo; esos jóvenes eran Néstor Aranguren y los hermanos Gerardo y Ricardo Rodríguez Armas. Un tren cargado de tropas españolas nos llevó al siguiente día a la ciudad de Camagüey. Tan mal preparados íbamos que ni siquiera sabía de nuestra llegada el único amigo que allí teníamos, José Molina Torres. Desde el hotel *Gran Oriente* le enviamos una esquela y en seguida se apareció, asombrado de lo que estábamos haciendo. El hotel estaba lleno de oficiales españoles, y a Ignacio Díaz le tocó compartir su habitación con uno de ellos. Lo primero que hizo Molina fué sacarnos del hotel y meternos en un fonducho desconocido, para mejor ocultarnos, y allí nos dividimos yendo cada uno a dormir, separadamente, en la casa de las personas que nos debían sacar de la población, cambiando nuestros trajes por otros propios de campesinos, y tras muchas peripecias, el día 14 logramos salir. ¡Qué valientes aquellos hombres que se atrevieron a sacarnos! Solamente pudimos escapar por la estupidez de los guardadores del orden. En una población donde todo el mundo se conocía, no hubiera costado mucho trabajo darse cuenta de que tres jóvenes desconocidos, vestidos de guajiros y con zapatos de charol no podían ser más que gente extraña que buscaba incorporarse a la revolución; y con pocas preguntas que nos hubieran hecho, la confirmación la hubieran tenido. El hombre que a mí me sirvió de práctico se llamaba Manuel Carmenate; muchos años después lo volví a ver convertido en acaudalado ganadero por su esfuerzo personal. Después de andar trece leguas a caballo, llegamos a San José de Najasa, y allí me puse a las órdenes del prefecto Ramiro Ronquillo, quien me incorporó a una pequeña fuerza mandada por el capitán Oliva, el que sabedor de que el general Gómez se estaba batiendo con una columna española que llevaba un convoy a Guáimaro, se dirigía en su busca. El día 21 comenzamos a oír el fuego que sostenían nuestros hombres con la columna; las descargas se escuchaban tan atronadoras y acompasadas que el capitán Oliva nos dijo que seguramente los cubanos se habían lanzado a la carga, formando el cuadro los españoles para rachazarlos; y al cesar el fuego de fusilería nos dijo que la lucha cuerpo a cuerpo había comenzado. Al oír tantas descargas, pensé que acabarían con los nuestros, y que yo había llegado a los funerales de la revolución. Dos horas después entrábamos en el campamento, donde abracé a mi hermano y a Ignacio que habían llegado allí dos días antes; en seguida me presentaron al marqués de Santa Lucía, al doctor Sánchez Agramonte y otras personalidades, y al siguiente día, el 22, tuvimos el honor de estrechar la mano del general Máximo Gómez, y quedamos incorporados a su escolta.

¡El ideal de mi primera juventud estaba cumplido; ya era soldado del Ejército Libertador de Cuba!

BAUTIZO DE FUEGO

Estábamos a mediados de agosto de 1895, y llevando ya un mes en las filas insurrectas, aún no habíamos tenido nuestro bautizo de fuego, pues si bien es cierto que en Ciego de Molina, el 22 de julio, oímos de cerca las descargas cerradas de los cuadros españoles amenazados por la caballería de Máximo Gómez, es también positivo que no estuvimos al alcance de las balas enemigas. Ansiábamos vernos frente a las columnas españolas, diezmarlas con nuestros disparos y pasarlas a cuchillo en cargas fabulosas, tal como nos lo habían metido en la cabeza los brillantes escritores que en páginas inflamadas cantaron la epopeya de la guerra del 68. No pensábamos que a aquellos ilustres varones les movía el interés de exaltar los hechos preparando los ánimos para la próxima contienda, y que los viejos fusiles de antaño habían sido substituidos hogaño por el máuser, arma formidable que hacía poco menos que imposibles las cargas de caballería. Además, pronto nos íbamos a convencer de que las tropas contrarias estaban mandadas por oficiales conocedores del arte de la guerra, y en las nuestras por grande que fuera el patriotismo —reinando la inexperiencia y la ineptitud— habríamos de cometer graves y costosos errores.

Comprendiendo Máximo Gómez la necesidad de oponer tropas de infantería a las columnas españolas, organizó el 12 de agosto, en Ciego de Najasa, un núcleo de infantes de cincuenta a sesenta hombres y los puso a las órdenes del capitán Raúl Arango, bajo la denominación de infantería *Gómez*. De esta fuerza pasamos a formar parte mi primo Ignacio Díaz, como sargento, manejando un máuser, y mi hermano Virgilio y yo, de teniente y sargento de sanidad, respectivamente.

Al recibirse noticias de que un convoy, protegido por mil quinientos hombres, al mando del coronel Rafael Ibáñez Aldecoa, había salido de Puerto Príncipe para Sibanicú, Cascorro y Guáimaro, el General en Jefe dispuso que marchara a hostilizarlo una fuerza nuestra, compuesta de la infantería *Gómez* y un escuadrón de caballería mandado por el capitán Armando Sánchez Agramonte. El día 13, por la madrugada, partimos de Ciego de Najasa y llegamos a Imías, donde incendiamos un puente sobre el río por donde debían pasar los españoles. El 14, en la finca *Cielo,* nos reunimos con el comandante Angel Castillo, y el 15 llegamos a La Esperanza, donde dejamos los caballos y seguimos a pie hasta Limones, junto al camino que traía el enemigo, cayéndonos arriba un torrencial aguacero, y mojados de pies a cabeza, sin tener qué comer, nos echamos a dormir en el monte.

Al amanecer del día 16, ya estábamos de pie tomando posiciones que dominaban el camino, en espera del enemigo. De nueve a diez de la mañana, se le vió avanzar lentamente por el camino real; tras emoción creciente —pues la mayor parte de nosotros nos íbamos a batir por vez primera— se le dejó acercarse, y ya a corta distancia se rompió el fuego contra él. Los españoles contestaron vivamente, desplegando su vanguardia. A los veinte minutos se nos acabó el parque, al mismo tiempo que las cornetas españolas ordenaban cargar a la bayoneta. Muy interesante aquel toque de carga en medio del tiroteo, pero como las municiones se nos habían agotado, abandonamos las posiciones y nos volvimos a La Esperanza.

Eran de oírse los comentarios: cada tirador decía tener la seguridad de haber hecho morder el polvo a dos o tres soldados enemigos, y el capitán Raúl Arango, reputado como experto tirador, afirmaba haberle alojado una bala en medio del pecho a un jefe contrario que montaba un caballo blanco. Pocos días después nos quedamos mirándonos las caras cuando un comunicante nos informó que la columna española no había sufrido bajas. ¿Sería esto cierto? ¡Adiós, entonces las ilusiones, los actos heroicos que pasarían a la historia, balas dedicadas a jefes determinados! Y todo aquello no había sido puro mentir, pero sí producto de la imaginación de gente inexperta y del mejor deseo... En el periódico *La Lucha,* el día 30 del mismo mes, se comentó: "En el mismo ataque una bala atravesó el sombrero, rozándole el pelo, al coronel señor Otero, jefe de la guerrilla local de Camagüey". Es posible que éste fuera el jefe que enfiló con su rifle el capitán Arango y que creyó había matado.

Mi hermano anotó en su diario: "En esta jornada nos hemos pasado treinta horas sin comer"... y constantemente empapados, pudo agregar. Por la noche llegó el coronel Fernando Espinosa, guerrero del 68, con un poco de parque y con órdenes de que les saliéramos por delante a los españoles para atacarlos de nuevo. Nos sentíamos dichosos de haber tenido sólo tres heridos, con los que el capitán Armando Sánchez se retiró al siguiente día; y en marcha la pequeña columna, fuimos a reconocer el campo de combate. Nuestra sorpresa fué grande cuando encontramos, a orillas del camino, los cadáveres de cinco de nuestros hombres horriblemente mutilados. Nadie sabía en qué momento fueron heridos o hechos prisioneros. ¡Pobres muchachos, que por falta de experiencia no supieron retirarse a tiempo y fueron víctimas de la furia española! Fué su bautizo de fuego y hallaron en él la muerte. Cumplo con un deber de compañerismo consignando sus nombres, que anoté aquella mañana junto a sus cadáveres: Ramón Ramírez, Lázaro Quintana, Juan Elió, José Peña y Aurelio Galló. A éste último le encontraron en un bolsillo el diploma de alférez de Jorge Castillo, y tomándolo por tal, le dieron muerte a culatazos, rematándolo con catorce heridas de bayoneta.

El asesinato de aquellos hombres nos produjo fuerte impresión; pero recibimos la primera gran enseñanza: nuestros enemigos estaban resueltos a no respetar las leyes de la guerra, y el que cayera prisionero no podría esperar compasión. ¡Era necesario pelear hasta morir!

CEJA DE TANA

Después de dar sepultura a nuestros muertos del combate de Limones, nuestro pequeño contingente fué a vivaquear a *La Antorcha,* a marcha forzada, pues el convoy español nos llevaba algunas leguas de ventaja y era preciso interceptarlo antes de que llegara a Guáimaro. El asesinato cometido con los cinco hombres caídos prisioneros el día anterior, despertó en todos deseos de venganza, y al amanecer del día 18 de agosto ya estábamos en el camino real, a vanguardia de los españoles. El teniente coronel Espinosa había escogido la Ceja de Tana, para oponerles resistencia, de manera que al llegar allí, en un lugar donde el camino hace una ligera curva, penetramos en el monte por estrecha vereda, dejamos los caballos como a un kilómetro y medio, monte adentro y, ya todos a pie, tomamos posiciones a orillas del camino.

Mi hermano Virgilio y yo nos animamos para a ir la emboscada con los infantes del capitán Raúl Arango. El portaba un pequeño revólver, y como yo estaba completamente desarmado, un barbero de Camagüey, que se quedó en la impedimenta, me prestó un revólver Smith que tenía la particularidad de que le faltaba el pasador para sostener la maza en su puesto; el hombre me explicó que sosteniendo la maza con la mano izquierda en posición correcta y disparando con la derecha, la bala saldría bien. Y satisfecho de mi original arma, partí con Raúl Arango en busca del enemigo, no sin antes oír el último consejo del barbero, que me decía: "Cuando usted quiera dar en el pecho, apunte a la cabeza". El teniente coronel Espinosa ocupó con su gente el lugar de la curva del camino para batir al enemigo de frente; el capitán Arango, con un grupo del *Gómez,* se situó de martillo, dos escuchas se colocaron cincuenta metros, monte adentro, para evitar en lo posible un flanqueo, y en lugar intermedio, entre los escuchas y Arango, pusimos rodilla en tierra mi hermano y yo.

A las diez de la mañana principiamos a escuchar las voces de los carreteros del convoy arreando a sus bueyes, gritando fuerte y de manera incesante a medida que se acercaban a la silenciosa emboscada. Los momentos eran de gran interés; mi hermano empuñó su revólver y yo ensayé colocar la maza del mío correctamente en su puesto, y sujetándola con la izquierda, para disparar con la derecha, según se me había instruido, y ahora —me dije— seguiré el consejo del barbero: apuntaré a la cabeza para dar en el pecho. Los carreteros no cesaban de vocear, y ya se les oía frente a la emboscada. De momento los escuchas —muy abiertos los ojos, denunciando alarma— nos hicieron señales de que algo anormal oían que se les acercaba; mi hermano y yo repetimos las mismas señales al capitán Arango, y en estas inquietudes estábamos cuando irrumpió ante nosotros un flanco español que, al descubrirnos, nos rompió fuego a cortísima distancia. El combate se generalizó en toda la línea; pero los del flanco cargaron sobre nosotros disparando sus armas, y Raúl Arango, con sus hombres, emprendió la retirada, que se convirtió en seguida en veloz carrera, tanto como permitía la espesura del monte. "¡Corre!, me gritaba mi hermano. "¡Corre!", le gritaba yo. Arango se volvía, de vez en cuando para disparar su rifle, pero como el enemigo nos perseguía tenazmente optó por tomar el rifle con una mano y con la otra sujetar sus espejuelos, pues sufría de una alta miopía, y la pérdida de sus lentes le hubiera resultado fatal, y corría junto con los otros. El soldado correo de Maratón no corrió más veloz que nosotros. Dos hombres de la fuerza del capitán Fernando Fernández, que se nos habían incorporado aquel mismo día, fueron alcanzados por el enemigo, no sabemos si heridos o ilesos, y les dieron muerte en el acto. Ganamos, al fin, la carrera, porque en ella tuvimos mayor interés que el enemigo; para nosotros era cuestión de vida o muerte; para ellos el interés estaba en hacernos levantar la emboscada y de paso causarnos el mayor daño posible, y cada vez que en su persecución se paraban para apuntar, nos alejábamos de ellos algunos metros más. Después de mucho correr, los grupos dispersos nos fuímos reuniendo en el lugar donde habíamos dejado la impedimenta. Llegamos jadeantes, pero de seguida todo eran risas al ver llegar a los rezagados. Con un herido se aumentó el número de nuestras bajas. Reunidos la mayor parte de los dispersos, fuimos a pernoctar a Palo Quemado.

Nuestras esperanzas en el teniente coronel Espinosa, por su experiencia de la Guerra de los Diez Años, habían quedado defraudadas. Salió con sus hombres al camino, delante de los españoles; éstos, seguramente, vieron el rastro y se dieron cuenta exacta de que entramos en el monte, y allí les esperábamos; por eso flanquearon por la izquierda; y el griterío constante de los carreteros no tenía más objeto que darle al flanco la distancia del camino. Si en lugar de proceder como lo hicimos, hubiéramos levantado una trinchera invisible en el recodo del camino, sin dejar rastro sobre éste, seguramente hubiéramos sorprendido al enemigo con un fuego efectivo que no hubieran podido evitar; pero nuestros jefes, dignos sucesores de Hatuey, tenían a menos pelear resguardados por trincheras.

Tres días después de la acción de *Ceja de Tana,* el 21 de agosto, nuestra pequeña columna se incorporó al cuartel general en San José de Guaicanamar. El capitán Raúl Arango había llegado un día antes que nosotros, y, movido seguramente por el afecto que nos tenía, al referir el encuentro pintó con vivos colores la actitud de mi hermano y la mía, yendo a la emboscada armados sólo de malos revólveres. El coronel Eugenio Sánchez Agramonte nos felicitó calurosamente y nos llevó a la tienda del General en Jefe. Máximo Gómez nos hizo el honor de levantarse de su asiento y darnos la mano —aquella mano gloriosa que empuñó el machete de *Palo Seco,* y que yo estreché con profunda devoción— oyó una vez más algunos detalles de labios de Arango; pero no hizo el más leve comentario; era gran conocedor de nuestras guerras para darse cuenta de lo que podía esperarse de una tropa bisoña. Y, para sus adentros debió haber reído del incidente del revólver del barbero, pero a su línea de conducta no correspondía criticar ninguna audacia.

EN LA CAVERNA DE POLIFEMO

Durante los últimos años que precedieron a la guerra emancipadora el bandolerismo estaba muy extendido por toda la Isla, y el bien disciplinado e instruído cuerpo de la Guardia Civil, encargado de combatirlo, era impotente para restablecer la tranquilidad en los campos. La razón más importante para comprender la ineficacia de la Guardia Civil había que buscarla en su impopularidad, pues el "benemérito" cuerpo era el mejor instrumento de opresión de la tiranía española. Esto contribuyó a que algunos de aquellos bandoleros llegaran a conquistar cierta celebridad, que la fantasía popular ha exagerado de manera incomprensible. Al abrazar la Revolución creyeron que sería el Jordán purificador que haría olvidar sus crímenes, pero pocos salieron de ella regenerados.

El más conocido de todos fué Manuel García, que operaba en la provincia de La Habana. Entre sus muchas fechorías se cuenta el secuestro de uno de los Fernández de Castro, hermano de Rafael, el gran tribuno del autonomismo; y con el producto del secuestro quiso ganarse la buena voluntad de Martí, donando parte del producto para la revolución que se preparaba contra España; pero Martí rechazó la oferta con la célebre frase: "el árbol debe venir sano desde la raíz"; y Máximo Gómez, por la misma época, contestaba a un amigo conspirador: "No estoy conforme con los aliados que usted indica. Con semejantes auxiliares la Revolución nacería enferma. La gente de bien nos daría las espaldas; nos quedaríamos con la canalla, y con esta ralea no se va a ninguna parte. Además, en el caso improbable de triunfo, con tan inadecuados elementos, ¿cuántos años de panacea depurativa tendríamos que usar con nuestros aliados?"

Por fortuna para la Revolución, Manuel García no duró más de un día desde su incorporación a ella hasta su muerte, y tuvimos la suerte de que no se atreviera a lanzar el grito de independencia. Su único acto de aquel día estuvo en perfecta concordancia con los de toda su vida, pues asaltó la tienda del Seborucal y se llevó de allí cuanto dinero encontró.

Otros muchos bandidos, actuando ya como miembros del Ejército Libertador, fueron cayendo al peso de la Justicia militar, víctimas de sus fechorías. El brigadier Pancho Pérez se vió forzado a ejecutar al célebre Tuerto Matos y a un compañero de éste. Masabó y Manuel de Jesús González, ex-bandido éste último, que llegó a ser oficial, fueron fusilados por Máximo Gómez. Roberto Bermúdez, el más valiente de todos ellos, que peleó en la vanguardia de la Invasión, no pudo substraerse a lo que era, un criminal nato, y no obstante sus servicios y el alto grado que alcanzó fué pasado por las armas por el General en Jefe, en castigo de sus crímenes. Pérez Posada, conocido por *Guaracha*, siguió siendo en la guerra tan bandolero como durante la dominación española, y entre sus crímenes se cuenta la muerte del doctor Argudín, médico del Ejército Libertador. Otros, como Regino Alfonso y Matagás, al parecer regenerados, murieron peleando.

No fueron, sin embargo, criminales incorregibles todos los hombres que estuvieron fuera de la ley en tiempos de España; algunos de ellos alcanzaron grados legítimamente ganados en la guerra y han sido hombres de orden en la República; no debo citar sus nombres, porque sería una afrenta para ellos y sus descendientes. La Revolución los amnistió, y aquella amnistía borró los antecedentes penales. No obstante, tengo que citar por su nombre a uno, de los más sinceramente arrepentidos: Juan Muñoz, ya que fué el protagonista del episodio que voy a relatar.

Muñoz había sido soldado de caballería del ejército español, y al terminar sus servicios en aquel cuerpo se quedó en Camagüey, talando maderas en los montes vírgenes de esta provincia, hasta que un mal día se incorporó a la partida de bandoleros que capitaneaba Nicasio Mirabal; allí le encontró la guerra y en seguida se incorporó a un grupo armado mandado por Fernando Fernández, y en una carga al machete que dió éste a una guerrilla en Guáimaro, en los primeros días de la revolución, haciéndole siete muertos, Muñoz fué gravemente herido en un brazo; el general Máximo Gómez, que apreciaba grandemente los rasgos de valor, le hizo oficial. En el mes de octubre de 1895 le practicaron una operación, y el coronel Eugenio Sánchez Agramonte me ordenó —como sargento que era yo de Sanidad— que me hiciera cargo de su asistencia, en el hospital de sangre de la Sierra de San Diego, a cargo de Rosa *la Bayamesa,* negra entusiasta y astuta que había prestado servicios similares en la guerra del 68. Pero Muñoz no se avenía a vivir allí, temiendo siempre ser asaltado por los españoles, que, según él, le tenían tantas ganas, que harían cualquier sacrificio por capturarlo. Así fué que el día 31 del mismo mes, con un negrito llamado Rafael, que le habían designado como auxiliar, y yo, como enfermero, abandonó el hospital en busca de la zona de *Consuegra,* que él conocía palmo a palmo. Aquel día dormimos en Monte Grande y al siguiente, 1º de noviembre, y tras muchas horas de marcha, atravesando montes firmes por estrechas veredas y mojados por la lluvia que caía, llegamos, a las cuatro de la tarde, a la prefectura de Loma Bonita, que encontramos abandonada y en completo desorden muebles y papeles, indicando claramente que acababa de ser asaltada por los españoles. Este indicio debió ser bastante para que abandonáramos la ruta que llevábamos; pero Muñoz, imprudente y temerario, siguió adelante, y al salir al camino real encontramos el rastro de una fuerte columna española que acababa de pasar, penetrando por un callejón hacia la finca *Manicaragua.* Con gran sorpresa de mi parte, él decidió seguir el rastro de la columna, apercibiéndose para el choque con ella, empuñando el revólver, a pesar de su maltrecho brazo derecho, y ordenándole a Rafael, que manejaba una tercerola, que estuviera listo para hacer fuego; yo, que desde mi incorporación a las fuerzas, cuatro meses antes, no había logrado conseguir más arma que un cuchillo, traté de convencerle de que era un disparate continuar por aquel camino; pero fué inútil, y apenas habíamos andado cinco minutos cuando sentimos a los españoles alborotando a cien metros de nosotros, en la finca *Manicaragua.* No se dió por vencido aquel testarudo hombre; abandonó el camino, penetrando en el monte, a la izquierda, nos desmontamos, y mandó a Rafael que se acercara a pie al potrero, que estaba rodeado de montes, para que hiciera una exploración. A poco regresó Rafael informando que, en efecto, allí estaba acampada la columna española; y mientras esto ocurría, un piquete de infantería pasó por el camino que nosotros habíamos traído y estableció una emboscada por el lugar donde poco antes habíamos tropezado con el rastro, sin darse cuenta de nuestra presencia, pues no podían pensar en tamaña osadía y estupidez.

Ahora estábamos ya dentro del campamento español, bajo sus propias guardias. Muñoz no se arredró; dejamos los caballos y nos internamos cautelosamente, monte adentro, cubriéndonos algunos matojos. Como en *Manicaragua* había una prefectura, los españoles, al acampar en el pequeño potrero, a orillas del monte, se regaron en varios grupos en busca de objetos, y les oíamos discutir y hasta estornudar. Juan Muñoz, en voz muy baja, me explicó que él conocía muy bien aquellos lugares, porque había cortado allí muchas maderas antes de ingresar en la partida de Mirabal; que no era posible que la columna española pernoctara en aquel sitio, porque no tenía más agua que la de un pozo, y que a menos de que nos encontraran antes de que llegara la noche, podríamos estar seguros de salir de aquella trampa. Me afirmó que a él no lo cogerían vivo, y nos repitió a Rafael y a mí que, en caso de sorpresa y tener que huir, le siguiéramos bien de cerca. Ahora mi valiente jefe, ex-bandolero, estaba un tanto pálido; el negrito Rafael, cenizo, y yo sentía ya sobre el cráneo el filo del machete de los guerrilleros.

"Nos hemos metido en la caverna de Polifemo", dije en voz baja, como hablando conmigo mismo. Mis dos compañeros me miraron, con extrañeza, y Muñoz exclamó con energía: "¡Ya he dicho que esto se llama *Manicaragua!*" Llegó por fin la ansiada noche; poco antes habíamos sentido, agazapados, casi sin respirar, el murmullo de una patrulla que pasó cerca de nosotros. Por fortuna no llevaban perros, como era frecuente entre los guerrilleros, que nos hubieran olfateado. En contra de la predicción de Muñoz, la columna decidió pernoctar allí, y nos obsequiaron con una retreta y con cantos variados. Las cornetas tocaron silencio y nosotros pudimos respirar: ya no habría excursiones por el monte, y al ser de día seguirían la marcha. Muñoz nos explica esto con aire de triunfo, pero muy quedo; y colgamos las hamacas, lo mejor cubiertos posibles, no obstante mis protestas; pero, como él dijo: "Si nos van a dar machete, vale más pasar en la hamaca la última noche"; y rendidos por el hambre, las fatigas y las emociones del día —de aquel día de Todos los Santos que nunca he podido olvidar— nos quedamos dormidos. A la media noche nos despertaron tiros en dirección contraria al campamento: "Nos están echando un ala" —dijo Rafael, saltando de la hamaca. "Deja que nos echen cuatro —murmuró Muñoz— aquí no hay quien me coja". Yo, que me había quitado los zapatos, me los puse de nuevo, por si llegaba la hora de romper monte huyendo, y me volví a dormir. De madrugada nos despertaron toques de diana y otros que no conocíamos, y al ser de día sonaron tiros en el campamento, y Muñoz comentó con gran naturalidad: "Eso es que están fusilando prisioneros". Debí haber palidecido, pues pensé en que sería un horror morir a los diecinueve años, sin poder defenderme y sin gloria.

Como los toques de corneta se repetían y el enemigo no abandonaba el campamento, resolvimos, como a las nueve de la mañana, ir, cautelosamente, en busca de los caballos que habíamos dejado amarrados por el cabestro a cincuenta metros de nosotros, y llevándolos por el freno, con grandes dificultades, temiendo a cada paso encontrar un patrulla de españoles, abriéndonos paso, silenciosamente, entre el monte, fuimos en busca de una estrecha vereda de sacar maderas, que el mismo Muñoz había abierto en sus buenos tiempos de talador; la encontramos después de haber andado un kilómetro por el monte, la seguimos hasta un punto en que se hacía transitable, y entonces montamos, temerosos todavía de topar con alguna guerrilla. Habríamos andado unas dos leguas cuando llegamos a una finca llamada "Los Angeles". La familia nos recibió temblando, porque creyeron que éramos españoles, pero al identificarnos, nos suplicaron que nos fuéramos pronto de allí. Nos contaron que la columna acampada en *Manicaragua* la componían mil quinientos soldados a las órdenes del coronel

Pablo Landa y Arrieta; que desde allá estaban enviando pequeños grupos en todas direcciones, sembrando el pánico y matando a los pocos hombres que encontraban; que los tiros que oímos por la mañana en el campamento fueron disparados por el teniente de nuestras fuerzas Andrés Manso, que, acompañado de dos hombres, penetró audazmente, monte a monte, hasta hacer fuego sobre el mismo coronel español, huyendo después. Nos mostraron un bando de Landa y Arrieta que en pequeñas hojas iban regando por los lugares por donde pasaban, y muy compungidas nos repitieron el ruego de que nos fuéramos, pues los españoles estaban cerca y no demorarían en llegar; pero Muñoz, siempre imprudente y terco, nos hizo apear de los caballos e insistió en que nos dieran algo que almorzar, pues el día anterior no habíamos probado bocado. Nos estaban repitiendo entre congojas los episodios del día, cuando una de las mujeres gritó: "¡Huyan, por Dios; los españoles!" Dos soldados de caballería se acercaban a la casa, con las tercerolas enfiladas, y nosotros emprendimos la carrera a pie en busca del monte, atravesando un potrero de tumba que dificultaba avanzar; la pareja nos flanqueó, y por fortuna resultaron exploradores cubanos que estaban localizando a la columna; de haber sido españoles, no hubiéramos podido escapar. Muñoz tardó en recuperar la tranquilidad, y luego confesó que al verse sorprendido y copado había pensado pegarse un tiro para que no le cogieran vivo, pero que recapacitó decidiendo pelear cuando nos alcanzaran, y después suicidarse. Aun así persistió en almorzar allí, y después del almuerzo, al montar a caballo, sentimos un tropel de caballería que nos obligó a huir a todo correr en dirección contraria; y tras de nosotros entró en Los Angeles la guerrilla española. Mucho anduvimos alejándonos de aquella zona infestada de enemigos, y al anochecer dormimos en un rancho de familia.

Aquella aventura de *Manicaragua* fué una de las más difíciles que tuve que afrontar en la guerra de independencia. En otras ocasiones el peligro de la vida fué inminente, pero breve; en *Manicaragua* la muerte revoloteó sobre nosotros durante veinte horas. Escapamos con vida de milagro; y todo por la terquedad de Juan Muñoz. Imprudencias parecidas nos costaron muchas bajas en nuestras filas, durante la lucha contra España. Había en la guerra muchas personas con mando que no tenían el menor concepto de los deberes de un militar, y por dárselas de valientes, sacrificaban inútilmente a sus subalternos.

Juan Muñoz, con quien estuve dos meses, llegó a tomarme mucho afecto. Tres años después, en las postrimerías de la guerra, lo encontré de comandante, con el general Máximo Gómez; y aun vive, en Marianao, quebrantado por los años y las enfermedades. Del negrito Rafael no volví a saber más. El coronel Pablo Landa y Arrieta, jefe de la columna española y asesino de prisioneros indefensos, se quedó a vivir tranquilamente en La Habana, después de firmada la paz. ¡A tanto llegó la nobleza de los cubanos!

ATAQUE A "LA ZANJA"

Las desavenencias entre las autoridades civiles y las militares, durante la Guerra de los Diez Años, dieron origen a graves conflictos que condujeron a la deposición del presidente Carlos Manuel de Céspedes, por la Cámara de Representantes, y más tarde a la sublevación del general Vicente García, en Lagunas de Varona, contra el presidente Salvador Cisneros; y las continuas discordias fueron la causa más importante que llevó a la capitulación del Zanjón. Y como aquellos errores fueron señalados repetidas veces por los historiadores, al producirse la guerra del 95, tanto a los viejos veteranos como a los noveles alzados en armas nos animó el propósito de tratar de evitar las rencillas del pasado en la organización que diéramos a la guerra contra España; pero bien pronto, antes de cumplirse el mes del desembarco de Máximo Gómez y Martí, el 5 de mayo de 1895, ocurrió el primer choque entre elementos civiles y militares en la famosa conferencia de *La Mejorana*. Ese mismo día Martí, en su diario, escribió:

Maceo y Gómez hablan bajo, cerca de mí: me llaman a poco, allí en el portal: que Maceo tiene otro pensamiento de gobierno: una junta de los generales con mando, por sus representantes, —y una Secretaría General:— la patria, pues, y todos los oficios de ella, que crea y anima al ejército, como Secretaría del ejército. Nos vamos a un cuarto a hablar. No puedo desenredarle a Maceo la conversación: "¿Pero V. se queda conmigo o se va con Gómez?" y me habla cortándome las palabras, como si fuese yo la continuación del gobierno leguleyo, y su representante. Y en tono herido —"Lo quiero —me dice— menos de lo que lo quería— por su reducción a Flor en el encargo de la expedición, y gastos de sus dineros." Insisto en separarnos ante los representantes que se reúnan a elegir gobierno. No quiere que cada jefe de operaciones mande el suyo, nacido de su fuerza: él mandará los cuatro de Oriente: "Dentro de 15 días estarán con Ud. —y serán gentes que no me las pueda enredar allá el sabio Martí". — En la mesa, opulenta y premiosa, de gallina y lechón, vuélvese al asunto: me hiere, y me repugna: comprendo que he de sacudir el cargo, con que se me intenta marear, de defensor ciudadanesco de las trabas hostiles al movimiento militar. Mantengo, rudo el Ejército, libre, —y el país, como país y con toda su dignidad representado. Muestro mi descontento de semejante indiscreta y forzada conversación, a mesa abierta, en la prisa de Maceo por partir. Que va a caer la noche sobre Cuba, y ha de andar seis horas. Allí, cerca, están sus fuerzas: pero no nos lleva a verlas: las fuerzas reunidas de Oriente—Rabí, de Jiguaní, Busto de Cuba, las de José, que trajimos. A caballo, adiós rápido. "Por ahí se van Uds."— y seguimos, con la escolta mohína; ya entrada la tarde sin los asistentes, que quedaron con José, sin rumbo cierto, a un galpón del camino, donde no desensillamos.

Las páginas de aquel diario que llevaban la numeración del 28 al 31, escritas el 6 de mayo, y que probablemente referían la famosa entrevista, desaparecieron arrancadas —es de suponer— por mano amiga que quiso echar un velo sobre aquella entrevista dolorosa. Posiblemente el mismo Martí las destruyó.

Aunque los constituyentes de Jimaguayú redactaron una carta sencilla, tratando de evitar futuras complicaciones cívico-militares, quedó abierta la puerta a las controversias que durante toda la campaña se mantuvieron palpitantes, entre los jefes militares y el Gobierno, especialmente entre éste último y el general Máximo Gómez.

Y he traído esto a colación, porque precisamente el ataque a *La Zanja* fué uno de los actos del Gobierno que más mortificaron al General en Jefe, y, al menos, esta vez, tuvo toda la razón.

El Presidente Salvador Cisneros, eximio patriota y hombre dotado de valor imponderable, carecía completamente de facultades militares, y se empeñó, sin embargo, en realizar operaciones militares por su cuenta, escudándose en un precepto constitucional que así lo permitía para "altos fines políticos". Organizó primero una expedición contra Sagua de Tánamo, que culminó en completo fracaso; y no escarmentando, decidió atacar el fuerte de *La Zanja*. Era éste un reducto español, carente de importancia, situado en la costa sur de Camagüey, cerca de los límites de la provincia oriental, distante unos pocos kilómetros del mar, al que estaba unido por medio de un canal; y tan aislado que se estimó no podría ser socorrido.

El día 13 de abril de 1896 llegamos a la finca *El Lavado,* en la jurisdicción de Tunas; yo voy de alférez de caballería a las órdenes del general Manuel Suárez, de las fuerzas de Camagüey; allí se reunió un contingente compuesto de unos dos mil hombres de las tres armas, de tropas del primer, segundo y tercer cuerpo, al mando de los generales Mayía Rodríguez, Rabí, Capote y Suárez. Pocas veces vi en la guerra una columna tan numerosa y bien armada; pero todos aquellos jefes que gozaron de renombre por su valor en la guerra del 68, es posible que fueran buenos subalternos, mas a ninguno de ellos le vi realizar antes ni después acciones que le acreditaran de buenos militares. ¡Lo que hubieran hecho Máximo Gómez, Maceo o Calixto García con aquella columna! Nosotros hicimos el reverso de la medalla. ¡Cuánta incapacidad demostraron el Gobierno y sus generales! El día pasado en *El Lavado* estuvo animadísimo; nosotros ignorábamos los planes de los jefes; pero al ver una concentración tan grande, presumimos se harían operaciones de gran envergadura. Nadie podía imaginarse que terminaría aquello como el parto de los montes. Al llegar la noche las fuerzas acampadas en el perímetro del potrero entonaban sus cantos típicos de cada región: los boleros orientales, las guarachas y canciones de los occidentales, las décimas lastimeras de los camagüeyanos. Las cornetas rivalizaron en el toque de retreta.

El día 14, al rayar el alba, se nos hizo desfilar por delante del Presidente y de los cañones que habían traído las últimas expediciones desembarcadas, y emprendimos marcha hacia el sur, acampando en *Jagüey.* El teniente coronel Mario G. Menocal, el capitán León Primelles y los tenientes artilleros William H. Tox y Winchester G. Osgord, marcharon hacia el fuerte de *La Zanja* a tomar posiciones para colocar las piezas de artillería.

A las tres de la madrugada del 15, emprende marcha todo el contingente, y como estaba muy oscuro y teníamos que atravesar extensas sabanas, nos alumbrábamos con múltiples antorchas de tea que daban un aspecto fantástico al desfile. Llegamos, por fin, frente al fuerte, y para amedrentar a los españoles desfilamos a tiro de fusil de ellos, a bandera desplegada, el Presidente de la República, el general Roloff, la artillería y todo el brillante contingente, y desde un mirador el capitán Sánchez, jefe de la guarnición, contempló el desfile tranquilamente. Se rompe el fuego de cañón, en medio del mayor entusiasmo. Al mediodía se habían hecho sesenta disparos, contestando los españoles con algunos que nos hicieron tres bajas, muriendo poco después uno de los heridos. La infantería, que había avanzado hacia el estero, sostuvo fuego con el lanchón *Elisa,* que trataba de llevar un convoy al fuerte, no lográndose la captura del mismo por las malas disposiciones. El lugar sobre el cual operábamos era una extensa sabana donde no había pasto ni agua para la caballería, y nosotros mismos estábamos sedientos; tampoco había ganado para comer, porque los españoles lo habían ido recogiendo y se lo llevaban por sus lanchones a Manzanillo y Santa Cruz. Pronto nos dimos cuenta del disparate que estábamos cometiendo, que se hizo palpable al rechazar el jefe contrario nuestro mensaje invitándole a rendirse. Se resolvió entonces que el general Suárez, con la caballería de Camagüey, marchara hacia Guáimaro en busca de mejores potreros. Yo debí partir con Suárez; pero interesado en ver cómo terminaba la operación, pedí permiso para quedarme allí; y no teniendo ahora plaza fija, unas veces acudía a la trinchera de los cañones, otras al estero, en busca de emociones. Por la noche la infantería estrechó el cerco del fuerte y en la mañana del 16 volvimos a romper el cañoneo contra aquella posición enemiga, que apenas contestaba el fuego, metidos como estaban los hombres en los fosos en espera del asalto. Se comete el ridículo de intimar nuevamente la rendición de un enemigo intacto, recibiéndose la respuesta que era de esperar. Cunde el desaliento; no hay orden en el ataque; tal parece que no hay quien mande y dondequiera que me acerco no oigo más que lamentar la plancha que estábamos tirando.

Durante toda la mañana del 17 se persiste en el ataque con los cañoncitos y con piquetes de infantería y caballería, y a las doce del día vuelve la quietud. Se previó —algo tenía que preverse— que avisados los españoles en Manzanillo tratarían de acudir con refuerzos, y se envió a la entrada del estero dos compañías de la infantería *Gómez* y a veinte orientales, y en efecto tuvieron ocasión de trabar combate con dos lanchas cañoneras españolas que trataron de desembarcar fuerzas de auxilio, obligándolas a retirarse sin conseguir su propósito, teniendo nosotros dos heridos, uno de ellos grave. El 18 una lancha cañonera forzó la entrada del estero con vivo fuego de cañón y ametrallando a uno y otro lado; pero el comandante Mendieta, oriental, la esperó emboscado, trabando combate que duró largo rato hasta que la cañonera se retiró sin poder llegar al fuerte; en esta escaramuza tuvimos un muerto por bala de cañón. El pobre Marqués, nuestro bondadoso Presidente, estaba cariacontecido; reunió a sus generales y acordaron que unos cuantos hombres continuaran el asedio; y el brillante contingente se disolvió tras una aplastante derrota moral. El Gobierno y buena parte de las fuerzas a sus órdenes abandonaron la operación y fuimos a acampar, en busca de agua y carne, a la finca *Marinero,* pernoctando al siguiente día en *La Caridad* y luego en *Santa Lucía,* a legua y media de Guáimaro. Habíamos disparado sobre el fuerte doscientos cañonazos y tuvimos una veintena de bajas.

Así acabaron los sueños bélicos del Gobierno. La culpa no fué tanto de quien los concibió, sino del Consejo de Gobierno, y particularmente de los generales que movilizó. Si tantas ganas tenían de dirigir operaciones, lo razonable hubiera sido atraer a una columna española a lugar previamente escogido y atrincherado y batirla rudamente con nuestros dos mil hombres.

Aquel contingente había sido reclamado insistentemente por Máximo Gómez, al oeste de la Trocha de Morón, y hubiera sido utilísimo en sus manos. Razón tenía para indignarse contra el Gobierno y los generales que lo secundaron.

CON EL GENERAL SUAREZ

Cuando me fuí a la guerra, no tuve el propósito de servir en la sanidad militar; pero por ser yo estudiante de Medicina tuve que aceptar el cargo de sargento de sanidad, que se me confirió el 28 de julio de 1895. Quince días después, el 12 de agosto, en Ciego de Najasa, renuncié al puesto y pedí mi ingreso en la caballería, cosa que se me negó. Después de muchos sufrimientos en marchas de infantería, y disgustado por el elemento poco agradable a cuyas órdenes servía, el 1º de octubre pedí, por escrito, que se me diera de baja en la sanidad; y el general Máximo Gómez contestó, al respaldo de mi renuncia, negándose a acceder, en términos halagadores para mí. Guardo aquella nota como una reliquia, por estar escrita y firmada de puño y letra del glorioso general. Algunos días después hice una nueva tentativa. Conseguí, por conducto del teniente coronel Eugenio Sánchez Agramonte, que el General Gómez me recibiera, y ya en su presencia, le dije: "General, en el campamento se comenta que usted marchará pronto hacia Occidente; yo soy matancero y quisiera que me llevase con usted". El viejo caudillo me miró un momento; sin duda no le inspiró interés aquel muchacho largo y flaco que apenas pesaba ciento diez libras, y sin dejar de escribir me dijo: —"¿Dónde presta servicios usted?"— "En sanidad —repuse— y ahora tengo a mi cargo la asistencia del alférez Juan Muñoz". —"Pues bien, cure a Juan Muñoz y vayan los dos a buscarme donde me encuentre". No cabía réplica. Continué en sanidad, donde el 13 de enero de 1896 me hicieron alférez, y me volví a las filas porque Muñoz no mejoraba de su fístula ósea. Sin llevar curado a Juan Muñoz no podía yo aparecérmele en Las Villas al General en Jefe. ¡Y con la memoria que tenía el hombre! Así que me quedé incorporado al Estado Mayor del general Suárez, jefe de todas las fuerzas de Camagüey, ya trasladado al arma de caballería.

El general Manuel Suárez procedía de la legión del 68 y parece que en aquella época se portó bien; gozaba de buen concepto como organizador; pero era el tipo del *bon vivant,* vestido siempre de dril blanco, con trajes cuidadosamente planchados, sombrero de jipi y buenas botas; su barbero le tenía afeitado al día y bien cuidado el cabello; su aspecto contrastaba con el miserable vestir de su tropa; montaba magníficos caballos, y en su complicada impedimenta nunca faltó buena tienda de campaña para abrigarle del sol y de la lluvia y abundantes provisiones de boca. Para él la guerra estaba tocando a su fin y era innecesario exponer los hombres a morir en lucha desigual cuando todo aquello había de acabar pronto. Pretextando siempre la necesidad de organizar las fuerzas, se pasaba el tiempo de un lugar a otro, donde más seguro se encontrara, sin enfrentarse con el enemigo ni una sola vez en todo el tiempo que duró su mando, conformándose con que algunos subalternos tirotearan los convoyes españoles. Máximo Gómez conocía todo lo que pasaba y apremiaba a Suárez para que se hiciera sentir, procurando obligar a los españoles a llevar a Camagüey algunos batallones de los que tenían sobre Maceo en las montañas de Pinar del Río, o aniquilando a nuestras abnegadas fuerzas de La Habana y Matanzas; pero el resbaladizo Suárez encontraba siempre argumentos para no pelear. En los primeros días de mayo supimos que Serafín Sánchez había pasado rumbo a Oriente en busca de armas y municiones de las expediciones desembarcadas allá, para socorrer a Las Villas; pero Suárez evitó encontrarse con él por dilatar conocer las instrucciones que llevaba como Inspector General del Ejército, y al saberse en el campamento ese día que el enemigo había retirado la guarnición de Sibanicú, consideró reforzado su criterio de que no era necesario pelear, puesto que los españoles seguirían retirando las guarniciones de los pequeños pueblos y pronto harían lo mismo con las ciudades del interior.

Mientras la inercia invade a nuestras fuerzas del Tercer Cuerpo, el Gobierno y Gómez se enredan en luchas bizantinas, que se comentan apasionadamente entre los partidarios de uno y otro. No había nada más funesto para la disciplina que la aburrida vida de campamento, sin las preocupaciones del próximo combate.

El día 28 de mayo recibimos, con sorpresa, la noticia de que el general Gómez había cruzado La Trocha, y Suárez recibió órdenes conminatorias para que se le incorporara. Llegan distintas comisiones que lo vieron y nos cuentan que viene irritadísimo y diciendo cosas muy duras del Gobierno y del Jefe de Camagüey. Este último trata de envolver en su propia causa la de todos sus oficiales, y resuelve ponerse en marcha hacia el Cuartel General, muy lentamente. Nos movemos de *La Caridad* a *La Esperanza de Riverón,* y el 6 y 8 de junio pernoctamos en *Antón y Consuegra,* lugares por donde tres días antes había pasado Gómez; en la primera de estas fincas fusiló a dos hombres y en la segunda al capitán Joaquín González; y está tan malhumorado que las escenas de insultos y planazos son diarios.

La situación se hizo más enconada al recibirse dos órdenes del General en Jefe, una disponiendo que los empleados civiles que disfrutaren de consideraciones militares usarían las estrellas bordadas y nunca las de plata y oro, según los grados, reservadas a los militares que se las ganaran en acción de guerra. En esto se creyó ver que apuntaba contra el Gobierno, cuyos secretarios, subsecretarios, etc., se habían hecho generales y coroneles, llevando las estrellas correspondientes. En la segunda disposición fué aún más preciso determinando que los grados desde coronel a mayor general expedidos por el Consejo de Gobierno, sin previa propuesta suya, no serían considerados válidos para efectos y fines militares, y que tampoco tendrían validez los grados desde subteniente a teniente coronel si los diplomas no llevaban el visto bueno de él o del Jefe del Departamento, según ordenaban las disposiciones vigentes. Estas órdenes produjeron una conmoción tremenda, porque afectaban a una gran parte de la oficialidad que había sido nombrada o ascendida durante los meses de ausencia del general por Occidente. Y, evidentemente, había en todo esto abuso de autoridad algunas veces y abandono en el cumplimiento de las órdenes, otras. El general

Gómez era tan cuidadoso en esta materia, que mi nombramiento de sargento un año antes lleva la firma de él, la del teniente coronel Eugenio Sánchez Agramonte como jefe de sanidad y la de Salvador Cisneros; este último no tenía aun cargo alguno, pero Gómez reconocía ya en él cierta autoridad civil y gustaba responsabilizarlo en determinadas resoluciones suyas.

Al llegar a *Doña Isabel,* día 9, tenemos noticias de que una columna española ha salido a operaciones y que Gómez marchó a su encuentro; al siguiente día, en marcha cerca de Najasa, oímos de lejos las descargas de fusilería y se reciben comisiones anunciando que Gómez tiene cercado en *Saratoga* al general Jiménez Castellanos; pero Suárez, a una hora de marcha de aquel lugar, tuerce el rumbo y se mete en el Cacaotal. Esto produjo fuerte indignación en la oficialidad; sólo unos cuantos pensaron con el Jefe que de incorporarnos a Gómez, éste, indignado, nos lanzaría contra la columna española. Suárez se niega a seguir adelante. Yo, que estaba a las órdenes del coronel Carlos Agüero, después de cambiar impresiones con algunos oficiales, me le acerco y le propongo que se ponga al frente de nuestra tropa, abandonando a Suárez en su escondite, y que marcháramos rápidamente a reforzar a los atacantes de *Saratoga;* pero Agüero se horroriza de mi proposición pues creía que se nos formaría consejo de guerra y nos fusilarían por insubordinación, y acabó por ordenarme que nadie se enterara de tal proposición.

Durante toda la noche del 10 y la mañana del 11 estuvimos oyendo incesante fuego hacia *Saratoga,* y por fin, después de almuerzo, cuando el enemigo recibió una columna de refuerzo y se puso en marcha hacia la ciudad, se resolvió Suárez a salir del Cacaotal. Cuando llegamos a *Saratoga* encontramos allí a Máximo Gómez acampado sobre el campo de combate. Al presentársele el general Suárez, le ordenó secamente que entregara sus hombres al coronel Carlos Agüero. Y cuando al salir de marcha le mandó un ayudante a preguntarle cuál era su puesto en la marcha, le contestó: "¡En la impedimenta!" El general Gómez disculpó a la oficialidad subalterna por la inercia militar en Camagüey, pero no obstante, reunió unos ochenta oficiales excedentes formando con ellos un escuadrón, del que nos fuimos disgregando poco a poco. Se movió con nosotros por los Estropajos, Najasa y otros lugares, siempre, lamentablemente, hablando mal del Consejo de Gobierno, y cuando parecía que iba a estallar un cataclismo, recibió el 29, en San Andrés, al Gobierno, y en cordial entrevista, quedaron todos los enconos olvidados, con gran sorpresa de los que temían días de luto y dolor para la patria. Se decía que la actuación del Presidente Cisneros había sido salvadora. Esta reconciliación no fué sincera; el general Gómez siguió expresándose públicamente mal en contra del Gobierno y tomó la resolución de renunciar a su cargo, y los secretarios del Consejo continuaron su hostilidad.

Tengo para mí que al general Suárez no le preocupó mucho su deposición; ahora podía vivir tranquilo, lejos del enemigo, sin ser amonestado frecuentemente, sin responsabilidades que afrontar, aguardando el final de la guerra. Estimo que él actuó mal no por cobardía, sino porque los años, que de tan distinta manera influyen sobre la conducta de los hombres, le habían convertido en excesivamente egoísta y prudente.

EN EL PORTICO DE LA MUERTE

En los primeros días del mes de agosto de 1896 gestioné y obtuve mi incorporación a una columna volante que operaba a las órdenes del general colombiano Avelino Rosas. Me indujo a solicitarlo el propósito de estar junto a mi hermano Virgilio, que actuaba allí de oficial de sanidad, y el buen nombre como militar que Rosas se había ganado en poco tiempo, particularmente desde que dirigió el combate de *La Marina,* el día primero del propio mes de agosto.

Después de llevar un año en la guerra, por vez primera me encontraba plenamente satisfecho del modesto cargo que ocupaba. Avelino Rosas me recibió con manifestaciones de simpatía y quedé como ayudante de un regimiento de orientales que él se proponía organizar y que por el momento no pasaba de treinta hombres, al mando del comandante Palacios. Me encantaba la afabilidad del jefe y particularmente el interés que se tomaba por su tropa, su afán por instruirla y por enseñarnos a los oficiales nuestras obligaciones, siempre de la manera más correcta. Contribuía no poco al ambiente de bienestar de aquel campamento la oficialidad de que el general Rosas se había sabido rodear, toda gente joven y culta. Los tenientes Plácido Hernández, los hermanos Franklin y Roberto Argilagos, el teniente Arturo Lara, que actuaban de ayudantes, y en la Sanidad, el capitán Arturo Sonville —excelente camarada— el teniente Aquiles Betancourt y mi hermano Virgilio. Actuaban de jefes, de la infantería *Gómez,* el comandante Luis Suárez, y de los orientales el comandante Palacios.

Pero sólo duró una semana aquella agradable compañía. Avelino Rosas, que cuando no tenía columna enemiga que combatir, gustaba de atacar pueblos fortificados para proveerse de recursos, decidió irse contra el caserío de *El Bagá,* situado en el puerto de Nuevitas y unido a San Miguel por ferrocarril. El caserío estaba defendido por tres fuertes.

El día 12 de agosto acampamos en *Arenillas,* y el 13 en la finca *Santa Rosa,* a un cuarto de legua de San Miguel. Por la tarde pasamos a la vista de los fuertes del pueblo, y al oscurecer hicimos alto sobre la línea del ferrocarril, a medio kilómetro de *El Bagá.* El comandante Luis Suárez, con su ayudante Aurelio Alvarez, muchacho de unos dieciséis años, y su asistente, se había adelantado, penetrando en el caserío, ya de noche, y en el almacén sorprendieron al jefe del destacamento español, teniente Manzano, y al telegrafista, los que no pudiendo defenderse, se entregaron prisioneros y fueron conducidos a donde estábamos nosotros. El general Rosas pidió al teniente Manzano que ordenara la rendición de los fuertes, pero el oficial español se negó rotundamente a hacerlo, afirmando, sin jactancia, pero serenamente, que cualquiera que fuera su suerte, el honor militar le impedía rendir la guarnición o dar cualquier paso que contribuyera a esto. Después de mucho insistir, Rosas decidió asaltar, y nos fuimos acercando a los fuertes, desplegados, todos de infantería. En los fuertes no cesaban de tocar pitos, seguramente comunicándose la noticia de la captura de su jefe. Cuando íbamos atravesando un arenal que los rodeaba, se dieron cuenta de nuestra presencia, a cien metros de distancia, y nos rompieron el fuego. Rosas ordenó rodilla en tierra y disparar sobre los fortines. El propósito perseguido era llegar hasta las defensas españolas y asaltarlas; pero, en realidad, no pudiendo ya haber sorpresa, iba a ser inútil continuar la acción. Rosas, sin embargo, ordena el avance de ocho hombres de los orientales sobre uno de los fuertes; acude en seguida a desplegar su escolta de sargentos, mandada aquella noche por el teniente Plácito Hernández, y volviéndose presto a nosotros exclama: "Los ocho hombres de Oriente, ¿por qué no han avanzado?" Yo me abalancé sobre la fila, separé rápidamente ocho hombres, y con ellos corrí hacia donde se me había indicado. En medio de la oscuridad de la noche —serían las diez— se veían los fogonazos de los fuertes enemigos vomitando metralla sin cesar; la única esperanza que nos quedaba era poder nosotros meter los rifles por sus propias aspilleras para igualar el combate; pero, las defensas españolas estaban rodeadas de zanjas y alambradas y prácticamente era imposible llegar a las aspilleras. Yo había llevado al combate un fusil Remington, de un soldado que se enfermó horas antes, y cuarenta cápsulas; jamás me había visto mejor armado. Toda la tarde la había pasado limpiando mi rifle con un pedazo de trapo y sebo de res, para la mayor eficacia; mas consideré inútil disparar sobre un enemigo invisible. Cuatro hombres que se me habían adelantado formaban con los míos un grupo de doce, llegando a veinte varas de uno de los fuertes; pero nada podíamos hacer. Uno de mis muchachos recibió un balazo en medio del pecho y cayó instantáneamente muerto a mi lado; dos más fueron heridos, respectivamente en el cuello y en un hombro, y les ordené que se retiraran, y dándome cuenta de que en cinco minutos más no quedaría uno sólo ileso, les ordené que se tendieran en el suelo y cesaran de disparar, en espera de refuerzos, y volviéndome al sargento le dije: "Usted y yo nos quedaremos de pie". Apenas terminé la frase me derribó un balazo; caí al suelo atolondrado, con la impresión de que eran mis últimos segundos de vida, y con la ilusión de los veinte años y mi amor acendrado a la patria, besé el suelo dos veces, despidiéndome de Cuba, por la que creía morir. Pero en seguida, como en el milagro de una resurrección, me levanté, ayudado por un soldado, y mientras me cubría de sangre, que salía a borbotones por la herida de la cara y por la boca, con el maxilar inferior destrozado, di un grito de ¡Viva Cuba!, que supuse fueran mis últimas palabras. Como yo era estudiante de medicina, al ver la sangre salir a torrentes pensé que había sido herido uno de los grandes vasos del cuello y que la vida se extinguiría en un par de minutos, y sacando rápidamente el trapo mugriendo con que había limpiado el rifle, lo atarugué por la herida de la cara para cohibir la hemorragia. Todo esto ocurrió en segundos; inmediatamente dos de mis hombres me tomaron por los brazos para llevarme hacia donde las fuerzas estaban desplegadas, que como ya he dicho no era mayor distancia de cien metros. En el camino me encontré con el general Rosas, que al tener noticias del descalabro, venía valientemente, hacia mí. "¿Quién es el herido?" —preguntó al encontrarse conmigo en medio de la oscuridad— "Yo, general",— balbuceé entre bocanadas de sangre. —"¿Tú, Ferrerito? Cállate, ven conmigo", y echándome un brazo sobre su cuello emprendió la retirada, ordenando a los ayudantes Plácido Hernández y Franklin Argilagos que retiraran las fuerzas.

Paso a paso, y en medio de una lluvia de balas, llegamos al lugar donde habíamos dejado a la sanidad. El tarugo de trapo que introduje en la herida había hecho su efecto; un hematoma enorme estancó la sangre; pero había perdido tanta cantidad, que parecía imposible que me mantuviera en pie. Hubo que improvisar una parihuela. Curados los heridos, emprendimos la retirada.

Siempre guardaré gratitud para aquellos pobres soldados que en penosa marcha por caminos y veredas, atravesando arroyos y lodazales, cargaron durante trece leguas con mi camilla para evitar que cayera en manos enemigas, conduciéndome al mal llamado hospital de sangre de la finca *México*. Lamento no haber guardado sus nombres; pero yo estaba semi-inconsciente. Me daba cuenta, sin embargo, de los lamentos de mis camilleros, y en la memoria se me grabó, perpetua e indeleblemente, el rostro de un soldado negro que, seguramente cansado y sudoroso, por la difícil marcha, levantó una vez el pequeño pedazo de hule con que mi hermano había cubierto mi rostro, y al verme con los ojos abiertos, les dijo a sus compañeros: "Entoavía etá vivo".

Al amanecer del día 14 llegamos a la finca *Santa Rosa;* por la tarde me llevaron al Jucaral; el día 15 hicimos noche en San Agustín, y el 16 llegamos al hospital *México*. Era tan grave mi estado, por la pérdida de sangre y la inflamación de la cara y el cuello, que no podía hablar ni tragar un poco de agua. Y en medio de la dulce placidez provocada por la isquemia cerebral, pensaba que mi madre se sentiría orgullosa de mí y me sentía feliz y satisfecho de haber derramado mi sangre por la patria, sin que me preocupara la amenaza de una muerte que parecía inminente.

LA VELA ENCENDIDA...

El hospital de la finca *México,* a donde se me había conducido después de herido, estaba constituído por una mala barraca de guano, abierta a los cuatro costados, dentro del monte, donde sólo había tres catres y una docena de tarimas hechas con estacas, cujes y yerba de guinea, una de las cuales ocupé yo; había allí ocho o diez heridos o enfermos, muy mal alimentados y peor atendidos. Los días 16 y 17 nos visitaron el doctor Danforth, médico del Gobierno, y el doctor Pérez Abreu, y aunque poco después repitieron su visita llegaron a la conclusión de que nada se podía hacer por mí, más que aplicar curaciones antisépticas. En tanto la gran inflamación y el hematoma me dificultaban mucho tragar algún líquido y me impedían hablar, viéndome obligado a escribir lo que deseaba decir. Poco a poco la inflamación fué cediendo y una semana después, aunque no podía abrir la boca, ya tragaba leche con alguna libertad.

Por fortuna para mí, la casa principal de la finca *México* estaba ocupada por la señora Concha de la Peña viuda de Zayas, y por la señora Luz Cardona, esposa del general José Miró. Al enterarse doña Concha de mi aflictiva situación, me hizo trasladar allí, acogiéndome con afecto que a poco se convirtió en maternal cariño. Las tres hijas, Fara, Flora y Conchita, eran lindas y cultas muchachas, tres ángeles que prodigaban sus cuidados a cuantos enfermos y heridos podían atender. Procedía esta familia de Holguín, habiendo salido al campo al enterarse de que el hijo mayor, Rafael Zayas Peña, oficial de nuestro ejército, había sido gravemente herido de un balazo que le atravesó el pecho y del que escapó milagrosamente. No tengo palabras para demostrar mi gratitud hacia aquella familia, particularmente por las delicadas atenciones de doña Concha y de Fara; ésta última se hizo cargo personalmente de mi asistencia, y poco a poco me fuí reponiendo de tanta sangre perdida y tanta hambre sufrida. Vivíamos en la casa de la finca y sólo nos refugiábamos en un rancho escondido en el monte cuando nos llegaban informes de proximidad de alguna columna enemiga. Ya iba bastante mejor cuando a un médico que pasó por allí se le ocurrió mandarme la aplicación de una cataplasma caliente sobre la herida. El efecto fué desastroso: en el acto se produjo gran inflamación seguida de un absceso del cuello, tan enorme que me caía sobre la clavícula izquierda y para dormir tenía que hacer uso de la morfina, que por fortuna mi hermano pudo conseguir; y volví a quedarme sin poder tragar ni hablar.

Mi hermano Virgilio, al verme en tan extrema situación, resolvió ir en busca de un médico al campamento de Máximo Gómez o al del Gobierno, demorando dos días en volver. El día de su partida fué terrible para mí: la colección de pus era tan grande, que parece que provocaba compresión o edema de la glotis; lo cierto es que principié a respirar con dificultad y a sentir contracciones en todo el cuerpo dando la impresión de que se acercaban mis últimos momentos. Fara, que entró en mi habitación, me creyó moribundo y corrió a darle aviso a la madre y seguidamente se apareció doña Concha, reprimiendo su dolorosa impresión al verme, pero creyendo también que estaba agonizante, de espaldas a mí encendió una vela, y de vez en vez, mientras musitaba una oración, volvía la cabeza para apreciar si ya había llegado el momento de ponerla entre mis manos. Yo, consciente, me daba cuenta de la acción, y así proseguimos media hora hasta que poco a poco aquellas contracciones en la garganta, que parecían querer estrangularme, fueron cediendo y pude respirar libremente. Doña Concha, al verme más tranquilo, apagó su vela y se me acercó prodigándome palabras de consuelo y esperanza.

Al siguiente día fué a verme el doctor Santiago García Cañizares, que era a la sazón Secretario del Interior en el Consejo de Gobierno, y me dilató el absceso que dió gran cantidad de pus fétido; el peligro inmediato quedó conjurado y aquella noche pude dormir tranquilo.

Otras visitas de médicos recibí; todos pensaban que había que ir en busca de la bala y los secuestros y curetear el hueso lesionado; pero convenían en que en aquel medio era muy difícil hacer la operación con éxito, y sin embargo, por prurito profesional, no se resolvían a certificar la necesidad de que marchara al extranjero para ser operado. El doctor Gonzalo Roig se prestó a hacerlo; pero no faltó quien aconsejara al Gobierno lo contrario, hasta que conocedor yo de esto por el doctor Vivanco, Secretario del Consejo y novio de Fara —feliz coincidencia para mí— aprovechando que el Gobierno acampó en la finca *México,* me presenté al Presidente Salvador Cisneros, formulando mi solicitud; el doctor Danforth, médico del Presidente, me reconoció en presencia de éste, certificó de acuerdo con el teniente coronel Gonzalo Roig, y a gestiones de Vivanco el Consejo resolvió favorablemente en su reunión del 2 de octubre, y esa misma tarde recibí una comunicación informándome que el Gobierno había acordado "autorizar al C. Alférez Horacio Ferrer, herido, en la acción de *Bagá,* Camagüey, el 13 de agosto último, para que pase al extranjero, y que por la Secretaría de Relaciones Exteriores se recomiende a la Delegación Plenipotenciaria. Lo que tengo el honor de trasladar a usted a los efectos consiguientes. — P. y L. en *México,* a 2 de octubre de 1896. — El Secretario de Relaciones Exteriores, R. M. Portuondo".

Gran alborozo produjo en aquella casa la resolución del Gobierno, pues ya yo iba perdiendo la esperanza de volver a ser hombre útil a la patria y a la familia.

Así terminó mi estancia de más de un mes en aquel hogar encantador, donde tantos beneficios recibí. Si es cierto que hay un Ser Omnipotente que premia las buenas obras, hay que aceptar que se mostró justísimo con aquella familia: Doña Concha, la admirable matrona, alcanzó larga vida, en medio de la felicidad de sus hijos, en la post-guerra; Rafael, exponiéndose siempre a las balas, llegó al grado de teniente coronel, y fué en la paz hacendado afortunado, fundador del central *San Cristóbal;* Fara se casó con el doctor José Clemente Vivanco, modelo de honradez y patriotismo, que por su cultura e inteligencia llegó a ser en la

República, Presidente del Tribunal Supremo y distinguido publicista; Flora fundó también feliz hogar, casándose con el doctor Edmundo Estrada; Conchita contrajo matrimonio con el coronel Orencio Nodarse, muy inteligente y afortunado hombre de negocios, y Luz Cardona tuvo la suerte de volver a abrazar a su esposo, el general José Miró Argenter, Jefe de Estado Mayor de Antonio Maceo y autor, más tarde, de las *Crónicas de la Guerra,* la más notable obra que se ha escrito sobre la campaña por la independencia.

Si todo esto no fué obra de Dios, fué que les alcanzaron mis bendiciones...

CINCO DIAS EN UN BOTE

Ya en posesión de la orden de embarcar hacia el extranjero para ser operado allá, el día 3 de octubre, entre abrazos, lágrimas y bendiciones, me despedí de las familias Peña y Miró y salí a caballo rumbo a la costa Norte, a las diez de la mañana, acompañado de mi hermano Virgilio, Couspeir, Varonita y de dos prácticos que le mandaban al teniente coronel Fernando Méndez. Pasamos a la vista del pueblo español de San Miguel, y después de andar once leguas, dormimos en un rancho vacío que al llegar la noche encontramos junto al camino. No se halló de comer en todo el día, pasándolo mis compañeros con algunas frutas, y yo con una botella de leche que la previsora doña Concha había puesto en mis alforjas.

El día 4 llegamos a la finca *La República,* de don Manuel Cazares, Jefe de Comunicaciones de la zona norte, y allí nos reunimos con el teniente coronel Méndez, poniéndome a sus órdenes y entregándole la correspondencia que llevaba del gobierno. Durante nuestra marcha desde la finca *México,* estuvimos oyendo el fuego de cañón y, en ocasiones, de fusilería, de Máximo Gómez y Calixto García que se batían en Cascorro y Guáimaro con una fuerte columna española que, según nos dijeron, había salido de Minas al mando del general Jiménez Castellanos. Cazares, que contaba con comunicantes en el vecino pueblo de San Miguel, logró que le trajeran tres libras de chocolate y cuatro latas de leche condensada para que me sirvieran de alimento durante el viaje. El día 8 repasamos los límites de la provincia camagüeyana, y, tras una jornada de diez leguas, nos alojamos en la casa del coronel Calixto Agüero, viejo veterano del 68 que, cargado de años, inútil para la ruda vida de las armas, prestaba excelentes servicios como comunicante.

Aunque teníamos la orden de marchar al extranjero, carecíamos de medios para hacerlo. Confrontábamos un caso típico de las imposiciones de la Revolución; ella ordenaba, sin preocuparse si había o no recursos para cumplimentar sus disposiciones; a sus servidores tocaba arbitrar esos recursos por su cuenta y de la manera más eficiente. No teníamos barco para salir de Cuba, pero entre el coronel Agüero y el ciudadano Valbuena se ocuparon en conseguirlo. Ellos sabían que del puerto de Manatí había de salir un pequeño balandro en dirección a Gibara, tripulado por cuatro españoles. Los nuestros tenían a su disposición una canoa hecha de ceiba, y llevando en ella dos hombres armados, le salieron al encuentro al balandro español cuando atravesaba lentamente la estrecha salida del puerto, y lo capturaron. Naturalmente, la vida de aquellos hombres fué respetada, remitiéndoseles al interior para ocultar en lo posible nuestra empresa, mientras el barco era llevado a los manglares de Sabanalamar, esperando el momento propicio para nuestra salida. El barco se llamaba *La Joven Amalia,* pero nosotros le quitamos el nombre y lo bautizamos con el de *Hatuey,* en recuerdo del indio glorioso, que como nosotros en aquellos tiempos, "no quería ir al cielo si en el cielo había españoles". Lo procedente era hacernos a la mar inmediatamente; pero reinaba mal tiempo y temíamos se desencadenara uno de esos ciclones de octubre, tan frecuentes en nuestro país; pero aunque no hubiera ciclón, la fuerte marejada nos podía hacer zozobrar, según los marinos nos aseguraban. Por fin, el tiempo abonanzó y resolvimos embarcar la noche del 13.

Salimos de *Dumañuecos* todos los expedicionarios, marchando por un territorio cubierto de extensas maniguas y montes, carentes de caminos, donde sólo había estrechas veredas, difíciles de cruzar y obstaculizadas en gran parte por el guao de costa, llegando por último a un pequeño rancho de guano a doscientos metros de la orilla del mar, destinado a dar abrigo transitorio a los guardacostas, hombres a nuestro servicio, que vigilaban los lugares estratégicos para el arribo de expediciones.

Al anochecer llegamos sigilosamente a la playa de Mono Ciego, pequeño arenal extendido a lo largo del canal que conduce a Manatí. Este brazo de mar se bifurca tres millas tierra adentro y, ensanchándose después sus ramas forma el puerto de Manatí, guarnecido entonces por el enemigo, y los esteros de Sabanalamar. En vano esperamos toda la noche en aquella playa, donde pasé horas de las más terribles de mi vida; había una cantidad tal de mosquitos y jejenes, que solamente presenciando aquel espectáculo pudiera uno darse cuenta de él; toda nuestra piel se cubría de aquellos voraces insectos, y apenas los aplastábamos en conjunto, volvían otros nuevos a cubrirnos y, como si esto y las consecuencias de mi herida no me mortificaran lo suficiente para desesperar, se me hincharon horriblemente la cara, los brazos y las manos a causa de haber pasado por el bosque de guao, al extremo que los párpados, inflamados, casi no me permitían ver. Mi hermano abrió una zanja en la arena y allí me enterró, dejando al descubierto sólo la boca y la nariz, que cubrió con una rama, y de esta manera me libró de seguir expuesto a los dolorosos efectos de la plaga. Amaneció sin que llegaran los marineros que debían traer el balandro y, para no ser vistos por la mañana, nos retiramos al rancho del guardacostas, donde pasamos los días 14 y 15, repitiéndose por las noches el mismo cuadro del día 13. El 16, medio muertos de hambre, nos retiramos a las Minas; allí se nos dijo que los españoles se habían enterado de la captura de la *Joven Amalia* y la lancha cañonera *La Golondrina* la buscaba afanosamente en los manglares de Sabanalamar. El marinero Valbuena, tipo acabado de lobo de mar, astuto, audaz e inteligente, formó una noche una candelada en el fondo de las marismas, y aseguró que había quemado el balandro antes de que los españoles se lo quitaran; los vecinos que habitaban en aquellos lugares llevaron la noticia a Manatí, suspendiéndose desde entonces la búsqueda de la embarcación. Los días del 17 al 19 los pasamos inactivos, y el 20, al anochecer, nos hallábamos de nuevo en Mono Ciego, la playa de nuestros tormentos. La afirmación de Valbuena, de haber quemado el balandro, fué sólo una maniobra del lobo de mar para engañar a los españoles; el *Hatuey* estaba listo para zarpar, y a las siete debía recogernos allí; sin embargo, pasó esa hora, y las ocho y las nueve de la noche, y el balandro no aparecía; se envió a Félix Ríos a hacer una exploración, que no dió resultado, y ya creíamos el barco en poder del enemigo, cuando lo vimos asomar entre los manglares como una aparición fantástica, con su blanca vela, deslizándose silencioso por el canal, poniendo proa a nosotros. Rápidamente llevamos al balandro nuestro pobre equipo, abracé a mi hermano, nos despedimos de los compañeros que nos habían seguido hasta allí, se cambiaron algunos vivas a Cuba y a la Independencia, moderados por la prudencia y, minutos después, a las diez de la noche, el balandro salía por la boca del puerto en medio del silencio más absoluto, interrumpido solamente por el ruido que producían los peces al saltar sobre las aguas o por la voz cuchicheada de los marineros que se entendían en las maniobras; y sobre los arrecifes de la costa podíamos ver allá, en Mono Ciego, gracias a la claridad de una hermosa luna que todo lo iluminaba, al grupo de amigos que nos habían ayudado en la empresa y que, agitando sus sombreros, nos enviaban su último adiós...

En las primeras horas no hacíamos más que escudriñar con la mirada aquella costa silenciosa, temerosos de ver aparecer la lancha cañonera que durante aquellos días nos había perseguido; pero poco a poco fuimos entrando en confianza; las costas de Cuba se desvanecían en el horizonte, y el *Hatuey*, empujado por un viento de popa, huía como un gamo de la zona peligrosa. Yo había compuesto los siguientes versos, con propósito de recitarlos a la salida, pero como la situación no era propicia para recitaciones, resolví guardarlos para mejor ocasión:

Adiós a Cuba

Adiós, Cuba, mi patria querida,
ya se aleja de ti mi bajel;
en tus playas te dejo mi vida,
un suspiro y la dicha con él.

Entre nubes que besan el cielo
tus colinas se ven alejar,
mientras corta la barca en su vuelo
con la quilla las olas del mar.

> Yo te quiero, mi Cuba adorada,
> como el indio a la palma gentil,
> como adora el guerrero a su espada,
> como el ave a los campos de abril.
>
> Yo en ti amo a tus vírgenes bellas,
> a tu cielo que ostenta alegría;
> mas, si fueras región sin estrellas,
> ten presente que igual te amaría.
>
> Adiós, Cuba; ya lejos te miro,
> tierra hermosa, bendita de Dios,
> a mi madre le mando un suspiro,
> y tus ecos repiten ¡Adiós!

La expedición estaba compuesta por el siguiente personal: teniente coronel Fernando Méndez, comandante Gustavo Ortega, capitán Couspeir, alférez Horacio Ferrer, alférez García Menocal, sargento Crescencio de Varona y marineros Emilio Márquez, Modesto León y Félix Ríos.

¡Qué cúmulo de pensamientos se agitaban en mi mente al dejar las playas cubanas! ¿Quedaría bien de la operación? ¿Llegaría a ver a mi madre? ¿Volvería a reunirme algún día con mis bravos compañeros para seguir luchando por la libertad de la patria? Sólo el tiempo podría contestar; por entonces, al emprender aquella audaz aventura de burlar en un bote a la marina de guerra española, lanzándonos, atrevidamente, a lo desconocido, yo no podía presumir la serie de aventuras militares que el destino me tenía reservadas.

La aurora del día 21 nos encontró aún en el canal de Bahama, pues nuestra sonda no llegaba al fondo, en la parte más ancha por donde tienen su ruta la mayor parte de los barcos que hacen el comercio de cabotaje en Cuba y los que sostienen el comercio entre las Antillas, las posesiones inglesas y los Estados Unidos. Según el cálculo de los marinos, nos habíamos alejado treinticinco millas de las costas cubanas, y la falta de viento apenas nos permitió adelantar algunas más en el resto del día; así fué que nos pasamos el tiempo esperando la visita de algún cañonero español; pero ni una sola vela atravesó el canal. Los expedicionarios, muy animosos, aprovechábamos los momentos, bien cortos, en los que el mareo nos dejaba tranquilos, para comer queso con raspadura, obsequio que nos había enviado el brigadier Enrique Collazo, días antes de la partida. Yo me conformé con comer queso rallado en un pequeño guayo que siempre llevaba conmigo, y un poco de leche, único alimento que me permitía la anquílosis del maxilar. Mis provisiones de boca, al embarcar, habían consistido en dos latas de leche, resto del regalo del amigo Cazares, y dos pollos que me regalaron en *Dumañuecos,* y que como no teníamos con qué cocinarlos, se paseaban libre e inocentemente por el bote, sin darse cuenta de nuestras aviesas y frustradas intenciones. No tomaron los marineros la precaución de mudar el agua de la pipa antes de la salida, y la encontramos corrompida; la rechazamos de primera intención, pero luego, la sed nos obligó a tomar tragos de ella de cuando en cuando. Por la noche, la sonda tocó fondo a pocas brazas. Entrábamos en el banco de Bahama.

Amaneció el día 22, espléndido y risueño. Por la mañana corrimos serio peligro, pues una tromba marina, impulsada por corrientes atmosféricas, pasó majestuosa y amenazadora a corta distancia de nosotros, obligando a Méndez a apoderarse del timón y derivar un poco. El espectáculo resultó bello e imponente. Al mediodía asomó por babor una embarcación que probablemente navegaba por uno de los canales del banco, pudiendo pronto apreciarse que era un pequeño vapor que venía hacia nosotros. Ninguno se sorprendió, porque estábamos esperando ver aparecer de un momento a otro algún crucero que viniera en nuestra persecución. El vapor se acercaba más cada vez y era imposible intentar toda huída; Méndez hacía derivar el barco hacia la izquierda, buscando lugares de menor fondo para que el navío enemigo no pudiera seguirnos y tomó medidas para que la correspondencia que llevábamos para Estrada Palma fuera a parar al fondo del mar; pero, afortunadamente, cuando ya nos veíamos con la soga al cuello, ahorcados como piratas, el supuesto enemigo siguió su camino con gran satisfacción para nosotros.

Navegábamos por aguas muy claras que permitían ver limpiamente el fondo, situado a tres o cuatro metros de profundidad, todo cubierto de arenas donde se observaban criaderos de esponjas. Frecuentemente éramos seguidos por toninas que nos escoltaban jugueteando, dando vueltas en torno al bote, y nos divertíamos con los peces voladores que en gran número pueblan aquellos mares.

Como a las tres de la tarde asomó por babor otro barco que se movía lentamente. A bordo de nuestro pequeño esquife se habían suscitado discusiones sobre la ruta que debíamos seguir, pues estábamos desorientados por no encontrar tierra y, como por otra parte, no teníamos qué comer y el agua estaba corrompida, resolvimos poner proa al barco en busca de auxilio y de orientación, a pesar de considerar que podía ser español y hacernos prisioneros. Pasamos dos horas navegando hacia él, haciéndole señales, pero los del barco no nos tomaron en cuenta y siguieron su ruta. Guiados por la pequeña brújula que llevaba el teniente coronel Méndez, pusimos nuevamente proa al norte. Estos incidentes eran aprovechados para improvisar chistes y servir de comento durante varias horas. Méndez era el único que parecía preocuparse por el éxito de la expedición. Era hombre de recia contextura y de fino trato y entendía algo de mar, habiéndole llevado esto a que al desembarcar el general Núñez una expedición en Las Villas, le hiciera cargo del desembarco; y como el alijo de armas y municiones le vino a las mil maravillas al general Máximo Gómez, le nombró teniente coronel, diciéndole que si los españoles le hubieran apresado, lo habrían ahorcado con ese grado, siendo, por tanto, el que le correspondía. El comandante Ortega, colombiano, de bastante cultura y amigo de escribir, que estuvo en su país en varias revoluciones, al incorporarse a la nuestra, se valió de habilidades para llegar a ser secretario de Antonio Maceo, según decía, pero por sus condiciones de carácter y acusado de amoral, pronto se le consideró desconceptuado y pidió irse del país. El capitán Couspeire, francés, vino también a Cuba en pos de una rápida carrera militar, y se iba ahora decepcionado y maldiciente. El alférez García Menocal iba en busca de ser operado de una hernia que le molestaba, y *Varonita*, niño de trece años, que había sido ordenanza del Marqués de Santa Lucía, a la sazón Presidente de la República, era mandado con el fin de que ingresara en un colegio. Márquez, León y Ríos eran marineros a las órdenes del Delegado Estrada Palma, para el servicio de expediciones.

Vemos ponerse el sol el día 22 contemplando el mismo cuadro; cielo y agua por todas partes y en el centro el *Hatuey,* navegando entonces viento en popa, parecía volar valientemente sobre las olas en busca de nuestra ansiada Cólquide, donde íbamos a buscar, no el vellocino de oro, sino la salud perdida. Al cerrar la noche, los hombres se iban cansando de charlas y chistes; dejaban de hacer conjeturas sobre el fin de la expedición, poco a poco se entregaban al sueño, mientras el de vigilia empuñaba el timón, proa siempre a la estrella Polar. Hacia media noche, ya en el día 23, vino a posarse sobre nuestra embarcación un pichón de paloma sanjuanera, que fué recibido con gran alegría, ya que, como sus débiles alas no podrían mantenerlo muchas horas en el aire, era evidente señal de que estábamos cerca de alguna isla. Estaba tan cansado, que se dejó atrapar sin tratar de huir. Alentado por esta nueva y por la rapidez con que el *Hatuey* se deslizaba victorioso sobre las olas, esperamos de un momento a otro el grito de ¡Tierra! Pero una hora después, decepcionados, nos volvimos a dormir. Serían las tres de la madrugada, cuando Méndez, siempre vigilante, nos despertó gritando a media voz: "¡Tierra, señores, tierra a la vista!" No sería sin duda mayor la alegría de los marinos de Colón despertando al grito de Rodrigo de Triana.

Frente a nosotros se alzaba una sombra oscura que lo mismo podía ser una nube que una isla, y contra ella nos hubiéramos estrellado a no ser por la vigilancia incansable de Méndez, pues Couspeire, de guardia al timón, lo había dejado amarrado, entregándose al sueño. Anclamos para evitar un accidente y, según fué aclarando, más inequívoca resultaba la isla. Al despuntar el alba, pudimos ver un barco, al que nos acercamos lentamente; era una goleta tripulada por negros ingleses, pescadores de esponjas; nos informaron que la isla que teníamos enfrente era San Andrés, la más grande de las Bahamas, y que teníamos a Nassau a sesenta millas al noroeste. Nos arreglamos para que uno de ellos guiara el bote a aquella ciudad y así seguimos a lo largo de la costa, que aunque en nada llamaría la atención a otros navegantes, a nosotros nos parecía "la tierra más fermosa que ojos humanos vieron". Por la tarde nos detuvimos frente a un pequeño caserío, puesto de pescadores de esponjas, obteniendo allí agua y, horas después, anclábamos, por considerar el práctico peligrosa la entrada de noche en el golfo de Providencia. El 24 navegábamos despacio por la falta de viento, atravesamos el golfo y ganamos las islas que forman el puerto de Nassau; pero el práctico no se decidió a entrar y nuevamente pasamos la noche fondeados. Transcurrió el día sin agua por habérsenos acabado la poca que nos dieron el día anterior.

Durante la mañana del 25 navegamos despacio por falta de viento, y a las tres de la tarde entramos en el puerto de Nassau. Al fin estábamos a salvo. Intentamos ganar tierra, pero se nos acercó una falúa del gobierno inglés y nos obligó a anclar frente a la cuarentena. Desde allí contemplábamos la ciudad que, a nosotros, nos pareció un paraíso. Nos visitaron las autoridades inglesas, que se mostraron muy correctas al enterarse de que éramos patriotas cubanos en lucha contra España y, sabiendo que allí había un comité revolucionario presidido por el doctor Salas, le avisamos de nuestra llegada. Triste juicio debieron formarse los ingleses de la revolución cubana al observar aquellos libertadores harapientos, sucios, melenudos y hambrientos.

A las cinco de la tarde, por el otro extremo del puerto, entró el crucero español *Isla de Cuba,* entablando reclamación ante el cónsul de su país para que nosotros les fuéramos entregados. Muchos meses después me encontré en Cuba con Valbuena, el inteligente hombre de mar a quien ya me he referido, y me contó que los españoles de Manatí se enteraron de nuestra partida en el balandro, dos días después de zarpar de Mono Ciego, y enviaron a perseguirnos al cañonero *Alcedo,* que embarrancó en el banco durante seis horas, y al *Isla de Cuba,* que por su mayor calado dió la vuelta por el canal hasta salir a Nassau. Por ambas circunstancias escapamos de ser capturados.

El día 26 nos visitaron el doctor Salas y dos cubanos más; en la ciudad había nueve y todos formaban parte de un club revolucionario; nos llevaron ropas, alimentos y medicinas, informándonos que al siguiente día, el 27, saldríamos en el vapor *Niágara* para Nueva York, y así lo hicimos, Méndez, Varonita, León, Márquez y yo. El día 31 llegábamos a la inmensa capital económica del Nuevo Mundo.

EXPEDICIONARIO DEL "LAURADA"

Una tarde de la primera semana de febrero de 1897, me presenté a don Tomás Estrada Palma, Delegado Plenipotenciario de la República de Cuba en los Estados Unidos; le di las gracias por las atenciones que la Delegación había tenido conmigo durante mi estancia en New York, y le pedí que me alistara en la primera expedición que saliera hacia Cuba, pues ya repuesto de la operación que había sufrido, deseaba volver a ocupar cuanto antes mi puesto en el Ejército Libertador. Don Tomás me dijo que había pensado en mí para otra combinación ulterior, pero que, puesto que era tanta mi impaciencia, me daría carta para Roloff, quien saldría pronto conduciendo un cargamento de pertrechos de guerra. Todo quedó arreglado a mi satisfacción y después de varios simulacros de salida, que sólo tenían por objeto burlar la vigilancia del servicio secreto de España en los Estados Unidos y comprobar la obediencia de los comprometidos a las órdenes superiores, el día 27 nos embarcamos en el río del Este, en una lancha cubierta, un grupo de expedicionarios, y remolcados por un vaporcito, descendimos, río abajo, hacia el puerto. Algo arriba debimos haber embarcado, pues ya llevábamos un buen rato navegando, cuando miré por la abertura que nos sirvió de entrada y vi que íbamos a cruzar bajo el famoso puente de Brooklyn.

Navegando mar afuera y con un mal tiempo que hacía bailar infernalmente la lancha y marear a más no poder a los expedicionarios, estuvimos dando vueltas a cuarenticinco millas de tierra, lugar donde debíamos hallar el vapor *Laurada,* que nos conduciría a Cuba. No lo encontramos, pero nos avistamos con el doctor Joaquín Castillo Duany, que iba en la goleta *Donna E. Briggs,* con el cargamento de armas y municiones. Como el mal tiempo arreciaba y el *Laurada* no aparecía, el doctor Castillo dispuso que fuéramos cerca de Sandy Hook y que el remolcador volviera solo a New York en busca de órdenes, contestándonos Estrada Palma que retornáramos al lugar de la cita; así lo hicimos y encontramos allí al *Laurada* y a la goleta, el día 2 de marzo. Abandonamos aquella lancha cubierta donde habíamos pasado cuatro días de perros, trasladándonos al *Laurada,* y llevándonos a remolque la goleta, hicimos rumbo a Cuba. La expedición estaba compuesta por el siguiente personal: mayor general Carlos Roloff, Temístocles Molina, Enrique Núñez, Adolfo Socarrás, José Martí, Horacio Ferrer, Gonzalo del Cristo, Gustavo Aróstegui, Charles Aguirre, Manuel Secades, Alfredo Valdés, Rafael Ruiz, Guillermo Valls, Ezequiel Vieta, Edwin Mestre, Francisco Sedano, Federico Cordovés, Manuel Garrido, Miguel Portuondo, Juan Domínguez, Manuel Agüero, Juan M. Alfonso, Marcos Rodríguez, Agustín Agramonte, Edgardo Carbonne, Juan Brunet, Marcos Pimienta, Francisco Rosado, Edwin Fens, Pedro Machado, Alfredo Poey, Rabell y Migaux.

El 9 de marzo, después de once días de navegación, llegamos a la isla de San Salvador, primera tierra que vió Colón en América y primera también que veíamos nosotros desde nuestra salida de New York. Estaba habitada, como casi todas las Bahamas, por negros y un corto número de ingleses que iban allí en funciones de gobierno y como comerciantes o agricultores. El doctor Castillo se acercó a ella en la goleta e hizo provisión de carne, naranjas y zapotes. Hacia la parte norte de la isla había un faro y a diez millas de él era el lugar de cita con otro barco, el *Bermuda,* pues no se había querido confiar al *Laurada,* por lento y viejo, el costoso cargamento que llevábamos. Para no llamar la atención de los ingleses nos separamos de la goleta, internándonos entre islotes y cayos, volviendo cada día al lugar de la cita, sin encontrar nunca al *Bermuda,* ni noticias de él.

Como los días transcurrían largos y aburridos en el *Laurada,* y eran primavera de la vida los hombres que llevaba a bordo, pasábamos el tiempo de una en otra aventura. Una tarde, estando anclados en no sé qué lugar del Banco de Bahama, donde no se veía tierra por ninguna parte, pidieron los expedicionarios autorización para bañarse. Un baño en alta mar, lanzándose desde el barco al océano, presentaba atractivo nunca gozado, y la transparencia del agua, dejando ver el fondo a ocho o diez brazas, era un incentivo más. Roloff y el Capitán dieron el permiso, y después de colgar de la borda un par de escalas de sogas, el bando de patos se lanzó al agua con gran alborozo, discutiendo quién zambulliría por más tiempo, quién se alejaría más del barco. No quedaba ya ninguno en el agua cuando se apareció Marcos Pimienta *maguado* por no haber participado de la aventura e invitando a que alguien le acompañara, prestándose a ello Manolo Secades, aunque acababa de salir del baño; y ya iban a lanzarse al agua cuando se aparecieron dos enormes tiburones que habían acudido al bullicio y al olor de carne humana. Todos nos quedamos haciéndonos cruces, y Pimienta y Secades se felicitaron de estar vivos. Otro día nos fuimos de excursión por las profundidades del barco, pues como se contaba con hacer un viaje mucho más corto, las provisiones escaseaban y comíamos mal, al paso que el general Roloff se daba verdaderos banquetes, invitando sólo a Enrique Núñez y a algún otro afortunado. Roloff, como buen veterano de la Guerra de los Diez Años, era hombre previsor y no sólo llevaba alimentos suficientes para el viaje, sino también no pocos para después del desembarco. Encendiendo fósforos y dándonos golpes en la cabeza con las escotillas del vapor, descubrimos al fin el escondite, y desde aquel día nos regalábamos con frecuencia el estómago con huevos, conservas, galleticas y algunos licores. El descubrimiento lo hizo Gonzalo del Cristo, más tarde respetable Juez Correccional de La Habana. Nunca supe qué pensaría el General de sus esfumadas reservas cuando desembarcó, o si sería el Capitán del barco quien hizo el hallazgo de las cajas vacías.

Monsieur Migaux, nos decía ser sargento del Ejército francés y haber servido en todas las guerras coloniales modernas. Se paseaba orondo por cubierta con sus inmensos bigotes rectos y puntiagudos y era a diario motivo de las más variadas bromas. Afirmaba haber leído que en el mar de las Antillas se pescaban raros peces utilizando como carnada cáscara de queso, y cebando con esto sus anzuelos se pasaba las horas con la pita en la mano;

al más ligero descuido le enganchábamos en el anzuelo algún trozo de palo tallado con figuras determinadas, y el hombre no salía de su asombro. Cuando descubrió la treta, rió amablemente como buen francés. Si se trataba de oír cantar canciones criollas o de hacer cuentos, todos se reunían en torno de Francisco Sedano, el caballeroso y simpático matancero, que cinco meses después había de morir valientemente en la toma de Victoria de las Tunas. Con todos aquellos incidentes e improvisaciones, la juventud hacía agradables los días de navegación, y no pocos de los más maduros, entre los cuales se encontraban Agustín Agramonte, Gustavo Aróstegui y Gonzalo del Cristo, gustaban también de hacer cuentos con *pimienta* y *ají-guaguao*.

El día 17 conferenciaron el general Roloff y el doctor Castillo y, dando por perdida la combinación con el *Bermuda,* resolvieron llevar la expedición en el *Laurada*. Si hubiesen fracasado se les habría criticado acerbamente por la imprudencia de llevar el más grande cargamento que se envió a Cuba Libre, en un barco viejo, de andar inferior al de los cañoneros españoles; triunfaron, y la historia olvidó su hazaña. Esa misma noche atracamos la goleta al costado del vapor y comenzamos el trasiego de armas y municiones; yo me encontraba en la goleta cargando cajas con otros compañeros, cuando aparecieron luces a lo lejos; se dijo que un crucero nos perseguía y el capitán del *Laurada* gritó que cortaran las amarras y echó a andar; Pepe Martí y yo nos agarramos a los cabos, andando ya el barco, y ganamos la cubierta. Durante varias horas el *Laurada* huyó a toda máquina, y la goleta, lanzando todo su velamen, huía tras de nosotros. Al siguiente día, el 18, nos reunimos de nuevo, y por la noche se terminó el trasbordo, alejándose la *Donna E. Briggs* a toda vela. La marinería del vapor, al enterarse de que seguíamos a Cuba, se insubordinó; y fué preciso ganársela con dinero.

El 19 lo pasamos anclados junto a un pequeño cayo que en las cartas geográficas figura con el nombre de Cayo Verde, en el límite sur del Banco de Bahama. Allí desembarcaron el técnico en explosivos Edgardo Carbonne y varios hombres, preparando dos torpedos de dinamita. El cayo estaba deshabitado, era estéril y sólo se veían en él innumerables aves marinas. El 20 por la mañana Roloff me llamó y me regaló un rifle *mauser* español, que pertenecía al equipo de uno de los Astor, quien venía a incorporarse en el *Bermuda,* y fracasó; me dijo que desembarcaríamos en Banes y quería que yo fuese el primero en hacerlo, en busca de gente para salvar la expedición. El y el doctor Castillo Duany me enseñaron un plano y me dieron instrucciones: yo desembarcaría primero con otro compañero que eligiese antes de que el vapor entrara en el puerto; hacia el fondo de la bahía estaba el caserío de Banes, donde se sabía que existía una guarnición española; era posible que hubiera otros destacamentos enemigos; yo llevaría una comunicación ordenando que se pusieran a mis órdenes todas las autoridades civiles y militares, para asegurar el éxito; cuantos hombres hubiera los enviaría al sitio de la costa conocido por Mano de Pilón, donde se había de hacer el alijo. Yo me sentí muy orgulloso del honor que se me hacía y elegí por compañero a Guillermo Valls.

Por la tarde pusimos proa a Banes, y serían las nueve de la noche cuando divisamos el faro de Lucrecia, semejando un cíclope vigilante. ¡Cuba estaba a la vista! Desde aquel momento comienzan a delinearse las costas y la emoción se agiganta. Vamos muy despacio, con las luces apagadas, acercándonos cautelosamente, cada uno en su puesto, silenciosos, escudriñando la costa en busca de algún cañonero español que nos acechase. Juan Brunet, en la proa, cree ver una luz, da la voz de alarma y el barco vira en redondo; mas se comprueba en seguida que ha sido un error y volvemos a acercarnos. ¡Nada más intensamente emocionante que aquellos momentos! Las costas formaban un ángulo entrante; frente al vértice el *Laurada* detuvo sus máquinas y botó al agua un bote; dos prácticos, dos remeros y un timonel; Valls y yo saltamos a él; los amigos murmuran frases deseándonos buena suerte, y el bote parte hacia la orilla; el práctico nos muestra el cañón de la entrada del puerto y nos lleva a una playa, a la derecha. Yo salto, y soy el primero en pisar tierra cubana. Valls saltó detrás de mí. ¡Estaba de nuevo en Cuba, con el rifle al hombro, luchando otra vez por la independencia de mi patria!

Escondimos nuestro equipo de la mejor manera posible. Seguido de Valls emprendí la marcha, alumbrado por la luna y guiado por una pequeña brújula. Tomamos por un antiguo predio junto a la costa, y encontramos una vereda que seguimos; era menester encontrar algún vecino para orientar nuestra ruta; y caminamos afanosamente buscando algún camino que tomara hacia la izquierda y que nos llevara al fondo del puerto; pero ni el más leve trillo aparecía; siempre monte cerrado a uno y otro lado. Habíamos caminado unas tres leguas cuando empezamos a oír delante de nosotros el ruido de las olas al chocar contra la costa. Evidentemente la vereda nos llevaba demasiado al norte, rumbo al cabo de Lucrecia; era improcedente seguir, y tampoco podía dar un paso atrás, porque me exponía a llegar el último en el salvamento de la expedición, desmereciendo la confianza que en mí se había depositado. Este pensamiento me llenó primero de inquietud y luego de cólera, y violento por aquella contrariedad, decidí abandonar la vereda e internarme en el monte, rumbo al oeste, y seguido de Valls, avancé siempre en la misma dirección por una selva que parecía impenetrable, subiendo y bajando sierras sobre un terreno de arrecifes que nos destrozaban los zapatos; alumbrados y guiados por la luna, porque era imposible tener la brújula en la mano. Grande extensión de montaña habíamos atravesado en aquella marcha forzada y fatigosa, cuando hicimos alto a las cuatro de la madrugada para apagar la sed con el agua de unos curujelles. Mi compañero me pidió un rato de descanso, pero me negué a complacerlo y volvimos a emprender la marcha. Apenas la habíamos reanudado, cuando encontramos una vereda, y siguiendo por ella salimos al amanecer a un limpio, sobre una altura, desde la cual admiramos un panorama encantador; el puerto de Banes se veía como a tres leguas de distancia, semejando un lago dormido entre las sierras, las que principiaban a dorar los rayos de un espléndido sol naciente. A poco entramos en un territorio, todo sembrado de plátanos y cañaverales, en una extensión inmensa. Yo desconocía entonces que, antes de la guerra, la laboriosidad de los Dumois había convertido aquella zona en un emporio de riqueza. Encontramos un rastro y lo analizo: la experiencia nos había enseñado a los insurrectos a leer en los rastros; así fué que después de observarlo, le dije a mi amigo: —"Por aquí ha pasado un grupo de jinetes que lleva la misma dirección que nosotros; debe haber sido un pelotón de unos veinte hombres, y pasó ayer por la tarde, pues aunque el rastro se ve fresco está cubierto por el rocío de la noche; probablemente son españoles, porque casi todos los caballos llevan herraduras y las fuerzas cubanas no tienen donde herrar sus cabalgaduras". Valls, agobiado por una marcha tan larga —estábamos caminando desde las once de la noche— me suplicó inmediatamente un rato de descanso; pero yo le reiteré que era imposible descansar; había que seguir adelante siguiendo el rastro del escuadrón de caballería; él nos llevaría a alguna parte y era mil veces preferible hacernos matar por los españoles que fracasar en nuestro empeño de salvar la expedición. No podíamos detenernos a recuperar fuerzas; un mandato supremo nos ordenaba andar, siempre andar, como aquellas almas culpables que encontró Dante en el infierno, que no podían detenerse, so pena de ser azotadas cruelmente por las furias.

De nueve a diez de la mañana, siguiendo siempre el rastro de los caballos, caminando a la vera de un platanal, vi a doscientos metros un molino de viento; hice señales a mi compañero para que se acercara, pues venía jadeante, a alguna distancia, y le dije: —"¿Ves ese molino? Pues bien, ahí debe haber un pueblo español, porque los cubanos no tenemos molinos. Toma este pliego, contiene la comunicación de Roloff; yo voy a explorar ese lugar; tú quedarás aquí entre la yerba; si oyes tiros, espera diez minutos, y si no vuelvo, dame por muerto; cómete la comunicación y procura escapar". Valls oyó mis palabras profundamente impresionado. "Tenga la seguridad de que me tragaré la comunicación" — fueron sus únicas palabras. Seguidamente avancé hacia el molino, encontrando una planicie cubierta de restos de casas quemadas y sólo el molino en pie, a orillas de un río. Llamé a Valls; le estaba explicando que aquello debía ser un pueblo tomado e incendiado por los cubanos días antes, y estaba interpretando los hechos, cuando ví un jinete asomar por el camino.

—"¡Alto!— ¿Quién va?"— grité. El hombre se asustó y volvió grupas. "¡Alto o te mato!", grité de nuevo echándome el rifle a la cara, dispuesto a cumplir mi amenaza. —"¡No tire!", me contestó, y se fué acercando a mí hasta exclamar al observar nuestros trajes: —"¡Ah, si son ustedes expedicionarios!" En seguida me contó que era un empleado de la prefectura de Las Mulas, dejada atrás por nosotros; que ellos habían visto desde las lomas un vapor en el puerto, siguiéndolo en sus movimientos y sospechando que se trataba de alguna expedición. Dejé a mi compañero tendido en una zanja, entre la manigua, y montando el caballo del postillón, mientras éste corría junto a mí, guiándome en el camino, llegamos a la subprefectura de *Jagüey,* a legua y media de Banes, donde el subprefecto, Federico Pruna, me prestó los auxilios necesarios para despachar correos en todas direcciones, y una hora después, envié un propio al general Roloff, ofreciéndole cien hombres que ya había movilizado, y por la tarde tenía reunidos en *Mano de Pilón,* lugar de la cita, más de cuatrocientos hombres, al frente de los cuales me encontraba yo, ayudado del comandante Bruno Mariño y otros jefes cubanos.

A la madrugada supimos que el general Roloff estaba haciendo el alijo en *La Rayada;* salimos para allí, y poco después recibimos órdenes de contramarchar a *Júcaro,* donde se estaba haciendo el resto del desembarco; dejé una parte de los hombres internando el material desembarcado en *La Rayada,* y envié el resto a *Júcaro* con bueyes y carretas para abreviar la operación, y yo seguí hasta el lugar de mi desembarco, y recogiendo mi equipo y cruzando el canal en un bote, llegué al campamento de *Júcaro,* presentándome a Roloff. El General se puso de pie a mi llegada y dándome la mano me dijo: —"¡Muy bien; lo felicito a usted, capitán". En la breve frase me demostraba su satisfacción por mi éxito y me anunciaba que me había ganado el ascenso a capitán.

Después de haber salido yo del *Laurada,* en la noche del 20, Roloff colocó dos cañones sobre cubierta, armó al personal, y por la mañana penetró atrevidamente por el estrecho canal que conduce al gran puerto, no encontrando, por fortuna, ningún cañonero allí, y la guarnición española que ocupaba el fuerte, se contentó con disparar algunos tiros a larga distancia. Prefirió el *Júcaro* para el desembarco de la mayor parte del material por recomendación de los vecinos; en efecto, el lugar era tan apropiado, que el barco arrimó a la orilla, y poniendo unas tablas de la borda a tierra, descargó por allí cuanto interesaba.

Esta expedición del *Laurada* fué la mayor que los patriotas cubanos residentes en el extranjero enviaron a Cuba durante toda la guerra. Se componía de dos mil cincuenta rifles, un millón de cartuchos, setecientos machetes, un cañón de doce libras, un cañón de dinamita, una ametralladora, tres mil cartuchos de cañón, tres mil libras de dinamita, treinta y seis bultos de material para fabricar explosivo, tres máquinas magneto-eléctricas, ocho cajas de baterías eléctricas, ocho cajas de medicinas, veinticuatro revólveres, tres mil ejemplares de ordenanzas militares, torpedos y otros efectos. Era el producto del esfuerzo supremo de la emigración, reaccionando de la depresión que había causado la muerte de Maceo.

Para mí el salvamento de la expedición representó mi ascenso mejor ganado, y el servicio más importante que hice a la causa de la Independencia.

A ORILLAS DEL CAUTO

Después de mi regreso a Cuba, en la expedición del *Laurada* permanecí algunas semanas en la zona oriental de Holguín, a donde los españoles habían llevado varias columnas con el fin de apoderarse del alijo de armas, dando esto lugar a numerosos choques parciales con nosotros, pero ninguno de verdadera importancia, simples escaramuzas que sólo ocasionaron algunas bajas, logrando el enemigo apoderarse de dos bombas de dinamita, con las que pretendimos cerrar el puerto de Banes, y que sus guardianes abandonaron.

En la imposibilidad de marchar al cuartel general de Máximo Gómez, como era mi propósito, por estar infranqueable la trocha de Morón, resolví quedarme en Oriente, y por consejo del general Mario G. Menocal, acepté incorporarme a una columna volante, que a las órdenes del teniente coronel Carlos García Vélez, operaba en las márgenes del río Cauto. Con este fin, el 28 de abril de 1897, salimos cuatro oficiales de *Bijarú,* y, tras una jornada de once leguas, acampamos en *Mejía,* teniendo yo que marchar a pie cinco leguas, porque mi jamelgo se rindió. El 29 nos movimos a *Guayabal,* y el 30, después de hacer una jornada de doce leguas, mis compañeros tuvieron que dejarme solo, porque mi pobre caballo no podía dar un paso más; menos mal que encontré para él excelente potrero de yerba de guinea, mientras que yo tuve que conformarme con acariciarlo, diciéndole: —"Buen amigo, despáchate a tu gusto; de dos que se quieran bien, con uno que coma basta"... Y, completamente solo y hambriento, tendí mi hamaca, ya de noche, a orillas del caudaloso Cauto, que veía por vez primera, y en cuyas márgenes iba más tarde a sentir agotarse contra mí todos los rigores de la naturaleza. Sólo, en mi pobre cabalgadura, haciendo alto para que comiera cada vez que la veía próxima a desmayarse, seguí al siguiente día la ruta que se me había dado, pernoctando el día primero en *Las Bajadas,* el 2 y el 3 en la casa de posta de *Corral Nuevo* y el 4 en *Colorado,* donde estaba el teniente coronel García con la columna de que yo desde entonces formaría parte.

Durante el trayecto de este penoso viaje, encontré varios ranchos ocupados por familias, pero ¡qué espectáculo tan desconcertante el que presentaban aquellas pobres gentes! La miseria más espantosa se extendía por toda la provincia, porque el ganado de los campos se había acabado, debido al desorden en la matanza y a que se había permitido a los dueños, que vivían en los pueblos enemigos, llevar sus reses a las poblaciones mediante el pago de una pequeña contribución, arbitrándose así recursos para enviarlos a Estrada Palma, quien los invertiría después en la compra de material de guerra y, muchas veces, en sostener algunos manganzones en los Estados Unidos. De esta manera, imprevisoramente, por un peso o por cincuenta centavos, vendíamos una res que luego nos iba a ser indispensable para comer! Las familias y las mismas fuerzas cubanas vivían comiendo viandas y jutías; pero cada vez que un contingente importante de los nuestros acampaba en cualquier lugar, a dos o tres leguas a la redonda no quedaban viandas. No valía a los campesinos hacer *tumbas* en el corazón de los montes y levantar en ellos sus predios sin dejar el menor rastro para ocultarlo, porque casi siempre la sagacidad y astucia, puestas al servicio de los estómagos vacíos, descubrían la labranza y acababan con ella. Ni aun las colmenas escapaban de la habilidad de los orientales para buscar alimentos; apenas establecido un campamento, se esparcían por los contornos infantes y jinetes en busca de recursos, y les bastaba ver volar una abeja para darse cuenta de si había o no botín de panales en perspectiva. Si las abejas volaban de uno a otro árbol, deducían que estaban recogiendo su carga; si pasaban volando en línea recta, no cabía duda de que, cargadas del néctar de las flores, se dirigían a la colmena, y las seguían hábilmente entre maniguas y montes hasta dar con su escondite. Acosadas las abejas en los antiguos colmenares, los habían abandonado para ir a hacer sus panales y criaderos en troncos de árboles ahuecados; pero allí los iban a sorprender nuestros hombres, en busca de la miel para hacer *canchánchara* y de la cera para la elaboración de cerillos.

De ahí que las pobres familias llegaran a considerar como una verdadera desgracia la llegada de una tropa cubana a sus lares, y poco a poco se internaron cada vez más en lo intrincado de los montes.

Las enfermedades parecían haberse conjurado con el hambre para exterminarnos. Carentes de vacuna, no podíamos inmunizar a militares y paisanos contra la viruela, que encontraba así terreno propicio para extenderse; el paludismo reinaba como pandemia generalizada por todas partes, pudiendo asegurarse que más del cincuenta por ciento del ejército y de la población civil estaba afectada por las fiebres, y debido a la infección de las aguas, la fiebre tifoidea y la disentería nos diezmaban cruelmente.

El vestuario había ido destruyéndose y, como no se reparaba, ya en las filas, medio desnudos iban los hombres, y en las rancherías muchas veces las mujeres se ocultaban a nuestra vista para no mostrar sus desnudeces. ¡Y era aquel ejército de famélicos harapientos, mal armados y descalzos, con lo que teníamos que conquistar la independencia luchando contra una de las naciones más guerreras de Europa, provista de todos los recursos para la contienda! ¡Y eran aquellas familias de enfermos y de hambrientos los auxiliares con que contábamos y de donde debíamos obtener nuestras reservas!

No resultaba extraño, por tanto, que calculándose un efectivo de doce mil combatientes al primero y al segundo Cuerpo de Ejército, que mandaba Calixto García en la provincia oriental, difícilmente pudiera movilizar dos mil cuando emprendía una operación de importancia.

La columna volante del Cauto, de la que yo entraba a formar parte, se componía de doscientos hombres, según se decía; pero costaba trabajo reunir sesenta u ochenta. Tenía un campamento casi fijo en *Colorado*. El teniente coronel García me designó jefe de un pequeño destacamento que tenía por misión especial evitar que los españoles se apoderaran de nuevo de la vía fluvial del Cauto, que meses antes habían perdido, cuando el mismo

García Vélez hundió con una mina, el cañonero *Relámpago*. El 11 de mayo partí de madrugada para mi nuevo destino, acompañado del alférez Valls y de un práctico, atravesando un territorio despoblado y cenagoso, y después de mil peripecias, por haberse extraviado el práctico varias veces en la Ciénaga de Virama, viéndonos en la necesidad de cruzar tres arroyos crecidos, dos de ellos a nado, y de haber andado dieciocho o veinte leguas, acampamos de noche, con los estómagos vacíos, en un bohío abandonado, en la margen derecha del Cauto.

La zona a que había sido destinado ofrecía un aspecto absolutamente primitivo. Era algo así como una larga lengua de tierra que se extendía desde el Guamo, por el este, a la albufera de Virama y algunos itabos, por el oeste, y del río Cauto, por el sur, a la ciénaga de Virama, por el norte. La misión que se me encomendó fué evitar que los españoles volvieran a ocupar la vía del Cauto para sus operaciones. En toda la larga extensión de terrenos que sumaba algunos centenares de caballerías, de tierras muy pobres, sabanas y ciénagas, había solamente dos casas: la del subprefecto Moreno, que habitaba en el extremo oeste, en *Remate,* y la de Reyes, hacia el centro. Un sólo trillo llevaba de uno a otro extremo de la península a través de la sabana, y algunos otros laterales permitían llegar al río. Tenía aquel territorio peculiaridades que lo distinguían de cualquier otro lugar de la Isla. Cuando se entraba en él por la finca *La Punta,* la entrada principal, llamaban en seguida la atención unos emparrillados montados sobre largos horcones y algunas varas cruzadas a manera de escala. Estos entarimados, distribuídos sin orden ni concierto por el potrero, junto al monte, eran las camas de los pobres mambises que tenían que pernoctar en aquel lugar. Era casi imposible dormir en el suelo ni en hamacas, porque la plaga, como decía la gente, atormentaba de tal modo, que no se podía conciliar el sueño, y los guajiros, habiendo observado que algunos insectos volaban sólo a poca altura del suelo, idearon aquella empalizada para dormir a cinco o seis metros de altura, donde se libraban de las picaduras de muchos de ellos. Es posible que la utilización de este recurso fuera una herencia de los siboneyes que encontró Diego Velázquez cuando atravesó aquellos lugares en su marcha de conquista. ¡Dichosos los egipcios que sólo sufrieron los horrores de siete plagas! Las del Cauto resultaban más numerosas. Particularmente atormentaban por su voracidad los rodadores, jigüeyes, corasíes y cuantas variedades de mosquitos usan de la trompa con aviesas intenciones. Atravesaban la tela de las hamacas y hendían la trompa en la piel como si fueran leznas; y el que tenía la dicha de poseer una frazada y se envolvía en ella, a poco se despertaba sorprendido de que lo alcanzaran las picaduras; y que fuera prudente la víctima y se conformara con el menor número de picaduras posibles, sin descubrirse para intentar alejar al enemigo a manotazos, porque entonces, como decía la gente por allí, lo ponían grifo. Los hombres que no alcanzaban entarimados para pasar la noche, formaban candeladas y quemaban bolas de comején y plastas secas de reses para producir humo que ahuyentara la plaga acostándose entre las fogatas, lo que constituía el mejor recurso; pero apenas dejábamos de atizar el fuego cuando entre una y otra pila de leña encendida avanzaban los mosquitos en columna cerrada, quemándose las alas para caer sobre nosotros como fieras insaciables.

A los amigos que operaron antes que yo por allí les oí hablar de las nubes de *alazanes,* que cerraban el paso a los transeuntes, pero no alcanzaba a comprenderles. Pronto pude observarlo personalmente. Cuando se tenía que atravesar de la sabana de *La Punta* a la subprefectura de Moreno o viceversa, era preciso una previa exploración, no para enterarse de si había españoles en el camino, sino para saber si estaba o no pasando la nube de mosquitos, que en las horas de calma o en las de viento —no recuerdo bien— se movían de la ciénaga al norte del río a las que están situadas al sur, o contrariamente. Constituían esas nubes millones de millones de mosquitos llamados *alazanes* por su color, tan hambrientos, que no se podía atravesar la nube, ni aun a todo galopar de los caballos, sin salir al otro lado jinete y cabalgadura materialmente cubiertos de mosquitos que formaban como una alfombra sobre la piel, chupando sangre, más voraces que sanguijuelas y metiéndose hasta por los ojos de los jamelgos, de donde se les podía extraer después a montones. El peligro mayor estaba en que la gran cantidad de insectos cegara momentáneamente a los caballos, impidiéndoles continuar su carrera. Por eso era necesaria la exploración por los prácticos para esperar el cruce de la nube de *alazanes* antes de aventurarse en la sabana.

Otra de las peculiaridades de aquellos parajes era la manifestación del fenómeno físico conocido con el nombre de espejismo, que tanto llamó la atención a Napoleón cuando su aventura de Egipto y del que dió cabal explicación Monge, uno de los miembros del Instituto de Francia, que le acompañaba. En determinadas circunstancias los árboles vistos a cierta distancia en la sabana, se ven en su posición natural, mientras una imagen invertida de los mismos se contempla hacia abajo, tal como se reflejan en los ríos y lagos. No sé de ningún otro lugar de Cuba donde se observe fenómeno tan interesante.

Por orden de Carlos García, y auxiliado por un técnico, coloqué en el río dos bombas de dinamita con el propósito de cerrarlo a la navegación. Cada bomba estaba formada por un garrafón, lleno de dinamita con su respectivo fulminante de mercurio, conectado a tierra por un alambre. Los garrafones descansaban sobre sendas balsas flotantes y todo estaba dispuesto para que cuando la guardia situada río abajo avisara la presencia de cañoneros, uno de mis hombres navegara en una canoa hasta las balsas, las dejara en libertad, permitiendo ir las bombas lentamente al fondo, para que al pasar sobre ellas los vaporcitos españoles, las hiciéramos explotar con un magneto desde la orilla. Pero como ya esta práctica se había empleado con éxito feliz con el *Relámpago*, los españoles no se atrevían a conquistar el Cauto, y la espera se hacía insoportable. Así fué, que un buen día, resolví ir hacia la montaña ya que ésta no venía a mí, y acompañado de ocho hombres armados y buenos prácticos, llevando por embarcación un cayuco o canoa hecha por mi gente de una hermosa ceiba, emprendí una excursión, navegando ocho leguas por el río, llegando a las nueve de la noche a su desembocadura y estableciendo nuestro pequeño campamento en *Punta de Mégano*. La operación fué muy peligrosa, porque de haber sido reconocidos por el enemigo, no era posible huir en la canoa, y a pie hubiera sido difícil, porque *Mégano* es un cayo que está separado de tierra firme por múltiples itabos y terrenos cenagosos. Pasamos allí cuatro días a la vista de Manzanillo, pero no llegaron, ni los españoles que pensábamos sorprender, ni pescadores para apoderarnos de las redes y otros útiles. Por consejo de los prácticos resolví regresar a la subprefectura de *El Remate,* no remontando el río, sino navegando a lo largo de la costa rumbo a la desembocadura del Jobabo, penetrando por el estero que conduce a la laguna de Virama y llegando de noche a *Remate.* En esta navegación de regreso, recorrimos dieciséis leguas sin haber visto un ser humano ni rastro de la mano del hombre por ninguna parte, en tanto que las playas cubiertas de flamencos, sevillas y otras aves marinas, nos inducían a pensar que no Colón sino nosotros éramos los verdaderos descubridores.

El estero que conduce a la albufera, que es un brazo de mar de unos veintiséis a treinta kilómetros de largo, estaba cubierto en casi toda su extensión de árboles corpulentos a uno y otro lado, que entrecruzaban arriba sus ramas formando a manera de túnel, y los remansos estaban de tal modo poblados de caimanes, que en ocasiones había que espantarlos a golpes de remo para que la canoa pudiera avanzar. ¡Completo panorama de Cuba primitiva en las postrimerías del siglo XIX!

El teniente coronel García Vélez, jefe de la columna volante, pasó una temporada en la zona de mi cargo, y su presencia se dejó sentir. Hombre activo, culto, enérgico y valiente, no sabía estar con los brazos cruzados, y cuando el enemigo no salía de operaciones, él aprovechaba el tiempo destruyéndole los caminos con árboles que derribaba a ambos lados, o bien levantaba trincheras en lugares estratégicos, por donde los contrarios pudieran algún día pasar. ¡Ojalá esta conducta de construir trincheras en lugares adecuados se hubiera difundido, imitándola otros jefes, pues nos hubiéramos economizado muchas vidas, a la par que las bajas del enemigo hubieran sido mucho mayores! En casi todos los sectores en que actué en la guerra, los jefes tenían a menos usar trincheras y preferían batirse en campo abierto, disparando con tercerolas y rifles recortados, montados a caballo, contra un enemigo que lo hacía con *máusser,* rodilla en tierra.

La presencia del general Loño convoyando víveres a Guamo, parecía brindarnos la oportunidad de utilizar nuestras trincheras. Yo ocupé una de ellas con dos números, el 27 de junio, después de una alarma, por haber el jefe contrario pasado con su tropa junto a una guardia nuestra. Frente a mi trinchera había un largo itabo, y al otro lado el camino que debía llevar la tropa española, a cien metros de mí. En este camino se destacaba una lomita, y nadie podía sospechar que debajo de ella nosotros hubiéramos enterrado, semanas antes, una gran bomba de dinamita. Yo debía esperar desde mi trinchera que el estado mayor enemigo coronara la eminencia, y entonces, haciendo funcionar el magneto, volaría al general Loño y a sus oficiales. Pero nosotros proyectábamos y la fuerza de las circunstancias determinaba. Los españoles, en lugar de seguir la marcha, procedieron cautelosamente, obligándome a pasar esperándoles todo el día 28, y sin probar bocado. El 29 los tiroteaba Carlos García, siendo herido el comandante Domingo Herrera, y el enemigo acampó en el mismo itabo. Por la noche hubo nutrido fuego a espaldas mías, a muy corta distancia, y Carlos García, temiendo que viniera en la columna un teniente abanderado que se nos había desertado, me mandó un correo ordenándome abandonar la trinchera.

En la impotencia ya para hacer volar al enemigo, me ocupé esa noche en salvar un taller donde se reparaban armas, y un pequeño hospital; reuní cinco hombres, y al siguiente día, muy de mañana, ataqué por retaguardia, a cien metros de distancia, a la columna española; y aquella misma tarde me incorporé a mi jefe, alejándome para siempre de aquella Cuba primitiva.

TOMA DE VICTORIA DE LAS TUNAS

La ciudad de Victoria de las Tunas era, después de Holguín, la plaza más importante del interior de la Isla en toda la parte norte de la provincia de Santiago de Cuba. Los españoles la tuvieron siempre como base de operaciones y, por ende, bien preparada para defenderla de cualquier ataque de los insurrectos cubanos. Ya durante la Guerra de los Diez Años, Tunas había sido atacada en distintas ocasiones; pero fueron tres los asaltos más importantes que contra ella se realizaron. Al comienzo de la guerra de 1868, el valiente y, más tarde, funesto jefe tunero Vicente García, atacó la población con la gente que se acababa de levantar contra la dominación española; y, faltos de experiencia, jefes y soldados fueron víctimas de las aguerridas tropas españolas que, después de sufrir muchas bajas, se defendieron en la Plaza de Armas.

El 16 de agosto de 1869, el general Manuel de Quesada hizo otro esfuerzo por apoderarse de Tunas de Bayamo, como se le llamaba entonces. Quesada llevaba a sus órdenes mil doscientos combatientes y a jefes tan valientes como Bernabé Varona (Bembeta), Vicente García, Cornelio Porro, Mendoza y Jesús Rabí, y contaba, además, con un cañón.

Las crónicas de la guerra, de origen español, hacen de esta pelea fantásticas descripciones para darle más importancia a su triunfo. El general Quesada fué rechazado, y para conmemorar la acción, los españoles le cambiaron el nombre a la ciudad por el de Victoria de las Tunas.

Años después, el 23 de septiembre de 1876, el general Vicente García logró al fin tomar a Tunas, haciendo capitular a los españoles, tras reñida lucha.

Aunque al comienzo de la Guerra de Independencia, Tunas tenía una población de mil quinientos habitantes, próximamente, en 1897, se había reducido considerablemente, porque faltos de recursos para la vida y teniendo sus familiares en la manigua, los tuneros fueron saliendo poco a poco de la población e internándose en los montes.

El general Calixto García estaba por entonces bien provisto de armas y municiones enviadas por los emigrados; pero su ejército estaba en cuadro, agotado por las enfermedades y el hambre; no obstante decidió dar un golpe sobre Tunas realizando un proyecto largo tiempo estudiado por él y su jefe de Estado Mayor, el brigadier Mario G. Menocal. Así fué que, haciendo un gran esfuerzo por reunir combatientes, logró preparar una columna de las tres armas, con mil cien hombres, recogidos entre todas las divisiones de Oriente y Camagüey, llevando en carretas la artillería, algunas de cuyas piezas se encontraban escondidas en la jurisdicción de Santiago de Cuba. Es de señalarse que, aunque en todo Oriente no había carne para alimentar a la tropa, el general Calixto García cuidaba de conservar cierto número de bueyes, para el acarreo en carretas de las piezas de artillería y del parque.

Durante los días 23 y 24 de agosto de 1897, el general Calixto García y el brigadier Menocal, acompañados de prácticos, y con informaciones recientes que recibían de la ciudad, estudiaron sus defensas y resolvieron el plan de asalto. La ciudad, abroquelada en una serie de fuertes que la circunvalaban y cruzaban sus fuegos, vigilaba todas las entradas. El Cuartel de Caballería, situado en una pequeña elevación al este, era la mejor fortificación; cuidaba los caminos de Bayamo y de Holguín y tenía hacia el norte el fuerte de Aragón y el número Once, que defendía el camino hacia Puerto Padre. Al norte estaba el fuerte Victoria; al sureste, el Cementerio, muy bien fortificado; al suroeste, sobre el camino de Camagüey, el fuerte Provisional, y al noroeste, los fuertes Bailén y número Diez; en el extremo sur de la calle de Campoamor, la principal de Tunas, se alzaba el

Cuartel de Infantería, más conocido por el *Cuartel de las Veintiocho Columnas* debido a su construcción, y hacia el extremo norte de la misma calle, se encontraba la Plaza de Armas, cuyas inmediaciones fueron todas fortificadas: el Hospital *Isabel la Católica,* la Iglesia y el Cuartel de Artillería, o Fuerte Telégrafo. Varias casas del pueblo estaban provistas de tambores, constituyendo buenas defensas para la pelea en las calles. La guarnición se componía de quinientos cincuenta soldados de línea y unos doscientos guerrilleros y voluntarios, teniendo a su disposición dos cañones Krupp. En la ciudad había abundancia de provisiones de víveres y pertrechos de guerra, pues pocos días antes se había recibido un convoy que llevó el general Luque, jefe español de la parte norte de la provincia.

A la sazón yo venía actuando como capitán ayudante en el Regimiento *Vega,* de la Brigada de Tunas, que iba a ser el protagonista más importante de la refriega, y esto me permitía apreciar los hechos de la mejor manera posible. El día 25 llegamos a la finca *Curana,* donde encontramos al general Calixto García con numerosas fuerzas. El brigadier Menocal, jefe de Estado Mayor del general García, tomó el mando de la División; el teniente coronel Carlos García, el de la Brigada de Tunas; el teniente coronel Calixto Enamorado, el del Regimiento *Vega,* que sólo había podido reunir poco más de cien hombres; y el teniente coronel Angel de la Guardia el del Regimiento *Vicente García,* de cien hombres también.

El 26 se hicieron los últimos preparativos para el ataque dispuesto por el general García, en la forma siguiente: el Cuartel General, con un cañón Hotchkiss y el cañón *Holguín,* ocuparía la loma *Pelayo,* protegido por las escoltas del general García e infantería de Holguín y Camagüey; el brigadier Menocal ocuparía la loma del Cura, a quinientos metros frente al Cuartel de Caballería, con un cañón de dinamita, el cañón *Cayo Hueso* y un cañón Hotchkiss. El cañón de dinamita sería manejado por los tenientes Juan M. Portuondo, José Martí y Francisco Sedano; las otras piezas por el comandante Chapleaux y los capitanes Devine y Poey, todos bajo las órdenes del comandante Funston. El teniente coronel Francisco de Paula Valiente, con algunos hombres de la Brigada de Tunas y fuerzas de Santiago de Cuba, protegería esa posición. El general Jesús Rabí, con el general Capote y fuerzas de Baracoa y Guantánamo, ocuparía la loma de Piedra. La caballería se distribuiría cubriendo los caminos por donde el enemigo pudiera venir en defensa de Tunas; el general Javier de la Vega al camino de Camagüey; el brigadier Planas al de Holguín; el comandante Pablo Menocal al que conduce a San Andrés, y pelotones de caballería al camino de Puerto Padre. El teniente coronel Calixto Enamorado se apostaría por la noche, con gente del Regimiento *Vega,* en el arroyo Ahogapollos, que corre entre la loma del Cura y el Cuartel de Caballería, a cien metros de esta fortaleza, y estaría presto para el asalto. La Sanidad quedó distribuida así: el coronel Porfirio Valiente en el Cuartel General; el coronel José Nicolás Ferrer con el general Rabí; el comandante Rodolfo Socarrás con el jefe de la Brigada, Menocal; el coronel Eugenio Molinet y el comandante José Clark con el general Vega; el teniente coronel Faustino Sirvén y el comandante Enrique Núñez, al frente de un improvisado hospital de sangre, a media legua del pueblo.

El Cuartel de Caballería fué considerado por Calixto García y por Menocal como la llave de Tunas, y resolvieron dirigir sobre él todo el fuego de los cañones más importantes, destruirlo, y abrir por allí la brecha para penetrar en la ciudad.

El día 26 el general Calixto García reunió a los altos jefes y a algunos miembros del Gobierno, y les explicó su plan de ataque, quedando cada uno bien enterado del papel que le correspondía desempeñar.

Durante la tarde del 27 todas las fuerzas se acercaron a las posiciones que se les habían señalado, con órdenes de no dejarse ver de los contrarios, y nosotros, los del Regimiento *Vega* nos movimos, llegando a un kilómetro de la población, ocultos de ella por una loma; cada uno llevaba al hombro un *jan* para fabricar la trinchera y, al llegar la noche, Menocal y los hombres destinados a la loma del Cura, ocupamos la posición y comenzamos a levantar nuestra trinchera, dándole la mayor consistencia, para que resistiera, en lo posible, a la fusilería enemiga. Estando en esa faena, los españoles nos hacen una descarga, pues se dieron cuenta de nuestra presencia. Por la parte oeste del pueblo disparaban los nuestros algunos tiros para llamar la atención hacia aquellos lugares. A las dos de la madrugada los hombres del *Vega* descansan o dormitan sobre el camino que junto a la loma conduce a Bayamo.

La noche estaba oscura, y el cielo límpido y estrellado invitaba a meditar. ¡Cuántos de los que le contemplaban ofrendarían su vida a la patria algunas horas después! A las cuatro de la madrugada emprendimos la marcha, y los prácticos nos condujeron al arroyo Ahogapollos, y por él nos acercamos —como Ciro por el Eufrates— hasta las puertas de la ciudad dormida. En ocasiones había que cruzar charcos en donde el agua daba a la cintura, cosa no muy agradable a las cinco de la mañana, para quedarnos luego empapados, cayendo al agua algunos soldados que resbalaban en las piedras del fondo. Cuando vinimos a darnos cuenta estábamos arriba de la población; rectificamos, y nos emboscamos, frente al Cuartel de Caballería que, subiendo un poco la cuenca del arroyo, se veía como una mole silenciosa, envuelta en las sombras de la madrugada. Ibamos a tener que roer el hueso peor; estábamos sólo a cien metros de él. Mientras escurrimos nuestras ropas, esperábamos. El enemigo no había dado importancia a los pocos tiros de la noche; era cosa corriente en todos los pueblos fortificados.

Comenzaban los claros del día cuando aquel silencio absoluto fué roto por las notas dulces y vibrantes de la corneta, que desde la loma del Cura, tocaba la diana de Agramonte, anunciando al enemigo nuestra presencia. Nunca hemos olvidado aquella diana, que después de tantos años transcurridos, nos parece oír con toda limpieza, y los compañeros que allí estuvieron aquel día, cuando se habla de Tunas, no dejan de experimentar, renovada, la emoción de aquel momento. Terminada la diana partió un cañonazo de la trinchera de Menocal, y seguidamente las otras piezas de artillería comenzaron a vomitar metralla sobre el Cuartel de Caballería. Sorprendidos los españoles, corrieron a sus aspilleras y abrieron fuego de fusilería sobre las trincheras, y media hora después la batalla se había generalizado, habiendo entrado en acción los fuertes de Caballería, Concepción, Aragón, Número Once y Victoria; desde el primero y el último, dos cañones Krupp contestaban vigorosamente a las diversas trincheras desde las cuales nuestras ocho piezas tronaban sin cesar. ¡Nunca habíamos sentido los mambises un cañoneo tan hermoso! Las horas transcurrieron en pujante duelo, mientras nosotros, un total de ochenta y cinco hombres, agrupados en el arroyo como mejor lo permitía el terreno, veíamos pasar sobre nuestras cabezas largas bombas lanzadas por el cañón de dinamita que iban a hacer explosión sobre el Cuartel de Caballería.

Hacia las nueve de la mañana oímos un griterío a nuestra derecha, indicando inequívocamente que algunos de los nuestros se habían lanzado al asalto; era el bravo teniente coronel Angel de la Guardia a quien Menocal acababa de arrojar sobre el fuerte Aragón con un grupo de tuneros del Regimiento *Vicente García*, apoyados por un cañón, que, en el momento preciso, colocó una bomba sobre el fuerte. Algunos de los defensores huyen mientras otros mueren peleando en el foso. Una gritería aun mayor indicó poco después que el primer fuerte había sido tomado. Los españoles contra-atacaron, pero Guardia, con su gente metida en el foso, repelió la agresión. Serían las once cuando por el arroyo nos llegó un enviado con una orden de Menocal para que se hiciera una exploración sobre el Cuartel de Caballería, donde los españoles parecían silenciados. El teniente coronel Enamorado dispuso que el sargento Alfredo Pérez, con dos parejas, avanzara a practicar el reconocimiento; pero fué recibido con descargas cerradas. El comandante Morales desenvainó el machete y ordenó el asalto, mientras Enamorado, en el otro extremo de la emboscada, daba la misma orden y, saliendo al mismo tiempo todos del arroyo, nos lanzamos a pecho descubierto sobre el reducto contrario.

Eramos sólo ochenta y cinco hombres, y en el cuartel enemigo nos esperaban setenta y cinco combatientes bien armados y bien atrincherados que nos fusilaban desde los fosos y aspilleras en nuestro avance.

Como sólo distábamos cien metros de ellos, en dos minutos llegamos a las alambradas. El comandante Morales y el capitán Lara toman a sus soldados por el cuello y el fondillo y los tiran al otro lado de la cerca, donde al caer los hombres ponen rodilla en tierra y disparan sobre el enemigo que sólo asoma la cabeza para hacer fuego desde los fosos y aspilleras. Las bajas aumentan, el capitán Oro cae muerto a mi lado; los minutos parecen siglos, y ni asaltantes ni asaltados ceden un ápice. En aquel momento oí gritos a nuestra espalda; volví la cabeza y ví una infantería que, en carrera vertiginosa, volaba a reforzarnos. El general Menocal se había dado cuenta de que estábamos a punto de ser exterminados y corría en persona a nuestro auxilio con gente de Baracoa y Guantánamo hasta completar unos ciento cincuenta hombres. Los fuertes contrarios cruzan sus fuegos sobre los asaltantes y a poco caen heridos Menocal y cuatro hombres de su escolta; doce hombres de Baracoa caen también bajo el fuego enemigo. En aquel momento, un oficial español, que parecía herido, apareció en la única puerta del fuerte que daba al frente por donde asaltábamos, y disparando su revólver sobre nosotros, que estábamos rodilla en tierra, a quince varas de distancia, lanzó un estruendoso "¡Viva España!" cayendo en seguida muerto por un disparo del teniente Valdés, y éste inmediatamente murió por otro disparo enemigo. Siempre he pensado que el capitán Adolfo Rodríguez de Alcalá, que así se llamaba aquel valiente oficial español, tuvo el firme propósito de inmolarse para salvar el honor de su ejército, pues evidentemente demostró que quiso morir matando antes que huir con el resto de la guarnición del fuerte. Fué el suyo el único acto heroico que observé entre los defensores de Tunas.

El teniente coronel Carlos García Vélez, sustituyendo a Menocal, al llegar al campo de la refriega, ordenó al comandante Manuel Piedra que flanqueara el fuerte por la derecha. El enemigo, acobardado por la muerte de su jefe y amedrentado por la pujanza de los asaltantes, abandonó el Cuartel, huyendo hacia el pueblo. Entonces entramos nosotros en la fortaleza, donde nuestro abanderado colocó en el acto la enseña de la patria para anunciar la victoria.

Los españoles habían retirado sus bajas y pertrechos, dejando en el fuerte sólo cuatro muertos y siete mil cartuchos. Abandonaron también muchos comestibles, con los que nos dimos un festín. Nosotros tuvimos en el asalto treinta y seis bajas entre muertos y heridos.

Una hora después el teniente coronel Carlos García Vélez escribió a su padre, el general Calixto García, pidiéndole le enviara al Cuartel de Caballería el cañón de dinamita para seguir desde allí el asedio, y buscaba un hombre para enviarle la carta cuando yo me le brindé. El general Calixto García, con Rabí, Capote y Salcedo, había ocupado la trinchera de la loma del Cura tan pronto cayó herido Menocal, y allí debía yo llevar el mensaje. El recorrido desde el fuerte hasta el arroyo lo hice sin más molestias que algunos tiros que me dispararon desde el fuerte Concepción; pero apenas salí del arroyo hacia la trinchera de Calixto García, comenzaron a hacer fuego sobre mí algunos tiradores desde el fuerte Concepción y desde el Número Once, y no sé si de alguno más. Traté de correr para llegar más pronto a la trinchera, pero me cansé, no tanto por lo pendiente del camino que había que subir, como por lo extenuado que estaba por el paludismo que venía sufriendo; tuve que seguir al paso; y aquellos tiradores implacables continuaban disparando tiro a tiro, afinando cada vez más su puntería. Al fin llegué a la trinchera donde un oficial me cogió por un brazo y me entró de un tirón.

El general García estaba muy satisfecho; pero parecía un león, moviéndose sin cesar, listo para toda eventualidad, dispuesto a vencer a todo trance y rápidamente, pues en Holguín, Bayamo y Camagüey había miles de soldados españoles que podían acudir en auxilio de Tunas a marcha forzada. Me dió otro pliego para García Vélez, y con él en la mano emprendí el regreso. Ahora me tocaba ir bajando la loma en casi toda la marcha, acercándome cada vez más a los españoles. Salté de la trinchera y emprendí veloz carrera sobre el Cuartel de Caballería; en seguida el grupo de tiradores enemigos empezó a dispararme de nuevo; encontré tendido a uno de los nuestros, que seguramente fué sorprendido en idéntica aventura; estaba muerto y pasé por su lado a la mayor velocidad, hasta tirarme en unas ruinas que había junto al arroyo y, después de descansar cinco minutos, gané el fuerte cumpliendo mi comisión.

Los españoles colocaron un cañón en el Cuartel de Infantería y dispararon dos cañonazos sobre el de Caballería, haciéndonos tres bajas; pero los tenientes José Martí, Juan Miguel Portuondo y Francisco Sedano, tres heroicos muchachos improvisados artilleros, les enfilaron el cañón de dinamita, colocándoles una bomba en el sitio preciso para desmontar la pieza enemiga y acabar prácticamente con sus servidores.

Calixto García procedía metódicamente; conquistado el Cuartel de Caballería, hizo de la segunda defensa española, el Cuartel de Infantería o Cuartel de las Veintiocho Columnas, su objetivo principal, y volvió sobre él las bocas de sus cuatro cañones de loma del Cura.

El fortín Concepción, situado en la mitad del camino se rindió después de recibir algunos cañonazos. El fuerte Aragón, ocupado por Angel de la Guardia desde muy temprano, estaba bajo el fuego del fortín Número Once que no cesaba de fustigarle, por lo que el general García dirigió sobre él la metralla de un Hotchkiss y el cañón de dinamita, abandonándolo el enemigo, presa del mayor pánico, y siendo ocupado en seguida por los nuestros.

Al caer la tarde, la brecha abierta en la línea de defensa española era enorme, y el general García ordenó que por la noche penetraran en la población distintas fuerzas para estrechar, desde las casas vecinas, el cerco a los fuertes que aun resistían. Yo penetré con los tuneros a las órdenes de Carlos García. Poco antes de medianoche, ocurrió un fuego de fusilería intensísimo, pues españoles y cubanos creíamos que nos asaltábamos unos a otros, y de todas partes había disparos de rifles para contener a un supuesto enemigo.

Al amanecer el día 29, muchas casas fortificadas habían sido abandonadas por las guarniciones, que se concentraron en el Cuartel de Infantería y los fuertes de la Plaza de Armas. Nosotros, con gente del Regimiento *Vega,* ocupamos la calle de Campoamor, que iba de una a otra fortificación, incomunicándolas. El general Capote con un cañón de doce libras que se llevó hasta cien metros del Cuartel de Infantería, disparaba sobre él constantemente, con poco éxito, porque eran demasiado fuertes las paredes para que hicieran efecto nuestros proyectiles. El coronel Pérez y los tenientes coroneles Valiente y Montalvo intentaron el asalto, pero aun estaban muy firmes el edificio y la guarnición para esperar éxito, aunque algunos soldados se nos iban presentando. Continuamos sufriendo algunas bajas, contándose entre los heridos el comandante Manuel Piedra, que recibió su octavo balazo de la guerra.

Los españoles pusieron bandera blanca, y cuando creíamos que se iban a rendir, solicitaron una tregua para curar heridos y enterrar muertos, tregua que no aceptó Calixto García, quien exigió la rendición.

El sargento González Benítez, con seis hombres del *Vega,* se fué sobre una casa atrincherada y provista de tambor, y la guarnición de voluntarios y tropas se entregó a discreción. El fortín provisional cayó en poder de Carlos García.

En tanto, por el norte, y el nordeste arreciaba el fuego de cañón, desde las trincheras del brigadier Feria y del teniente coronel Armando de la Riva, sobre las fortificaciones de la Plaza de Armas; y Angel de la Guardia, con tuneros del *Vicente García* llevando un cañón de casa en casa, ocupó al mediodía la farmacia, que estaba aspillerada, y desde allí intentó romper el fuego de cañón, por detrás, al Telégrafo, donde se defendía el comandante de la plaza.

A las tres de la tarde, las cornetas tocaron alto al fuego; había aparecido en el Hospital una bandera blanca, y el capitán ayudante Nicolás de Cárdenas fué enviado a parlamentar; pero pronto tuvimos otra decepción: el comandante Benedic y el comandante militar José Civera le informaron que la bandera era de la Cruz Roja. Lo cierto es que la bandera era blanca, aunque tenía en el centro una pequeña cruz roja que a distancia no pudimos apreciar. Y la refriega comenzó de nuevo. A las cinco de la tarde, el teniente coronel Angel de la Guardia se apoderó del Hospital, y ya de noche, enardecido por la pelea, mientras terminaba preparativos para asaltar el Telégrafo, se paró en una puerta que daba al fuerte desafiando a gritos a los españoles. No había terminado sus frases, cuando una bala le atravesó el pecho por debajo de la clavícula izquierda, muriendo horas después aquel valiente joven, único compañero que tuvo a su lado el Apóstol Martí, cuando su desplome en Dos Ríos. El teniente coronel Gonzalo Capote recibió las tropas que mandaba Guardia, ordenándole el general García, que se atrincherara lo mejor posible y esperara órdenes, pues su posición era muy peligrosa.

Al llegar la noche, teníamos más de cien prisioneros; pero los dos núcleos españoles, a cada extremo de la calle principal, continuaban firmes. El teniente coronel Carlos García, valiente y tenaz luchador, aprovechó la oscuridad para levantar una trinchera en la calle de Campoamor; mas el parapeto resultaba muy deficiente. Por todas partes sonaban tiros y pasaban las balas en todas direcciones; además del fuego de los fuertes; también nos disparaban esa noche desde tejados y azoteas.

Entre los prisioneros hechos los días 28 y 29 había muchos guerrilleros cubanos al servicio de España, casta de miserables que extremaban siempre su crueldad para que los españoles los tuviesen por fieles. Tenían aun las manos sucias de pólvora, en demostración de lo mucho que habían peleado. Estos prisioneros fueron tratados al principio lo mismo que los españoles apresados, pero las sensibles bajas que habíamos sufrido, particularmente la de Angel de la Guardia, originaron, por la madrugada, un cambio de impresiones, a manera de consejo de guerra sumarísimo, en el que no intervino ningún general, y se les condenó a muerte, en cumplimiento de las leyes vigentes, siendo ejecutados treinta y dos hombres. ¡Duros, muy duros, terribles, estos accidentes de la guerra!

Después de la muerte trágica del comandante Jacobo Menac, que defendía el Cuartel de Infantería, éste se rindió al general Capote y a los tenientes coroneles Francisco de Paula Valiente y Rafael Montalvo, capitulando seis oficiales y doscientos soldados con entrega de un rico botín de armas y municiones.

No quedaba al enemigo más defensa que el Telégrafo y su reducto contiguo, el fuerte Victoria. En la mañana del día 30, y sobre este lugar, ordenó el general García, que disparara el teniente coronel Riva, desde su trinchera, el cañón de que disponía; ataque que se efectuó sin éxito. A las siete de la mañana, el teniente coronel Carlos García Vélez, que no había dormido en toda la noche actuando sin cesar, desde nuestra improvisada y defectuosa trinchera de la calle de Campoamor, envió al Comandante de la Plaza una carta intimando la rendición, y se tomó como emisario a un soldado español de los que teníamos prisioneros, el cual tenía la cara muy inflamada y cubierta de equimosis, por efecto de una explosión, con el fin de que los contrarios apreciaran los efectos del cañón de dinamita, pues al Telégrafo no se le había disparado con aquella arma. El comandante Civera pidió una hora de tregua para darse cuenta de su verdadera situación y envió, para que tomara informes, al teniente Mediavilla.

Mientras esto ocurría, el general Calixto García penetró en la población por la parte sur, y al encontrar a su hijo Carlos junto a la trinchera de Campoamor, le dió un abrazo profundamente emocionado. Yo, que estaba allí, pude darme cuenta de que los ojos del viejo caudillo estaban llenos de lágrimas. Seguí tras de ellos, y en seguida llegó Mediavilla. Ocurrió entonces el incidente siguiente, que ese mismo día tratamos de reconstruir el comandante Tomás G. Menocal y yo, de la manera más precisa. El general García le dijo a Mediavilla que puesto que todas las fortificaciones habían sido tomadas, era inútil que el Telégrafo, tratara de resistir. Mediavilla contestó, jactanciosamente, que allí había ciento veinte españoles; el General le miró con dureza, y sin hacer caso de la impertinencia, agregó que respetaría a los oficiales sus armas y también la vida a todos los que se rindieran. Replicó Mediavilla que si no resultaría con estos prisioneros lo mismo que con los de Guáimaro, y el General ante la nueva impertinencia de Mediavilla, le llamó chiquillo y dió por terminada la entrevista.

Acudió entonces el comandante José Civera, comandante de la Plaza, y defensor del Telégrafo, a quien el general García hizo idénticas proposiciones; el comandante habló del honor, de lo duro que es a un militar rendirse; agregó que cómo se iba a presentar a sus superiores, después de rendir la plaza. El general García le hizo observaciones sobre la imperiosa necesidad en que se encontraba de entregarse. La entrevista fué breve, de pie, en uno de los portales de la misma calle de Campoamor, y por fin, Civera aceptó las proposiciones, entregándose el último reducto español, con cuatro oficiales y ciento veintidós soldados. Allí se ocuparon ciento quince *máussers,* tres tercerolas y gran cantidad de cajas de municiones.

¡La toma de Tunas se había consumado! Calixto García estableció su cuartel en la casa número 3 de la calle de Campoamor, y sobre una tablilla se colocó una relación nominal de nuestras bajas, invitándose a todo el que la leyera y encontrara omisiones, que lo hiciera saber a la Jefatura.

Según aquella relación, habíamos tenido veinticuatro muertos, entre ellos dos jefes, cinco oficiales, siete clases y diez soldados; el número de heridos alcanzaba a cincuenta y siete: dos brigadieres, cuatro oficiales, catorce clases y veinte soldados. De nuestras ochenta y una bajas, más de la mitad, cuarenta y seis, correspondían a nuestras valientes y escasas tropas de Tunas.

El enemigo rindió un jefe, un médico mayor, un médico primero, diez oficiales y cuatrocientos cincuenta y nueve soldados y más de cien voluntarios. En los fuertes, trincheras y calles había unos ciento cincuenta muertos. Capturamos, en conjunto, unos mil rifles, un millón de cartuchos, dos cañones y un rico botín de equipos, vestuario, víveres y medicinas.

El general García, con el fin de que conocieran el triunfo en varios lugares a la vez, envió los prisioneros en grupo más o menos grandes a Holguín y otras poblaciones ocupadas por los españoles. Entre los prisioneros había muchos heridos que fueron asistidos por nuestra Sanidad, y con los médicos aprehendidos, Juan Benedic y Antonio Saldaya, fueron entregados en La Breñosa.

Extraordinario era el regocijo que reinaba entre nosotros, los vencedores; y mientras el austero Carlos García Vélez destruía a culatazos las botellas de licores y desfondaba las pipas de vino en las bodegas, nosotros matábamos nuestra hambre dándonos una hartada fenomenal.

El 30, por la mañana, había cesado la batalla, con la rendición de los españoles; pero faltaba el trágico epílogo: no bastaba con lo que había sufrido la población por el cañoneo; era menester destruirla, para que los españoles no sentaran de nuevo allí su planta. El enemigo tenía que conocer hasta dónde llegaba la abnegación de los cubanos, y apenas el general García dió la orden de que se incendiaran todos los edificios y se derribaran los muros, los mismos tuneros, los valerosos soldados que habían sido los primeros en el asalto, desalojaron de sus casas a sus propios familiares, y la tea y la dinamita cumplimentaron la orden superior en medio de llamaradas que duraron una semana y del tronar de los explosivos.

¡Gloriosos hombres, que no reparaban en sacrificios de ninguna clase, ofrendándolo todo, vida, familia, hacienda, en holocausto a la libertad de la Patria!

La toma de Tunas fué uno de los más brillantes hechos de armas de la Guerra de Independencia. El Departamento Oriental recibió una fuerte sacudida en medio del desaliento provocado por la falta de alimentos y medicinas. El mambí se reanimó con la victoria, y en los españoles se produjo una profunda depresión al darse cuenta que ya no tenían plazas fuertes invulnerables a nuestros cañones ni trincheras a las que no dieran pecho nuestros infantes.

ASALTO A "EL GUAMO"

Los españoles tenían distribuídos por toda la Isla multitud de pequeños destacamentos que, situados los más de ellos en lugares estratégicos, les servían de punto de apoyo a las columnas en operaciones. Aprovechaban para cuarteles de estos pequeños núcleos de tropas casas de mampostería —asientos de fincas antiguas—, o bien levantaban fuertes rudimentarios consistentes en recintos cuadrados, de piedra o de madera, con techo de zinc o guano, bien provistos de aspilleras y circunvalados por una zanja y una enmarañada cerca de alambres que les daba protección. Estos fuertes y fortines, algunos de los cuales perduran, no obstante los cuarenta y siete años que separan los hechos que narramos de los días en que escribimos, ponen bien de manifiesto la debilidad militar del enemigo que tenía en frente; así fué que cuando nos hicimos de cañones, los fortines españoles perdieron mucho de su tradicional importancia.

En la finca *El Guamo,* sobre la orilla norte del Cauto, tenía el enemigo uno de esos atrincheramientos, de mucho interés para ellos en la época en que disponían de la vía fluvial del Cauto para llevar sus convoyes desde Manzanillo hasta Cauto del Embarcadero, y desde allí a Bayamo, y sin misión efectiva en los últimos meses del año 1897 a que nuestra crónica se refiere, pues nosotros dominábamos totalmente ambas márgenes del río. Guamo era también punto de enlace, que rara vez utilizaban los españoles entre Victoria de las Tunas y Bayamo. La guarnición española, compuesta de unos cien hombres, ocupaba un fuerte bastante grande, situado junto a la margen derecha del Cauto, y un fortín distante del anterior algo más de cien metros. No había caserío alguno y el potrero estaba bastante enmaniguado hasta el camino real cenagoso que, viniendo de *La Punta,* se dirige al paso del río Salado, cruzando a menos de un kilómetro del fuerte. Durante los meses que estuve a las órdenes del coronel Carlos García, que operaba en aquella zona, muchas veces crucé el camino, contemplando apenas, entre la manigua, la techumbre de los fuertes, sin sospechar que en no lejano día habrían ellos de ocasionarnos horas de dolor y de luto.

Con mi diario de campaña a la vista, vamos a seguir punto por punto el desarrollo de los acontecimientos.

El 15 de noviembre de 1897 acampaba en la finca *Santa Práxedes* casi la totalidad de la Brigada de Tunas, compuesta de dos regimientos, el *Vicente García* y el *Vega.* Nosotros continuábamos llamando regimientos a aquellas organizaciones que, unidas ambas, no sumaban más que trescientos hombres. No había sido posible reunir a todos los combatientes, porque el paludismo y otras enfermedades impedían a los hombres incorporarse a las filas, y a pesar del esfuerzo realizado para la concentración, podía afirmarse que la mayor parte de los que allí estábamos éramos palúdicos en evolución. Los coroneles Carlos García Vélez y Calixto Enamorado mandaban aquella tropa. Yo actuaba como capitán ayudante del regimiento *Vega.*

El brigadier Francisco Estrada, que nos visita, me da informes: los españoles habían acumulado un fuerte contingente de tropas en Bayamo, con el fin de convertirlo en un centro de operaciones de la mayor importancia. El general Calixto García, aceptando el reto, haría también de Bayamo el próximo teatro de sus actividades y estaba planeando el asalto al pueblo de *Guisa,* combinando éste con un ataque simultáneo a otros pueblos para llamar sobre ellos la atención del enemigo y, a la par, se preparaba para combatir a las columnas que intentaran levantar el cerco. Tendríamos, pues, algunos días de intensa actividad en los que se batiría el cobre duramente. Aun nos quedaba parque de las últimas expediciones y el conquistado en Tunas. El general García estaba cerca de Baire con un contingente de unos dos mil combatientes. El brigadier Estrada me dió estos informes con la reserva consiguiente.

El día 16 la pequeña columna pernoctó en el potrero *Nóbrega,* y los días 17, 18 y 19 en *La Loma,* organizándose para la pelea;

el último de estos días nos llegaron un cañoncito de dos libras y once acémilas cargadas de parque que nos mandó el coronel Carlos García. El 20 acampamos en *La Herradura*. Se nos dijo que en la combinación proyectada nosotros atacaríamos a San Agustín, pero al recibir órdenes contrarias al siguiente día, contramarchamos a *San José,* a donde llegó el 22 el general Mario G. Menocal con unos setecientos hombres de Holguín. Menocal recibió una comunicación del general García informándole que iba a atacar a *Guisa* y ordenándole que cruzara el Cauto con sus fuerzas, que disparara algunos cañonazos sobre El *Guamo* para llamar la atención, y que esperaba que tuviera una oportunidad de batir duramente a los españoles que desde Bayamo acudieran en defensa del fuerte. Nuestra columna pernoctó en *El Estribo,* el 24 (donde tuve el placer inmenso de recibir una carta de mi madre, de la que no sabía hacía más de un año); durmió en *La Puente* el 25 y llegó el 26 a *La Punta,* donde comenzó a cruzar el Cauto, invirtiendo también en esto todo el día siguiente, pues debido a que sólo disponíamos de dos canoas, la maniobra era muy lenta; muchos hombres cruzaron a nado y los caballos fueron conducidos de la misma manera. Del regimiento *Vicente García* desertaron dos soldados, y en atención a que la disciplina no era allí muy firme y el número reducido de hombres que formaban aquellas fuerzas, se resolvió suprimir el regimiento e incorporar todos sus hombres al *Vega*.

Nuestra pequeña fuerza fué la única que permaneció al norte del Cauto; Menocal, con la gente de Holguín, tomó posiciones entre *El Guamo* y Bayamo para batir a la columna de auxilio que se esperaba; mientras tanto, nosotros nos movimos sobre el campo atrincherado de *El Guamo,* acampando en la finca *El Mate,* el 28, donde dejamos la impedimenta, y esa misma noche levantamos una trinchera a cien metros de distancia del fuerte más pequeño. El general Menocal construyó también su trinchera al sur del Cauto, frente al fuerte grande, a corta distancia de nosotros, y al amanecer el día 29 comenzó la refriega. El cañón no descansaba disparando sobre los dos fuertes, y nosotros hacíamos poco fuego, porque nos dimos cuenta de que los españoles, para esquivar el efecto de los disparos de nuestra pequeña artillería, habían ocupado las zanjas que rodeaban sus recintos y, quemando pocos cartuchos, esperaban allí el asalto. En aquella situación, y con bastante hambre por la dificultad de hallar alimentos, durmiendo a ratos en la trinchera, pasamos tres días combatiendo, con pocas bajas. En la mañana del día 2 de diciembre nos dimos cuenta de que el fortín no respondía a nuestros tiros, y se ordenó al capitán Sánchez que lo asaltara con veinte hombres, lo que hizo, encontrándolo desocupado; la guarnición lo había abandonado durante la noche, incorporándose al grupo principal. Considerando aflictiva la situación del enemigo, el coronel Carlos García le envió una carta intimándole a la rendición; regresó nuestro parlamentario con una atenta respuesta, firmada por el teniente Murazábal, jefe del destacamento, negándose a rendirse; pero como los términos de la carta parecían mostrar alguna debilidad, el Coronel le escribió nuevamente razonando sobre su situación y recordándole que los más valientes generales, en circunstancias semejantes, habían aceptado una rendición honrosa. La contestación fué que, según las ordenanzas, ningún militar podía rendirse sin perder antes las dos terceras partes de su tropa, y nuestros jefes dedujeron de ella, razonablemente, que el jefe contrario se entregaría tan pronto su situación se hiciera más difícil.

Por la tarde, mientras combatíamos, llegó un correo del general Calixto García dando cuenta del ataque y toma de *Guisa,* y de los combates sostenidos con las columnas españolas que fueron en su auxilio, y dando por cumplida la misión de Menocal, que era sólo de llamar la atención cañoneando a *Guamo,* le ordenaba que suspendiera el sitio y se retirara. El enviado refirió con lujo de detalles la brillante acción realizada por el general García, y este hecho contribuyó a dar ánimo a nuestros jefes, y reunidos en consejo Mario Menocal, Francisco Estrada, Carlos García y otros, considerando muy difícil la situación de los españoles, resolvieron dar el asalto al amanecer del siguiente día. En la noche del día 2 levantamos otra trinchera junto al fortín conquistado, situándonos así a unos cien metros del fuerte grande. El coronel García Vélez dispuso el orden del asalto; el comandante Lara se situaría por la madrugada, con sesenta hombres, en la ribera norte del río, entre éste y el fuerte, donde se hallaba la única puerta de entrada; los comandantes Morales y García, con unos veinte oficiales y soldados, partirían desde nuestra trinchera sobre el costado este del fuerte; el comandante Doucoureau, con veinte hombres, quedaría como reserva; Carlos García, Calixto Enamorado y los ayudantes permanecerían con cuatro tiradores en el fortín para dirigir el ataque y llevar órdenes. El cañón rompería fuego después del toque de diana, en la alborada, y al tercer disparo, ocasión en que se supuso que los españoles se meterían en los fosos, se daría el asalto.

La noche oscura y triste, como una profecía lúgubre, transcurrió lentamente, y echados en el suelo, tratando de dormir sin conseguirlo apenas, acosados por el frío, el hambre y los mosquitos, vemos apagarse poco a poco las estrellas. Entre las sombras del amanecer nos vamos descubriendo unos a otros. Todos los combatientes están físicamente agotados y el aspecto de sus rostros parece indicar que se ha cavilado mucho durante la noche, faltando en ellos la animación que era peculiar a nuestros combatientes en víspera de acción. Cada grupo ocupó su puesto. A las seis de la mañana rompieron el silencio los acordes de la corneta tocando diana desde la trinchera de Menocal, al otro lado del río; se apagaron las notas dulcemente, y los corazones laten acelerados esperando el estampido del cañón que ordenara "¡Adelante!" Suena el primer cañonazo, y los minutos transcurren sin que se escuchen los otros dos. Pasan así quince o veinte minutos de inquietud, hasta que el coronel Carlos García, dándose cuenta de que algo anormal había ocurrido, ordena el asalto. Perdida la coordinación, el avance se efectuó con algún desorden, y como comenzaba a aclarar, el enemigo nos podía ver mejor. Las cornetas excitan a los asaltantes tocando a degüello; los españoles se defienden fieramente, metidos en las zanjas, con la cabeza y el rifle de fuera. El comandante Lara llega hasta la puerta del fuerte con sólo un grupo de combatientes, y Carlos García ordena a Doucoureau, que con sus veinte hombres, corra rápidamente a reforzarlo, ocupando la entrada, pero Doucoureau se desvía un tanto en la carrera y va a dar sobre el ángulo nordeste del fuerte, donde están firmes los pocos españoles que aun se defienden. En los otros frentes del fuerte, muchas veces repiten: "¡Alto el fuego!" "¡Alto el fuego!" Es el preludio de la rendición. Pero los hombres de Doucoureau han sido barridos por la fusilería enemiga y él mismo cae muerto de dos balazos. Los comandantes Morales y García mueren también heroicamente tratando de cruzar la alambrada. Carlos García, mirando a través de una aspillera del fortín, apoya con sus cuatro tiradores a los asaltantes y, al darse cuenta del desastre, ordena al corneta tocar retirada; pero casi todos los contrarios han sido silenciados y persisten los nuestros en la lucha, enardecidos, por la pelea, hasta que casi extinguidos se retiran los últimos combatientes a la trinchera. Habíamos lanzado sobre el fuerte casi igual número de asaltantes que el de los españoles que esperaban atrincherados; nos faltó tropa de reserva para decidir en el momento propicio, y sufrimos las consecuencias.

La derrota se convirtió en hecatombe. Sacamos a los heridos y muertos arrastrándolos, como podíamos, del campo del combate, sin que se disparase un tiro más por ninguno de los bandos. ¡Tan aniquilados se encontraban ambos! Como ayudante de aquel glorioso regimiento *Vega,* yo llevaba nota de todo. El total de los hombres, jefes, oficiales y soldados que se reunió para el ataque llegaba sólo a ciento veintitrés. El resto de nuestra tropa había quedado con la impedimenta en *El Mate* y *Raspadura;* los holguineros de Menocal estaban al otro lado del río. El número de bajas fué setenta y tres; entre ellas hubo cuarenta y dos muertos, catorce de los cuales tuvimos que abandonarlos sobre la trinchera española. El cuadro que teníamos ante nuestros ojos era realmente horrendo. Tres comandantes y varios oficiales se contaban entre los muertos; entre ellos el comandante Doucoureau, joven culto y simpático que sin pertenecer a nuestro regimiento había pedido el honor de ser asaltante. Amigos y compañeros con los que hablábamos media hora antes, eran ahora cadáveres; otros presentaban heridas espantosas. El sargento Guevara, a quien dos semanas antes yo le había entregado su diploma a presencia de las fuerzas formadas, se encontraba boca abajo, con la cabeza levantada entre los dos brazos acodados, destrozado totalmente el maxilar inferior que parecía haber desaparecido, mientras la lengua y algunos tegumentos caían hacia abajo. Así permaneció algunos minutos implorando, con la mirada, un auxilio que no se le podía prestar, hasta que dió con la cara en tierra, entrando en la agonía. El cabo Pascual Rivero, animoso y servicial en la vida de campamento, estaba allí con nueve balazos, aparentemente muerto; lo compadecí, abrió los ojos, fijándolos en mí un momento, y los cerró después para siempre haciendo un ademán que parecía decir: "¡Morir por la Patria es vivir!" Los tres comandantes muertos fueron sepultados en una misma fosa y casi todos los otros en fosas comunes. A los heridos se les condujo a *El Mate,* distante dos o tres kilómetros del lugar de la acción. ¡Grande fué la tarea del doctor Rodolfo Socarrás, único cirujano en nuestra tropa!

Y cuando parecía que todo había acabado en aquella tragedia espantosa, se ordenó que reuniéramos los restos del regimiento *Vega* y con los héroes supervivientes, volvimos de nuevo a la trinchera, pues el coronel García, dándose cuenta de la difícil situación de los españoles, había pedido refuerzos para dar otro asalto, refuerzo que no llegó.

La noche de aquel día 3 de diciembre no la han podido olvidar los atacantes de *El Guamo*. Al caer la tarde, un herido que no logramos retirar después del asalto de por la mañana pedía socorro de vez en cuando y, desde el fortín, le veíamos levantar la cabeza cada vez que gritaba. Como dos horas después un tirador español, que pudo localizarlo, puso fin a aquella escena con un certero disparo. Al llegar la noche comenzaron a oírse de nuevo gritos de auxilio que partían de un lugar cercano al enemigo, y nos dimos cuenta de que otro pobre herido, incapacitado para llegar arrastrándose hasta nosotros, y aleccionado por la suerte que corrió su compañero a quien nos referíamos anteriormente, permaneció todo el día abandonado y silencioso y reclamaba ahora nuestra ayuda. Los gritos del infeliz se sucedían periódicamente, voceando algunas veces, lanzando, otras, frases que oíamos claramente, exigiendo el auxilio. El coronel García Vélez dispuso que dos soldados negros, abandonando sus vestiduras para ocultarse mejor, rescataran al herido. Los muchachos actuaron valientemente, pero cada vez que movían al pobre hombre, éste prorrumpía en gritos de dolor que llamaban la atención del enemigo, viéndose aquellos obligados a regresar sin él. A medida que la noche avanzaba los gritos se iban distanciando. El Coronel intentó un nuevo esfuerzo y ordenó que se arrastrase de todos modos al herido hasta nuestra trinchera; pero los enviados regresaron sin él, informando que estaba cerca su muerte y no era posible tocarlo sin que sus clamores se oyeran en el fuerte. Aun siguieron escuchándose de tarde en tarde aquellos lamentos, cada vez más apagados, hasta que por la madrugada cesaron por completo. ¡Un héroe anónimo había dejado de existir!

Los días 5, 6 y 7 los pasamos en nuestra trinchera unos cincuenta o sesenta hombres que se lograron reunir, extenuados y hambrientos, sufriendo dos o tres bajas más. El 8, oímos fuerte combate hacia *El Itabo,* donde el brigadier Estrada trabó recia lucha con una columna que venía a levantar el sitio de *El Guamo,* y el coronel García Vélez, hombre de tenacidad extraordinaria, que no se daba nunca por vencido, ocupó una nueva trinchera con los pocos hombres que restábamos del regimiento *Vega,* para esperar la columna y batirla. Allí permanecimos hasta la noche del 9 en que la tropa española del general García Aldave llegó marchando cautelosamente, sin atreverse a entrar en *El Guamo,* y dió algunos toques de corneta que los defensores del fuerte contestaron con descargas cerradas para anunciar que aun resistían. El coronel García Vélez se dió cuenta de que sería cruel exigir un sacrificio más a nuestra esquilmada tropa enfrentando cincuenta hombres que nos quedaban contra dos mil españoles, y por la madrugada ordenó la retirada. Había sido hecho el último esfuerzo por la conquista de *El Guamo.*

Es evidente que si después del asalto del día 3, en que los españoles quedaron destrozados, hubiéramos lanzado otro asalto con cien o ciento cincuenta hombres, el triunfo hubiera sido seguro; pero nuestros jefes supieron afrontar serenamente la responsabilidad de la derrota antes que hacer un sacrificio mayor de vidas por anotarse una victoria. El análisis de los hechos exculpa completamente a nuestros jefes. La interrupción del cañón, que no pudo preverse, fué la fatal determinante de la desarticulación del asalto y la única razón de la derrota.

Meses después leí un informe español sobre aquel combate, y refería que la guarnición española se componía de ochenta y dos hombres, de los cuales fueron muertos ocho, treinta y uno heridos gravemente, casi todos por la cabeza, y el resto escapó con contusiones más o menos serias: ni uno sólo quedó ileso. Al segundo teniente Arcadio Murazábal Ruano, defensor del fuerte, le premiaron con dos ascensos, uno por la defensa en el asalto, y otro por la defensa ulterior. Entre nuestras tropas no hubo ningún ascenso, habiendo sido el sacrificio mucho mayor. ¡Guarde al menos la historia estas páginas en homenaje a su heroísmo! Ciertamente, los hados pusieron en *El Guamo* dos puñados de héroes frente a frente, pero adversos a nosotros aquel día, dieron a los españoles trincheras y la obsesión por la victoria a los cubanos.

PROTEGIENDO EXPEDICIONES

Al comienzo de la guerra, el redactor de un rotativo americano, que visitó al general Máximo Gómez, le preguntó con qué recursos contaba él para combatir a los españoles, a lo que el genial caudillo contestó: "¡Con los del enemigo!" Esta declaración, que parecía una fanfarronada, encerraba, sin embargo, la conclusión de un propósito bien meditado al que conducía el conocimiento exacto de nuestros pocos recursos.

En efecto, dos fueron nuestras únicas fuentes de aprovisionamiento de pertrechos de guerra: los recursos que se le arrancaban a sangre y fuego a los españoles y las expediciones cargadas de armas que nos enviaban los emigrados cubanos. En los primeros cinco meses de la contienda no se recibieron pertrechos del extranjero; fué el 24 de julio cuando desembarcó la primera expedición en Las Villas, mandada por Serafín Sánchez, Roloff y Mayía Rodríguez, entretanto había que asaltar fuertes y cargar desesperadamente sobre el enemigo para quitarle las armas; así los combates del *Jobito, Ramón de las Yaguas y Sao del Indio* permitieron a las tropas cubanas proveerse de buen número de rifles y cartuchos, y con ellos, entre otros hechos notables, pudo José Maceo acudir en defensa de Gómez y Martí, en Arroyo Hondo, y logró más tarde Antonio Maceo derrotar a Martínez Campos en la sabana de *Peralejos*. Al penetrar Máximo Gómez en la provincia de Camagüey, acompañado sólo de veinte hombres mal armados, tuvo que conquistar municiones a filo de machete, en *La Larga* y *San Jerónimo,* y cuando éstas se le agotaron, ya en Las Villas, en noviembre del 95, se vió obligado a tomar personalmente por asalto de caballería el fuerte de *Pelayo* para conquistar parque. Pasma la audacia de aquellos guerreros que llevando en sus cartucheras solamente once cápsulas para cada hombre —y eran sólo mil— partieron con Maceo de los Mangos de Baraguá hacia Occidente, donde los esparaba Martínez Campos con más de cien mil hombres perfectamente armados y con todos los recursos de la guerra moderna. Carentes de pertrechos los cubanos, cargaron en *Mal Tiempo* a los contrarios y en media hora de combate se conquistaron armamentos para invadir y derrotar por segunda vez en Coliseo al General en Jefe del Ejército Español, ocasionando su relevo. Sobraba entusiasmo, pero faltaban municiones para someter a La Habana y Pinar del Río y el torrente invasor se las arrancó de las manos a los voluntarios españoles tomando a Güira, Guara, Gabriel, Guayabal, Cano, Punta Brava, Cabañas y otros pueblos, y el tren de Batabanó, donde se ocuparon cuarenta mil cartuchos. En Oriente, en Guisa y Guáimaro conquistamos un buen número de rifles y de balas, y el éxito llegó a lo máximo en la toma de Victoria de las Tunas, donde le quitamos a los españoles más de un millón de cartuchos, sobre mil rifles, dos cañones y otros muchos recursos. Todo esto, amén de no pocos pertrechos tomados en acciones de menor importancia. La expresión del general Máximo Gómez quedó confirmada: para hacer la guerra a España él contaba, en primer término, con el parque de los propios españoles.

Las otras fuentes de nuestro aprovisionamiento, a que antes me he referido, fueron las expediciones enviadas por Estrada Palma, con los aportes penosamente reunidos. Se habla siempre del esfuerzo de los tabaqueros que contribuían con el diez por ciento de sus jornales para llenar la caja de la junta de Nueva York, pero no se debe olvidar que también algunos ricos contribuyeron eficazmente con su bolsa, entre ellos, Marta Abreu, Manuel Izaguirre e Hidalgo Gato, que donaron grandes cantidades. Por otra parte, la Junta Revolucionaria recibió notables refuerzos económicos enviados, desde Cuba, por el Consejo de Gobierno, producto de contribuciones que se imponían a los ricos del país por la conservación de sus propiedades rurales; y produjeron también oportunos auxilios los empréstitos obtenidos por el Delegado Plenipotenciario. Casi todas aquellas expediciones arribaron con grandes dificultades a fuerza de audacia —algunas veces temeraria— y gracias también a la falta de capacidad directiva del enemigo, que si hubiera adquirido y enviado a Cuba, rápidamente, buen número de lanchas cañoneras, habría dificultado mucho los alijos y apresado o hundido algunos cargamentos. No siempre fueron felices aquellas expediciones. Recordemos que en el momento culminante, para encender la guerra, los yates *Amadis, Lagonda* y *Baracoa,* fueron detenidos por las autoridades americanas en Fernandina y hundido el cargamento que tenían, con gravísimo descalabro para la revolución; el *Howkins,* barco comprado por la Junta Revolucionaria, cargado de armas en un esfuerzo económico extraordinario y trayendo con Calixto García la expedición más grande que hasta entonces se había equipado, se hundió con todo su cargamento en medio del mar enfurecido, ahogándose cinco expedicionarios y cinco tripulantes, salvándose el resto milagrosamente; el pequeño *Three Friends* se batió con dos lanchas cañoneras al tratar de hacer un alijo en el río San Juan, cerca de Cienfuegos, y como el barco era viejo y de madera la trepidación causada por el único cañonazo que pudo disparar ocasionó tales desperfectos que apenas pudo seguir andando para huir de los españoles que, al darse cuenta de que los cubanos disponían de un cañón, no se atrevieron a perseguirlos. También los expedicionarios del *Wanderer* tuvieron que batirse en el desembarco de Manimaní, cerca de Bahía Honda, tanto en el barco mismo como en la playa, salvándose la expedición por la oportuna llegada del coronel Carrillo Vergel, de fuerzas de Vuelta Abajo. Por otra parte, las autoridades americanas detuvieron muchas veces a nuestros barcos en puertos del Norte, obligados como estaban a guardar la neutralidad, impuesta severamente por la política del Presidente Cleveland, contraria a la independencia de Cuba, no obstante la creciente simpatía del pueblo americano por nuestra causa. Y las expediciones que tuvieron necesidad de tocar en Inagua u otras islas inglesas, fueron detenidas por barcos de guerra británicos. Tan frecuentes eran estos accidentes que el integérrimo patriota Eduardo Yero me contó que había tenido que desistir de incorporarse al Ejército Libertador por haber fracasado en once tentativas. Se pretende frecuentemente que los americanos favorecían las salidas de sus puertos de barcos filibusteros. Lo cierto es que Washington fué imparcial en la contienda, deteniendo barcos y embargando armas siempre que los agentes de España se lo reclamaban, ajustándose a sus compromisos internacionales, y hasta en una ocasión el crucero americano *Marble Head* encontró en alta mar a nuestro pequeño *Dauntles,* lo persiguió a cañonazos, lo apresó y llevó a su país a todos los expedicionarios.

En tanto, en Cuba, se carecía de tal modo de municiones, que muy frecuentemente había que recoger entre todos los hombres de una fuerza las cápsulas que tuvieran para entregárselas a los que se ponían de guardia, quedando el resto en el centro del campamento, incapacitado para la pelea; y sabiéndolo bien los españoles, al recibir noticias por sus confidentes del desembarco de una expedición, movilizaban rápidamente sus tropas esparcidas por todos los puertos y destacamentos del litoral, en busca del alijo. Así se comprende el extraordinario esfuerzo que hacíamos en tierra por salvar los cargamentos, siempre pesados y de difícil transporte.

En el transcurso de la guerra tomé participación más de una vez en la protección de expediciones. Ya en el episodio *Expedicionario del Laurada* refiero mi actuación para salvar aquel rico aporte de pertrechos y consideré mi tenaz acción de aquellos dos días como el servicio más importante que le presté al Ejército Libertador en toda la contienda. En otra ocasión, estando acampadas las fuerzas de Tunas en la finca *Nóbrega,* recibimos por la madrugada (día 3 de noviembre de 1897), un correo que venía a informarnos que, en la costa de *Palancón,* habían hecho un desembarco, e inmediatamente se tocó llamada y nos pusimos en marcha, almorzamos lo que se pudo en *El Cerro* y después de una jornada de doce leguas vivaqueamos en *Antón,* a donde fueron llegando a puñados aquellos valientes infantes, pues se había dado la orden de no preocuparse por sostener la organización de las unidades: lo que interesaba era llegar cuanto antes a *Palancón* antes de que lo hicieran los españoles y disputarles a tiros el alijo si nos ganaban la distancia. La mayor parte de los hombres iban descalzos y todos harapientos, muy mal alimentados y sufriendo enfermedades, con el fango a las rodillas, pues la prolongada estación de las aguas había dejado los caminos sin fondo, y a los mismos que compartimos con ellos aquella marcha nos admiraba tanta abnegación. Muchos quedaron tirados por los caminos en espera de recuperar fuerzas para seguir adelante, pero los más llegaron junto con nuestra pequeña caballería. Al siguiente día, después de dos horas de descanso, en *San Pablo,* seguimos a *San Roque,* cerca de la costa de *Palancón.* Esta expedición fué pobre en recursos, pues sólo trajo cien mudas de ropa, un poco de parque de cañón y alguna medicina. Entre los expedicionarios, tuve el gusto de saludar al doctor Joaquín Castillo Duany, Pérez Morales, Rivero, doctor Salcedo y al viejo amigo Antonio Bolet; arribaron también dos marinos de nuestra expedición del *Laurada* Carlos Silva y Pagliachi. Una columna salió de Puerto Padre con el propósito de entorpecernos; pero se movió lentamente y no llegó a tener choque con nosotros.

Si penosa fué la marcha que acabo de referir, de terrible puede calificarse la que hicimos para proteger el segundo alijo en *Palancón.* En el mes de febrero de 1898, yo estaba a las órdenes del coronel Carlos González Clavel, uno de los jefes más completos que tuve en la guerra; el día 22 salí con él de *La Máquina,* en busca del brigadier Enrique Collazo, que acababa de tomar el mando de la brigada de *Tunas,* y al llegar al potrero *San Luis,* nos enteramos de que el brigadier había salido en marcha hacia la costa por donde acababa de desembarcar una expedición. No había tiempo que perder y nuestra pequeña fuerza siguió en marcha hasta *La Trinidad,* donde vivaqueamos tras de una jornada casi inconcebible: ¡18 leguas! Difícilmente a tropas de otros países pudiera pedírseles tan extraordinario derroche de energías. ¡Pobre gente y pobres los caballos que nos condujeron; estaban completamente agotados! En *San Roque* —que ya conocíamos por la operación anterior— encontramos a Collazo al siguiente día. Dejamos nuestros pobres jamelgos en *Manglito,* si no comiendo, porque todo eran peladeros y manglares, al menos descansando, y seguimos a pie hasta la hermosa playa de *Palancón,* donde dormimos junto al alijo. El 24 de febrero, día de la patria, fué para nosotros penosísimo; después de dos días en que se agotaron totalmente nuestras energías cargando el parque y las armas para alejarlos de la costa, una lluvia despiadada, contraria a la estación, sin tener donde guarecernos, nos mantuvo toda la noche en pie.

Aquella noche llegué a sentir lástima de mí mismo. ¡Qué llover aquellos tres días hasta que llegamos a *San Pablo* el 26! ¡Y qué caminos! Cuesta trabajo concebir la abnegación extraordinaria de aquellas sufridas fuerzas tuneras. Y resulta digno de admiración que al paso que nuestras tropas sufrían hambre, Carlos García Vélez tenía ocultos y cuidaba con esmero unos cuantos bueyes, en previsión de estos casos, los que llevados con dos carretas lo más cerca posible de *Palancón,* aliviaron a los hombres de cargar largo trecho con la pesada carga, que pudo ser conducida catorce leguas en estas condiciones hasta *Vista Hermosa,* donde se hizo el reparto y ocultación del resto. Siempre he recordado aquella jornada como una de las más terribles de toda la guerra.

Una vez más asistí al desembarco de una expedición; pero en esta ocasión me tocó la parte buena, el beneficio del alijo; fué cuando llegué, con los escuadrones del general Mario Menocal, a *Lagunas de Miguel,* donde Máximo Gómez había trasladado el rico cargamento desembarcado en *Palo Alto.* Se repartieron galletas y carne conservada en latas, y, consecuencia natural, aquellas tropas de Las Villas que llevaban muchos meses sin comer carne, alimentándose casi exclusivamente de mangos, corojos y de pocas viandas, puesto que las operaciones de Weyler habían acabado con todos los animales y todos los predios, se dieron un verdadero *atracón* de carne y de galletas, y a lo largo de todo el camino, desde *Laguna de Miguel* hasta *La Demajagua,* iban cayendo los hombres presa de cólicos tremendos, y hasta oí decir que a más de uno le había costado la vida el *atracón.*

CRUCE DE LA TROCHA DE JUCARO A MORON

Mucho se discutió, después de la Guerra de los Diez Años, sobre el valor estratégico de la trocha de Júcaro a Morón, particularmente por los escritores militares españoles y cubanos. En tanto que unos proclamaban su efectividad, porque dividió la Isla en dos partes, dificultando la comunicación entre los revolucionarios que operaban al este y al oeste de ella, impidiéndole operaciones combinadas, refuerzos mutuos, trasiego de armas y municiones, etc., a la par que facilitaba el acantonamiento de las tropas españolas y les daba extensa línea de apoyo a través de un territorio donde mucho se operaba, otros estimaban que construir aquella trocha costó demasiado dinero a España, y la obligaba en cierto modo a mantener inactiva una buena parte de su ejército para sostenerla, amén de que fué cruzada multitud de veces por los correos o pequeños grupos de cubanos y, en algunas ocasiones, por contingentes importantes.

La fuerza de la argumentación de los que defendían el primer criterio, imperó en el alto mando español, lo que dió lugar a que, apenas iniciada la guerra del 95, procedieron los españoles a reconstruir la trocha de Júcaro a Morón, y cuando Gómez y Maceo llevaron la guerra a las provincias occidentales, levantaron rápidamente la trocha de Mariel a Majana, en la parte más estrecha de la Isla, la fortificaron con todos los recursos que el arte de la guerra ponía en sus manos, y el jefe de aquella trocha, el general Arolas, pudo vanagloriarse de que desde entonces hasta el final de la campaña, mantuvo prácticamente, aisladas las tropas de los dos grandes caudillos, Gómez y Maceo.

La trocha de Morón fué durante la primera mitad de la guerra una línea no bien fortificada; cuando la cruzaron el general Máximo Gómez, en septiembre de 1895, y el general Antonio Maceo con las tropas invasoras, en noviembre del mismo año, cambiaron algunos tiros con sus defensores, tiros que pudieron ser esquivados con toda seguridad, pero adrede no quisieron hacerlo para que el hecho se comentara y sirviera de aviso a los patriotas de las zonas próximas a ser invadidas, y amedrentara, en cierto modo, al ejército contrario. Por aquella época la línea española era atravesada con bastante libertad, aun en pleno día, por las fuerzas insurrectas; pero durante la segunda mitad de la contienda se la fortificó cuidadosamente, construyendo a lo largo de la línea férrea que va desde el puerto de Júcaro, en la costa sur, hasta Morón y San Fernando, en la parte norte, una bien coordinada serie de fortines y campos atrincherados, protegidos por cercas de alambres de púas, zanjas y desmontes, que se prolongaban en la parte norte hasta la isla de Turiguanó. El pueblo de Ciego de Avila, que era entonces un modesto caserío de ganaderos, vino a ser el centro de operaciones de aquella defensa.

De vez en vez, alguna comisión mambisa, guiada por buenos prácticos que conocían palmo a palmo aquellos lugares, lograba burlar la vigilancia enemiga y cruzaba la trocha. Generalmente era escogida la isla de Turiguanó para llevar a efecto la aventura, pero había que contar con energías y suerte para salir triunfante; de lo contrario era fácil caer en la demanda. Así le sucedió al desgraciado bardo portorriqueño Gonzalo Marín.

En la época en que ofrecía mayores dificultades el paso de la trocha fué cruzada a caballo, el 26 de febrero de 1898, por el coronel Armando Sánchez Agramonte, jefe de la brigada cubana que allí operaba, valiéndose de muy buenos prácticos y llevando sus dieciocho caballos con los cascos envueltos en cueros frescos, para evitar el ruido.

Tal era la situación en la trocha de Júcaro a Morón cuando en 1898 el generalísimo Máximo Gómez dispuso que el general

Mario G. Menocal, jefe de la División de Holguín, pasara a ocupar la Jefatura del 5º Cuerpo de Ejército, que operaba en las provincias de La Habana y Matanzas, ordenando, además, que le acompañaran los jefes y oficiales nativos de aquellas provincias que se encontraban en Oriente y Camagüey. Tan pronto supe la noticia, pedí mi incorporación a la columna de Menocal; esto me condujo a hacer una marcha a caballo, que parecería hoy fabulosa, desde Bayamo hasta los confines de La Habana.

El general Menocal dió la orden de que todos los individuos que habrían de acompañarlo hasta La Habana, se reunieran con él en la finca *La Aurora,* en Camagüey, el 10 de junio. El general García, como jefe del Departamento, dispuso que se nos proveyera allí de caballos, si fuese necesario, y que los talleres estuvieran preparados para arreglar nuestro equipo de la mejor manera posible. Se le concedió licencia a la pequeña fuerza en La Herradura, Tunas, para que cada cual hiciera sus preparativos de viaje, y yo la aproveché para entrar en territorio camagüeyano; me reuní en Magueyes con mi hermano Virgilio, a quien hacía más de un año no veía; pasé dos días con la familia de doña Concha de la Peña, arreglé mi equipo en el taller de Fols, en *Jarico,* y en el de Batista, en *Chorrillo,* y el día 7 llegué a *La Aurora,* donde el contingente comenzaba a reunirse.

La organización se hizo lentamente, por dificultades en mejorar los caballos y los equipos. Seguimos después la marcha hacia la trocha por *Los Caciques, Adelita, Perú, Ciego de Escobar, Ciego de Lázaro* y *Veracruz,* finca esta a donde llegamos el 29 de junio.

El número total de hombres que llevaba el general Menocal era de ciento ochenta, habiendo entre ellos muchos oficiales que renunciaron a sus cargos en el primero, el segundo y el tercer Cuerpo, para seguir al General; pero por esta misma razón, abundaban los asistentes, elementos no combatientes, que hacían nuestra impedimenta más numerosa de lo que correspondía a un grupo tan pequeño.

Entre aquellos oficiales había muchos que se habían distinguido ventajosamente en la ruda campaña de la Independencia, y después de establecida la República, no pocos de ellos se han distinguido también consolidando la nacionalidad o en altos cargos que han desempeñado, o bien como industriales u hombres de ciencia. En la lista que conservo figuran los siguientes: en el Estado Mayor, coronel Federico Mendizábal; tenientes coroneles Luis Masferrer, Tomás G. Menocal, Walther Jones Abbat, Enrique Núñez Palomino; capitanes Miguel Coyula, Alberto Cárdenas, Emilio Campiña; tenientes Esteban Ulloa, Antonio Masferrer, alférez Eduardo Rodríguez (abanderado) y Enrique Rodríguez Martínez (corneta). Al mando de fuerzas y agregados a ellas iban los coroneles Ricardo Sartorio y Aurelio Hevia; tenientes coroneles Pablo García Menocal y Rafael Peña; comandantes Serafín Martínez, Francisco Martínez Lufríu, Gustavo G. Menocal, Cosme Aballe Aguilera, Domingo Herrera Núñez, Manuel Lores Llorens, Félix Valois González, Aurelio Delmonte y Horacio Ferrer y Díaz; capitanes Tomás Montoto, Leopoldo Soto, Pedro Interián, Nicolás Nín, Alberto Barreras Fernández, Virgilio Ferrer y Díaz, Ignacio Penichet Sotolongo y Manuel Secades Japón; tenientes Primitivo Labrada, Luis Melendreras Cruz, Agripino Castro García, Jesús Cases Arias, Antonio Zúñiga, José Estupiñán, Ezequiel Vieta Ferro, Virgilio Cruz, Ignacio Lamas García, Eduardo Soto, Ignacio Weber y Paulino Lesca; alféreces Antonio María Peneque, Modesto Alcalá, Miguel Pérez, Evaristo Estenoz, José Ramos, Solano Tunas, Juan Domínguez Sigarroa, Rafael Ruiz González, Francisco López Lanuza, Rogelio Solís, Esteban Batista, Quirino Mulet, Manuel Urquiza, Máximo Acosta, Ramón Ferro, Enrique Valdés Munilla, Antonio C. Domínguez y Leopoldo García.

Los tranquilos días de acantonamiento los pasamos muy contentos por las noticias que nos llegaban, aunque retrasadas, del desembarco de nuestros recientes aliados, los americanos, en la provincia oriental. En aquellos días la luna salía temprano y alumbraba de tal modo, que hubiéramos sido vistos si nos hubiésemos acercado a la línea enemiga. El 8 de julio, listos para forzar la trocha, acampamos en *Santo Tomás,* donde nos esperaba el valiente coronel Armando Sánchez Agramonte, quien había tenido a su cargo preparar el plan para realizar nuestro propósito. Nos dió la noticia de que el general Máximo Gómez acababa de recibir una expedición de armas, municiones y víveres, por la costa sur.

El día 9 levantamos el campamento en *Santo Tomás,* y almorzamos lo que se pudo, en *La Piedra.* Por la tarde volvimos a montar y marchamos en dirección a Júcaro, acercándonos a La Trocha, haciendo alto, ya de noche, a un kilómetro de ella, y tomándose todas las medidas necesarias para proceder con el mayor sigilo, al extremo que no se permitió comer a los caballos para evitar el ruido que hacían con los dientes al tascar el freno. Los caminos y veredas fueron desechados, y de nueve y media a diez de la noche nos aproximamos aún más, atravesando una tumba de monte cubierta de hierba, que dificultaba mucho la marcha; nos detuvimos de nuevo, cuando la cabeza de nuestra columna estaba sólo a cien metros de la defensa española, entre los fuertes números 4 y 5, lugar escogido para el cruce. Algunos infantes del coronel Sánchez Agramonte se deslizaron entre la manigua, para colocarse frente al fuerte número 4 y romper el fuego sobre el reducto español, llamando la atención sobre ellos, en caso de que el enemigo nos descubriera; mientras tanto, otros dos infantes, el teniente Enrique Díaz y el soldado Aurelio Ortiz a las órdenes del teniente Angel Riverón, se acercaron a la alambrada y la cortaron sin producir el menor ruido, esquivando ser vistos por los centinelas españoles que recorrían la línea, abriendo ancho portillo en un lugar en que la zanja era poco profunda. Mientras esta operación se efectuaba el destacamento español del *Cinco y Medio,* a muy corta distancia de nosotros, nos obsequió con una bonita retreta, en tanto que un perro del propio campamento, que nos había olfateado, no dejaba de ladrarnos, denunciando nuestra presencia. Avanzamos de nuevo, y cuando los primeros jinetes cruzaban La Trocha, se oyó a nuestra izquierda y a muy poca distancia un vibrante grito de ¡Alto!, ¿quién vive?, lanzado por un centinela enemigo. La infantería apostada frente al fortín rompió fuego, que rápidamente contestaron los fuertes españoles, mientras que el contingente, sin disparar un tiro, continuó adelante. En aquel momento se produjo una lamentable confusión; alguien, no se supo quién, dijo que el General había dado orden de volver grupas, porque no era posible pasar. Se difundió la falsa orden vertiginosamente, y la tercera parte de nuestros hombres, numerosos acemileros en primer término, retrocedieron arrollando a cuantos pretendían contenerlos, presa del mayor pánico. El pequeño escuadrón de que yo formaba parte marchaba a retaguardia, a las órdenes del teniente coronel Rafael Peña; fué desorganizado por los elementos en fuga, pero en medio de la oscuridad nos reconocimos el capitán Alberto Barreras, el capitán Virgilio Ferrer, el teniente Estupiñán y yo, y nos reunimos al borde del improvisado atajo, mientras pasaba la avalancha, y al convencernos de que el General no retrocedía, avanzamos por el rastro y, como estábamos a sólo cincuenta metros de la alambrada, llegamos fácilmente hasta ella; mi caballo se enredó entre los alambres de La Trocha, pero pronto le hice librar las patas, mientras que uno de los infantes que abrieron el portillo me enseñó por donde estaba el paso. Segundos después cruzaba la línea férrea, oyendo con emoción y con placer el ruido que producían los cascos de mi caballo al chocar con los raíles de la renombrada línea de defensa, en tanto que los españoles hacían un vivo fuego cruzado sobre nosotros. Siguiendo por el rastro, pronto nos reunimos con Menocal, que había hecho alto a cuatrocientos o quinientos metros de distancia. El General estaba visiblemente indignado porque todos no le hubieran seguido. Entonces un oficial, no sé si el teniente Estupiñán o el teniente Estenoz, se le brindó para cruzar de nuevo La Trocha en busca de los dispersos. Yo me le ofrecí también, pidiéndole un práctico que me acompañara; me lo concedió, y con él me acerqué a la línea enemiga, y ya sobre ella, sentí un gran griterío; temí que fuera una caballería española lanzada en nuestra persecución, pero pronto reconocí la voz de trueno de uno de nuestros más queridos compañeros, el capitán Pancho Martínez Lufríu; nos reconocimos y le llevé a donde estaba Menocal.

El tiroteo había durado media hora, y en él tuvimos dos heridos, que fueron un joven, de apellido Pérez, sobrino de Máximo Gómez, que murió poco después, y otro cuyo nombre lamento no haber anotado. Los hombres que no pudieron pasar fueron siete oficiales y treinta y dos individuos de tropa.

A las once de la noche, a la luz de una espléndida luna, que se levantaba ahora sobre el monte, nuestros escuadrones proseguían la marcha, yendo a dormir a *Pozo Nuevo*.

Esta fué una de las dos veces, en la Guerra de Independencia, que puede decirse que fué forzada la Trocha de Júcaro a Morón; la otra ocasión fué el 26 de diciembre de 1896, en que la cruzó, junto a Morón, el general Máximo Gómez, con fuerte contingente, llevando a la vanguardia al coronel Martín Marrero, si bien en aquella fecha La Trocha no estaba completamente fortificada.

REMEMBRANZAS DE LA VIDA EN CAMPAÑA

DE MADRUGADA

¿Dónde estábamos? No lo sé. Era en los primeros días de la Revolución; me encontraba incorporado a la escolta del general Máximo Gómez, y, con este motivo, al colgar mi hamaca entre dos árboles, quedé a sólo treinta o cuarenta metros de la de él. Despierto muy de madrugada; en modesta tienda de campaña, sentado junto a una pequeña mesa y alumbrado por la luz indecisa de un farol de mano, un anciano alto, delgado, de bigote recio, corta la pera, enjuto el rostro y firmes espejuelos, consulta papeles y parece tomar notas. Es el General en Jefe de la Revolución, el héroe de mil combates al que tanto aprendí a admirar desde mi adolescencia: ¡el general Máximo Gómez! Medio incorporado en mi hamaca, clavo en él la mirada y le sigo de hito en hito. ¡Cuánto había soñado en verme algún día cerca de él, luchando por la independencia de la Patria! Le veo dar unos pasos fuera de su tienda, ajustarse los pantalones, mirar hacia el espacio, como si interrogara las condiciones del tiempo; luego vuelve a su pequeña mesa de trabajo y escribe, escribe... ¿Estará acoplando sus órdenes para la Invasión? La noche anterior, hablándole a un grupo reunido en torno a su tienda, dijo "que pronto le daría agua a su caballo en el río Almendares". Con su típica voz de bajo profundo le oigo llamar. "¡Ayudante!", y el ayudante, que estaba a pocos pasos de él, atento a sus movimientos, se le acerca en el acto. ¿Es César Salas? ¿Benítez? ¿Miguel Varona? ¿Aurelio Sonville? No puedo descifrarlo. Morón, el asistente español, le trae una taza de café, que él apura a sorbos, a la vez que el contenido de un vasito que debe ser de ron. Le sigo largo rato con la mirada y el pensamiento. Después... no puedo recordar... Sé que la madrugada estaba fría, y entre sus brumas, la figura enjuta y admirable del héroe de tantas hazañas se esfuma en mi memoria...

¡SIC TRANSIT GLORIA MUNDI!

Tunas se había rendido cinco días antes. La mayor parte de las fuerzas que se reconcentraron para la acción, había salido para sus zonas respectivas. El general Calixto García, con su escolta, la brigada de *Tunas* y otros pocos elementos continuábamos en la población destruyendo los fuertes españoles y los edificios más importantes, con el fin de que el enemigo no los volviera a ocupar. Los víveres y la quinina tomados nos reponían del hambre y de los estragos del paludismo. Turbó en ocasiones la tranquilidad el hallazgo de dos o tres guerrilleros y desertores que estaban ocultos entre los patios y escombros, y fueron ahorcados.

Al atravesar yo la calle de Campoamor, a dos cuadras del Cuartel General, oigo la voz de trueno del general García que gritaba: "¡Mi escolta, aquí mi escolta! ¡Ayudantes!" Y veo un espectáculo inusitado. En la calle, formados, unos cien hombres, y frente a ellos, rugiendo como un león enfurecido y diezmándolos, el general Calixto García. Los ayudantes y los hombres de la escolta corrían al lado del General; me consideré obligado a imitarles.

Resultó que por virtud de nueva distribución de jefes de las fuerzas tuneras, los hombres que componían el regimiento *Vicente García* se negaban a aceptar el que se les había designado. El general Calixto García los hizo venir frente a su residencia, les increpó y les dijo que quería saber quiénes eran los que se negaban a aceptar al nuevo jefe. "¡Todos, todos!", repitieron los soldados, y esto dió lugar a la cólera del General, que estaba magnífico, creciéndose a la altura de la situación. En seguida se formó un consejo de guerra sumarísimo, que condenó a ser fusilados a los dos sargentos considerados promotores de la insubordinación.

Sin pérdida de tiempo se ordenó la ejecución, ante el cuadro de las fuerzas formadas. El coronel García Vélez leyó la sentencia, y seguidamente el indulto de Vidal, uno de los sargentos, por haberse comprobado que no estuvo presente en la conspiración, y ordenó que se cumpliera el fallo, advirtiendo que los que se atrevieran a pedir compasión para el reo, serían fusilados junto con él, sin formación previa de sumario.

Los momentos eran de suprema angustia. El sargento Joaquín Zamora era muy querido de sus soldados, con los que una semana antes había tomado por asalto el fuerte *Aragón,* primer jalón en la toma de Victoria de las Tunas; pero ahora su error había sido enorme, y de no haber sido por la energía de Calixto García pudo haber tenido mayores consecuencias. El reo, avanzando a empujones para ser fusilado, pedía insistentemente que se le permitiera despedirse de sus compañeros, a lo que no se podía acceder, para evitar complicaciones, y en medio de sus protestas y bajo dolorosa tensión los ánimos, se dió la orden de fuego, cayendo al suelo medio vivo, siendo rematado con un tiro de gracia. Mandó el pelotón de fusilamiento el capitán Nicolás de Cárdenas. Breves y enérgicas palabras del Coronel, dirigidas a la tropa exhortando el patriotismo y la disciplina, terminaron el acto. El héroe de la víspera había caído como un malvado. ¡*Sic transit gloria mundi!*

LOS DOS ESPECTROS

En el corazón, de un monte firme, en *Palmarito de Gamboa,* jurisdicción de Tunas, había un rancho de guano levantado para refugio de la familia del doctor Faustino Sirvén, comandante de Sanidad de nuestra tropa. Allí llegamos, de paso, la tarde del 13 de agosto de 1897. El comandante Rafael Peña y yo, después de un mes de licencia, marchábamos a incorporarnos, él a las fuerzas de Holguín, yo a las de Tunas, a las que respectivamente pertenecíamos. Agobiado por el paludismo, al extremo de que apenas podía dar diez pasos seguidos, me recuesto a un árbol en rústico asiento; frente a mí está sentado otro transeunte, entrado en años, desnutrido, ventrudo y apático, en ese estado de miseria fisiológica a que conduce el *beri-beri*. Ambos patilludos, crecida la melena, famélicos, harapientos. Él habla de vez en vez con frases cortas; yo, resignadamente, sufro en silencio los escalofríos del paludismo. Un súbito incidente nos hace salir del marasmo en que estábamos: un enorme majá de Santa María se había deslizado dentro del bohío, atraído por el olor de una niña recién nacida, hija del doctor Sirvén, y era perseguido y muerto a machetazos por Rafael Peña. Mientras la familia comenta, asustada, volvemos a nuestros asientos.

La doctora Mercedes Sirvén, farmacéutica, que ostentaba el grado de capitán de nuestra Sanidad, me ofrece una jícara con agua, para tragar ocho píldoras de quinina que dos días antes me había regalado el general Roloff, al pasar nosotros por el campamento del Gobierno, en Aguará, y esto da lugar a que Rafael Peña me llame por mi nombre, y al oírlo el hombre beribérico se pone de pie, tambaleante y se me acerca: "¿Tú eres Horacio Ferrer? ¡Si pareces un espectro!" —"¿Y tú quién eres? Sólo veo en ti otro espectro". —"¡Yo soy Gonzalo Roig!"

Y los dos espectros se abrazaron.

El doctor Gonzalo Roig, coronel del Ejército Libertador, amigo de mi familia desde mi adolescencia, había sido quien firmó el certificado de mis lesiones, para poder embarcar en un bote, a curarme en el extranjero. Sin embargo, era tal nuestro estado, que estuvimos sentados frente a frente sin reconocernos. Tras muchas vicisitudes, Roig logró vencer su enfermedad y pudo ver a la patria independiente, muriendo después súbitamente mientras pronunciaba un discurso político.

PALO PRIETO

El general Javier de la Vega había sido nombrado a la sazón jefe de las fuerzas de Camagüey, y ansioso de dar un buen combate, espera al enemigo en las fincas *El Faro* y *Palo Prieto;* oculta su numerosa caballería tras pequeñas ondulaciones del terreno, y envía al comandante Rogelio Mora, con unos cuantos jinetes, que tirotean la columna española que viene avanzando por el camino, serpenteando el potrero, con instrucciones de que la atraiga hacia nosotros para cargarla al machete. Por algunos minutos abrigamos la esperanza de un gran combate, mas la caballería española, numerosa pero prudente, no hace caso de las insinuaciones del comandante Mora que se le acerca y se le aleja repetidas veces, provocándole a la carga; sospecha, con fundamento, que tras aquellas maniobras, se ocultan aviesas intenciones, y no se desprende de las apretadas filas de la infantería, que nos hace fuego de fusilería y de cañón al descubrir parte de nuestras tropas. Una granada revienta en medio de una yeguada que huye despavorida, poniendo una nota cómica en el combate; otra estalla a poca altura de nuestras cabezas; me desmonto y recojo un casco de metralla; cerca de mí, otro oficial recoge también otro pedazo de la granada; es un joven esbelto, arrogante, que lleva las estrellas de comandante, muy querido entre los nuestros por sus entusiasmos patrióticos y por haber sido redactor de la Constitución de Jimaguayú y autor del *Himno Invasor*: Enrique Loynaz del Castillo... Y la columna española continúa serpenteando por el potrero, haciéndonos fuego de fusilería, pero sin separarse del camino, evitando prudentemente, un encuentro al arma blanca...

HIJOS DE AURAS Y MONOS...

Durante los dos meses que estuve como sargento de Sanidad junto al alférez herido Juan Muñoz, pretendimos un día dar caza, en Contramaestre, a algunos *gringos,* y formando un grupo de seis hombres, mal armados y peor parqueados, ya que en conjunto no llevábamos más de cincuenta cápsulas, fuimos en busca del fuerte español, guiados por Flores Manso, muy práctico en aquella zona. Nos acercamos con cuidado, porque allí acampaban las columnas españolas cuando estaban en operaciones por aquella zona. Afortunadamente sólo se veían por los alrededores del fortín algunos soldados, que parecían ocupados en tareas rutinarias; les rompimos fuego lo más cerca posible y se formó el consiguiente *corre-corre* de soldados en busca de sus armas y de sus trincheras. El enemigo contestó con fuego de *máusser,* y nosotros disparábamos tiro a tiro, economizando el parque. Cuando nos vieron emprender la retirada nos gritaban, desde el fuerte: "¡Hijos de monos y auras, párense a pelear!" Era razonable que nos invitaran a combatir; ellos estaban atrincherados, con fusiles modernos y parque abundante, y nosotros disparábamos con tercerolas y escasas municiones. Lo que no me explicaba es el motivo que tuvieran para llamarnos *hijos de auras y de monos*. ¿De dónde sacaron tal engendro? Pero no era cosa de detenerse a reflexionar; en los últimos momentos, los del fuerte, al ver que nos retirábamos, corrieron hacia sus cabalgaduras, para perseguirnos, por lo que nosotros picamos a nuestros caballejos y nos alejamos de Contramaestre.

RASGO DE ASTUCIA

En el *Diario de Campaña,* del general Máximo Gómez, con fecha del mes de julio de 1895, aparece esta nota: "El 30, en Oriente, donde nos batimos". Ni una palabra más agrega el General, ni comentario alguno he leído nunca sobre la escaramuza de aquel día; sin embargo, muchas veces la hemos comentado los que allí estuvimos, apreciándola como un rasgo de astucia de Máximo Gómez, que fué una buena lección para nosotros.

El General había estado atacando durante cinco días al primer convoy que salió de San Miguel para Guáimaro, y, carente de parque, una vez que el enemigo penetró en esta última población, se retiró a la finca *Oriente.* La casa de vivienda de esta finca, en medio de un excelente potrero, ofrecía magnífico lugar para el descanso de tantos días de lucha, y así se lo hicieron presente al jefe los prácticos y ayudantes; pero él renunció a aceptar y nos fuimos a acampar a un guamajal, a orillas del monte, situado a unos dos kilómetros de la casa, unido por estrecha vereda con la finca *México,* circunstancia que él conocía bien desde la Guerra de los Diez Años. Para nosotros los inexpertos era inexplicable que renunciáramos a comodidades que la casa nos brindaba, para establecer campamento sin abrigo, a orilla del monte.

Como a las doce del día llegó el capitán Mauricio Montejo, que Gómez había dejado sobre el rastro, con un pequeño escuadrón, informando que no había novedad. Pero transcurridos sólo algunos minutos, un corto tiroteo en la guardia del rastro indicó la presencia del enemigo. El jefe español, después de dejar el convoy a buen recaudo, salió con su numerosa caballería dispuesto a hacerles pasar un mal rato a sus perseguidores de la víspera, siguiéndolos por el rastro. Seguramente, ilustrado por los jefes de las guerrillas que le acompañaban, dedujo que Máximo Gómez estaría acampado en la casa de la finca *Oriente* y al chocar con la guardia la dispersó y se lanzó con su caballería, como un bólido, sobre la casa. En tanto, el general Gómez dispuso la retirada de sus fuerzas hacia la finca *México*, cubriendo la retirada él, personalmente, con su escolta, donde estábamos mi hermano y yo. Los españoles, que habían cargado violentamente, en dos flancos de caballería, sobre la casa, seguros de atrapar allí a nuestro jefe, probablemente sufrieron una decepción al ver que se les había esfumado, y no intentaron su persecución.

Si Máximo Gómez hubiera optado por las comodidades que la casa le ofrecía para acampar allí, sabe Dios la hecatombe que habría ocurrido aquel día.

¡YO QUE LE TIRE CON CONSIDERACION!...

Doce de agosto de 1895. En el campamento del Cuartel General, en Ciego de Najasa, se constituye consejo de guerra para juzgar a Ramón Bermúdez. El teniente coronel Espinosa, en su tienda, rodeado de un grupo de bisoños, nos habla de aquel hombre: lo tuvo a sus órdenes en la guerra del 68 y fué tan arrojado que llegó a matar a doce guerrilleros en combate personal; después se presentó a los españoles y entregó miserablemente a su amigo el coronel Fidel Céspedes, ingresando en las guerrillas enemigas, desde donde llevó a cabo mil fechorías. Terminada la guerra se quedó residiendo en Camagüey, sin que nadie se atreviera a castigar sus crímenes. Al comienzo de la nueva contienda se alistó en una guerrilla y ahora se había incorporado a Espinosa, su antiguo jefe, haciendo protestas de cubanismo; pero un confidente de confianza avisó oportunamente que había sido enviado a incorporarse a nuestras filas con el propósito de matar a Máximo Gómez en la primera oportunidad y escaparse después al pueblo. El consejo de guerra lo condenó a muerte.

El 13, por la madrugada, manda Máximo Gómez un pequeño contingente en busca de una tropa enemiga que se avecina; yo voy con él. Llevamos a Ramón Bermúdez y le dieron orden a un cabo, negro, veterano del 68, que cumpliera el dictamen de ejecución del consejo. Todavía muy oscuro, cruzando estrecha vereda, oigo el golpe de un machetazo; Bermúdez cae al suelo lanzando una maldición, y rápido como el rayo el cabo veterano se lanza sobre él despachándolo en un santiamén. El cabo, intensamente indignado, exclama: "¡Yo que le tiré con consideración y venir a mentarme la *vieja*..."

En la vereda quedó abandonado un cadáver y la pequeña columna siguió la marcha, perforando las sombras de la madrugada, en busca del enemigo.

EL BUEY DE MANACA

El último año de la guerra fué de hambre horrible para los libertadores, particularmente para todos los que operaban en la mitad occidental de la Isla, hasta la Trocha de Júcaro a Morón. Por mucho que se haya hablado de aquellos meses de miseria todo lo dicho resulta pálido ante la realidad de los hechos. El ganado había desaparecido, y los predios de labranza también, y resultaba ya difícil encontrar jutías en los montes. Era necesario asaltar por las noches las zonas de cultivo que los españoles tenían establecidas junto a los pueblos para conseguir alguna vianda, y quitarles una res, tarea casi imposible, porque de noche las amarraban junto a los fuertes. Cada asalto a las zonas enemigas costaba bajas. Hubo que recurrir a los corojales, para comer sus semillas, y abrir sus troncos para chupar sus tripas. Y las enfermedades y la falta de ropas completaban el horrible cuadro. Esta miseria extrema dió lugar a muchas presentaciones de nuestros hombres, acogiéndose a los bandos del enemigo. No era posible exigir de todos y de cada uno resignación bastante para morir de hambre o de enfermedades, sin abjurar de los credos revolucionarios. Y produjo también una fase nueva en la vida del campamento; la de los robos de los caballos de los mismos compañeros, para devorarlos. Se dictaron órdenes muy severas para evitar esos robos; pero los ladrones de caballos, acosados por el hambre, se valían de mil argucias para no caer en manos de la justicia. Hasta al general José Miguel Gómez le robaron, en su propio campamento, un mulo, y fueron inútiles los esfuerzos por encontrar a los ladrones.

En idénticas condiciones de miseria acampaba el escuadrón del general Menocal en *Manaca Cantera,* a dos leguas de Placetas, el 21 de julio de 1898, y cambiaba de campamento, por la tarde a *Jiquí.* Gracias a los mangos íbamos viviendo, pues sólo algunos afortunados conservaban en sus alforjas escasos víveres de la expedición de Palo Alto. En tan tristes circunstancias corrió por el campamento la noticia de que no lejos de allí tenían los *majases* escondidos dos bueyes, que habían sustraído días antes de la zona de cultivo de Placetas. Toda la oficialidad se movilizó queriendo ir en busca de los bueyes, pues se supo que uno había sido hecho tasajo, y eso ofrecía promesa de llenar las alforjas. Pero el general Menocal se negó a dar permiso para la búsqueda, y mandándome a buscar me dijo con la gravedad que exigían las probabilidades de un botín: "Hay dos bueyes ocultos en los montes vecinos. Aquí tienes un práctico. Tráeme esos bueyes". Salí con el práctico, que era un auxiliar de la revolución que vivía no se sabe cómo entre tantos peligros, y principiamos una búsqueda fatigosa por montes y potreros, sin encontrar rastro alguno.

Ya el sol estaba cerca del horizonte, y en vano yo hubiera querido, como Josué, detenerlo, cuando vimos a larga distancia un humo casi imperceptible, que a los ojos expertos de mi práctico denunció una *majasera.* Forzando la marcha, al atravesar el potrero, para evitar encuentro con alguna guerrilla que pudiera estar por allí operando, llegamos a la *majasera* o *palenque,* donde había doce o catorce personas de color, de ambos sexos y de todas las edades, y al exigirles que me entregaran los bueyes negaron la existencia de tales animales, y como prueba me enseñaron una parrilla donde una jutía estaba a medio asar y enseñaba sus blancos dientes. Pero como los amenazara con registrar el monte y ahorcar a los hombres si encontraba rastro de res, un negro entrado en años me hizo seña afirmativa, y al tirarme yo del caballo para penetrar en el monte, cantaron de plano; uno de los bueyes había sido sacrificado la semana antes, y se lo habían comido, y el otro me fué entregado inmediatamente. Estábamos a una legua del campamento, pero nos apresuramos lo suficiente para llegar a él de día. Cuando me presenté al general Menocal con mi trofeo, me recibió sonriente, diciéndome: "Yo sabía que tú lo ibas a encontrar". El sacrificio de la víctima fué inmediato; ya casi de noche, los improvisados carniceros trataban de aislar las partes comibles de un tumor enorme que tenía en una paleta... Y aquella noche tuvimos festín de carne, la última que comimos hasta dos meses después...

SABROSO MAJA

Pasé una corta temporada en la zona de Bayamo a las órdenes del coronel Carlos González Clavel. Fué este jefe uno de los ayudantes más distinguidos de Antonio Maceo y después de la muerte del Titán de Bronce, de regreso a Oriente, Calixto García le nombró primeramente jefe del Regimiento *Tunas* y más tarde en el mismo cargo en el Regimiento *Bayamo*. Era hombre culto, simpático y valeroso. Pidió que se dispusiera mi traslado a sus órdenes, y fué complacido. Con este motivo pasé algo más de un mes en aquella brigada, que se componía del regimiento *Céspedes* con doscientos hombres, el regimiento *Bayamo* con ciento cincuenta, ambos de infantería, y treinta hombres de caballería. El general Rabí era el jefe del cuerpo de Ejército y el brigadier Benítez, mandaba la brigada.

Era aflictiva la situación de aquella tropa. Teníamos armas y municiones, pero la mitad de los soldados estaban semi-desnudos y sin zapatos; y de alimentos, peor que en Tunas. Esto ocasionó que desertaran algunos hombres, presentándose al enemigo que los utilizaba como prácticos para asaltar y destruir los predios de labranza, que teníamos en los más intrincados montes, privándonos así de los pocos alimentos que había para sostenernos. El capitán general Blanco, gobernador de la Isla, había enviado miles de hombres a Oriente para asediar a Calixto García.

El coronel Carlos González actuaba hábil y valerosamente. Sostuvimos fuego de emboscada en *Los Puercos,* dos veces en *Humilladero,* y otras dos ocasiones en *Los Chinos,* y algunas escaramuzas. Guiados por buenos prácticos, asaltaron los españoles el depósito de caballos que tenía Rabí y le llevaron cien animales, ocasionándonos gran daño; y penetraron en la Sierra Maestra hasta *Guamá*, donde teníamos más extensos cultivos, arrasándolos. Las jutías pagaban las consecuencias, porque se les perseguía sin descanso para alimentarnos con ellas. Un día llegué al campamento de Cimarrones con veinticinco o treinta infantes, con los que había estado en una emboscada. El hambre nos atormentaba; el asalto a la labranza de donde nos surtíamos, le había costado a los españoles no pocas bajas, pero todo lo destruyeron. Mi asistente me recibió alegremente y me contó que habían matado un enorme majá, presentándome unas ruedas del mismo, fritas en un poco de sebo. Tuve cierto escrúpulo en llevármelas a la boca, pero venciendo mi repugnancia, comí hasta satisfacerme. Hasta ese día ignoraba que el majá estuviera jugando papel en la alimentación de nuestra tropa; y me supo muy superior a la jutía.

JUAN ENRIQUE SANZ

Huéspedes de una modesta familia de campesinos dos jóvenes oficiales, de Matanzas, uno, habanero, el otro, charlaban amigablemente en *Sitio Imías,* el 11 de abril de 1896. Eran los capitanes Juan Enrique Sanz, joven y culto abogado, e Ignacio Díaz López, muy culto también, que fué más tarde ayudante del general Calixto García.

Mientras comentaban animadamente peripecias de la guerra, llegó la noticia de la proximidad de tropas españolas, y los dos amigos resolvieron engrasar sus revólveres, apercibiéndose para cualquier contingencia. Cuando todo era animación en el bohío sonó un disparo, y la confusión y el dolor se apoderaron de todos: al capitán Díaz López se le había disparado, casualmente, su revólver y el licenciado Juan Enrique Sanz se desplomaba mortalmente herido. La bala había penetrado en el muslo derecho, y después de perforarlo, penetró en el vientre, hiriéndole la vejiga y los intestinos. Una herida de esta naturaleza no tenía, en aquella campaña, más que un término: la muerte en medio de los dolores de la peritonitis. Ambos oficiales lo sabían, y si grande era el dolor del capitán Sanz al verse morir tan oscuramente, más grande era la desesperación del amigo por ser el culpable de tamaña desgracia.

A los campamentos más próximos corrieron los vecinos en busca de auxilio. El coronel Eugenio Molinet, jefe de sanidad de Camagüey y el teniente Virgilio Ferrer fueron los primeros en llegar, al siguiente día del suceso. Nada se podía hacer por salvar la vida de aquel gallardo muchacho. El doctor Eugenio Sánchez Agramonte, jefe de la Sanidad Militar, que lo visitó después, confirmó el fatal pronóstico, y como las tropas españolas se acercaban, sus compañeros construyeron un pequeño rancho en las profundidades del monte, y allí se llevaron al herido. Presa de horribles dolores, el capitán Sanz veía llegar la hora de la muerte, estoico unas veces, desesperado otras, según la fiebre le acometiera, durante los dieciséis días que duró aquel tormento. Una noche, el compañero que debía custodiarlo se quedó dormido, y al despertar, se dió cuenta de que el herido había desaparecido; corrió al bohío vecino a comunicarle lo ocurrido al capitán Saúl Alsina y a los tenientes Virgilio Ferrer y Reyes, y en medio de la oscuridad de la noche buscaron afanosamente al herido en el bosque casi impenetrable, hasta que al amanecer lo encontraron a larga distancia, sin sentido, revolviéndose en un charco de sangre. Presa del delirio provocado por la peritonitis, había abandonado el lecho, y abriéndose paso por entre una selva intrincada, en medio de la oscuridad, arrancándose los vendajes que cubrían las heridas —¡pobre loco de dolor!— anduvo o se arrastró mientras tuvo fuerzas. ¡Cuán grande sería su tormento cuando en los ratos de lucidez, que para mayor desgracia tenía en algunos momentos se dió cuenta de que se moría absolutamente solo, sin familiares y sin amigos en el silencio desolador de aquellos montes!

Expiró, por fin, el día 27 y su cadáver fué sepultado en el mismo lugar, junto con una botella dentro de la cual se colocó un acta de su muerte, que firmaron sus consternados compañeros.

Yo había conocido a Juan Enrique Sanz en Matanzas, unos cuatro años antes del estallido de Baire. Era un joven de aspecto simpático y mirada reposada e inteligente, que acababa de graduarse de abogado, y sentí por él la estimación y el respeto que a los estudiantes de bachillerato de mi época infundía la presencia de un joven que había dado cima a sus estudios universitarios. No volví a saber de él hasta el día de su trágico accidente.

Sirvan estas líneas, siquiera, para que su recuerdo no quede completamente oscurecido.

EL DIA DEL ARMISTICIO

En los primeros días de agosto de 1898 los españoles operaban poco, convencidos ya de que estaban derrotados, y las comunicaciones con los pueblos se hacían más fáciles para recibir cartas y hasta periódicos; sin embargo las privaciones no aminoraban. Los días 11 y 12 de agosto los pasé en el campamento del general Pedro Betancourt, en *El Mogote,* provincia de Matanzas, sin más alimento que pedazos de caña. El 13 salí en dirección a San Miguel de los Baños, por donde estaba el brigadier Clemente Gómez, yendo en compañía del teniente coronel Simón Armenteros, procedente de Pinar del Río, y un práctico, pasando parte del día ocultos en terrenos del ingenio *Atrevido,* bastante cerca de la ciudad de Matanzas. Marchábamos con muchas precauciones, porque en aquella provincia era un peligro marchar de día. Cruzamos por un recodo del camino donde pocos días antes una guerrilla española sorprendió y macheteó a dos de nuestros hombres; pasamos, en pleno día, el ferrocarril entre Gelpi y Guanábana y llegamos junto al río Canímar. Tercer día consecutivo comiendo caguazos de caña y sufriendo constantes aguaceros; y aquella noche del 13 la pasamos hambrientos y en vela, porque la lluvia no nos permitió dormir y no había manera de defenderse de ella. Para mí, aquellos aguaceros de noche, que nos mojaban de pies a cabeza y no nos permitían conciliar el sueño, constituían uno de los tormentos mayores de la guerra. Al amanecer del siguiente día dejamos ocultos los caballos y el práctico nos condujo, por el río Canímar, en una canoa que tenían escondida, hasta el campamento de Manuel Amieba, un par de ranchos de yagua en medio del monte, donde nos dieron otro práctico para seguir adelante. Fuimos en busca de los caballos y pasamos el Canímar, atrevidamente, en plena mañana, por Tumbadero, lugar donde el enemigo se emboscaba con frecuencia, llevándonos el práctico a *Regalito,* en cuyo sitio tenía un rancho un negro viejo, el alférez Onofre Simpson, quien nos obsequió con mazorcas de maíz que obtenía en las zonas de cultivos y asaba durante la noche para que el humo no denunciara su guarida. Es inconcebible cómo esos puestos de prácticos podían sostenerse en medio de la activa persecución de las guerrillas. Si bien es verdad que eran frecuentemente asaltados y muertos sus moradores. Siguiendo los consejos de Onofre, para evadir un choque con el enemigo, nos quedamos con él hasta por la noche, y entonces marchamos hasta *Loma de los Congos,* terrenos del ingenio *María,* donde había otro rancho de prácticos, en cuyo lugar pernoctamos.

Al ser de día, el 15, llegó jadeante un confidente que venía de Limonar, trayendo un suplemento de un periódico, anunciando que el día doce se había pactado un armisticio entre los Estados Unidos y España, y en consecuencia se suspendían las operaciones militares. El hecho, aunque esperado por momentos, nos produjo gran alegría. Y escribía en mi diario: "¡Al fin independientes! ¡Parece un sueño!" Tres años y medio de vida semi-salvaje, peleando sin cesar, abrumados por el hambre, las enfermedades, las lluvias, la miseria en toda sus más crudas manifestaciones, carentes de armas, y en algunos lugares, como en estas provincias occidentales, perseguidos por un enemigo tenaz, que no daba cuartel; refugiados mes tras mes, en cañaverales o en la ciénaga, viendo venir la muerte por aniquilamiento, sin más esperanzas que la de que hubiera un Dios que nos amparara y sostenidos sólo por nuestro inquebrantable dilema: "Independencia o muerte." ¿Sabrían apreciar tantos sacrificios las generaciones futuras? "¡Armisticio, bendito seas! Guerra, apártate de nosotros para siempre. Y ahora a soñar con la bandera en el Morro, con la vuelta al hogar, con los brazos de la madre que nos espera".

Por la tarde de aquel inolvidable día 15 llegamos al campamento del brigadier Clemente Gómez, en las lomas de San Miguel de los Baños.

¡LA PAZ!

El día 24 de agosto de 1898 el Consejo de Gobierno de la República en armas, dió por terminada la guerra contra España. La heroica lucha había durado precisamente tres años y medio, y después de sacrificios inenarrables, que no podrá nunca la posteridad comprender, terminaba en medio de general incertidumbre, debido a la actitud poco diáfana del gobierno americano. La resolución conjunta que les llevó a pelear contra España, estipulaba terminantemente que "Cuba era y de derecho debía ser libre e independiente", pero McKinley desconoció al gobierno cubano, trató al Ejército Libertador sólo como un aliado circunstancial, y al firmar el armisticio, el 12 de agosto, estableció que España renunciaba a la soberanía sobre Cuba, sin expresar, intencionalmente, quién debía ejercer dicha soberanía.

No han faltado escritores que hayan exteriorizado sus dudas sobre la posibilidad de que Cuba hubiera llegado a conquistar su independencia sin la intervención de los Estados Unidos. Los que de tal modo piensan no se han detenido a analizar la situación en que se encontraban cubanos y españoles en el último año de la contienda. El Ejército Libertador —aunque harapiento y descalzo— estaba cada día mejor armado, por el arribo de las expediciones enviadas por los emigrados; podía llevar sus cañones de pueblo en pueblo, obligando al enemigo a rendirse o a abandonar casi todo el interior de la Isla, concentrándose en los puertos, al extremo de que desde Ciego de Avila hasta Holguín, sólo les quedaba la ciudad de Puerto Príncipe.

Las condiciones del ejército español, por el contrario, eran ya insostenibles. De los 226,000 hombres que mandó España a Cuba para combatirnos, al firmarse la paz sólo quedaban 119,500, que fueron reembarcados; el resto, 106,000 murió en los campos de combate, en los hospitales a resulta de heridas o enfermedades, o bien fueron repatriados por inutilidad física adquirida en la campaña. Agréguese que al comienzo de 1898 había hospitalizados más de 30,000 soldados españoles y se llegará a la conclusión de que a España sólo le quedaban unos 60,000 hombres para continuar peleando, como declaró el general Parrado, lugarteniente del capitán general Blanco. Y cuál era el estado de los restos de aquel poderoso ejército enviado para someternos, lo dice elocuentemente una carta del capitán general Blanco a Sagasta, primer ministro de la Corona.

La Administración se halla en el último grado de perturbación y desorden; el ejército agotado y anémico, poblando los hospitales, sin fuerzas para combatir ni menos sostener sus armas: más de trescientos mil reconcentrados pereciendo de hambre y de miseria, alrededor de las poblaciones; el país aterrado, presa de verdadero espanto, obligado a abandonar sus propiedades, gime bajo la tiranía más espantosa, sin otro recurso, para aliviar su terrible situación que ir a engrosar las filas rebeldes.

No era humanamente posible a los generales españoles continuar la lucha seis meses más; por eso concedieron la autonomía, y —siempre equivocados—, pretendieron a última hora llegar a un acuerdo con nosotros con tal de que le ayudáramos contra los Estados Unidos.

No obstante la seguridad que tengo de que nuestro triunfo definitivo estaba próximo en el momento de intervenir los americanos, esto no puede aminorar nuestra gratitud para aquel pueblo, ya que nos economizó muchas vidas que se hubieran sacrificado en los últimos combates, y nos facilitó librarnos de la deuda de 400 millones de pesos en que aparecía gravada la hacienda de Cuba.

Las tropas cubanas principiaron a acercarse a los pueblos, ocupados aún por los españoles, mejorando un tanto nuestras condiciones de vida.

Mi más vehemente deseo era volver a ver a mi madre. Con este fin, ella se trasladó desde La Habana a Unión de Reyes y el 31 de agosto nos abrazamos en terrenos del demolido ingenio de Olano, a donde acudió con otros familiares. ¡Dicha inmensa!

¡Cuánto ella había llorado durante aquellos tres años y medio de separación y de peligros incesantes! Su rostro envejecido y su cabeza cubierta de canas testimoniaban sus sufrimientos. Por la patria hizo cuanto pudo —mucho más de lo que era su deber—; después de enviar sus dos únicos hijos a la guerra, fué agente de la revolución en La Habana; recibía correspondencia del exterior para los patriotas; animaba a los tibios y a los indecisos, facilitándoles la incorporación a las filas mambisas; recibía cápsulas para rifles, en latas de leche condensada, y las enviaba a la manigua, escapando milagrosamente de la persecución española. Y escribió una novena, en verso, a la virgen de la Caridad —que se hizo muy popular— pidiéndole que intercediera en favor de los cubanos.

Después de unas horas en su compañía, regresé a nuestro campamento, en las lomas de San Miguel.

La guerra había terminado, pero se complicaban las dificultades para avituallarnos, porque ahora teníamos que dar el ejemplo de orden y ya no podíamos asaltar las zonas de cultivo de los pueblos en busca de recursos. Para mí, particularmente, las responsabilidades aumentaban, pues como jefe de Estado Mayor de la Brigada Norte, y depositada en mí toda la confianza del Jefe, el brigadier Clemente Gómez, tenía que entenderme con las comisiones de patriotas que acudían a visitarnos y arbitrar recursos para obtener alimentos y cubrir desnudeces. Por fin el día 12 de septiembre abandonamos para siempre nuestro campamento de guerra de *Las Palizadas,* en los breñales de San Miguel de los Baños, y nos trasladamos al demolido ingenio *La Rosa,* a un kilómetro de Jovellanos; allí nos esperaban el dueño de la finca, el venerable patriota don Cristóbal Madan y numeroso público salido de la población que nos recibió con música, entre vítores y otras manifestaciones de alegría. Los discursos duraron dos o tres horas, y bien que teníamos deseos de que terminaran para mezclarnos con tanta mujer bonita que veíamos por vez primera y nos recibían entusiasmadas. El baile que nos tenían preparado no se hizo esperar, siendo el primero de una serie con que nos obsequiarían en todas partes.

¡Qué cambio tan radical en nuestra vida! Ahora nos alojamos en la casa de vivienda del señor Madan; hacíamos burlas de los aguaceros que caían a media noche; dormíamos en camas; comíamos sentados a la mesa y abundaban los obsequios de las familias de Jovellanos. ¡Habíamos salido de la barbarie para penetrar en la vida civilizada!

En las semanas subsiguientes mi ocupación primordial, estribó en repartir nuestros hombres en destacamentos, situándolos en centrales azucareros y cerca de los poblados, encomendando su sostenimiento a instituciones patrióticas; y tuve que moverme de continuo por todo el territorio en compañía algunas veces del coronel Manuel Alfonso, que acababa de ser nombrado subinspector del 6º Cuerpo, llevando a efecto la reorganización de la Brigada Norte, que pasó a ser la 3ª Brigada del 5º Cuerpo. Nuestra tropa veterana, que apenas llegaba a doscientos cincuenta hombres, divididos en dos regimientos, *Matanzas* y *Tiradores de Maceo,* fué refundida y se le agregó un grupo de heroicos muchachos que pomposamente llamábamos *Regimiento Betances.*

El brigadier Clemente Gómez y yo, acompañados de un grupo de oficiales, invitados por patriotas de cada localidad, nos aproximábamos a los pueblos, aun ocupados por los españoles, para recibir el homenaje de la población civil que en todas partes vibraba de alegría por la conquista de la libertad. Así fué en Unión de Reyes, Limonar, Cidra, Corral Falso, Navajas y Alacranes. En todas partes explosiones de entusiasmo y banquetes suculentos.

El 13 de noviembre hubo un paréntesis de dolor en nuestras filas: el teniente coronel Daniel González sucumbió víctima de un ataque de paludismo pernicioso. Había sido el brazo derecho del bravo Clemente Gómez en toda la campaña y el mejor amigo que yo tenía en la brigada. No logró gozar de la libertad que con tanta abnegación y derroche de valor había contribuído a conquistar. Fué uno de los más puros héroes de la contienda. Su última hazaña fué machetear una guerrilla, el día 13 de agosto, cerca de Jovellanos desconociéndose aún que el día anterior había sido firmado el armisticio.

Le secundaron en esta acción el capitán Pedro Gómez y el teniente Secundino Alfonso.

Y ya que nombro a este último oficial, no puedo resistir relatar un episodio extraordinario, del que fué protagonista.

En la época más terrible en la provincia de Matanzas, el brigadier Pedro Betancourt recibió orden de Lacret para que le fuera a ver a la *Bija,* y al llegar a este lugar con veinte hombres encontró allí una caballería española que se lanzó sobre ellos machete en mano; los dispersó entre los breñales, mató cuatro o seis de los nuestros y en la carga le mataron el caballo a Betancourt, que huía en ese momento acompañado sólo de su ordenanza Secundino Alfonso. El caballo le cayó arriba, aprisionándole una pierna. Secundino se tiró del suyo, libró a Betancourt de su peligrosa situación y le obligó a montar, diciéndole: "¡mientras los guerrilleros me dan machete, escape usted!" Y como ya tenía arriba al enemigo agregó entregándole su fusil: "¡salve el rifle, General!" Betancourt le obligó a montar a grupas y mientras él guiaba el caballo, Secundino disparaba el rifle deteniendo a los guerrilleros más cercanos. Ambos lograron escapar con vida y Secundino Alfonso fué ascendido a oficial por su heroica actitud.

Con el secretario Pedro Osorio y otros auxiliares pasé los últimos días del mes en el Cuartel General de Pedro Betancourt, en la quinta *La Monona,* en Matanzas, haciendo las liquidaciones de haberes de nuestra tropa, cosa que se había prometido y que jamás pensamos que se llevaría a efecto.

El pueblo matancero obsequió a la oficialidad de la 1ª División con una excursión a Varadero a donde nos trasladamos en dos lanchones remolcados por un vaporcito. Iba la mejor sociedad y demás está decir que la fiesta terminó en un baile.

El 16 de diciembre las tropas españolas evacuaron toda la provincia de Matanzas, con excepción de los pueblos situados sobre la línea que une a Colón con Matanzas, por donde iban siendo retirados los soldados del general Jiménez Castellanos, el vencido de *Saratoga* y de *Lugones,* a quien el destino le tenía reservado el dolor de arriar para siempre la bandera de España en América.

Nosotros principiamos a ocupar los pueblos evacuados en nuestro territorio, estableciendo destacamentos que cuidaran del orden. El primero fué Cidra, poblado pequeño, pero que demostró cuán grande era el anhelo de libertad que tenía el pueblo cubano. Lo ocupamos el 16 de diciembre y nos obsequiaron con un rancho extraordinario a las fuerzas y con un banquete a los oficiales. Dos días después, el 18, fué uno de los días más grandes en la fiestas de la libertad: Corral Falso, patria de nuestro jefe, el brigadier Clemente Gómez, se vistió de gala para recibir a su hijo predilecto. Todo el pueblo estaba engalanado, tapizado, pudiera decirse, de banderas cubanas y americanas. El Brigadier, su Estado Mayor y un destacamento de mambises fuimos recibidos por las autoridades y todo el pueblo, y pasamos después al Ayuntamiento donde el alcalde, señor Ordóñez, nos brindó un espléndido banquete; y por la noche, en el mismo local, bailamos hasta el amanecer. En todos los pueblos de la provincia solicitaban nuestra presencia; todos querían conocer y obsequiar a los hombres que con su heroísmo acababan de libertar la patria del yugo español, cuatro veces secular. Cimarrones nos recibió el 21; pasamos toda la noche en brazos de Tepsícore, y a las ocho de la mañana del día 22, sin haber pegado los ojos, partimos para Cuavitas, en cuyo pueblo entramos a las cuatro de la tarde, repitiéndose las manifestaciones de alegría y frenesí.

Mi cargo de jefe de Estado Mayor de la Brigada, si bien me creaba honores, me obligaba a la atención de múltiples compromisos, y con frecuencia tenía que hacer marchas inesperadas, acompañado casi siempre por los capitanes Vicente López, Manuel Piedra y el alférez Pedro Osorio para efectuar trabajos estadísticos y gestionar alimentos para la tropa. Con el consejo de mi jefe, el brigadier Clemente Gómez, no podía contar, porque se me perdía frecuentemente. ¡Cosa singular! Aquel hombre extraordinario que ejercía sobre sí un control absoluto y ecuanimidad ejemplar al mando de sus tropas, resultaba un niño impresionable en su trato con el bello sexo. En cada pueblo en que entrábamos se echaba una novia, y parecía cada vez más enamorado de la última muchacha con quien bailaba. Yo, un jefe de Estado Mayor de sólo 22 años, tenía que dar la nota de la seriedad, y por el afecto sincero que me tenía, me atrevía a requerirle, cariñosamente, diciéndole: "¿Brigadier ¡por Dios! hasta cuándo va usted a estar enamorando chiquillas, dejando un reguero de novias por donde pasa? Eso es disculpable en nuestros oficiales jóvenes; dése cuenta de que sigue usted siendo el jefe de la brigada y que donde quiera que lleguemos todos los ojos están puestos en usted". Y él, bonachonamente, me respondía:

"Pero, Comandante, que quiere usted que yo haga; esas muchachas tan lindas, con caritas de cielo, me miran tan dulcemente que no puedo resistir". En ocasiones al verlo en un salón de baile, acaramelado con su compañera, temiendo una nueva conquista, le pasaba por el lado con mi pareja y le decía: ¡¡Brigadier!!... y él, sorprendido en otra travesura, reía como un muchacho.

El 26 entramos en Navajas; esta vez acompañados del brigadier Eduardo García, jefe de la brigada Sur. Bandas de música, discursos, banquetes, alegría desbordante. Dejo a mi jefe y regreso al ingenio *Madan*. El día 27 me entero de que los españoles abandonarán Jovellanos al siguiente día. Con este motivo penetro secretamente en el pueblo y celebro una entrevista con la Junta de Festejos para llevar a cabo la organización de las fiestas celebrando la liberación.

Como reflejo de la alegría en que vivíamos copio textualmente los siguientes párrafos de mi diario de campaña:

A las ocho de la mañana evacuaron los españoles por ferrocarril y a las doce entré yo al frente de los hombres que iban a quedar de guarnición y sostener el orden. A la entrada del pueblo nos esperaba el alcalde, Isidro Cadenas, con todo el Ayuntamiento, acompañado del general Domingo Méndez Capote, el brigadier Carlos Rojas —que acababan de llegar de paso para Cárdenas— gran número de comisiones de distintas corporaciones y mucho público. En medio de incesantes aclamaciones, acompañamos a la estación del ferrocarril a los generales Méndez Capote y Carlos Rojas, y seguimos para el Ayuntamiento. Fué un espectáculo conmovedor izar la bandera saludada por descargas de fusilería en medio de una explosión de entusiasmo público. Seguidamente yo dirigí la palabra primero a los soldados libertadores y después al público, y entrando en el Ayuntamiento se levantó un acta de la toma de posesión, que firmaron el Alcalde, concejales, Adolfo y Antonio Paniagua, Carratalá, Benítez y otros.

Por la noche, estando en la Plaza de Armas, en la retreta, rodeado de amigos, un grupo de señoritas se me acercó para invitarme *a dar un asalto;* al oír aquella frase llevé instintivamente la diestra a la cintura y me sorprendí al encontrarme sin armas, pero al verme rodeado de aquel grupo de soldados angelicales que me hablaban de dar *un asalto* y al escuchar los acordes de la banda de música que tocaba nuestro himno, me di cuenta de lo que aquello significaba, y suspirando lleno de felicidad de verme al fin libre de tales sustos, me dejé arrastrar por aquella alegre y bulliciosa muchedumbre, anhelante de gozar la libertad, y caimos de improviso en la morada de Adolfo Paniagua, convirtiendo aquel tranquilo hogar en feliz edén amenizado por la gracia y la belleza de tanta mujer bonita.

Así terminó aquel día, uno de los más felices para mí, porque veía ondeando por todas partes la gloriosa bandera que tanta sangre nos ha costado, y al pueblo, vejado y oprimido hasta entonces, entregarse con toda libertad a la dicha de su más alta aspiración: la conquista de la independencia.

Al amanecer del siguiente día, 29 de diciembre, regresé al ingenio *Madan* y preparé la entrada del brigadier Clemente Gómez con todos los oficiales y soldados que se pudieron reunir, y a las tres de la tarde penetramos en Jovellanos, en medio de un júbilo indescriptible. Cuatro días duraron los festejos con el mayor regocijo, y sin que hubiera que lamentar ningún incidente con los guerrilleros que acobardados y temerosos de venganzas, agitaban también banderas cubanas.

Aun hubo otra ocupación de pueblo, que fué el de Limonar, donde penetramos cuatro días después, repitiéndose idénticos agasajos y desbordamiento popular.

Me he querido referir sólo a la entrada en los pueblos correspondientes a la 3ª brigada del Quinto Cuerpo, porque estos hechos no sé que hayan sido descriptos y reflejan bien la emotividad de aquellos días.

De manera similar a como dejamos relatado, la fiesta de la libertad se celebraba de un extremo a otro de la Isla. La alegría era general y se trocaba en frenesí cada vez que evacuada una población por las tropas españolas tomaban posesión de ella las fuerzas cubanas. El júbilo llegaba al paroxismo cuando hacían acto de presencia jefes que por sus hazañas el pueblo había aprendido a admirar desde hacía tiempo.

El día primero de enero de 1899, fecha señalada para la entrega por los españoles del gobierno de la Isla, se acercaba rápidamente, y el pueblo esperaba ansioso la llegada de tan fausto acontecimiento. Sin embargo, preciso es confesar que algunas veces nublaban nuestra euforia algunos tristes pensamientos. Después de cuatro meses y medio de terminada la guerra, aun el Ejército Libertador permanecía arma al brazo en dolorosa expectativa. No faltaban quienes vaticinaran que había que llegar a pelear contra los americanos. Sería un suicidio, pero caeríamos en defensa de nuestra dignidad. Esto dió lugar a que se cometiera el error de que muchos regimientos nutrieran sus filas con nuevos elementos, salidos de los pueblos después de suspendidas las hostilidades.

Los Estados Unidos habían dejado totalmente abandonados a sus aliados, a sabiendas de que carecían de recursos para alimentarse y vestirse, y que sólo por la generosidad del pueblo podían subsistir. ¿Qué fin perseguían con esta conducta? Todas las gestiones encaminadas a disolver nuestro ejército, entregándole a cada soldado un modesto recurso para que volviera a labrar la tierra, fracasaban. En el tratado de paz que se firmó en París el 10 de diciembre, no tuvieron los cubanos ninguna representación, y en su articulado no se menciona ni una sola vez el destino futuro de Cuba; en su primer artículo se dice que España renunciaba a la soberanía y propiedad sobre Cuba y que mientras durase la ocupación los Estados Unidos asumirán las obligaciones consiguientes. En el décimo sexto se dice que al terminar la ocupación aconsejarían al gobierno que se establezca en la Isla que acepte las mismas obligaciones. Pero en ninguno asomaba la independencia política.

Por otra parte la evacuación del ejército español tocaba a su fin y los cuarenta mil guerrilleros, colaboracionistas de aquel ejército fueron amnistiados por todos sus crímenes horrendos, y quedaban en los mismos lugares de su nefasta actuación, constituyendo esto una provocación a represalias, que por fortuna la cordura de los libertadores supo salvar, dándose cuenta de que era una prueba a la que se les sometía, con el pretexto de que eran brazos que se necesitaban para ayudar a levantar al país devastado. No he sido nunca rencoroso ni vengativo, pero siempre he estimado que fué un error dejar en Cuba aquellos hombres, los más abominables al servicio de España. Ya que con tanto ardor lucharon contra la independencia de su país, debió habérseles enviado a España con el resto de su ejército. No tenían derecho a gozar de esa independencia que odiaban y combatieron con saña. Pronto iban a mezclarse en la política y se les vería ocupar cargos importantes en la República para mancillarla y corromperla. El perdón absoluto que se les concedió ha servido para cubrir todas las lacras y todas las acciones vituperables cometidas después por gobernantes impúdicos y sus servidores, acudiéndose siempre a la expresión de que si perdonamos a los guerrilleros, no se debía ser exigentes con otros delincuentes.

El gobierno del Presidente McKinley parecía arrepentido de haber firmado la resolución conjunta que les llevó a la guerra contra España, y su secretario de Estado, Mr. Olney, llegó a declarar que fué un error del Congreso americano haber votado esa resolución redactada en la forma que lo hizo. Muchos prohombres americanos reclamaban sin rodeos ni ambages, el establecimiento de un gobierno cubano bajo un protectorado americano. Tal actitud no podía menos que lastimar los sentimientos patrióticos del pueblo que tan bravamente había luchado por su independencia e infundir desconfianza.

El general Máximo Gómez, que había pasado largos meses en silencio en su campamento de Remedios, se decidió a lanzar el 29 de diciembre la siguiente inquietante proclama:

AL PUEBLO CUBANO Y AL EJÉRCITO:

Ha llegado el momento de dar pública explicación de mi conducta y de mis propósitos, siempre según mi criterio, en bien del país al que sirvo. Terminada la guerra con España, firmada la paz por nuestros aliados —tácitamente— los americanos, creía de mi deber no moverme, sin un objeto político, determinado, del lugar en donde disparé el último tiro y envainé mi espada, y mientras el ejército enemigo no abandonase por completo la Isla, para no perturbar, quizás, con mi presencia el reposo y la calma necesarios para consolidar la paz ni molestar tampoco a los cubanos con manifestaciones de júbilo innecesarias.

El período de transición va a terminar. El ejército enemigo abandona el país y entrará a ejercer la soberanía entera de la Isla, ni libre ni independiente todavía, el gobierno de la gran nación en virtud a lo estipulado en el Protocolo de la Paz.

La cesación en la Isla del poder extranjero, la desocupación militar no puede suceder entre tanto no se constituya el gobierno propio del país, y a esa labor es necesario que nos dediquemos inmediatamente para dar cumplimiento a las causas determinantes de la intervención y poner término a ésta en el más breve tiempo posible.

Mas antes es preciso —por el espíritu de justicia que encarnan— y para que el ejército libertador quede disuelto y vayamos todos a formar en las filas del pueblo, como garantía de orden, que se lleven a feliz término las negociaciones comenzadas para satisfacer en la medida de lo equitativo la deuda que con sus servidores ha contraído el país.

Mientras todo esto queda resuelto, guardaré mi situación de espera en el punto que crea más conveniente, dispuesto siempre a ayudar a los cubanos a concluir la obra a que he consagrado toda mi vida.

Máximo Gómez.

Cuartel general en *Narcisa,* 29 de diciembre de 1898.

Llegó, por fin, el anhelado día en que había de arriarse para siempre la bandera española de nuestras fortalezas. El general Jiménez Castellanos fué designado por su gobierno para hacer la resignación de poderes; el general Brooke recibió la comisión de representar a los Estados Unidos y acudió acompañado de los generales Lee, Ludlow, Davis y Chaffe. Por expresa invitación de Brooke iban a presenciar el acto los generales cubanos Mario Menocal, José Miguel Gómez, Alberto Nodarse, Mayía Rodríguez, Francisco de Paula Valiente, Eugenio Sánchez Agramonte, Rafael de Cárdenas, Lacret y Leyte Vidal. La ceremonia resultó profundamente conmovedora. Minutos antes de las doce entraron en el Salón del Trono en el Palacio de los Gobernadores los comisionados, acompañados de séquito numeroso, y los invitados. A las doce en punto al sonar el primer cañonazo de las salvas españolas saludando a la bandera que por más de cuatrocientos años señaló el dominio de España en Cuba y que ahora al arriarse marcaba la pérdida de la última posesión del gran imperio colonial, el general Jiménez Castellanos saluda militarmente a sus contrarios, y con los ojos arrasados en lágrimas, lágrimas que denunciaban su profundo dolor, exclamó dirigiéndose al general Brooke, con palabras que ahogaba la emoción:

Señor:

En cumplimiento de lo estipulado en el Tratado de Paz, de lo convenido por las Comisiones militares de evacuación, y de las órdenes de mi Rey, cesa de existir desde este momento, hoy, 1º de enero de 1899 a las doce del día, la soberanía de España en la Isla de Cuba, y empieza la de los Estados Unidos. Declaro a Ud., por lo tanto, en el mando de la Isla y en perfecta libertad de ejercerlo, agregando que seré yo el primero en respetar lo que Ud. determine. Restablecida como está la paz entre nuestros respectivos Gobiernos, prometo a Ud. que guardaré al de los Estados Unidos todo el respeto debido, y espero que las buenas relaciones ya existentes entre nuestros ejércitos continuarán en el mismo pie hasta que termine definitivamente la evacuación de este territorio por los que estén bajo mis órdenes.

Brooke repuso:

Señor:

En nombre del Gobierno y del Presidente de los Estados Unidos acepto este grande encargo, y deseo a Ud. y a los valientes que lo acompañan que regresen felizmente a sus hogares patrios. ¡Quiera el cielo que la prosperidad los acompañe a Uds. por todas partes!

Seguidamente el general Jiménez Castellanos se despidió rápidamente de los presentes y descendió las escaleras del Palacio mientras se escuchaban los cañonazos con los que las tropas americanas saludaban, llenas de alborozo, el ascenso de su bandera en el mástil de la Fortaleza del Morro.

Así fueron los últimos momentos de la dominación de España. La nación descubridora y civilizadora, desoyó las enseñanzas de la historia; subestimó los sacrificios de los cubanos en sus ansias de libertad; se aferró al credo de Cánovas de invertir para esclavizar a Cuba hasta el último hombre y la última peseta; despreció la oportunidad que Máximo Gómez le ofreció a Martínez Campos para llegar a un acuerdo con la Revolución, y sufrió las terribles consecuencias. No faltaron estadistas como Pi y Margall que advirtieran la proximidad del desastre. Canalejas, después de estudiar la guerra sobre el propio terreno, consideró a España completamente perdida, y estimó en cuatrocientos mil los muertos por efecto de la reconcentración decretada por Weyler. Y el capitán general Camilo Polavieja, gobernador que fué de Cuba, y gran conocedor de nuestro pueblo, había dicho anteriormente en carta a Cánovas del Castillo, a Silvela y a Canalejas:

No debemos hacernos ilusiones; nuestros tiempos pasaron en América, en su vida moderna no tenemos cabida y en ella sólo representamos la tradición de un pasado... Por ello no debemos perder el tiempo en más reformas político-económicas, para afirmar lo imposible, nuestro dominio en Cuba, conducta que honra poco a nuestra sagacidad y previsión, sino emplearla del modo y manera de salir de ella sin que sufran quebranto nuestra honra y nuestros intereses.

Pero los gobernantes se obstinaron en sus errores.

El cambio de banderas no significaba nuestra independencia, pero el cese de la soberanía española, anunciada a cañonazos, llevó al pueblo a un desbordamiento de alegría como hasta entonces jamás se había presenciado. Las bandas de música recorrían las calles; nadie quedó en su casa; el alborozo duró todo el día y toda la noche. Nos habían dejado el veneno de los guerrilleros y la mala compañía de los voluntarios, pero la cordura pudo más que los rencores y el orden fué perfecto.

El general Gómez, fiel a las declaraciones de su última proclama, no asistió al cambio de gobierno, quedando en su campamento del central *Narcisa* en Yaguajay. Pero a los cubanos se les gana siempre con nobles acciones. La actitud del general Brooke, el nuevo gobernador —tan distinta a la de Shafter en Santiago de Cuba— invitando a muchos generales cubanos a la ceremonia del cambio de gobierno y organizando rápidamente los servicios públicos utilizando a prominentes cubanos, muchos de ellos veteranos, hizo renacer un tanto la confianza. El Presidente McKinley mejor aconsejado, modificó algo su actitud hostil y cablegrafió al general Ludlow, gobernador de la Habana: "Conceda usted al ejército cubano las mayores distinciones". Se dió cuenta de que para reorganizar el país era menester contar con Máximo Gómez, y le envió un comisionado especial, Mr. Robert P. Porter, buen amigo de Cuba, al que Estrada Palma hizo acompañar de Gonzalo de Quesada, el hábil diplomático de la Delegación de New York, ofreciéndole garantías para el futuro de Cuba y pipidiéndole su colaboración.

Gonzalo de Quesada era muy querido por los libertadores. Todos veíamos en él al discípulo de Martí. Se nos había dicho que él, personalmente, prevalido de su amistad con senadores americanos, había sido el redactor de la *Joint resolution* que aprobó el Congreso de los Estados Unidos el 19 de abril de 1898 en la que se reconoció nuestro derecho a la independencia y llevó a los americanos a luchar contra España. Por eso fueron un bálsamo sus declaraciones publicadas en *La Discusión* en la siguiente forma:

No tengo —dijo— la más remota desconfianza de la buena fe del Gobierno americano; antes al contrario, creo firmemente que realizará cuanto ha ofrecido en los documentos oficiales.

El último mensaje del Presidente McKinley es claro y terminante. Y por si no bastare lo que se dice en los documentos, los miembros todos del Gabinete aseguran en sus conversaciones privadas que establecerán en Cuba la República cuando llegue el instante oportuno.

Los Estados Unidos tienen el empeño de hacer de Cuba una República próspera y tranquila, y para ello cuentan con la cooperación de nuestro pueblo. Están decididos a enseñar a las naciones cómo un Gobierno debe cumplir la palabra comprometida.

Mucho antes de lo que la generalidad se figura, pues es cuestión de meses, serán retiradas de Cuba la mayor parte de las tropas americanas, y si nosotros procedemos con cordura, con calma, perfectamente unidos todos los cubanos, la República se establecerá en fecha no lejana. De todos modos se establecerá, pero de nosotros depende que el plazo sea más o menos breve.

Disparar un tiro en nuestros campos sería prolongar indefinidamente la realización de nuestros ideales y satisfacer los deseos de nuestros enemigos, porque la resolución de abril último dice que no se nos entregará el gobierno de la Isla hasta que la paz no esté asegurada. Debemos mirar a los americanos como nuestros verdaderos amigos y confiar en ellos, que Cuba será pronto una República y todos seremos felices.

Suponemos que esos mismos argumentos serían los que esgrimió ante el jefe del Ejército. El viejo caudillo vió claro el porvenir y accedió a cooperar *"para que cuanto antes se estableciera la República"*. Se acordó disolver el Ejército Libertador, entregándole setenticinco pesos a cada soldado para que no regresara a su hogar con las manos vacías.

A cada uno de nosotros se nos entregó una hoja de licenciamiento y entre abrazos y apretones de manos me despedí de los que hasta aquel día habían sido mis compañeros de armas, y sin un centavo en el bolsillo emprendí el regreso a mi hogar.

Aproveché que Máximo Gómez, después de un recorrido por Las Villas y Matanzas se dirigía a La Habana y me incorporé al tren que lo conducía atestado de libertadores. El paso de la comitiva por ciudades y pueblos provocaba delirantes manifestaciones de entusiasmo; todos querían ver de cerca al hombre extraordinario que haciendo derroche de valor, de audacia y estrategia maravillosa había logrado la derrota del ejército español. En las estaciones, los hombres se apiñaban a millares con la esperanza de estrechar su mano y las mujeres se abrían paso a empujones para besarlo. Era muy difícil darle protección. El 23 de febrero llegamos a La Habana, alojándose el General en Jefe en la Quinta de los Molinos, y el 24, la fecha más grande para la patria por haberse lanzado ese día a la guerra por su independencia, el general Máximo Gómez en medio de indescriptible entusiasmo de la multitud, en apoteosis magnífica, atravesó la ciudad hasta el Ayuntamiento sobre brioso corcel, con el sombrero en la diestra, sonriendo a la multitud que le aclamaba delirante, pareciéndole un sueño ver tan de cerca al vencedor de cien combates, forjador de la patria libre.

Habíamos vencido en nuestro esfuerzo extraordinario por libertar a Cuba del dominio español; ¡pero cuántos sacrificios inconcebibles, cuánta sangre derramada, cuánto devastamiento había costado! El país entero estaba desolado. La Revolución, para privar a España de las fuentes productoras de sus recursos había destruído por el fuego los cañaverales, muchos ingenios de azúcar que estuvieron a su alcance, todo, en fin, de donde el enemigo pudiera obtener dinero para seguir peleando. Respondiendo a nuestra actitud Weyler ordenó la reconcentración de la población campesina en las poblaciones: quemó todas las casas de campo donde los cubanos pudieran guarecerse de la intemperie; recogió todo el ganado caballar y vacuno de las fincas, matando a tiros a los inútiles para que nada pudiéramos aprovechar y hasta fusiló no sólo a los prisioneros, sino también a los civiles que encontraban en sus recorridos las columnas y que no habían cumplido su orden de reconcentración. Leguas y leguas se recorrían en los campos sin encontrar señales de vida animal por ninguna parte, los predios de labranzas habían desaparecido totalmente y sólo los muros calcinados y las altas torres indicaban dónde radicó el asiento de una finca o el batey de un ingenio.

En los pueblos y ciudades los reconcentrados morían a millares, abatidos por el hambre y las enfermedades, sin que pudieran auxiliarlos las familias que radicaban en aquellos centros por estar sufriendo también los horrores de la miseria. Al amanecer de cada día los carros, tirados por mulos, recogían a montones en los parques, portales y calles los infelices que habían muerto durante la noche anterior y eran llevados a grandes fosas donde se depositaban a centenares. Ninguna piedad oficial hubo para aquellos desgraciados. Tampoco las naciones hermanas de la América Latina se apiadaron de los reconcentrados. Y la Europa y el resto del mundo los olvidó. Solamente el pueblo de los Estados Unidos, generoso y humanitario, acudió en su auxilio por intermedio de la Cruz Roja y de la inolvidable acción del cónsul Lee y de

Miss Clara Barton. Se ignora cuántos perdieron la vida de esta manera; pero los mejores estudios, basándose en censos anteriores y posteriores llevan a la conclusión de que de unos dos millones de habitantes que tenía la Isla, perecieron cerca de cuatrocientos mil. Tampoco ha sido posible fijar el número aproximado de miembros del Ejército Libertador que perecieron. Las listas publicadas no contienen probablemente ni la cuarta parte de los caídos. En una guerra de devastación y exterminio, no había tiempo de llevar estadísticas. Muchos fueron los que murieron de enfermedades, de hambre o a resultas de heridas en los montes y las ciénagas, y muchos también los muertos y heridos abandonados en difíciles trances de retirada, de los que no se volvió a saber.

Al regresar ahora a mi hogar encontré allí reproducido, en pequeño, un cuadro similar de desolación al que acabo de describir. Algunos familiares habían fallecido; otros buscaron refugio en la emigración. Mi madre y mi hermanita soltera e inválida, instaladas en su casa de la calle de Tejadillo número cinco, habían corrido las vicisitudes de cuatro años de guerra. A medida que los recursos fueron escaseando habían vendido cuanto tenían. Primero, juegos de sala y de comedor; luego prendas, lámparas, muebles de cuartos, cuadros, ropas y toda clase de útiles, refugiándose en dos habitaciones altas que la casa tenía, y viviendo de sólo treinta pesos que el alquiler de los bajos les producía. Pero mi pobre madre encontraba consuelo a su miseria laborando por la causa de Cuba, sirviendo de comunicante entre la Junta Revolucionaria de La Habana y Clubs del extranjero y tuvo la merecida suerte de ver a la patria libre y de volver a abrazar a sus únicos dos hijos que a Cuba le había entregado.

"IN MEMORIAM"

Ha querido el destino que de todos los estudiantes que nos reuníamos en la farmacia *La Occidental,* para conspirar contra el gobierno español, sea yo el único superviviente, en los momentos en que escribo. ¡Dudoso privilegio el que la suerte me ha concedido! Siempre he pensado —y hoy más que nunca—, que fueron los privilegiados aquellos que tuvieron el honor de morir peleando contra la tiranía española en los campos de batalla o perecieron en los hospitales de sangre, acariciando en sus pensamientos, hasta los últimos instantes de vida, los puros ideales de emancipación que nos llevaron a la manigua, seguros de que los esfuerzos continuados de sus compañeros coronarían la obra, y sobre los escombros de la colonia, surgiría, feliz e imperecedera, la República cordial, agradecida a sus fundadores.

Y ya que me ha tocado deambular el último sobre la tierra, cargado aún de ilusiones y también de amargos desengaños, he querido rendir en este artículo un homenaje a la memoria de aquellos mis compañeros desaparecidos, cuya muerte heroica permanece olvidada y cuyo recuerdo, próximo a extinguirse, a través de medio siglo, vive sólo en la memoria de algunos familiares.

Con el alma adolorida por la evocación de tantos sufrimientos y heroicos sacrificios, y acudiendo a papeles guardados largos años con cariño trataré de demostrar cómo supieron cumplir con la patria mis compañeros de conspiración.

Marcos Aguirre y Díaz, el estudiante de farmacia, el hércules de veinte años de quien hablo al comienzo de este libro, era un hombre de bellas y excepcionales condiciones. Franco, formal en sus procedimientos, talentoso, leal amigo, de gran atracción personal; tenía madera de general y lo hubiera sido en la guerra de no morir tan tempranamente. Le impresionó no haber podido marchar a campaña con Ignacio Díaz, mi hermano y yo, los primeros del grupo de conspiradores que nos incorporamos al Ejército Libertador, pero antes de tres meses, después de nuestra partida, el 25 de septiembre de 1895, se alzó en el pueblo de Corralillo, de donde era natural, después de haber sacado al campo veintidós tercerolas y dos mil cápsulas, llevando como segundo a Rafael Izquierdo, de cuyo diario tomo la mayor parte de estos datos.

Al frente de un escuadrón de veintisiete hombres bien armados y con el grado de capitán, después de una breve campaña en la zona de Rancho Veloz, se incorporó al coronel Francisco Pérez, jefe de la Brigada de Colón, batiéndose a sus órdenes dos veces, en una de las cuales su escuadrón tuvo un muerto y tres heridos.

El 19 de diciembre de 1895 fué un gran día para Marcos Aguirre, pues el coronel Francisco Pérez, su jefe, ansioso de saludar a los invasores, fué a esperarlos a Cabeza del Toro, territorio villareño, limítrofe a Matanzas. Allí conoció a Gómez y a Maceo, por los que sentía veneración. Por la tarde los dos escuadrones de Pérez fueron enviados a provocar a una columna española acuartelada en Lagunitas, que tenía órdenes de Martínez Campos de cortarles el paso del Hanábana. Allí se batió bravamente el capitán Aguirre, sufriendo cinco bajas, y fué también herido el coronel Francisco Pérez.

La columna invasora pasó el Hanábana el día 20, penetrando en la provincia de Matanzas, donde todo lo tenía preparado el general en jefe del ejército español con la esperanza de destruirla totalmente, y acampó en la Colmena, donde se incorporó Francisco Pérez con su gente, anunciando que los españoles venían detrás.

No obstante lo inadecuado del terreno para un gran revuelo de caballería, Gómez y Maceo decidieron desplegar sus escuadrones mientras la infantería peleaba ardorosamente en el paso del río, que pretendía desalojar el enemigo a intenso fuego de cañón. Los dos grandes jefes cubanos recorrían las filas, haciendo desenvainar los machetes y ordenando imperiosamente que no se disparara ni un solo tiro; pero era tal el entusiasmo que cuando la tropa española cruzó el arroyo y apareció en la sabana, sin esperar los cubanos la orden del clarín, se lanzaron a la carga novecientos hombres, arrollando a los españoles, que retrocediendo se hicieron fuertes en las márgenes de la corriente.

Gómez reorganizó sus alas y esperó el avance, pero conocedor ya el enemigo del número de combatientes que tenía enfrente, refrenó su ardor y decidió retirarse a Lagunillas.

A Marcos Aguirre no le cabía la alegría en el cuerpo. ¡Cargar a las órdenes del invicto Gómez y del gran Maceo, acuchillando los cuadros españoles! Todo aquello era la realización de un sueño.

Malograda aquella carga, que estuvo a punto de ser uno de los combates más notables de la Invasión, los españoles se retiraron a sus cuarteles y siguió la columna invasora su marcha, maniobrando entre los pueblos con el fin de atraer a una batalla al general Martínez Campos, que estaba en Colón, y después de muchas horas de marcha, llegó al *Desquite,* durmiendo sólo unas horas, pues muy temprano un vivo fuego, casi dentro del vivac, hizo pensar que el enemigo, burlando las guardias, había penetrado en el campamento. Resultó que un pequeño grupo de orientales se aproximó de madrugada merodeando junto al Jacán, y al saberlo un sargento español, tomándolos por *plateados,* salió con catorce hombres de aquel destacamento, a perseguirlos, muy lejos de pensar que quienes estaban allí eran nada menos que Gómez y Maceo, que llegaron de madrugada. Nuestros generales desconocían el número de los atacantes y para desalojar al enemigo mandaron a tocar a degüello. Arrojado y temerario, el capitán Marcos Aguirre, enardecido por los toques del clarín libertador, se lanzó machete en mano sobre el grupo enemigo, que se negó a rendirse vendiendo caras sus vidas hasta que fueron exterminados. Pero, ¡inmensa desgracia!, uno de los últimos tiros disparados por los españoles produjo la muerte del arrojado capitán Aguirre, que cayó con un balazo en la frente.

El general Miró en sus *Crónicas de la Guerra,* y González Valdés, en sus *Episodios,* elogian desmedidamente al sargento español que se batió aquella mañana con los invasores, por no querer rendirse y pelear hasta morir; y por el contrario, no nombran para nada a Marcos Aguirre que cayó heroicamente, limitándose a decir que los cubanos tuvieron ocho bajas. Solamente el capitán Izquierdo consignó en sus notas: "Cuando ya estaba terminado todo y tratábamos de reunirnos con los nuestros, vimos que Juan Guillén traía, montado por delante, dando tumbos su cabeza de un lado a otro, ya sin vida con un balazo en la frente, al compañero de la infancia, al hermano de la guerra, Marcos Aguirre y Díaz. Con nuestras manos cavamos su fosa". Si el sargento español hubiera sabido que allí estaban los más grandes caudillos de la guerra, con dos mil combatientes, no hubiese cometido el error de penetrar en su campamento, y cuando se vió atacado inesperada e impetuosamente, no le quedó más solución que vender cara su vida.

Así murió Marcos Aguirre, aquel valiente muchacho, verdadera esperanza del Ejército Libertador y de la Patria.

*

Rafael Izquierdo: La historia de nuestras guerras por la libertad de Cuba, tan rica en episodios heroicos, no registra ninguno más patético que la caída del capitán Rafael Izquierdo, al filo de los machetes de la Guardia Civil, y su salvación casi inconcebible.

Conservo en mi archivo una copia de relación de hechos, a manera de autobiografía, en la que este compañero de conspiración de *La Occidental*, relata los sucesos más importantes de su vida de mambí. Con gusto la copiaría textualmente, pero se observan en ella tales errores de redacción, omisiones y saltos, debidos probablemente al copista, que la hacen en algunos puntos ininteligible, y antes que hacer correcciones importantes en el original, prefiero, con él a la vista, redactar estas páginas.

Rafael Izquierdo salió de Corralillo el 25 de septiembre de 1895, a las órdenes de Marcos Aguirre, su íntimo amigo y conterráneo, alzándose en armas contra la dominación española. Fué nombrado teniente, y a las órdenes de este jefe y, a las del coronel Francisco Pérez, a cuyas fuerzas se incorporó su escuadrón, tomó parte en distintas escaramuzas en la provincia de

Matanzas. El 19 de diciembre se incorporaron en Cabeza del Toro a la columna invasora; se batió por la tarde de ese día y en la mañana del siguiente con los españoles salidos de Lagunitas, y al incorporarse de nuevo a Máximo Gómez en la tarde de ese día 20, ya en territorio matancero, asistió a la formidable carga de caballería, en *La Colmena,* que debiendo ser un hecho memorable, fracasó por la impaciencia de nuestra gente, que se lanzó al machete antes de tiempo. Al siguiente día, el 21, en la carga del *Desquite,* tuvo el dolor de ver morir a su jefe y amigo inseparable, el capitán Marcos Aguirre. Al separarse impensadamente, en una marcha de noche, las fuerzas de Gómez y Maceo, quedó su escuadrón con éste último y reunidos ambos jefes al siguiente día tuvo ocasión de asistir al combate de *Coliseo* que fué de tan trascendentales consecuencias, que el general Martínez Campos a poco se dió por derrotado y pidió su relevo como jefe del ejército español. Refiere Izquierdo con gracia, seguidamente, que al separarse el coronel Francisco Pérez de la columna invasora, con órdenes de quedarse en la provincia, interrumpiendo el movimiento de los ferrocarriles, se presentó al general Gómez pidiéndole un poco de parque, alegando que llevaba trescientos hombres armados y en conjunto sólo reunían doscientos cincuenta cápsulas, a lo que el viejo caudillo contestó: —"Bueno, ¿y qué? Cada vez que se encuentre con el enemigo dispárenle un sólo tiro y cárguelo al machete; con seguridad que no se va a encontrar con más de doscientos cincuenta columnas enemigas en el mismo camino".

Cumpliendo las órdenes de Gómez, el coronel Pérez, cargó y macheteó un pequeño núcleo de guardias civiles y voluntarios de La Habana, conquistando armas y municiones. En esa operación murió Matagás, célebre bandido un año antes, que ya de oficial libertador se les acababa de incorporar.

A las órdenes siempre del coronel Pérez, en la brigada de Colón, peleó rudamente en el combate de la *Olayita,* un completo desastre para las fuerzas cubanas, disparatadamente mandadas por los generales Angel Guerra y Quintín Banderas. Muertos y heridos fueron abandonados sobre el campo, después de un día de lucha inútil. El comandante Manuel Alfonso curó sobre el mismo campo de combate al general Guerra que había sido herido.

Allí murió el teniente coronel Rafael Lora, dominicano, de quien dice Izquierdo que era uno de los hombres más valientes de la brigada, siendo siempre el primero en la línea de fuego y el último en retirarse. Perdida la fe en aquellos jefes, el contingente se desorganizó, y comprendiéndolo los españoles, al siguiente día les dieron un ataque a fondo en la finca *Mamey*, donde se completó el desastre y sobrevino la dispersión, verdadera huída que aprovechó el enemigo para matar a mansalva. Solamente en el cruce del río se perdieron más de cincuenta caballos, y el parque y la dinamita que conducía la tropa cubana, fueron abandonados también. En aquellas dos acciones se distinguió por su valor el sargento Lorenzo Ferrer, que en su mocedad había sido esclavo de mi padre. Refiere Izquierdo que el pánico era tal, que un día después una pequeña fuerza enemiga tropezó con ellos y costó trabajo recoger a los dispersos. "Como no fuimos perseguidos —agrega— supongo que el enemigo, al ver el número que éramos, creyó todo, menos que huíamos, y huyó también". "Unas horas después otro pánico invadió toda la columna: una fuerza estaba a la vista; pero esta vez resultó que era el general Máximo Gómez que venía a nuestro encuentro y, como siempre llegaba en los momentos más oportunos. ¡Había que oír al General en Jefe cuando se enteró de lo ocurrido!"

Y de lo que significa para un ejército la influencia decisiva del jefe que lo manda, se vió en seguida la mejor prueba. Las fuerzas derrotadas bajo Quintín Banderas, tres días antes, en la *Olayita* y el *Mamey*, electrizadas por la arenga de Máximo Gómez, yendo ahora a su vanguardia, cargaron con coraje sobre una caballería española que intentó interceptarle el paso y la puso en fuga a machetazos.

El general Gómez siguió rumbo al Oeste, y el coronel Pérez volvió a ocupar su demarcación, y con él, desde luego, nuestro biografiado. Los encuentros más o menos importantes se sucedían de continuo, para proveerse de armas y municiones, según las instrucciones del Generalísimo, quitándoselas al enemigo.

Y llegó el 9 de abril de 1896, el día en que nuestro héroe iba a serlo en grado superlativo. El coronel Francisco Pérez, acampado en el demolido ingenio *La Fermina*, salió con un pequeño grupo a saludar al brigadier Tamayo, que había pernoctado cerca de allí. El capitán Rafael Izquierdo actuaba como jefe de día, y al estar relevando una guardia, oyó tiros hacia el centro del campamento; corrió allí, encontrando que su gente había cargado a un enemigo que se presentó; arrollado éste al primer empuje, pronto se dió cuenta del pequeño número y de la falta de parque de los nuestros, y reorganizándose, cayó sobre ellos como una avalancha, dispersándose en grupos en distintas direcciones. El capitán Izquierdo se esforzaba en proteger la retirada, acompañado de Aniceto Hernández, guerrero de catorce años; pero agotado el poco parque de su rifle —histórica arma que *El Inglesito* le había regalado a Marcos Aguirre— y encasquillada el arma de Aniceto, dejaron de hacer fuego; al notarlo la caballería enemiga se lanzó sobre ellos dos, machete en mano. Como el caballo del capitán Izquierdo estaba tan cansado que no podía correr, Aniceto Hernández, el valiente chiquillo, se empeñó en que montara a grupas en el suyo, pero dándose cuenta Izquierdo de que, de hacerlo, los machetearían a los dos, ordenó al muchacho que escapara, y él, negado a rendirse al adversario, decidió defenderse al arma blanca. ¡Sublimes momentos aquellos en que, olvidándose de su vida, se preocupó por la de su compañero, obligándolo a retirarse! Tres guardias civiles cayeron sobre él a machetazos, y tras breves instantes de lucha, cayó inerte de su jamelgo, después de recibir nueve heridas de machete, y como si fuera poco, los guardias que corrían tras los primeros, viéndolo tendido en tierra, al pasar por su lado, se ladeaban en sus caballos para rematarlo: así recibió cinco heridas de punta. "En aquellos momentos —escribió después Izquierdo— no pensé más que en mi madre; sentí una fatiga que creí era la muerte; tranquilo mi espíritu, sin miedo y conforme, hice por acabar cuanto antes". La pérdida considerable de sangre le produjo un síncope y esto le valió para que los españoles se alejaran creyéndolo muerto, y para que la sangre se coagulara en las heridas, permitiéndole al corazón lanzar pequeñas oleadas al cerebro. Horas después recuperó la razón; vió dos cadáveres de guardias civiles junto a su caballo muerto, se arrastró un tanto a la manigua y volvió a desmayarse. Semi-inconsciente, sintió después que fuerzas cubanas de su mando, buscaban su cadáver, pero no tuvo alientos para llamarlas. Privado totalmente de conocimiento, quedó de nuevo inmóvil. Cuando despertó, era ya de noche; trató de alejarse de aquel lugar nefasto, pero no podía andar: la mano izquierda cortada de un terrible tajo, pendía sólo de una tira de piel y le pesaba mucho; en un esfuerzo logró arrancársela y se sintió aligerado. De madrugada pudo arrastrarse poco a poco, desmayándose a veces por horas, recuperando a intervalos la razón para arrastrarse un poco más. Así pasó la noche y así la mañana del siguiente día, tendido a la sombra bienhechora de algunos árboles. Al llegar la tarde, sintiéndose más fuerte, logró ponerse de pie, y con gran dificultad llegó a una casa de familia, donde hicieron por él lo que pudieron, asombrados de contemplar a aquel resucitado, destrozado a machetazos. Las heridas recibidas en la boca y la cara no le permitían referir lo ocurrido. De allí le llevaron a otra casa más oculta, donde permaneció cinco días. Iba reviviendo. Avisado el coronel Morejón, vino en su auxilio; todos lo creían muerto. Luego el comandante Antonio Duque se hizo cargo de él y emprendió la marcha hacia la Ciénaga. Los gusanos le salían de todas las heridas, y Duque, pacientemente, se los quitaba uno a uno. Y llevándolo en improvisada camilla, de noche, como se pudiera, contando ahora con los servicios profesionales del comandante de Sanidad, el abnegado patriota doctor Antonio Esperón, y con la ayuda de su amigo el capitán Vicente Hernández, que lo encontró a su paso, cruzaron la Ciénaga de Zapata por el lugar conocido por el Jagüey, llegando al Solillar, el 21 de mayo. ¡Odisea extraordinaria! La primera cara que reconoció allí fué la de su compañero, el adolescente Aniceto, que presenció los primeros machetazos que le dieron los españoles, y ahora lloraba enternecido al verlo vivo. También su jefe, el coronel Pérez, estaba allí curándose de una herida. Y para ventura suya Panchito Fabre, uno de los más queridos amigos del primitivo grupo de conspiradores, allí se hallaba, y le prodigó sus cuidados hasta su curación.

¡Rafael Izquierdo, que había sido propuesto para comandante antes de sus heridas, fué ascendido a teniente coronel; y al terminar la guerra, como merecidísimo honor, fué uno de los designados para izar la bandera cubana en el Castillo del Morro de La Habana, el día 20 de mayo de 1902!

*

Esteban Barroso: Fué jefe de la Droguería de Castell. Murió siendo capitán de Sanidad en el combate de *La Bija,* el 6 de diciembre de 1896. No he podido obtener más datos sobre su vida en campaña.

*

José Molina y Galo: Tenía 19 años cuando ingresó en el Ejército Libertador, el 25 de mayo de 1896. Perteneció al regimiento *Goicouría* y peleó bravamente en la provincia de La Habana, hasta que el 25 de noviembre del mismo año murió en combate, macheteado por los guerrilleros en *El Chico.*

*

Francisco Fabre y González: Pocos jóvenes había en mi curso de tan clara inteligencia y de tan brillante porvenir como Panchito Fabre. Fué mi compañero de estudios de anatomía. Dos meses después de haber marchado yo a la guerra, tuve el gusto de abrazarle, cuando se incorporó a Máximo Gómez, en Camagüey, en septiembre de 1895. Los accidentes de la campaña lo llevaron hasta la provincia de Matanzas, donde alcanzó el grado de capitán de Sanidad, y aniquilado por el paludismo, la disentería y el hambre, carente de medicinas, prefirió morir en Cuba Libre a presentarse a los españoles para salvar la vida con los cuidados de su familia. Sucumbió a los veinte años de edad en la Ciénaga de Zapata, el día 3 de enero de 1897.

*

Pedro Aguirre y Díaz: Era hermano de Marcos, el primer biografiado de esta relación. Con nosotros conspiró y marchó después al campo del honor. Sólo he podido saber de él que murió peleando, no se cómo, en 1896.

*

Luis Claret y Fuentes: Si es cierto que hay seres perseguidos por el infortunio desde la cuna, Luis Claret y Fuentes fué uno de ellos. Hijo de Augusto Claret y de Rosa Fuentes, perdió la madre a los pocos meses de nacido, y a poco fué abandonado por el padre. Mis abuelos maternos, el doctor Marcos Díaz y su esposa Petra Gálvez, tuvieron de él compasión y le criaron e instruyeron lo suficiente para llegar a desempeñar un puesto de telegrafista en los ferrocarriles de Matanzas; pero Luis, criado con nosotros, vivía siempre llorando a la madre que no conoció, cuyo recuerdo veneraba, y perdonando a su padre, que jamás se interesó por él. Era fatalista, creyendo que jamás podría ser feliz, porque había nacido con mala estrella, y que la desgracia le perseguiría siempre. Cuando nos fuimos a la guerra mi hermano y yo, no pudimos avisarle, y dos meses después se nos fué a reunir a Camagüey, acompañado de mi primo Jorge García y de Panchito Fabre, mi predilecto compañero de estudios en la Universidad.

En los últimos días del mes de octubre de 1895, Luis, que sólo contaba veintidós años, formaba parte de una pequeña fuerza que llegaba a la finca *El Pilar* de Najasa, en Camagüey, rumbo al Cuartel General. Por una de tantas imprudencias que en la guerra se cometían, el pequeño grupo se desmontó en el bohío de la finca, sin tomar las precauciones de vigilancia procedentes, y fué sorprendido por la guerrilla de malvados cubanos que formaban la vanguardia del hipócrita y sanguinario coronel español Pablo Landa y Arrieta. Todos los del grupo montaron rápidamente y escaparon pronto, pero Luis, siempre fatal, no pudo evadir un alambre que servía de tendedera, y cayó al suelo; saltó después a pie la cerca del batey, y temeroso de no poder ganar el monte, que estaba sólo a cincuenta metros de distancia, se escondió tras unos matojos. Allí lo encontró la guerrilla y fué llevado ante el jefe español que le interrogó. Un teniente filipino del ejército español que se pasó después a nuestras filas, me contó que al dar su nombre, el coronel Landa le preguntó si sería hijo de Augusto Claret, un amigo suyo de La Habana. El pobre muchacho, que sabía de la crueldad de sus aprehensores, debió, sin embargo, ver brillar un rayo de esperanza en la evocación de aquella amistad. ¡Alguna vez en la vida la sombra de su padre le podía beneficiar! Amarrado codo con codo, junto con otro prisionero, empleado en una posta, que había sido capturado momentos antes, fué llevado por la columna enemiga y atado a un árbol, al acampar en Ciego de Najasa. Noche tristísima, de angustia suprema, pasaron allí, y al ser de día fueron asesinados a bayonetazos, por orden del jefe español. Para colmo de infortunios, cuando los cadáveres fueron encontrados, estaban medio comidos por las auras. ¡Y como si todo esto fuera poco para justificar la fatalidad que le perseguía, ni siquiera figura su nombre en la lista oficial de los que ofrendaron su vida a la patria! ¡Y sus restos permanecen en algún lugar ignorado de la finca donde fué sacrificado!

Para mí es un deber fraternal dejar constancia de su inmolación.

*

Jorge García y Díaz: Se incorporó a Máximo Gómez en septiembre de 1895, en Camagüey; marchó hasta la provincia de La Habana, peleando sin cesar, hasta que enfermó gravemente y recogido por unos paisanos fué entregado a su padre, no llegando a reponerse de sus males, y muriendo algún tiempo después.

*

Ramón Campuzano: Se distinguió siempre entre el grupo de los estudiantes del primer curso de medicina de la pre-guerra por su inteligencia y su delicadeza extrema. A los 19 años se incorporó a las fuerzas de Las Villas y no pudiendo resistir las vicisitudes de la guerra, el hambre y las enfermedades, hizo presa en él la tuberculosis pulmonar, y, más muerto que vivo, su jefe lo entregó a sus familiares junto al pueblo de Corralillo, muriendo al cabo, por la enfermedad contraída en la manigua.

*

Eusebio Molins y Arocha: Era uno de los mayores del grupo. Se incorporó al Ejército Libertador en la provincia de Matanzas. Nunca volví a saber de él hasta que leyendo el libro de Carlos Trelles, *Matanzas en la Independencia de Cuba,* lo encontré citado en el diario de Eduardo Rosell. La fuerza de que formaba parte fué atacada en *La Colorada del Norte* y se retiró por falta de parque; y dice Rosell:

> La retirada se hizo en perfecto orden y sin tener que lamentar ninguna pérdida. En cambio los exploradores, a muy corta distancia del campamento, cayeron en una emboscada, pereciendo en ella el teniente Molins.

Este, aunque era oficial, se prestaba muchas veces a servir de explorador. Según hemos sabido murió valientemente: después de estar herido disparó siete veces y estuvo defendiéndose hasta que lo hicieron picadillo. Así lo arrastraron hasta las puertas del cementerio de Cabezas.

Así supieron cumplir con la patria aquellos jóvenes estudiantes, conspiradores de la farmacia *La Occidental*. Eramos en total trece y de ellos, siete, más del cincuenta por ciento, murieron peleando por la libertad: Marcos Aguirre, Luis Claret, Pedro Aguirre, Francisco Fabre, Esteban Barroso, José Molina Galo y Eusebio Molins Arocha.

Dos fuimos gravemente heridos y escapamos con vida milagrosamente: Rafael Izquierdo y yo. Dos enfermaron tan gravemente que fueron devueltos por sus jefes a sus familiares: Ramón Campuzano y Jorge García, muriendo más tarde el primero de tuberculosis pulmonar y el segundo por agotamiento físico, ambos estados adquiridos en la manigua. Y dos, Ignacio Díaz y mi hermano Virgilio, escaparon ilesos, aunque muy enfermos.

Es para mí un deber fraternal sacar sus nombres del olvido para presentarlos a las nuevas generaciones como ejemplo de lo que fueron aquellos forjadores de la independencia que salidos de las aulas universitarias y de la vida tranquila del hogar, supieron apurar estoicamente todas las miserias y todos los sacrificios.

HOMENAJE A LA SANIDAD MILITAR DEL EJERCITO LIBERTADOR DE CUBA

> Discurso pronunciado en la noche del 19 de mayo de 1927, en la Academia de Ciencias de La Habana, al inaugurarse los festejos de las Bodas de Plata de la República.

Honorable Sr. Presidente de la República;
Honorable Dr. Alfredo Zayas;
Sres. Representantes de la Sanidad Militar del Ejército Libertador;
Sr. Presidente de la Academia;
Señoras y señores:

La docta corporación que nos reúne aquí esta noche, consecuente con su carácter de sociedad científica genuinamente cubana, no podía dejar pasar inadvertida la fecha gloriosa de las Bodas de Plata de la República, cuya conmemoración pone contento en todos los ánimos y hace latir acelerados los corazones a medida que transcurren las pocas horas que nos separan del inicio del nuevo día, por lo que, queriendo contribuir al magno acontecimiento dentro de los límites de sus actividades, tuvo la idea feliz de celebrar esta noche, el sexagésimo sexto aniversario de la fundación de la Academia, rindiendo homenaje de admiración y gratitud al Cuerpo de Sanidad Militar de aquel ejército de héroes a quien debemos la independencia.

Pero si hermosa fué la idea y bien seleccionado el tema, no podemos decir lo mismo de la elección del académico que debía desenvolverlo. ¡Jamás orador alguno, al escalar la tribuna, ha podido reclamar con más razón la benevolencia de sus oyentes invocando su falta de dotes oratorias, con mayor motivo tratándose de un auditorio tan selecto! Como una conquista de la experiencia en el rudo bregar de los años, rindo culto al *nosce te ipsum* de los filósofos griegos, y sé perfectamente cuán lejos está de la tribuna el puesto que me corresponde en las actividades humanas; pero concurriendo en mi modesta personalidad la circunstancia de ser el único miembro del Ejército Libertador que es, a la vez, académico de número, no podía rehuir el mandato del presidente de la asociación, por fundados que fueran mis temores de que se vean malogrados sus nobles propósitos.

Bien ha hecho la Academia en sumarse al gobierno y al pueblo para celebrar el fausto aniversario de la fundación de la República. La conquista de la libertad, en cuyas aras se inmolaron las generaciones de medio siglo, fué, al cabo, lograda por los ejércitos de Gómez y Maceo: y veinticinco años en el libre ejercicio de la soberanía han servido para demostrar que la razón estaba de parte de los revolucionarios cuando pregonaban que las virtudes cívicas del pueblo cubano lo capacitaban para regir sus destinos y fundar, en la Isla, una nacionalidad absolutamente independiente. El predominio de cualquiera de las tendencias políticas que se disputaban la hegemonía en la colonia, hubiera sido insuficiente para transformar profundamente las entrañas de la factoría y darle textura de pueblo libre orientándola por el camino del progreso. La condición de paria hubiera seguido siendo el flagelo con que nos azotaran el rostro los países hermanos de la América.

Ciertamente que no es aun la República que disfrutamos la que forjó en su imaginación el Apóstol de la Revolución y los que con él arrostramos la responsabilidad de fundarla; pero son tantos los progresos alcanzados, particularmente en el orden material; tan radicales y beneficiosas las transformaciones que se han operado en el país y en el pueblo, que los libertadores tenemos que sentirnos intensamente satisfechos de nuestra obra. No hay que preocuparse por la opinión de los pesimistas que observan a través de la lente de su tedio o de sus aspiraciones frustradas; no importan los graves tropiezos y caídas en nuestros primeros pasos; no hay que aceptar como pruebas de incapacidad los errores desmedidos de algunos hombres y las debilidades de otros que con sus ambiciones imprevisoras han conmovido profundamente la nación, retardando el advenimiento de la confianza absoluta y el arraigo de la República. Por encima de las teorías están los hechos, y ellos nos dicen que tenemos constituída una democracia libre y soberana, respetada y querida en el concierto de los pueblos civilizados, y que los progresos realizados en la cultura, la sanidad, el comercio, la industria, el ornato y bienestar general son tan evidentes, que causan la admiración de todos los que los conocen. Y regidos hoy los destinos de la patria por uno de sus hijos predilectos, que le dedica todo su amor y toda su energía, las instituciones se consolidan firmemente y se vislumbra ya una era de prosperidad y bienandanzas.

Pero no ahondemos en este tema. Pronto, y para proclamar y exaltar los triunfos y conquistas de la República, en el aniversario de sus Bodas de Plata, se oirá el canto de los ruiseñores de la poesía y de los elegidos de la elocuencia.

Hizo bien la Academia fijando la oportunidad de este momento para honrar a la Sanidad Militar del Ejército Libertador, porque fueron sus componentes paladines esforzados en el arte de curar y en el arte de la guerra. Ya en la campaña del 68 los médicos escribieron las más hermosas páginas en el martirologio de nuestros héroes, y, andando el tiempo, la clarividencia de Martí le permitió darse cuenta de que eran los médicos los más sagaces conspiradores, por la facilidad que tenían de penetrar en todos los hogares, tocando el tema de la tempestad próxima a desencadenarse, y por el prestigio y la confianza de que gozaban entre sus compatriotas. En consecuencia, Martí confió sus planes y utilizó como sus mejores agentes en Cuba a los doctores Joaquín Castillo Duany, Pedro Betancourt, Martín Marrero y otros.

Al estallar la mina que había de producir la conflagración general, los médicos acudieron puntuales a la cita, y reforzados por farmacéuticos, dentistas y estudiantes, constituyeron bien pronto el Cuerpo de Sanidad Militar. El viejo coronel Federico Incháustegui, reliquia de la guerra de los diez años, fué su primer jefe, pero gravemente enfermo, pronto sucumbió. Cuéntase que, conocedor de su próximo fin, pidió que se le enterrara sin ceremonias y que una compañía cubana marchara en busca del enemigo y disparara sobre los cuadros españoles las tres descargas de ordenanza que debían hacerse sobre su tumba. Su última voluntad se cumplió estrictamente. Lo substituyó en la dirección Suprema del Cuerpo de Sanidad Militar el brigadier Joaquín Castillo Duany, de arrogante figura y noble corazón, hasta que designado auxiliar de Estrada Palma, en la Delegación del Partido Revolucionario Cubano, en Nueva York, Eugenio Sánchez Agramonte fué nombrado jefe del Cuerpo. El fué nuestro Jefe de Sanidad durante casi toda la guerra del 95, como el inmaculado Félix Figueredo lo fué en la del 68.

Las proezas realizadas por aquellos hombres de la Sanidad Militar durante las dos guerras, para cumplir su misión, traspasan los límites del estoicismo humano. Carentes, la mayor parte de las veces, de toda clase de recursos para atender a los heridos y enfermos, sufriendo privaciones personales por falta de vestuario y alimentos, aniquilados ellos mismos por las enfermedades y por la inclemencia de una vida semi-salvaje; viendo morir, cruzados de brazos —impotentes para impedirlo— a compañeros que hubieran podido salvarse tan sólo con tener unas pinzas de Pean o unas dosis de quinina; destinados, en ocasiones a las órdenes de jefes sin cultura ni educación, a los cuales debían obedecer por disciplina y amor a la patria, los médicos militares y sus auxiliares fueron siempre entusiastas y abnegados, se mostraron siempre dignos patriotas, dispuestos a sacrificarse en el cumplimiento de su deber profesional y cívico.

En el conjunto de hombres de valor extraordinario que figuraron en el Cuerpo de Sanidad Militar, durante la guerra grande se destaca, vigorosa y deslumbrante, la figura del doctor Antonio Luaces, joven de rostro atrayente, elegante porte, hablar ameno y persuasivo, exquisitamente educado y de sólida cultura médica, adquirida en la Escuela de Medicina de París, que se hizo pronto acreedor al aprecio general. Con un concepto inflexible sobre los deberes que imponen el honor y el patriotismo, dotado de una atracción irresistible que sólo se encuentra en los apóstoles de las grandes causas se hizo, con Ignacio Agramonte, el ídolo de las legiones insurrectas. En su hoja de servicios escribió el Mayor: "valor a toda prueba". Y Manuel Sanguily me dijo de él que reunía todas las cualidades para ser un buen presidente. Fué su actuación intensa, noble y generosa, y para completar la ejemplaridad de su vida, orló el destino su frente con el nimbo de luz del martirio.

No es ésta la ocasión propicia para estudiar su vida; pero hay un episodio relacionado con su muerte que merece ser recordado.

El día 2 de diciembre de 1873, a la caída de la tarde, una columna cubana, compuesta de setecientos hombres, mandada por Máximo Gómez, marchaba al este de Guáimaro en busca del batallón de Valmaseda, de igual número de plazas, que, a las órdenes del teniente coronel Vilches se movía por aquella zona. Ganoso de una brillante victoria y confiando el buen éxito a la sorpresa, el astuto jefe cubano, al establecer contacto con el enemigo en los campos de *Palo Seco,* ordenó que ocho jinetes lo tirotearan y, retirándose, después, simulando veloz huída, atrajeran tras ellos la caballería enemiga. El objetivo del general Gómez se vió cumplido, y surgiendo entonces de improviso los escuadrones cubanos, se lanzaron a la carga más formidable que registra la historia de nuestras contiendas.

Al volver grupas los jinetes españoles, desbarataron los cuadros de su infantería tras los que pretendieron refugiarse. Fué tan impetuosa la acometida de los nuestros y tanta la confusión de los contrarios, que en menos de una hora quedaron tendidos sobre la sabana quinientos siete combatientes españoles. Poco después, el comandante Martitegui, que se había refugiado en las trincheras de *Palo Seco,* con los restos del batallón destrozado, rendía también sus armas.

Sobre el mismo campo de combate se celebró aquella noche un memorable consejo de guerra para juzgar a los prisioneros. El ambiente, al principio, les era favorable; la magnanimidad de los vencedores, la misma brillantez de la victoria auguraban el perdón. Pero pronto cambiaron las circunstancias: al registrarse el archivo de Martitegui se encontró en él una orden del general Jovellar en que se disponía que todos los prisioneros cubanos, después de utilizados, si fuera posible, como prácticos o denunciantes de sus propios hermanos, fueran pasados por las armas. La lectura de ese documento levantó una ola de indignación. Otro documento encontrado vino a agravar la situación de los prisioneros españoles; era una información sobre la captura del

Virginius y el fusilamiento en masa, en Santiago de Cuba, de Bernabé de Varona y más de cuarenta de sus compañeros. Tras el alborozo de la victoria sobrecogiéronse de dolor los ánimos, y los más caracterizados jefes se declararon partidarios de la guerra sin cuartel y pidieron la muerte del comandante Martitegui y la de sus soldados. En tan difíciles circunstancias se levantó a hablar el doctor Antonio Luaces; no se conserva, por desgracia, el texto de su arenga, pero cuentan los que la oyeron que fueron tan conmovedoras sus palabras, tan ardiente y persuasiva su invocación al humanitarismo y al honor del Ejército de la República, al demandar con firmeza y razonamientos el perdón de los prisioneros, que el consejo de guerra lo acordó así, y curados aquella noche los heridos por el propio Luaces, fueron devueltos, al día siguiente, en el vecino poblado de Guáimaro.

Poco tiempo después, el 19 de abril de 1875, la guerrilla famosa de *Los Doce Apóstoles,* formada por cubanos al servicio de España, sorprende y asalta en *La Crimea,* un campamento insurrecto, haciendo prisionero al doctor Antonio Luaces, que fué llevado a Puerto Príncipe. Cuéntase que al ofrecerle el sanguinario Ampudia la libertad y el perdón, si se comprometía a servir como cirujano en el ejército español, rechazó indignado la miserable oferta.

Deseosos de salvarle la vida, acudieron ante Ampudia varias personalidades, conviniendo en redactar una proclama que debía firmar el prisionero. Cuando se la llevaron, explicándole el propósito, principió a leerla, y al llegar a una parte en que se le hacía decir que estaba arrepentido, exclamó: ¡No firmo porque no lo estoy!, y como insistieran sus visitantes en que continuara la lectura, al llegar a un párrafo en que hacía un llamamiento a los que estaban en armas, dijo: Tampoco puedo, y si yo lo hiciese, ellos no contestarían, y se negó a seguir leyendo el documento.

Un consejo de guerra sumarísimo lo condenó a ser pasado por las armas. Fué en vano que se recordara su generosa actitud en *Palo Seco,* y en vano que el médico español Naranjo, herido y prisionero de *La Sacra,* devuelto con todos sus compañeros a las filas contrarias, demandara por el honor de España, la suspensión del fusilamiento. Al amanecer del día siguiente marchaba con paso firme al sacrificio. Al penetrar en el cuadro, exclamó, volviéndose a los pocos y consternados amigos que le acompañaron hasta el último momento: "¡Qué hermoso es morir por una causa justa y santa!" ¡Y hasta el momento de sonar la descarga infame que destrozó su noble corazón, se mantuvo erecto y magnífico, alta la frente tal vez evocando en lontananza la visión de la patria redimida!

¿Y quién no recuerda a Sebastián Amábile, al estoico herido de *El Ramón?* En dura refriega por salvar la expedición del famoso confederado Thomas Jordan, recibe un balazo que le vacía una órbita; con el ojo colgando sobre el rostro, continúa impávido en la lucha, y como le molestara, azotándole la cara, se lo arranca de un tirón y lo arroja al camino, ante el asombro, el dolor y la consternación de sus amigos. Algunos días después expiraba sin exhalar una queja, fija la mirada de su única pupila en la bandera gloriosa que juró defender.

En aquel combatir sin tregua ni descanso, acechaba la muerte en cada encrucijada y era siempre la menos temida la que se alcanzaba en el combate. No se podía confiar en el respeto a los hospitales de sangre, que fueron siempre objetivos predilectos de los infames guerrilleros; no había tranquilidad y sosiego ni en los más recónditos lugares, y aun del compañerismo muchas veces había que dudar, porque el enemigo fomentaba incesantemente la traición.

El doctor Luis Delgado y Núñez, Delegado de Hacienda en la provincia de La Habana, que tenía a su cargo la recaudación del dinero con que se compraban las armas para la pelea y las medicinas para los heridos, fué vilmente asesinado por su propio asistente para robarle el producto de lo que acababa de recaudar, y el miserable asesino, para completar su obra de traición, se pasó en seguida al enemigo alistándose como guerrillero en San Nicolás.

Rindió la Sanidad Militar una dura contribución a la crueldad del enemigo. El comandante de Sanidad, Herminio Ceulino Madrazo, refugiado con un grupo de heridos en los montes de *La Ayúa,* sufrió las torturas del hambre, sin desmayar en sus ideales. Una tarde, cuando más desesperada era su situación, el paso por su rancho de fuerzas amigas en las que iba el doctor Martín Marrero le permitió un hartazgo fenomenal de viandas, y después se entregó al reposo, desoyendo los consejos que se le daban, de cambiar de campamento. Al día siguiente, cuando al beso de la aurora en el oriente se disipaban las tinieblas de la noche, palidecían las estrellas y despertaban los enfermos, abierto el corazón a la esperanza de un nuevo día, el hospital se vió de improviso rodeado por una guerrilla enemiga, y el doctor Ceulino, y todos sus compañeros fueron cruelmente macheteados.

Los médicos Ramón Barrios y José Morado Rojas y los dentistas Luis Magín Díaz y Pedro Betancourt Viamontes, hechos prisioneros en la guerra del 68, fueron inmediatamente fusilados; el doctor H. Fourniquet, cirujano de Narciso López, cayó también ante el cuadro español, cuando la matanza del Castillo de Atarés. El teniente coronel Francisco Hernández, director del hospital de *Las Llanadas,* en Sancti Spíritus, fué asaltado por un grupo de forajidos el 12 de julio de 1897, y después de torturarlo, lo mataron cobardemente a machetazos. Alfredo Virgilio Ledón cayó herido en una emboscada en *El Jucaral,* y fué rematado por negarse a delatar a sus amigos, y también otro médico, el teniente coronel Soler, sufrió el mismo suplicio, cuando su hospital fué asaltado por el enemigo implacable. El doctor Francisco Jiménez Rojas, hecho prisionero a bordo del balandro *Jefferson Davis,* bajo la bandera norteamericana, fué llevado a Caibarién y asesinado a bayonetazos, con su compañero Falero, en la vía pública, en pleno día y ante público numeroso.

Aquellos asaltos a las rancherías donde se curaba a los soldados insurrectos se repetían frecuentemente, y siempre con salvaje finalidad. Los hospitales de la Ciénaga de Zapata fueron frecuentemente asaltados y pasados a cuchillos sus moradores. No había clemencia, la mayoría de las veces, ni para las mujeres ni para los niños. Basta con recordar una sola de aquellas fechorías. Según cuenta un historiador, entre el 19 y el 21 de junio de 1871 dos columnas españolas, operando en combinación, en busca de enfermos, entre *Loredo y Vista Hermosa* (Camagüey), dejaron sobre su rastro un reguero de aquellos infelices, degollados, y los cadáveres de veintiséis mujeres apresadas en los ranchos.

En aquel esfuerzo titánico por conquistar la independencia, en que un ejército improvisado, que no pasó de 25,000 hombres en sus mejores tiempos, mal armados y peor equipados, luchaba tenazmente contra un ejército aguerrido, que, entre tropas regulares e irregulares, sumó más de 300,000 combatientes, siempre fueron las más temidas las guerrillas constituídas por hijos del país que se pusieron al lado de España. Formadas por pequeños contingentes en cada pueblo, llegaron a 50,000 en toda la Isla, y conocedores palmo a palmo del terreno donde operaban, fueron el azote de los pequeños núcleos de patriotas. Odiados por nosotros y despreciados por los españoles, se ensañaban en el crimen para hacer alarde de fidelidad, y no hubo ninguno, por repugnante que fuera, que no manchara sus manos.

No son las presentes horas de recriminaciones, sino de expansión y alegría; pero no se puede evocar el martirologio de los libertadores sin recordar sus torturas y suplicios, que si bien exaltan el sacrificio sublime, arrancan aún del pecho un grito de indignación. El bienestar de la República, recién surgida, exigió el rápido perdón de los contrarios, ¡mas si este fué sincero para los españoles que defendieron a su país no pudo menos que serles arrojados con todo nuestro desprecio a los cubanos que mancharon sus manos con el crimen, y cuyos remordimientos deben ser más crueles que las torturas todas del Averno. ¡Qué no es bastante el perdón de un pueblo generoso para libertar sus conciencias de las culpas de tantos crímenes nefastos, ni bastarían para lavar sus manos las aguas del bíblico Jordán!

No siempre fueron los médicos militares los sublimes sacerdotes del dolor en aquella epopeya sin igual. En muchas ocasiones abandonaron el ejercicio profesional para asumir el mando directo de las tropas y la dura responsabilidad de la campaña, llegando a ocupar los más altos cargos en las circunstancias más difíciles; y de cómo supieron pelear y sucumbir en el puesto de honor dan una idea los hechos que voy a referir.

El doctor Juan Bruno Zayas será siempre citado como el más vivo ejemplo de cómo un médico apacible y bondadoso puede convertirse rápidamente en un temible guerrero. Los que lo conocieron en su época de estudiante o cuando ejercía la profesión en Cifuentes y Vega Alta, quedaron sorprendidos de que aquel joven melancólico, de expresión y actitudes casi monacales, de costumbres extraordinariamente sencillas, que no se alteraba jamás en las discusiones, fuera el autor de hazañas que se repetían de boca en boca, llegando a constituir el terror de las tropas españolas.

Alzóse en armas el 25 de abril de 1895, y desde su primera acción de guerra el 11 de mayo en *Las Delicias,* hasta su muerte en *La Jaima,* el 30 de julio del siguiente año, vivió siempre empeñado en lucha abierta con el enemigo, distinguiéndose como organizador y haciéndose admirar por su serenidad imperturbable, que no le abandonó ni en los momentos de mayor peligro. Cuando Gómez y Maceo invadieron Las Villas, ya Zayas mandaba un grueso contingente de tropas y había conquistado justo renombre, y desde que se incorporó a la invasión, la tarde memorable de *Mal Tiempo,* hasta el asalto de Batabanó, peleó en los treintisiete combates de la columna invasora, captándose el profundo aprecio del Titán oriental. Prosiguió después a las órdenes de Máximo Gómez, en Las Villas, y en mayo del 96 emprendió de nuevo marcha hacia Occidente con un contingente de quinientos hombres, que Maceo le había pedido; pero por desgracia le fueron incorporados ochocientos hombres completamente desarmados que enviaba Gómez a la provincia de La Habana, y con tan numerosa columna, y sin recursos, emprendió la odisea de su segunda marcha a Occidente, combatiendo diariamente con las tropas y guerrillas españolas que le salían al paso, venciéndolas en diez combates hasta que, derrotado en *Los González,* al Norte de Jovellanos, se vió obligado a retroceder sin abandonar un herido ni dejar un prisionero. Tesonero, impertérrito, emprendió desde Las Villas su tercer viaje a Occidente; pero en esta ocasión lo hizo sólo con cincuenta hombres, eligiendo como vía la del sur de la provincia de Matanzas, dejando el grueso de sus tropas que se le debían incorporar más tarde. Llegó hasta *La Jaima,* cerca del *Gabriel,* provincia de La Habana, donde el infausto 30 de julio de 1896, en recio combate contra numerosa y fuerte caballería enemiga, recibió un balazo en el ojo izquierdo, lo que no le impidió continuar defendiéndose con ímpetu extraordinario hasta que sus contrarios lo derribaron a machetazos.

Otro ejemplo de patriotismo y de valor lo encontramos en el doctor Oscar Primelles. El 9 de diciembre de 1895, el general Mayía Rodríguez se movía sobre la línea de Nuevitas a Camagüey con la orden de hacerse sentir y atraer sobre él la atención de los españoles, a fin de facilitar el avance de Maceo que acababa de pasar la Trocha de Morón. Como no había municiones con que pelear, porque los últimos cartuchos habían sido entregados a los invasores de Las Villas, se dió la orden de cargar al arma blanca tan pronto el enemigo fuera divisado. Chocaron los contrincantes en los potreros de *El Congreso,* y el toque de degüello resonó vibrante en el espacio. Como las fuerzas de vanguardia tuvieron un momento de indecisión, el teniente coronel Oscar Primelles, que mandaba el centro y la retaguardia, clava las espuelas a su brioso corcel, se abre paso, seguido de sus hombres, y cae impetuoso sobre los españoles que, apercibidos y organizados, lo reciben rodilla en tierra, a descarga cerrada; pero nada arredra a los asaltantes, y Primelles —el primero— abre brecha en el cuadro español, y mientras derriba a derecha e izquierda, a tajos de machete, uno de los soldados que resistían, vendiendo cara su vida, le atravesó el pecho de un golpe de bayoneta, y el bravo guerrero se desplomó sin vida. Cayó como quizás lo había soñado: ¡rompiendo con el pecho de su caballo los cuadros realistas y derribando a golpes de su acero a los soldados de la tiranía! Y hecho digno de recordarse: cuando el toque de *¡alto el fuego!* impidió el exterminio del enemigo, se recogieron sobre el campo de batalla gran número de muertos y veinticuatro prisioneros, y no obstante haber perecido en la contienda el jefe querido, los prisioneros fueron solícitamente curados y puestos en libertad junto al fuerte enemigo.

El general Pedro Betancourt es otro buen exponente de la eficiencia de aquellos médicos como hombres de acción. Había conspirado antes de la guerra y fué luego infatigable luchador. Es mi deliberado propósito restar elogios a los supervivientes de aquella contienda; pero no puedo menos de recordar, que el general Betancourt fué jefe supremo de la revolución en la provincia de Matanzas, la menos montuosa y más cruzada de ferrocarriles y cubierta de pueblos fortificados, donde operó siempre un enemigo activo envalentonado por la enorme superioridad de sus recursos, al extremo de que si combatir en otras provincias era labor de héroes, hacerlo en Matanzas parecía empresa de semidioses.

Pocos hombres dieron Las Villas del nivel moral, la cultura y cualidades tan extraordinarias para el mando como Honorato del Castillo. Había nacido en Sancti Spíritus y se formó al lado de don José de la Luz y Caballero, de cuyo colegio fué profesor; figuró como profesor de distintos colegios en Sancti Spíritus y estudiaba el último curso de Medicina en la Universidad de La Habana cuando se incorporó al Ejército Libertador. Cuatro meses después del grito de Yara se levantó en su pueblo natal, arrastrando con su influencia un grueso contingente de ciudadanos. Fué luego delegado a la Asamblea Constituyente de Guáimaro y diputado a la Cámara Legislativa; pero no aviniéndose este cargo con su temperamento, lo renunció para recibir el mando de las tropas espirituanas, al frente de las cuales conquistó renombre de valiente, y murió el 20 de julio de 1869, asesinado en las cercanías de Morón. Como tributo a las proezas del joven médico, durante las dos guerras de independencia, un regimiento cubano llevó siempre el nombre de *Honorato del Castillo.*

El doctor Eduardo Agramonte y Piña, hombre de exquisita cultura y de grandes prestigios profesionales, fué otra figura notable en la contienda de Yara. Ocupó el cargo de Ministro del Interior, con notable acierto, y en las conferencias de Las Minas fué factor principal para destruir los planes pacifistas de Napoleón Arango. Abrazó la carrera militar con entusiasmo, llegando a escribir un libro muy valioso sobre táctica. En la acción de *San José del Chorrillo,* el 8 de mayo de 1872, fué herido, en la retirada, uno de sus oficiales, y entonces Agramonte volvió grupas con otro oficial, dispuesto a salvar al herido, trabando combate personal con los españoles y muriendo heroicamente. Y mientras Agramonte caía de este modo en el *Chorrillo,* no lejos de allí, en el batey de un bohío oculto en la montaña, jugaba inocentemente un niño de dos años, hijo del prócer, que andando el tiempo había de figurar notablemente en la medicina cubana, cooperando a librar a su patria de la fiebre amarilla.

Los dentistas estuvieron representados en la guerra por un valioso contingente, pero como las circunstancias no eran propicias al ejercicio de su profesión, la mayor parte de ellos actuaron como oficiales de sanidad en el tratamiento de heridos y enfermos, o bien se decidieron por el mando directo de tropas de combate, y para demostrar cómo supieron distinguirse, basta con citar dos nombres: Emilio Núñez y Carlos García Vélez. Tuvo el primero una actuación tan intensa en la Guerra de los Diez Años y en la llamada Guerra Chiquita, fué tan brillante su papel como conductor de expediciones en la del 95, que para destacarlo no bastarían las páginas de un libro. El otro, García Vélez, heredó de su padre el valor y la tenacidad y se cubrió de gloria en la toma de Victoria de las Tunas.

Recordaremos también a tres que supieron caer bravamente: Angel del Castillo, el de las hazañas legendarias; Carlos Aguirre y Valdés, caído en el combate de *Santa Bárbara,* y Marino Alberich y Navarro, capitán abanderado de Calixto García, ahogado en el naufragio de la expedición del *Hawkins.*

Y cuando el hambre y las vicisitudes de la penosísima campaña abatían aquellos organismos poco habituados a las privaciones y los hacían fácil pasto de las enfermedades, ¡con qué resignación sucumbían en medio de la mayor miseria, sin tener a veces a su lado un amigo que recogiera sus últimas palabras! Cercano al pueblo español, abundantes los recursos, a dos pasos de sus familiares, y tal vez su salvación, preferían las torturas de una lánguida agonía en Cuba Libre a mendigar el perdón del enemigo. Así murieron el constituyente Antonio Lorda, José Jenaro Díaz, José Figueroa, Domingo Sterling, Manuel Pino, Rafael Argilagos, y tantos otros en la contienda del 68. Así cayeron Federico Incháustegui, José Carlos Quián, Antonio del Cristo, Joaquín Caneda, Leopoldo Tió, Eladio Salazar, Rodolfo Prieto y Esteban Sierra en la guerra del 95; y mientras conmemoramos aquí aquellos hechos gloriosos, en algún hogar desventurado de esta ciudad se recordará con lágrimas en los ojos que también hoy es el aniversario de la muerte del comandante Rafael Cowley, que pereció de inanición en las abruptas montañas de Pinar del Río.

La Facultad de Medicina rindió una fuerte contribución de sangre a la causa de la Independencia, desde los ocho estudiantes inmolados por la furia de los voluntarios de La Habana, hasta aquella legión de jóvenes que supieron ocupar su puesto de honor, vaciando la Universidad sobre la manigua, para morir unos frente al enemigo, como Federico de la Torre, Miguel Bacallao, Marcos

Aguirre, Antonio Puyol y el heroico Carlos Herrera, y otros aniquilados por las enfermedades, como Panchito Fabré, Vidaurreta y los hermanos Mesa.

No podría yo esta noche escatimar un recuerdo a la mujer cubana que, en aquella lucha titánica en que un puñado de patriotas hambrientos y desarmados desafiaban el poder de una de las naciones más guerreras del orbe, supo ocupar su puesto de honor lanzando —como nuevas espartanas— sus hijos, sus padres y sus hermanos a la vorágine de la tormenta, de donde los más no habrían de volver, y actuando en los campos de Cuba Libre como las mejores auxiliares de los médicos. Para rendir en pocas palabras el homenaje que a todas debemos, quiero sólo recordar a *Rosa la Bayamesa,* negra analfabeta, de corazón magnánimo, que en el hospital del *Chorrillo* actuaba de directora, y además de sus múltiples atenciones con los enfermos, montaba a caballo, arma al brazo, y exploraba la situación del enemigo para evitar el asalto del rancho; a doña Concha de la Peña, la matrona de bondad sin límites, y sus hijas Fara, Flora y Conchita, ángeles venerados de los heridos y enfermos en los hospitales de *México* y de *Vialla;* a la capitana Adela Azcuy, mujer inteligente y de bastante cultura que gustaba de batirse a tiros con el enemigo, y en la vida del campamento demostró cualidades excepcionales como enfermera, y a la doctora Mercedes Sirvén, directora del hospital de Palmarito de Tunas.

Y jamás podrá olvidarse a Isabel Rubio, la heroica vueltabajera que santificó con su sangre y con su vida las doctrinas revolucionarias que había predicado. Su casa de Paso Real de San Diego fué durante los años que precedieron al 95 un centro activo de conspiración, y al llegar a ella Maceo, el 20 de enero de 1896, decidió organizar un hospital ambulante e incorporarse a la invasión, siendo inútiles todas las objeciones que se le hicieron sobre las penalidades de la vida en la manigua para una mujer de su edad y los riesgos constantes de la guerra. Principió entonces su peregrinación por las montañas, acompañada de varias mujeres, atendiendo a los heridos de las jornadas memorables del gran caudillo oriental, luchando tenazmente con la escasez de alimentos y medicinas, teniendo que trasladar frecuentemente su hospital de un refugio a otro para evitar la irrupción de los guerrilleros que la buscaban con ahinco, y así se mantuvo prestando grandes servicios hasta el 1º de febrero de 1897, en que asaltado el hospital por la guerrilla de San Diego de los Baños, en *El Seborucal,* defendió valientemente a sus enfermos cubriéndoles con su cuerpo, sin poder impedir que algunos fueran pasados a cuchillo, hasta caer herida de gravedad. Tres días después expiró en Pinar del Río. Así sucumbió aquella ilustre dama, después de haber dado a la patria hijos, riqueza, inagotable caridad y su última gota de sangre.

Cuando la paz anhelada sobrevino y la bandera de la estrella solitaria se izó al fin sobre lo alto de nuestras fortalezas en señal de dominio y libertad, los profesionales veteranos fueron los primero en prestar su concurso a la obra de afianzamiento de la República, llevando la savia de su cultura y de su acción a múltiples manifestaciones del progreso. En la Universidad sobresalieron maestros tan sabios como Diego Tamayo, Enrique Núñez, Gabriel Casuso, Domínguez Roldán y Eusebio Hernández; otros se distinguieron en los más altos cargos de la administración pública: Emilio Núñez fué Vicepresidente de la República; Eugenio Sánchez Agramonte, Alberdi, Matías Duque, Tamayo, Núñez, Domínguez, Mascaró, Gispert, hicieron obra fecunda desde las Secretarías del Consejo de Gobierno que ocuparon en distintas épocas. Como legisladores sobresalieron, ya en la Convención Constituyente, donde figuraron José R. Silva, Tamayo, Betancourt, Núñez y José Nicolás Ferrer; ya desde la Presidencia de la Cámara y del Senado, como García Cañizares y Sánchez Agramonte. Gobernadores de provincias ha habido como Lecuona y Mascaró, que moralizaron la administración; industriales como Molinet, que llevó la prosperidad a una de las más grandes empresas establecidas en el país, y como altos funcionarios, modestos y fecundos, no se podrán olvidar los nombres de Hugo Robert, al frente de la Sanidad Marítima y José Antonio Clark, creador del Hospital Municipal.

No es posible, en un informe de esta naturaleza, hacer siquiera un resumen de la labor realizada por los médicos de la guerra y sus auxiliares; pero por lo expuesto se comprenderá cuán extraordinaria y compleja fué su obra y con cuánta justicia la Academia ha esculpido los nombres de los caídos en la brega en una lápida que se colocará en breve en lugar preferente de este templo, para que las generaciones venideras lo recuerden con respeto.

Doctores Eugenio Sánchez Agramonte, Hugo Robert y Manuel Velasco representantes aquí esta noche de aquel brillante cuerpo de Sanidad Militar, tan pródigo en ejemplos de patriotismo, valor y abnegación a toda prueba, ¡la Academia de Ciencias, al rendir a vosotros un tributo de admiración y reverencia, lo rinde a todos vuestros compañeros desaparecidos y supervivientes! ¡Ojalá que las sacerdotisas misteriosas que vigilan la existencia corten tardíamente el hilo de vuestras vidas, para que podáis gozar todo género de venturas en la patria feliz que ayudásteis a libertar, y para que la ayudéis aún más en el camino del progreso con vuestro sabio consejo y vuestra acción bienhechora!

¡Manes gloriosos de Luaces y Agramonte, de Zayas y Primelles! ¡Manes augustos de insignes patriotas sacrificados en la conquista de la libertad, nuestra más profunda veneración acompañará siempre vuestro recuerdo! ¡El pueblo de Cuba, de hinojos ante el altar de la patria consagra a vuestra memoria una plegaria de amor y gratitud! ¡Desde la altura de la gloria inmarcesible que ganásteis con vuestra abnegación, iluminad a nuestros gobernantes para que con mano firme, sabia y justiciera, conduzcan la nave del Estado a través de los mares procelosos, donde la asechan las ambiciones de los hombres! ¡Iluminad a las generaciones futuras guiándolas a conservar y a engrandecer la patria que les legamos, para que a la sombra de las palmeras y acariciados por el murmullo de nuestros ríos, puedan reposar tranquilos en sus tumbas tantos mártires inmolados en holocausto de la independencia!

SEGUNDA PARTE

LAS REVOLUCIONES EN LA REPUBLICA

LA REVOLUCION CONTRA ESTRADA PALMA

La muerte del general Calixto García, en los momentos en que su actuación hubiera sido más trascendental para la patria, fué para Cuba una desgracia inmensa. Lástima que aquel hombre extraordinario no hubiera sobrevivido para que hubiese sido el primer presidente de la República. Negado Máximo Gómez, sabiamente, a ocupar el cargo que le franqueaba un artículo de la Constitución, expresamente para él redactado, no había en el país recién redimido ningún hombre con los méritos del general García, para ocupar el cargo, en aquellos difíciles momentos en que se iba a someter a prueba nuestra capacidad para gobernarnos. En él estaban asociados la energía inagotable de Máximo Gómez; el valor temerario de Maceo; el patriotismo de Salvador Cisneros; la honradez de Estrada Palma; el don de mando y la cultura que, en su grado, no poseía ningún prohombre del momento. En el ánimo de todos los luchadores por la independencia estaba arraigada la idea de que sería el candidato único para ocupar la presidencia y encauzar desde allí el porvenir de la nación, por la senda del orden y la honorabilidad, con firmeza y sin claudicaciones ante las hábiles maniobras de los enemigos de la víspera y las exigencias de los ambiciosos.

Como en *Dos Ríos* y en *San Pedro,* el destino fatídico se interpuso, y perdimos la oportunidad de tener un gran estadista rigiendo la naciente nacionalidad, dando normas para el futuro.

Muerto Calixto García, el general Gómez recomendó la elección de Estrada Palma para ocupar la presidencia. Pero este integérrimo patriota, el hombre enérgico que decretó el incendio de su ciudad natal para que no cayera en manos de Valmaseda; alejado de su patria durante los últimos veinticinco años, desconocía sus hombres. De honradez indiscutible, honorable en todos sus actos, gobernó los tres primeros años de manera ejemplar, pero olvidó que en un país en que se acababa de luchar tan bravamente por conquistar la libertad, los jefes que tal habían logrado, tenían derecho a que se contara con ellos, al menos en los primeros años de la República. No importaba el número crecido de generales y coroneles; era justo y político atenderlos a todos. La paga del Ejército Libertador fué una medida equitativa, pero no se podían olvidar las ansias de muchos de figurar en la vida pública de la nación que habían creado. Derecho tenían a ello.

Seducido por los directores del Partido Moderado, en enero de 1905, Estrada Palma resolvió luchar por su reelección por un período de cuatro años más, y se entregó por completo en manos del *Gabinete de Combate* —como le llamó la oposición— donde predominaban elementos impulsivos, que con procedimientos violentos e injustos, todo lo atropellaron para asegurar el triunfo electoral. La gran labor constructiva de tres años se olvidó ante los desmanes de los directores del Partido Moderado, que de tal, sólo tuvo el nombre. Y comenzaron las represalias violentas de una y otra parte. El único freno que hubiera podido detener la ambición de los moderados, hubiera sido la actuación del general Máximo Gómez. El glorioso caudillo hizo causa común con el Partido Liberal y en memorable asamblea, el 17 de abril, se expresó enérgicamente, exclamando: "La situación es gravísima, se sienten ya latidos de revolución". Pero dos meses después moría el gran guerrero y los gobernantes creyeron ver el camino franco a sus violencias.

El primer acontecimiento sensacional en la lucha entre liberales y moderados fué la muerte de Villuendas e Illance en el hotel *La Suiza,* en Cienfuegos.

Yo, que había terminado mi carrera de médico en 1901, acepté tres años más tarde el puesto de primer teniente médico en el Cuerpo de Artillería, no precisamente por amor a la milicia, donde pensé permanecer poco tiempo, sino por tener un apoyo económico para permanecer en La Habana y completar mi educación médica en los hospitales. Esto me permitió apreciar de cerca los hechos de *La Suiza,* pues esa misma noche salí para Cienfuegos con dos compañías, mandada una por el teniente Eugenio Silva, que quedó en Cruces, y la otra por el capitán Leandro de la Torriente, que llegó a media noche a la consternada ciudad de Cienfuegos, cuando aun estaban tendidos los cadáveres de Villuendas y de Illance.

Mucho se ha escrito sobre aquel triste acontecimiento. Los resultados son de todos bien conocidos, pero la manera precisa como se desarrollaron los hechos se ha falseado por uno y otro bando, según las conveniencias de los políticos. Los gubernamentales aseguraban que Villuendas se proponía volar la noche de aquel día el cuartel de la policía y que se quiso sorprenderlo *in fraganti* con sus bombas de dinamita; la oposición afirmó que todo fué preparado con el único fin de asesinar al culto y tenaz representante.

Mi llegada a Cienfuegos pocas horas después del choque fatal y mi permanencia allí por varias semanas me permitió visitar en seguida el hotel, teatro del trágico suceso, y cambiar impresiones con personalidades de uno y otro grupo político, para deducir de la manera más precisa cómo se desarrollaron los acontecimientos.

La violenta actitud de los dos "hombres fuertes" del *Gabinete de Combate,* el general Freyre de Andrade, desde la Secretaría de Gobernación, y el general Rafael Montalvo desde la de Obras Públicas, persiguiendo sin tregua a los liberales, encarcelando personalidades, destituyendo ayuntamientos, cesanteando en los cargos públicos a todos los empleados que no le fueran afines; ejerciendo presión sobre jueces y oficiales venales, para que le secundaran en sus planes a fin de asegurar la reelección, creaba una perturbación nacional que contrastaba con la actitud de don Tomás en los primeros años de gobierno. Atrevida e imprudentemente se perseguía a hombres consagrados como patriotas y valientes en la lucha independentista, tales como Juan Gualberto Gómez, los generales José Miguel Gómez, Demetrio Castillo, José de Jesús Monteagudo, Higinio Esquerra, Gerardo Machado; los coroneles Manuel Piedra, Faustino Guerra, Carlos Mendieta, Mariano Robau, Dionisio Arencibia; y últimamente los generales Loynaz del Castillo y García Vélez. Y causaba resquemor que el general que tan duramente perseguía a hombres probados en cien combates, durante la guerra nunca tuvo mando más que sobre su asistente, y ahora parecía un maniaco de abuso y autoridad. Le motejaban llamándole *Trepoff de guardarropía*. En la jurisdicción de Cienfuegos actuaba como director de la política gubernamental el doctor José Antonio Frías, hombre culto e inteligente, pero tenaz perseguidor de sus contrarios políticos, que contaba con el apoyo de autoridades civiles y militares para la ejecución de sus planes. La constitución de las mesas electorales, primer paso y casi decisivo para las próximas elecciones generales, debía efectuarse el 23 de septiembre. Villuendas, dirigía la oposición. Los ánimos estaban extraordinariamente excitados. Se cometían toda clase de tropelías; la oposición por su parte no dudaba en acudir a la calumnia para combatir al gobierno y lanzaba acusaciones tan exageradas, que un hombre patriota y culto como Villuendas dirigía largo telegrama a *La Lucha* diciendo entre otras cosas: "Sé Estrada Palma provoca intervención Estados Unidos, como paso previo anexión". Bajo esta tensión de ánimos se iban a celebrar las elecciones de las mesas, el 23 de septiembre.

A las diez de la mañana del día 22, se reunieron en la habitación número uno del hotel *La Suiza*, ocupada por Villuendas, los miembros de la Asamblea Liberal, doctores Pernas, Silva y cuatro o seis más prominentes personas de la localidad, todos hombres sensatos y de excelente reputación. No gozaba de igual concepto el guardaespaldas de Villuendas, José Fernández, conocido por *Chichí*, hombre díscolo, de temperamento violento, impulsivo hasta la exageración, que había dormido aquella noche en la misma habitación. Villuendas principiaba a explicar a sus visitantes la difícil situación provocada por la persecución de Frías, cuando entró en el hotel el jefe de policía, capitán Illance; dejó en la escalera un policía y subió acompañado del secretario Herminio Parets; tocó en la puerta del cuarto de Villuendas y le mostró a éste un mandamiento del Juez Cubas disponiendo el registro de su habitación. Abogado, conocedor de las leyes, protegido por su inmunidad parlamentaria, el joven representante no se inmutó, y se dispuso a autorizar el registro, rogando a sus acompañantes que se retiraran, lo que hicieron todos menos *Chichí*, quien tomó un puñado de balas de una gaveta y se las echó en un bolsillo. En el pasillo situado frente a la habitación, en un espacio no más largo de cinco metros, estaban en ese momento los cuatro actores todos de pie, el secretario Parets se disponía a levantar acta sobre una pequeña mesa que allí había, donde colocó papeles; Illance se recostó a la puerta de entrada; Villuendas estaba entre ambos. De repente salió *Chichí* de la habitación, y arrastrado por su temperamento violento, descargó su revólver contra Illance, que cayó mortalmente herido por tres balazos; otros dos impactos penetraron en el marco de la puerta. Parets, al ver caer a su jefe, tira de su revólver; Villuendas trata de desarmarlo y los dos, abrazados, caen al suelo, en forcejeo de vida o muerte; *Chichí* recarga rápidamente su revólver, dispara sobre Parets, hiriéndole de dos balazos; el policía apostado en la escalera sube presuroso, se cruza dos o tres tiros con *Chichí*, y éste huye al fondo del hotel escapando por una claraboya; el policía ve a Illance muerto, a Parets herido y forcejeando por desarmarle al coronel Villuendas, y dispara sobre éste ocasionándole la muerte instantánea. Si un espectador hubiera estado con reloj en mano tomando tiempo, no hubiera contado un minuto desde que sonó el primer tiro contra Illance, al último que privó de la vida a Villuendas.

Chichí se portó como todos los matones: terriblemente agresivo, disparando contra el jefe de la policía desprevenido y contra Parets, en el suelo, dominado por Villuendas; y al enfrentarse con el policía de la escalera, armado como él, y en condiciones de batirse a tiros, se cruza con él dos disparos, desoye los gritos de su jefe que le llama y huye como un gamo de tejado en tejado, presentándose más tarde a la policía implorando piedad. No obstante, este hombre fué tenido por héroe entre sus parciales. Parece evidente que no fué el propósito de Frías dar muerte al distinguido representante villareño. Para él lo primordial era substraerlo de las elecciones que debían celebrarse al siguiente día, y como se trataba de un representante que había que sorprenderle *in fraganti* para poder detenerlo, ideó la farsa del supuesto ataque al cuartel de policía. Según a mí se me informó, era lo convenido que mientras Parets iniciara el acta de constitución en el hotel, debía llegar un oficial de policía con dos bombas de dinamita que aparecerían como encontradas en el aposento de Villuendas. El hecho aducido por la oposición, para confirmar la premeditación del asesinato de que en seguida aparecieron allí policías *a granel,* se explica sin necesidad de justificar la premeditación; el cuartel estaba a una cuadra del hotel y al oír los tiros, los pocos policías que allí había corrieron a aquel lugar.

De más está decir que al siguiente día coparon los moderados las mesas electorales; *alfa* y *omega* de sus propósitos. Y no satisfecho el primer elector cienfueguense, se hizo dirigir una carta firmada por personalidades de la ciudad dándole las gracias por la actitud caballeresca de su policía, que les había salvado la vida. Todos vieron en tal carta el precio de la libertad de aquellas personas.

Al efectuarse las elecciones generales salió reelecto Estrada Palma; pero el Partido Moderado, ambicioso e inhábil, siguió persiguiendo a sus contrarios, convencido de que no llegarían a una revolución por la carencia de armas y el peligro consiguiente de una intervención americana. La política arrastraba al país a una tempestad de pasiones desencadenadas. En el mes de noviembre habían ocurrido levantamientos de algunos grupos, pero convencidos de que no eran secundados, poco a poco fueron presentándose, y los últimos jefes, los coroneles Piedra y Llaneras fueron traídos a La Habana en automóvil por el propio Secretario de Gobernación.

La noche del 24 de febrero de 1906, un grupo de hombres capitaneados por el ex-policía Ramón Miranda asaltó el cuartel de la Guardia Rural de Guanabacoa, asesinando a varios soldados que dormían, huyendo después. Aquel crimen repulsivo costó la vida años más tarde a su ejecutor, como referiré al hablar del alzamiento racista en Oriente.

Reelecto don Tomás y abrumado por tantas acusaciones que recaían sobre él, molesto porque se hicieran persecuciones que él ignoraba, inició un período de calma, dispuesto a reparar injusticias. Los generales Rius Rivera, Carrillo y Alemán le prestaban cooperación a este fin. El mismo Freyre de Andrade, al tomar posesión de la presidencia de la Cámara, tuvo frases lamentando por igual la muerte de Illance y Villuendas. Pero la actuación de aquellos generales se estrellaba contra las exigencias de los moderados.

Se hablaba mucho de un levantamiento general y hasta se citaban nombres de los comprometidos, pero el Gobierno, aunque le seguía la pista a los conspiradores, no creía que pudiera llevarse a efecto una revolución formal. En el Ejército se pensaba de la misma manera. En tal virtud decidí pedir una licencia en el Cuerpo de Artillería, donde prestaba mis servicios, y a fines de julio embarqué para los Estados Unidos, rumbo a Europa, con el propósito, largo tiempo anhelado, de hacer estudios en París, y prolongar allí mi estancia todo lo que me permitieran mis modestos recursos, abrigando el propósito de renunciar después mi cargo castrense para entregarme al ejercicio civil de mi profesión. Tras breves días en los Estados Unidos haciendo una jira en compañía del coronel Indalecio Sobrado, gobernador de Pinar del Río, quien estaba convencido de que no habría alzamiento de liberales, partí para París, y al llegar al hotel elegido, supe, de labios del señor Celso González, que en Cuba había estallado la revolución; la prensa francesa me confirmó ampliamente lo que estaba aconteciendo. Entristecido, cablegrafié a mis jefes renunciando la licencia de que disfrutaba, y no habiendo pasaje en vapores hacia New York, embarqué en un mal barco que hacía escalas en España, llegando a La Habana al siguiente día de haberlo hecho Mr. Taft y Mr. Bacon, comisionados de Roosevelt, para intervenir en nuestros *líos,* con el derecho que le daban los tratados y a petición de Estrada Palma.

No pretendo en este modesto libro hacer historia completa ni siquiera de un período determinado de nuestra vida nacional, concretándome siempre a los hechos en que tuve una actuación personal, pero fueron tan sensacionales y dolorosos los acontecimientos que se desarrollaron en los últimos días de la caída de Estrada Palma, que no he dudado en traer aquí un resumen de todos ellos, para que sirvan de recordatorio al pueblo cubano; si bien estoy convencido que es escribir sobre la arena pretender que aquellos tristes acontecimientos, aunque ofrezcan motivo de reflexión para encauzar la conducta de nuestros políticos, sirvan para refrenar pasiones en el futuro como no lo han servido hasta el presente. Me duele decirlo, pero estoy convencido de que el pueblo cubano es pueril, inconsistente, olvidadizo e ingrato. Después de los amargos días que nos trajo la reelección de Estrada Palma, jamás un presidente cubano debió intentar reelegirse. Menocal y Machado olvidaron bien pronto la lección; y todos los otros presidentes intentaron continuar en el cargo, pero fueron detenidos a tiempo por la opinión pública o por un consejo amistoso venido del exterior.

El Presidente Palma y sus consejeros no se detuvieron a pensar que, para forzar las elecciones, necesitaban estar preparados a fin de responder a la lógica reacción violenta de los contrarios; y que un país donde acababan de perder una guerra doscientos cincuenta mil aguerridos soldados españoles, no podía ser controlado por tres mil guardias rurales y seiscientos artilleros. Y repletas de millones las arcas del Estado, se resistían a gastar parte de ellos en apercibirse para combatir la revolución.

Atemorizado por el alzamiento de los liberales, a los veinte días del pronunciamiento, el 8 de septiembre, sin haber ocurrido acción alguna de importancia, el Gobierno cubano solicitó del americano, por conducto del cónsul Frank Steinhart, el envío de barcos de guerra de aquella nación a puertos cubanos, y cuatro días después entraba en el puerto de La Habana el crucero *Denver*. Esta actitud reprochable se explica sólo porque alguien hizo creer que el Gobierno sería apoyado por los Estados Unidos. De otro modo no se comprende que tal cosa se hiciera cuando las fuerzas militares cubanas permanecían absolutamente fieles y miles de ciudadanos se estaban enrolando en las milicias, bajo la dirección de prestigiosos jefes de la Guerra de Independencia.

El general Mario Menocal acudió en seguida a ofrecer sus buenos oficios en busca de un acuerdo patriótico entre alzados y gubernamentales, a base de que renunciaran sus cargos los representantes y senadores elegidos en las últimas elecciones. Don Tomás pidió tiempo para consultar con el vicepresidente y con su consejo de secretarios, pero en la segunda entrevista, el día 10, sabedor de que ya habían salido de los Estados Unidos los barcos que él interesó y de los que tanto esperaba, repudió indignado los propósitos pacifistas del héroe de Tunas, que había sido secundado por el venerable Bartolomé Masó, los generales Valiente, Lope Recio, Cebreco, Sánchez Agramonte y otras altas personalidades, entre ellas Manuel Sanguily.

La revolución, apenas combatida, seguía extendiéndose por todo el país. Los consejeros del Presidente, aquellos mismos que le llevaron a la persecución sin tregua de los liberales para copar en las elecciones y que después de éstas no supieron ser generosos para atenuar sus culpas, le inducían ahora a no transigir con los sublevados, prefiriendo la intervención armada de los Estados Unidos y el eclipse de nuestra soberanía.

El día 12 el doctor O'Farrill, Secretario de Estado, entregó una nota al cónsul Steinhart, diciendo:

> La rebelión ha tomado incremento en las provincias de Santa Clara, Habana y Pinar del Río, y el gobierno cubano carece de elementos para hacerle frente y para defender los pueblos e impedir que los rebeldes destruyan la propiedad. El Presidente Estrada Palma pide la intervención americana y ruega que el Presidente Roosevelt envíe a la Habana, con la mayor reserva y rapidez, dos mil o tres mil hombres para evitar una catástrofe en la capital. La intervención que se pide no debe ser conocida del público hasta que las tropas americanas estén en La Habana. La situación es grave y cualquier demora puede producir una matanza de ciudadanos en La Habana.

Justamente alarmado el Presidente Roosevelt por la nota que hizo cablegrafiar el doctor O'Farrill, apreciando bien la responsabilidad que caía sobre él después de advertírsele los peligros, discutió ampliamente con sus consejeros la situación y escribió a Gonzalo de Quesada, Ministro de Cuba en Washington, la hermosa carta que no obstante su largueza copio íntegra a continuación, por estimarla un documento que no debieran jamás olvidar los cubanos:

Oyster Bay, septiembre 14 de 1906.

Mi estimado Sr. Quesada:

En esta crisis por la cual atraviesa la República de Cuba, escribo a Ud. no sencillamente por ser Ud. el ministro de Cuba acreditado cerca de este Gobierno, sino porque Ud. y yo concurrimos íntimamente unidos a la misma labor, en aquella época en que los Estados Unidos intervinieron en los asuntos de Cuba, con el resultado de convertirla en una nación independiente.

Usted sabe muy bien cuán sinceros son mis sentimientos de afecto, admiración y respeto hacia Cuba. Ud. sabe que jamás he hecho ni haré nada, tampoco, con respecto a Cuba que no sea inspirado en un sincero miramiento en favor de su bienestar. Ud. se da cuenta, asimismo, del orgullo que he sentido por habérme cabido la satisfacción, como Presidente de esta República de retirar las tropas americanas que ocupaban la Isla y proclamar oficialmente su independencia, a la vez que le deseaba todo género de venturas en la carrera que le tocaba emprender como República libre.

Yo deseo, por mediación de Ud., decir unas palabras de solemne advertencia a su pueblo, que tiene en mí a quien mejores intenciones pudiera abrigar en su favor.

Durante siete años Cuba ha disfrutado de un estado de paz absoluta y su prosperidad se ha desarrollado de una manera lenta, pero segura. Cuatro años también han transcurrido durante los cuales esa paz y esa prosperidad se consolidaban bajo su Gobierno propio e independiente.

Esa paz, esa prosperidad y esa independencia se encuentran ahora amenazadas, porque, de todos los males que puedan caer sobre Cuba, es el peor de todos el de la anarquía, en que la precipitarán seguramente lo mismo la guerra civil que los simples disturbios revolucionarios.

Quienquiera que sea responsable de la revolución armada y de los desmanes que durante ella se cometan; quienquiera que sea responsable, en cualquier sentido, del actual estado de cosas que ahora prevalece, "es enemigo de Cuba"; y resulta duplicada la responsabilidad del hombre que, alardeando de ser el campeón especial de la independencia de Cuba, da un paso que puede hacer peligrar esa independencia.

Porque Cuba no tiene más que un medio de conservar su independencia, y es mostrar que el pueblo cubano puede continuar marchando pacífica y tranquilamente por la senda del progreso. Los Estados Unidos no le piden a Cuba sino que continúe desarrollándose como durante los siete últimos años pasados; que conozca y practique la libertad y el orden que proporcionarán seguramente a la hermosa "Reina de las Antillas", en creciente medida, la paz y la prosperidad.

Nuestra intervención en los asuntos cubanos se realizará únicamente si demuestra Cuba que ha caído en el hábito insurreccional y que carece del necesario dominio sobre ella misma para realizar pacíficamente el gobierno propio, así como que sus facciones rivales la han sumido en la anarquía.

Solemnemente conjuro a todos los patriotas cubanos a unirse estrechamente para que olviden todas sus diferencias, todas sus ambiciones personales, y recuerden que el único medio de conservar la independencia de su República es evitar, a todo trance, que surja la necesidad de una intervención exterior para salvarla de la anarquía y de la guerra civil.

Espero ardientemente que estas palabras de apelación, pronunciadas en nombre del pueblo americano, por el amigo más firme de Cuba y el mejor intencionado hacia ella que puede existir en el mundo, serán interpretadas rectamente, meditadas seriamente y que se procederá de acuerdo con ellas, en la seguridad de que, si así se hiciere, la independencia permanente de Cuba y su éxito como República se asegurarán.

Según el Tratado que existe con vuestro Gobierno, yo tengo, como Presidente de los Estados Unidos, un deber que no puedo dejar de cumplir. El artículo 3º de ese Tratado da explícitamente a los Estados Unidos el derecho de intervención para el mantenimiento en Cuba de un Gobierno capaz de proteger la vida, las propiedades y la libertad individual de los habitantes. El tratado a que me refiero es ley suprema de la nación y me confiere el derecho y los medios para llenar el cumplimiento de la obligación que tengo de proteger los intereses americanos.

Los informes que tengo a mi disposición demuestran que los lazos sociales, en toda la extensión de la Isla, se han relajado y que no hay ya seguridad para la vida, las propiedades y la libertad individual. He recibido noticias auténticas relatando perjuicios causados a propiedades americanas y hasta la destrucción de ellas en ciertos casos.

A mi juicio, es pues, imperativo, para bien de Cuba, que las hostilidades cesen inmediatamente y que se haga un arreglo que asegure la pacificación permanente de la Isla.

Mando, al efecto, a La Habana al Secretario de la Guerra Mr. Taft, y al Subsecreario de Estado Mr. Bacon, como representantes especiales de este Gobierno, para que presten la cooperación que sea posible a la consecución de esos fines.

Esperaba que Mr. Root, Secretario de Estado, hubiera podido detenerse en La Habana, para hacer algo, a su regreso de la América del Sur; pero la inminencia de la crisis me impide demorar la acción por más tiempo.

Deseo por su mediación comunicarme de esta manera con el Gobierno y con el pueblo cubano. Y le envío, en su consecuencia, una copia de esta carta al Presidente Sr. Estrada Palma, ordenando al mismo tiempo la inmediata publicación de la misma.

De Ud. sinceramente,

TEODORO ROOSEVELT.

El gran amigo de Cuba había hablado de manera solemne y a la vez cariñosa. Después de sus declaraciones no cabía persistir en reclamar derechos por medio de las armas, aunque hubieran sido duras las medidas del Gobierno para ganar las elecciones. La transigencia por ambas partes, era lo patriótico; la única solución razonable. Solamente la ambición de puestos públicos y las prebendas del Poder podían cegar a los políticos cubanos.

Ese mismo día 14 se reunió el Congreso en sesión extraordinaria y acordó autorizar al Gobierno para disponer libremente de los fondos públicos a fin de combatir la rebelión; darle fuerza de ley a todos los decretos publicados por el Presidente y aumentar la Guardia Rural a diez mil hombres y la Artillería a dos mil.

Tales medidas eran razonables, en concordancia con la situación del momento, pero se perdió la oportunidad de estar reunido el Congreso para que, poniendo en juego su alta autoridad y representación, se planteara la inminente necesidad de llegar a un acuerdo patriótico entre las partes combatientes, no obstante los derroches de elocuencia de Manuel Sanguily que así lo demandaba. Lo cierto es que los moderados pensaban que los americanos vendrían a sacarles las castañas del fuego, dándole la razón en el pleito, y prevaleció el espíritu de intransigencia.

Ese mismo día llegó el acorazado *Denver* y desembarcó ciento veinticinco hombres que acamparon en la explanada del castillo de La Fuerza, frente al Palacio Presidencial, pero al conocer esto la Secretaría de la Guerra en Washington, ordenó el reembarque inmediato.

La carta de Roosevelt contribuyó a aumentar la ansiedad general, porque se perdían las esperanzas de entendernos nosotros mismos, pero a la vez reconociendo las nobles intenciones del gran amigo de Cuba, se cifraba la esperanza de que bastaría la actuación amigable de sus representantes para que fuéramos cuerdos y se impusiera, al amor propio, el amor a la patria.

El general Menocal, sintiendo la agonía del momento y apoyado por los veteranos, reclamó del Secretario de Gobernación, Rafael Montalvo, la necesidad de una solución cubana antes de que llegaran los comisionados norteamericanos. El secretario estaba dispuesto a cooperar pero exigía que se respetara el principio de autoridad, encarnado en el Gobierno. Estrada Palma suspendió las hostilidades; los revolucionarios procedieron de igual modo, apremiados por Alberto Barreras y González Sarraín, que los visitaron. Los veteranos no dan paz a sus gestiones. Las conferencias de altas personalidades se multiplican, pero son estériles. El 18 se reúnen los directores del Partido Liberal, y Zayas declara que el partido hacía suyo el programa de los revolucionarios, exigiendo la anulación de las elecciones y la restitución de los Ayuntamientos liberales. El Partido Moderado, por boca de sus directores, Méndez Capote, Freyre de Andrade y Rafael Montalvo sostienen que de ningún modo pueden entrar en arreglo con los alzados; que las rebeliones debían ser vencidas por las armas, pues de lo contrario se daría un ejemplo fatal, y en lo adelante los partidos vencidos en las urnas, acudirían a la rebelión.

En realidad ambos contendientes anhelaban la llegada de los comisionados americanos, en la convicción cada cual de que les darían la razón.

El 19 por la mañana entró en puerto el acorazado *Des Moines* conduciendo a Mr. Taft, Secretario de la Guerra, Mr. Bacon, interino de Estado, y su séquito de auxiliares. En la relación que sigue me atengo casi siempre al informe que rindieron más tarde los comisionados Taft y Bacon al Presidente de los Estados Unidos. En seguida fueron visitados por nuestro Secretario de Estado doctor O'Farrill, en nombre del Presidente, quien les informó de la situación del país. El estado de la nación era grave, porque los alzados exigían la anulación de las elecciones y durante el año transcurrido el nuevo Congreso había acordado múltiples leyes que estaban en vigor. La Constitución impedía que esto pudiera realizarse. Les causó buena impresión saber que en el día anterior se habían suspendido las operaciones por ambas partes. A las diez llegaron a Palacio los comisionados, celebrando una conferencia con el Presidente en presencia del doctor O'Farrill. El Presidente refirió, adolorido, sus afanes durante cinco años por mejorar la hacienda pública habiendo logrado acumular algunos millones en tesorería, en bien del crédito nacional; sus empeños en enseñar al pueblo el buen uso de las libertades conquistadas; sus luchas contra el analfabetismo; su empeño en facilitar la inversión en Cuba de capitales extranjeros para la mejor explotación de las riquezas naturales. Consideró una ingratitud y falta de patriotismo de los liberales haberse levantado contra él movidos sólo por la ambición de lucro y de enriquecimiento fácil, arrastrando a elementos incultos e irresponsables, desprovistos de todo arraigo económico y social. Tuvo conocimiento oportuno de la conspiración, y pudo detener a los que intentaban sublevarse, pero no creyó nunca que fueran capaces de cometer semejante atentado contra la República. Don Tomás hablaba profundamente conmovido y con palabras tan sinceras que impresionó a los comisionados. Estos le repusieron que conocían las gestiones del general Menocal en pro de la paz y que por esto habían creído haber encontrado a su llegada restablecida la normalidad. Contrarió a Estrada Palma que citaran la actuación de Menocal, que en su concepto había sido contraproducente. Para él, Menocal debió haberse puesto de su parte, abiertamente, frente a los alzados. Taft y Bacon le expresaron que ellos no tenían instrucciones especiales, aparte de las contenidas en la carta de

Roosevelt y que su única misión era la de actuar como amigables componedores, ayudando a los cubanos a ponerse de acuerdo para restablecer la paz. Don Tomás les recomendó que trataran con los presidentes de los partidos políticos, Méndez Capote y Alfredo Zayas.

El doctor Alfredo Zayas visitó a los comisionados al regreso de éstos al *Des Moines;* fué sólo un saludo de cortesía y Taft lo citó para las tres de la tarde.

El 19, a las dos de la tarde, conferenciaron con Méndez Capote; éste les manifestó que el Partido Moderado estaba dispuesto a llegar a un acuerdo con el Liberal, a base de redactar la Ley Municipal y la Electoral para asegurar la imparcialidad y la representación de las minorías, y las discusiones que pudieran surgir se someterían al Tribunal Supremo de Justicia. Al Congreso le bastarían tres semanas para aprobar esas leyes y podrían hacerse muy pronto elecciones municipales. Los alzados debían disolverse. Una hora después fué recibido el doctor Alfredo Zayas quien hizo una reseña del proceso electoral, presentando documentos en comprobación del fraude; terminando por asegurarles que los revolucionarios no depondrían las armas sin la anulación previa de las elecciones y la reposición de los Ayuntamientos removidos por el Secretario de Gobernación. El rostro sonriente y placentero de Mr. Taft debió cambiar al escuchar opiniones tan diametralmente opuestas de los dos jefes de partidos.

Seguidamente recibieron a los generales Menocal y Sánchez Agramonte. Como no era practicable la anulación de las elecciones, proponían que los elegidos en las últimas elecciones renunciaran sus cargos, quedando cierto número de congresistas y consejeros suficientes para el funcionamiento legal de dichos organismos. Afirmó Menocal que los revolucionarios estaban dispuestos a deponer las armas sobre estas bases y aceptarían que el Presidente y el Vice Presidente continuaran en sus puestos, y se nombrara nuevo Gabinete con elementos neutrales. Los expedientes de los Ayuntamientos destituídos debían ser revisados. Según el informe a que nos venimos refiriendo de los comisionados de Roosevelt, el informe de Menocal les produjo profunda impresión, pues vieron en él una base razonable para llegar a un arreglo.

El alcalde, doctor Julio de Cárdenas, hizo su visita en la mañana del 20 y a petición de Taft hizo concurrir a los directores de bancos, comerciantes y algunas de las personalidades que fueron secretarios de Brooke y de Wood. Por la tarde concurrieron Carlos Manuel de Céspedes y Martínez Ortiz. Mr. Taft les hizo muchas preguntas sobre el número de hombres alzados; sobre las causas del movimiento, y sobre las esperanzas de arreglo. Mr. Bacon permaneció callado; tomaba apuntes o respondía lacónicamente a preguntas de Taft. En cambio éste se mostró locuaz; en uno de sus arranques exclamó, poco más o menos, puesto en pie y accionando con ambos brazos: "Parece mentira que los cubanos no acierten a ponerse de acuerdo cuando está su país corriendo tanto riesgo. ¡Nosotros necesitamos la paz y la paz se hará cueste lo que cueste!" Carlos Manuel de Céspedes comentaba después, entristecido, aquellas frases. "La República se pierde sin remedio —exclamaba a poco en una reunión de amigos—; nos maldecirá la historia y no tendremos otros recursos a mano que la desesperación o el suicidio para salvar, en parte, el honor".[1]

La entrevista con Freyre de Andrade fué sensacional; merece copiarse al pie de la letra algo de lo que de ella dice el informe de Taft:

Le preguntamos si era cierto que había usado de la Guardia Rural y de la Policía para efectuar las elecciones y nos contestó que se había limitado a responder a la fuerza con la fuerza. También preguntamos si había cambiado algunos Ayuntamientos con el propósito de poner moderados en lugar de liberales, y fué su respuesta que nosotros comprobaríamos cómo hubo para la remoción de alcaldes y de los Ayuntamientos sobradas causas esparcidas en los expedientes del Departamento.

Cuando le preguntamos si en las listas electorales no había 150,000 electores más de los que tenían derecho a votar en toda la Isla, nos dijo que esto quizás fuera cierto; *pero que era imposible efectuar elecciones en Cuba sin fraudes,* y que los funcionarios que fueron elegidos para la inscripción, al saber que los liberales no iban a inscribirse ni a votar, impulsados por un espíritu de travesura, habían aumentado las listas de esa *manera pródiga.*

---

(1) Martínez Ortiz. Cuba. *Los Primeros Años de Independencia.*

Si no hubieran sido bastante los informes recibidos hasta ese momento, la confesión categórica de Freyre era suficiente para llevar al ánimo de los comisionados el doloso proceder del Gobierno.

La ciudadanía se encontraba bajo un estado de emoción inmensa; la expectación era extraordinaria. Todos deseaban un arreglo, cualquiera que fuese, antes de una intervención armada, y se condenaba públicamente la actitud de los políticos que impedían un acuerdo. Las inquietudes se acrecentaban por momentos. Se había acordado el armisticio, pero los insurrectos seguían concentrando sus fuerzas, acercándose a La Habana al extremo de colocar sus guardias en la Lisa, junto a Marianao. El valiente y pundonoroso coronel Avalos había llegado con ochocientos hombres, lo más granado de nuestro ejército, a Guanajay, procedente de Consolación, y temiendo los alzados un ataque de aquel contingente, acudieron en queja a Taft. En realidad Avalos estaba preparado y en condiciones para hacerle pasar un mal rato a los rebeldes a la primera orden del Gobierno, si hubiese sido conveniente, pero la intervención de Taft hizo que Montalvo le enviara hacia el Mariel.

En una nueva conferencia con Menocal, el día 23, los comisionados le informaron que no habían encontrado mejor fórmula que la suya para llegar a una solución; que renunciarían todos los elegidos en las últimas elecciones menos Estrada Palma y Méndez Capote; que Estrada Palma continuaría en la presidencia, nombrando un gabinete apolítico. Estos últimos extremos fueron aceptados al fin por Zayas después de larga discusión. Se llegó al acuerdo de nombrar una comisión de arbitraje de igual número de miembros de cada uno de los dos Partidos, presididos por Taft, comprometiéndose al acatamiento de lo acordado por ambas partes. Las fuerzas alzadas serían disueltas. Las bases fueron presentadas por Taft a Méndez Capote que las estimó inaceptables; para él no había razón para que se alteraran los resultados de las elecciones. Su actitud motivó una nueva entrevista entre los comisionados y Estrada Palma que se celebró esa misma noche en Palacio. Don Tomás había reunido allí al Vicepresidente, doctor Domingo Méndez Capote, a todos los secretarios del Consejo y los presidentes del Senado y de la Cámara de Representantes, doctores Ricardo Dolz y Fernando Freyre de Andrade, con los cuales discutió la proposición de los mediadores, que ya conocía por conducto de Méndez Capote. Al llegar Taft y Bacon pasó solo con ellos al Salón Rojo.

No se conoce de una manera específica cómo se desarrolló esta importante entrevista. Se sabe que el Presidente y los Comisionados defendieron con calor sus puntos de vista, y debió agriarse mucho la discusión, porque del Salón Rojo salieron los tres reflejando sus rostros profunda contrariedad. Está fuera de dudas que la entrevista terminó violentamente, al extremo de que los comisionados no llegaron a entregarle al Presidente las proposiciones que llevaban redactadas. El problema se había agravado, inesperadamente, creándose una situación muy difícil de salvar. Con la actitud de don Tomás y sus consejeros aquella noche, se evidenciaba lo que ya todo el mundo suponía: al solicitar la intervención de los americanos se creyó firmemente que éstos vendrían en apoyo del Gobierno, conminarían a los alzados a entregar las armas y de no hacerlo sin titubeos, los obligarían por medio de la fuerza. Por eso fué grande y amarga su decepción al saber que los mediadores se habían decidido por un arreglo con los sublevados, lo que equivalía a reconocerles alguna razón.

Taft y Bacon, a pesar del disgusto que les ocasionó su última visita a Estrada Palma, pesando su alta responsabilidad del momento, hicieron llegar a sus manos, ya a media noche, la siguiente carta:

Habana, septiembre 24 de 1906.

Estimado señor Presidente: Cuando visitamos a Ud. esta noche teníamos redactada una carta en la que describíamos la situación tal como nosotros habíamos llegado a hacernos cargo de ella; carta que intentamos poner en sus manos, como fundamento para la actitud que le pedimos se sirviera adoptar. Descontentos, en verdad, por la determinación de Ud., no le dejamos dicha carta; pero hemos al fin decidido apelar una vez más y someter a su consideración estas declaraciones.

El estado en que encontramos hoy a la República de Cuba debería producir en todos sus amigos el pesar más profundo. Existen cerca de 15,000 hombres levantados en armas, cuyo propósito manifiesto no es otro que el de derrocar al presente Gobierno, a menos que sean concedidas ciertas reformas formuladas. Según las informaciones que hemos recibido, cuentan ellos con la simpatía de la mayoría de la población de la Isla. Hemos sido informados por el secretario Montalvo y por el general Rodríguez, jefe de las fuerzas del Gobierno, de que éste no podría resistir a los insurrectos, si marcharan ahora sobre La Habana, y también que la Isla se encuentra en un estado de anarquía. Esto ha venido a confirmar los telegramas enviados por Ud. al Presidente Roosevelt, antes que esta citada autoridad escribiera su carta al doctor Quesada y antes de que nosotros saliéramos de los Estados Unidos. La información que hemos obtenido y otras fuentes nos ofrecen los mismos resultados.

Una guerra entre las fuerzas del Gobierno y los insurgentes significaría un gran desastre para este país y probablemente el derrocamiento del Gobierno. Aun cuando la insurrección llegara a ser sofocada por la intervención de los Estados Unidos, probablemente eso sólo se obtendría después de sufrir grandes pérdidas de vidas y la destrucción de una gran parte del capital ahora invertido en Cuba. Para evitar esta guerra y la destrucción nos ha enviado el Presidente Roosevelt, para ver si podíamos con nuestra mediación influir en el restablecimiento de la paz. Hay que convenir por supuesto en que bajo circunstancias normales con un Gobierno capaz de mantenerse por sí mismo, serían dispersados por la fuerza u obligados a rendirse todos los individuos que contra él se hubiesen levantado en armas; pero como esto representaría una guerra de destrucción terrible para Cuba, el Presidente se ha mostrado sumamente ansioso de evitar la intervención haciendo, por lo tanto, un decidido esfuerzo para que se haga la paz entre los contendientes, y, para lograrlo, ha ofrecido sus buenos oficios. Antes de nuestra llegada, ya había hecho el general Menocal, con el consentimiento de Ud., un esfuerzo para arreglar las diferencias. Dadas esas circunstancias, no cabía encastillarse ya en el principio general y "verdad teórica" que no es posible tratar con rebeldes, levantados en armas contra un Gobierno constituido. A nuestra llegada, le visitamos y obtuvimos su permiso para consultar con los jefes del Partido Liberal que representaban a los insurgentes, y más tarde, bajo el salvoconducto de su Gobierno, celebramos una entrevista con los principales generales insurrectos, a fin de que nos fuera dable obtener una delegación de autoridad en una comisión con la cual pudiéramos entrar en negociaciones. El hecho en virtud del cual ha surgido el presente conflicto es la ilegalidad de las elecciones celebradas en 1905; la preliminar en septiembre y la fundamental, más tarde, para Presidente, Vicepresidente, una mitad del Senado, otra de la Cámara de Representantes y todos los Gobernadores de Provincias con sus Consejeros. Los liberales pretenden que la ilegalidad de las elecciones exige que los funcionarios declarados elegidos renuncien a sus cargos, o sean destituídos para celebrar nuevas elecciones.

Nos ha sido imposible, por supuesto, determinar la verdad de los cargos hechos, como se hace en las investigaciones judiciales, es decir, con el debido examen de las pruebas. Ante la gente levantada en armas, ante la perspectiva de combates que pueden librarse, ante la tremenda destrucción de la propiedad cubana que, caso de continuar la guerra, sobrevendría necesariamente, no parece, en verdad, propicio el momento para la apreciación delicada de los testimonios, o para una decisión que revistiera la sanción y la exactitud de un fallo judicial. A nosotros, como mediadores, sólo nos compete sugerir probabilidades que puedan servir de base para el pacto y las concesiones que se proponen. Sucede a menudo que en la índole de un pacto influye la consistencia de sus términos.

Creemos que la Ley Electoral es deficiente, porque ofrece sobradas oportunidades para que el Gobierno abuse de su poder al manejar el resultado de las elecciones. Y existen fundamentos para creer que los agentes de su Gobierno, no Ud. mismo, utilizaron la Ley referida para realizar ese manejo. ¿Cómo afectará este hecho a la actitud que deba tomarse respecto a los funcionarios electos?

Primero. Veamos, en primer término, el caso del Presidente. Creemos, que, sin haber utilizado la Ley Electoral en la forma expuesta, Ud., indudablemente, hubiera sido electo Presidente. Aun cuando esto fuera dudoso, no por eso debe ser la elección rechazada o desdeñada, porque Ud. ha tomado posesión inaugural como Presidente y actuado como tal casi durante un año. Ni se pudiera pedir a Ud. ni permitirle tampoco que renunciara en tales circunstancias, y en verdad que respecto a este particular no puede sostenerse la pretensión de los liberales.

No redundaría, tampoco, en beneficio de Cuba el que se rompiera la continuidad del Gobierno constitucional, y la permanencia de Ud. en el cargo de Presidente será la mejor prueba de su conservación. A Ud. se debe el muy alto crédito que disfruta Cuba en el extranjero, y la confianza que se tiene, en todo el mundo, en la honradez y en los principios conservadores de Ud. ha inducido a la inversión de capitales. El presente deplorable estado de cosas ha conmovido el crédito financiero de Cuba e intimidado al capital. La continuación de Ud. como Presidente, contribuiría mucho a restablecer el estado de cosas anterior.

Segundo. Parécenos claro que los moderados de la Cámara y del Senado y los Gobernadores provinciales del mismo partido no hubieran sido electos, de no haberse retirado los liberales de las elecciones fundamentales, a causa de la ilegalidad de las preliminares. Es imposible ahora, en las circunstancias de la presente emergencia, determinar el número exacto de los que hubieran sido electos. Y creemos que, dado el presente estado de cosas, sería un pacto razonable la renuncia de aquellos que fueron electos en las últimas elecciones para la Cámara y el Senado y para cargos de Gobernadores y de Consejeros Provinciales, y proceder a una elección especial de los que debieran sustituirlos.

Las renuncias de los Senadores y Representantes debieran presentarse inmediatamente. Los Gobernadores y Consejeros Provinciales presentarían sus renuncias para que surtieran sus efectos para el 15 de enero de 1907, esto es, quince días después de la elección de sus sucesores.

Tercero. Otra cuestión de las presentadas por el Partido Liberal, que debe ser decidida, es la relativa a la restauración de ciertos alcaldes municipales y concejales que fueron removidos de sus cargos en las distintas provincias durante la presente administración.

Es nuestra impresión, en el asunto, que algunas de esas remociones se llevaron a cabo en una época tan inmediata a las elecciones y en tales circunstancias, que con razón daría cabida a la suposición de que se consumaron por las representaciones de los agentes del Gobierno con el propósito de dominar las elecciones; si bien no cabe duda tampoco de que algunas de esas remociones se hicieron por motivos justos. Tómese, como ejemplo, el caso del presente Ayuntamiento de La Habana. Fué nombrado mucho tiempo después de las elecciones y se compone de individuos de alta reputación, que no toman participación activa en la política. Y resulta para nosotros imposible el distinguir las dos clases de remociones. Sería muy embarazoso, bajo la ley ahora vigente, combinar la remoción de los actuales funcionarios y la reposición de los antiguos. Parece lo más prudente, por tanto, el acordar una elección para los sucesores de todos los funcionarios municipales de la Isla, en el plazo de tres meses, como a continuación sugerimos.

Bien sabido es, señor Presidente, que Ud. comenzó su administración sin estar afiliado a ningún partido; pero que animado del propósito de hacer más efectivos sus servicios a la República, terminó por identificarse con el Partido Moderado. Sin abrigar la menor duda respecto a los honrados propósitos y altos motivos patrióticos que Ud. tuvo al hacer esto, y conviniendo en un todo sobre la gran efectividad de un Gobierno ejecutivo que gobierne con un partido en un Gobierno constitucional, en circunstancias normales, nosotros, con la mayor deferencia, nos aventuramos a creer que ese cambio de Ud., según lo han probado los hechos, no fué de manera alguna acertado, dadas las circunstancias que aquí imperan. No existe la menor diferencia entre los principios políticos o económicos de los Partidos; la única diferencia es de carácter personal. En tales circunstancias creemos que la medida más prudente es volver a la actitud adoptada primeramente. Encarecidamente le rogamos, por tanto, acepte las renuncias de los miembros de su actual Gabinete, quienes, según se nos ha dicho, están deseosos de presentarlas, y nombre otro Gabinete, verificando la selección sin atender a la filiación política de los individuos.

Existen importantes estipulaciones legislativas requeridas por la Constitución a las cuales no se ha dado fuerza de ley durante los últimos cuatro años transcurridos, y son: Primera, la Ley para la organización de las Municipalidades, basada sobre principios que establezcan un sólido Gobierno propio local, restringido únicamente por estipulaciones respecto a la disciplina y remoción, después de oírles debidamente, de aquellos funcionarios que fueren declarados culpables de incompetencia, corrupción o mal comportamiento en sus cargos. Segunda, la promulgación de una Ley Electoral, que contenga suficientes preceptos para asegurar, por medio de acumulación de votos o de otra manera, la representación de las minorías, y la cual, al mismo tiempo, ponga el control de las elecciones bajo la autoridad de una oficina de elecciones de carácter independiente, investida, durante un razonable período de tiempo anterior y posterior a las elecciones, del manejo de la regulación, registro, conteo y certificación de los votos, a fin de impedir, de una vez y para siempre, el uso del mecanismo electoral para dominar sobre los resultados. Tercero, una Ley para la selección y promoción de los servidores del Estado, por medio de exámenes de competencia, no sólo en lo que se refiere al servicio ordinario civil, sino también aplicable a la Policía y a la Guardia Rural. Cuarta, una Ley estableciendo que las remociones sólo pueden ser en virtud de procesamiento.

La renuncia de los miembros de la Cámara y el Senado, según se ha informado, no requerirá, de acuerdo con una interpretación jurídica de la Constitución de este país, la suspensión legislativa del Congreso. Será necesario, sin embargo, celebrar elecciones para sustituir a aquellos que renuncian sin que haya expirado su término. Estas elecciones debieran ser celebradas en fecha tan próxima como fuere posible y compatible con la promulgación de la nueva Ley Electoral. Creemos que el 1⁹ de enero de 1907 es una fecha apropiada. Al mismo tiempo debieran celebrarse las elecciones municipales bajo los preceptos de la nueva Ley Municipal. Y esas leyes habrían de ser formadas y proclamadas con debida diligencia.

Parécenos que esas leyes podrían ser preparadas por una Comisión compuesta de igual número de miembros de los dos grandes partidos políticos, en unión de un jurista americano, que fuera nombrado por el Presidente de los Estados Unidos. Esta Comisión podría recomendar por mayoría de votos, la forma de las leyes que debieran ser adoptadas por el Congreso existente y en las cuales por anticipado, conviniesen los dos grandes partidos políticos.

Es claro que el primordial objeto de este pacto no es otro que producir la paz y la continuación del Gobierno bajo la Constitución. Tan pronto como renuncien los miembros de la Cámara y del Senado, por tanto, las personas levantadas en armas contra el Gobierno deberán deponerlas y dispersarse hacia sus hogares. Esas armas se entregarán a una Comisión compuesta de veteranos cubanos, que no hayan tomado parte en la revolución, y de oficiales americanos. Al mismo tiempo deberá concederse por acción, tanto ejecutiva como legislativa, una amnistía general de las ofensas políticas que hayan derivado de este conflicto.

Este arreglo envuelve concesiones de carácter material y es de peso para ambos partidos. Esas concesiones no se tomarán por una u otra parte como reconocimiento de sus propios errores, ni de la injusticia de aquellas de sus pretensiones que no resulten satisfechas, sino como una prueba del patriotismo de todos, al mostrarse dispuestos a ceder en lo que estiman un deber para la paz en este hermoso país.

Si esta proposición merece su aprobación, señor Presidente, y Ud. aunque reacio a ceder a algunos de sus términos y disintiendo de cualquier extremo que a ellos pueda referirse, presta su aquiescencia a tal convenio y pone de su parte lo posible para llevarlo a la práctica, nosotros intentaremos traer a los liberales y a los moderados a un convenio sobre las bases substancialmente expuestas antes.

Por supuesto, señor Presidente, que si Ud. puede sugerir cualesquiera otras bases para un convenio que resulten más satisfactorias para Ud., y en el cual concierten ambos partidos, logrando, por tanto, asegurar la paz, nos complaceremos mucho en que Ud. nos las exponga, y realizaremos nuestras gestiones más esforzadas para que puedan llegar a ser un hecho.

Tanto el Presidente Roosevelt como nosotros sabemos que Ud. en las actuales circunstancias, preferiría mejor renunciar a su cargo; pero si el pacto propuesto puede llevarse a la práctica, el Presidente confía sinceramente en que Ud. añadirá un sacrificio más a los inmensos que durante cuarenta años de una vida, la más honorable y esforzada, ha hecho por su Cuba amada.

Muy sinceramente de Ud.,

WILLIAM H. TAFT.   ROBERT BACON.

A su excelencia Tomás Estrada Palma, Presidente de la República de Cuba.

A esa carta contestó el Presidente en esta forma:

República de Cuba. Palacio de la Presidencia, Habana, septiembre 25 de 1906.

Honorables William H. Taft y Robert Bacon, Miembros de la Comisión Americana de la Paz, en la Habana.

Honorables señores: Tengo el honor de acusar recibo de su nota de ayer, 24, en la que exponen, desde un punto de vista general, sus opiniones, así como también sus puntos de vista, de acuerdo con sus investigaciones personales, en lo que se refiere a la causa de la presente rebelión en Cuba, del actual estado de cosas y de la manera de ponerle término, a fin de dar al país la paz, el orden y la tranquilidad deseables.

Pudiera yo presentar algunas objeciones y justificarlas, en lo que se refiere al número de hombres armados y a las simpatías que Uds. atribuyen a los insurrectos; pero como sería inútil ahora entrar en consideraciones de esta clase, en vista de la línea de conducta que Uds. se han trazado y de la determinación de obtener la paz a toda costa, será bastante a mi cortés intención de contestar a su carta el reiterar aquí, en síntesis, lo que hube de manifestarle en la entrevista que Uds. tuvieron la bondad de celebrar anoche conmigo; en otras palabras, que las condiciones por Uds. estimadas absolutamente necesarias para que los rebeldes depongan las armas son contra mi decoro personal y la dignidad del Gobierno que presido. Es por consiguiente irrevocable mi propósito de presentar, ante el Congreso, la renuncia del cargo oficial para el cual fuí electo, por la voluntad del pueblo cubano, en las últimas elecciones presidenciales.

De Uds. con toda consideración,

T. Estrada Palma.

A partir de aquel momento cunde el escepticismo y los acontecimientos se precipitan.

El Partido Moderado se reunió el 26 para conocer las proposiciones de los mediadores, y las rechazó de plano después de violenta discusión acordándose contestarles con la siguiente carta:

Partido Moderado, Asamblea Nacional. Presidencia.
Habana, septiembre 26 de 1906.

Honorable señor William H. Taft.
Presente.

Distinguido señor: Recibí su comunicación, fecha 25 del corriente, en la que me propone Ud. un compromiso, que ha de ser firmado por los Partidos Moderado y Liberal, conforme a las bases que a continuación se insertan.

Inmediatamente di cuenta al Comité Ejecutivo de la Asamblea Nacional del Partido Moderado, que se reunió con la asistencia de la casi totalidad de sus Senadores y Representantes.

Deliberamos detenida y ampliamente, por espacio de cuatro horas, y por unanimidad se me encarga que conteste a Ud. manifestándole que nuestro Partido no puede tomar en consideración dichas bases.

En el terreno en que resulta planteada la cuestión, y en la forma en que se presenta, no es posible que encontremos una base común de avenencia.

El Partido Liberal, haciendo suya la causa de los rebeldes, está con las armas en la mano, amenazando con la destrucción total de las propiedades de Cuba, y Uds., los mediadores, piden la previa resignación de las autoridades constituídas, como presa que ofrecer a los revoltosos para que depongan su actitud.

Menos que eso pedían los revolucionarios, por conducto del general Mario Menocal, antes de la mediación del Gobierno americano, y no pudimos aceptarlo.

En nuestras conferencias ha tenido Ud. la amabilidad de oírme exponer repetidamente las razones que obligan al Partido Moderado a no aceptar la primera de las bases que Ud. propone, y que es el supuesto de todas las demás.

Nuestra resistencia es la que han opuesto la Constitución, las leyes y el orden legal establecido a las pretensiones de los liberales antes, de los revoltosos después y de los liberales revoltosos hoy, porque ha venido a ser el programa de la rebelión primero y de la rebelión y el Partido Liberal ahora.

No necesito hacer grandes alegaciones porque Ud. mismo espontáneamente, con mucha claridad y elocuencia, me expuso, en nuestra primera entrevista, que venía a mediar, en nuestra contienda, en nombre y representación de su Gobierno, como simple pacificador, partiendo de la base indeclinable de la Constitución de la República, de nuestras leyes y del orden legal establecido.

También he tenido el honor de exponerle, más de una vez, que lo que se propone no es una solución de paz, sino de guerra, pues eso mismo fué lo que la trajo y lo que la mantiene en pie, y que acceder a ello sería sentar un precedente tremendo para el porvenir en Cuba, y apenas si nos daría un par de meses de paz y de sosiego; muy precario, muy inquietante y nada tranquilizador.

Además, la practicabilidad de esa solución es muy discutible. Ella abriría un período de varios meses en que viviríamos en un estado tal de inconsistencia de ánimo y de inestabilidad, que la menor chispa haría brotar de nuevo, y con más pujanza, el incendio que hoy apenas quedaría aparentemente extinguido.

Esa base primera, clave de las demás, significaría, en nuestro concepto, la victoria de la rebelión, con una forma, al parecer legal, aceptada por nosotros y sancionada y apoyada por todo el prestigio y el inmenso poder del Gobierno americano.

Nosotros salvamos la rectitud de propósitos y los levantados y nobles designios que inspira la conducta de Ud. y de su Gobierno. Cuba no agradecerá nunca bastante la magnanimidad del proceder que con ella se sigue.

Mas entendemos que, a pesar de todo, es equivocado el camino que se ha emprendido para buscar la paz justa y permanente a que todos aspiramos, y que por ahí sólo iremos al rápido encuentro de continuas y frecuentes revueltas que muy pronto darían al traste, para siempre, con la Ley, la Justicia y la estabilidad, que son los únicos cimientos en que puede basarse la organización sólida de un pueblo libre. Solamente sobre bases que pusieran a salvo esas fundamentales exigencias estaría dispuesto a seguir tratando el Partido Moderado.

Soy de Ud., con toda consideración,

D. MÉNDEZ CAPOTE.

Resuelto a no ceder, Méndez Capote, pletórico de indignación, decidido a jugarse la última carta, visita a los mediadores y les amenaza con la retirada del Congreso de los miembros moderados, sin renunciar sus actas, si se insiste en las bases presentadas. Zayas, hábil abogado del gran pleito, da un golpe decisivo a los moderados, entregando a los mediadores un documento firmado por todos los miembros del Comité Revolucionario, aceptando sin modificación alguna las bases por ellos presentadas.

Ya Mr. Taft, dándose cuenta de su posible fracaso como mediador había ordenado el envío a La Habana de barcos de guerra, cargados de soldados, y uno tras otros entraron en puerto los acorazados y cruceros *Louisiana, Virginia, Cleveland, Tacoma, New Jersey, Minneapolis* y *Newark;* toda una escuadra cargada de tropas.

La intervención armada significaría para Taft un fracaso diplomático que le afectaría seriamente en su carrera política. El había triunfado por su habilidad y su talento cuando se le envió a Filipinas y después en las negociaciones con la iglesia católica; y el prestigio conquistado con tales éxitos fué factor para consolidar su nombre como probable presidente de la Unión Americana. Con la pacificación de Cuba esperaba conquistar un nuevo galardón. Por otra parte mientras estos acontecimientos se desarrollaban en Cuba, el Secretario de Estado, Root, hacía un recorrido de buena voluntad por los países de la América del Sur, y sería una contrariedad muy grande a la política de los Estados Unidos, verse obligados a ocupar militarmente la Isla de Cuba, con detrimento de la República recién fundada y que tantos progresos había alcanzado. Así fué que Roosevelt telegrafió el mismo día a Estrada Palma:

Presidente Palma: Encarecidamente le ruego que sacrifique sus propios sentimientos ante el altar de la prosperidad de su país, y acceda a la petición de Mr. Taft, de que continúe Ud. en la Presidencia el tiempo a su juicio, necesario, para que se establezca el nuevo Gobierno temporal, bajo el cual sea posible llevar a cabo las negociaciones para la paz. Yo envié a Cuba a Mr. Taft y a Mr. Bacon en virtud de los repetidos telegramas de Ud. manifestando que renunciaría, que tal determinación era irrevocable y que no podía continuar más tiempo en el Gobierno.

Es evidente que, en las presentes circunstancias, no puede subsistir el Gobierno de Ud., y que la tentativa de mantenerlo o de dictar los términos indicados por Ud. respecto al nuevo Gobierno no significará otra cosa que el desastre o quizás la ruina de Cuba.

Bajo su Gobierno y durante cuatro años, ha sido Cuba república independiente. Yo le conjuro, en bien de su propia fama de justo, a que no se conduzca de tal suerte que la responsabilidad por la muerte de la República, si tal cosa sucediere, pueda ser arrojada sobre su nombre. Le suplico proceda de manera tal, que aparezca que Ud., por lo menos, se ha sacrificado por su país y que lo deja aún libre cuando abandone su cargo.

No sería Ud. entonces responsable de los desastres que más tarde pudieren, desgraciadamente, sobrevenir a Cuba. Llenará Ud. su misión como caballero y como patriota, si procede en este asunto de acuerdo con las indicaciones de Mr. Taft, y le ruego encarecidamente que lo haga así.

TEODORO ROOSEVELT.

A la vez ordenó a Taft que hiciera saber a los revolucionarios "que sería aquella la última oportunidad que les daba y que si los Estados Unidos se veían obligados a hacer armas a los insurrectos, podían dar por seguras dos cosas: la extinción de la resistencia, cualquiera que fuesen la destrucción y el tiempo empleado para lograrla, y la pérdida de la República, de la que serían responsables ante la historia porque cuando Cuba era libre e independiente la redujeron a un estado de dependencia, por su propio proceder inicuo".

El cablegrama fué contestado el mismo día:

Presidente Roosevelt: Le estoy profundamente agradecido por las frases de consideración personal consignadas en su cable de hoy, y deploro, por consiguiente, encontrarme en posición tan difícil como ésta, en que, deseando acceder a sus deseos, me es imposible hacerlo; porque aceptar las bases propuestas por Mr. Taft y Mr. Bacon, a fin de que los rebeldes depongan sus armas, sería sencillamente darles la victoria y alentarlos a que, una vez dejadas a un lado, continuaran con el mismo espíritu de rebelión y echadas las simientes para nuevas revueltas en lo futuro.

Todo lo que no se encamine a demostrar a los insurrectos y al pueblo cubano, en general, que en lo sucesivo no sería posible perturbar el orden público, no representa otra cosa que la suspensión del actual conflicto hasta las nuevas elecciones. En tales circunstancias hácese imposible para mí continuar en el Poder, encontrándose mi autoridad grandemente quebrantada y viéndome yo sin medios para robustecerla.

Desde el primer momento expliqué a los señores Taft y Bacon que la única solución posible, en armonía con la autoridad que represento y adecuada a la preparación de unas elecciones imparciales, era decretar inmediatamente una Ley Electoral y otra Municipal, a fin de que las elecciones municipales pudieran tener lugar en toda la Isla en enero o febrero, siendo electas las nuevas Municipalidades por la libre voluntad del pueblo en cada distrito, lo que constituiría una base sólida para las elecciones que tendrán lugar en diciembre del año próximo para miembros de la Cámara de Representantes y del Consejo Provincial.

No ha llegado a mí noticia que esta proposición haya recibido la más ligera consideración de parte de los comisionados. Respecto a los cablegramas en que yo anunciaba mi intención de renunciar debe tenerse entendido que mi único deseo era llevar al ánimo del noble caballero que preside los destinos de la Gran República Americana la convicción de que el único objeto que yo tenía al hablarle de la situación de Cuba, era salvar a mi país de la anarquía en que los rebeldes estaban a punto de sumirlo, con sus amenazas de destrucción de la propiedad; pero nunca el solicitar apoyo para mí personalmente, a fin de continuar en el Poder, que yo estaba dispuesto a abandonar, tan pronto como quedaran restablecidos el orden y la tranquilidad pública.

Mis sacrificios en pro de Cuba han sido siempre provechosos. El sacrificio que hoy yo hiciera, continuando al frente de un Gobierno impuesto por la fuerza de las armas, sería, más que inútil, vergonzoso para mí personalmente y para mi país.

Deseo repetirle el testimonio de mi consideración más alta y apreciación sincera.

T. Estrada Palma.

Y, quemando las naves, el Presidente se apresuró a convocar a ambas Cámaras legislativas para que reunidas en un solo cuerpo, a las dos de la tarde del día 28 acordaran lo precedente a las renuncias que hacían de sus cargos, él y el Vicepresidente de la República, anunciando a la vez la renuncia de los Secretarios del Despacho.

Mientras llegaba el día de la reunión congresional, la atribulación crecía en el país que veía cerrarse todas las puertas a un entendimiento razonable. No cesaban las conferencias entre los prohombres y los mediadores y en el seno de los partidos, pero siempre la intransigencia asomaba más o menos disfrazada, y todas las proposiciones eran vistas con recelos y parecían insinceras a la parte contraria. Se hablaba de una contrarevolución capitaneada por el general Montalvo; pero éste negó el cargo. Los generales Alejandro Rodríguez y Armando Sánchez Agramonte, jefes del ejército y de la policía, respectivamente, declaraban a los comisionados y hacían público que apoyarían al Gobierno constituído o que se constituyese, sin vacilaciones. Roosevelt aconsejaba a Taft que procurara evitar nombrar la palabra *intervención,* pero cansado éste de tanta discusión inútil, el día 27 declaró que si al siguiente día al reunirse el Congreso no designaba la persona que debiera sustituir a Estrada Palma, la intervención sería inevitable. Sus palabras cayeron como una bomba en toda la nación. Había que hacer sacrificios de puestos y de amor propio para coordinar un arreglo. Día y noche se celebran entrevistas. En una de ellas entre Dolz y Méndez Capote con Menocal y los veteranos, el general fué increpado duramente y sólo la intervención de Sanguily evitó un incidente más grave. Con la linterna de Diógenes se busca un hombre. Por fortuna no faltaban hombres meritísimos, capaces de empuñar las riendas del gobierno. Suenan los del general Menocal —que rehusa inquebrantablemente aceptar, por cuestión de delicadeza—; Manuel Sanguily invoca idénticas razones, y no acepta. Se piensa en el Rector de la Universidad, Berriel, o en el doctor Hernández Barreiro, presidente del Tribunal Supremo. Nada se resuelve. Para deshonor de los partidos políticos los presidentes están de acuerdo sólo en una sola cosa: antes de ceder un ápice al contrario, es preferible que venga la intervención. Dolz declara que, después de todo, era un estado de derecho. Zayas, cegado también por la ambición, llega al mismo fin proponiendo en la reunión que se celebra en su casa que los legisladores liberales no concurran al Congreso al siguiente día para evitar que se fuera a elegir un sustituto moderado para ocupar la Presidencia; eso equivalía a dejar la República acéfala y decretar la intervención. Era el triunfo cabal de los revolucionarios sin haber peleado. Por fortuna Manuel Sanguily, presente en la reunión, se opone a esa medida que llevaría a los liberales a cargar con la responsabilidad de la caída y el anatema de la historia. Vence su elocuencia y se acuerda acudir al Congreso.

El **28** de septiembre se reúnen ambos Cuerpos colegisladores, respondiendo a la convocatoria, bajo la presidencia de Ricardo

Dolz. El secretario lee la comunicación de Estrada Palma informando que había aceptado la renuncia de todos los Secretarios del Despacho, nombrándolos uno a uno. Seguidamente Alfredo Zayas llamó la atención de que no se comunicaba el nombramiento de los nuevos Secretarios, y como no habría un Secretario de Estado para asumir la Presidencia al faltar el Presidente y el Vice, el Poder Ejecutivo desaparecía. ¿Hubo en esto malévola premeditación por parte de algunos de los directores moderados? ¡Cuesta trabajo aceptar la posibilidad de tamaña maldad! A continuación, y en medio de silencio sepulcral, se leyó la renuncia del Presidente y luego la del Vicepresidente. El doctor Betancourt Manduley, elocuente y enérgico, propuso que no se aceptaran y que fuera una comisión del Congreso a suplicarle al Presidente que continuara en su puesto, ya que era la única manera de salvar a la República. Zayas impugnó la proposición de Betancourt y se empeñó en demostrar que el Congreso no tenía facultades para hacer tal ruego. Zayas fué derrotado por inmensa mayoría en la votación y gran número de senadores y representantes acudieron a Palacio acompañando a Dolz para suplicar al Presidente, en nombre de la patria, que retirara su renuncia. Se había suspendido la sesión para continuarla a las nueve de la noche con el fin de resolver sobre las renuncias y elegir el mandatario que debería substituir al dimitente.

Conmovido, habló Dolz al Presidente, exponiendo la súplica del Congreso.

Un silencio solemne se produjo al terminar el doctor Dolz. Todos, cabizbajos y entristecidos, aguardaron la respuesta de don Tomás.

La emoción ahogó su voz temblorosa y cortada. Lamentó no serle posible volver sobre su resolución, tomada tras reflexiones profundas y desapasionadas. Añadió que estaría dispuesto a un nuevo sacrificio, si sólo mediara su decoro personal; pero, en aquella ocasión tratábase del decoro y la dignidad del Gobierno y le era de todo punto imposible continuar a su frente sin autoridad ninguna, ante los elementos impuestos con las armas.

El doctor Dolz no atrevióse a insistir más, y un abrazo mudo terminó aquella escena, durante la cual, a los ojos de muchos, asomaron lágrimas. La suerte de la República parecía echada ya definitivamente.[1]

(1) Martínez Ortiz. Obra citada.

Esa tarde se reunieron los senadores y representantes moderados en la casa del doctor Dolz discutiéndose largamente si debían concurrir a las nueve de la noche al Congreso, como estaba acordado, o si por el contrario desistían de ir, dejando la suerte de la República en manos de Mr. Taft. La sola enunciación de la proposición, levanta el ánimo indignado. Mario García Kohly y Miguel Coyula abogaron con elocuencia por que se acudiera a la sesión, como lo exigía el honor y el patriotismo, para elegir Presidente y evitar la vergüenza de la intervención armada; otros oradores les acompañaron en sus propósitos, pero después de larga discusión se acordó, por veinte votos contra dieciséis, no acudir a reanudar la sesión. No se había visto nunca un caso de ceguera colectiva más antipatriótica y absurda. Siempre recordaré el profundo dolor con que a las seis de la tarde de aquel día, vi descender del mástil del Castillo del Morro nuestra amada bandera, por la que tantos miles de hombres se sacrificaron, y ahora se arriaba indefensa y triste, agitando aún sus pliegues al aire como una angustiosa llamada a sus hijos para que acudieran en su defensa. Por fortuna, al siguiente día volvió a escalar el mástil, tremolando esta vez no por la acción de los cubanos, sino por la voluntad expresa y sentimental del Presidente Roosevelt.

Al siguiente día, 29 de septiembre, Mr. Taft decretó la intervención armada, haciendo publicar en la *Gaceta* y en los periódicos la siguiente proclama:

Al pueblo de Cuba

El no haber el Congreso tomado acuerdo en cuanto a la renuncia irrevocable del Presidente de la República de Cuba, o elegido un substituto, deja a este país sin gobierno en una época en que prevalece gran desorden y se hace necesario, de acuerdo con lo pedido por el Presidente Palma, que se tomen las medidas debidas, en nombre y por autoridad del Presidente de los Estados Unidos, para restablecer el orden, proteger las vidas y propiedades en la Isla de Cuba e islas y cayos adyacentes, y, con este fin, establecer un Gobierno Provisional.

El Gobierno Provisional establecido por la presente, por orden y en nombre del Presidente de los Estados Unidos, sólo existirá el tiempo que fuere necesario para restablecer el orden, la paz y la confianza pública, y una vez obtenidas éstas, se celebrarán las elecciones para determinar las personas a las cuales deba entregarse de nuevo el Gobierno permanente de la República.

En lo que sea compatible con el carácter de un Gobierno Provisional, establecido bajo la autoridad de los Estados Unidos, éste será un Gobierno cubano, ajustándose, en lo que fuere posible, a la Constitución de Cuba.

La bandera cubana se enarbolará, como de costumbre, en los edificios del Gobierno de la Isla. Todos los Departamentos del Estado, y los Gobiernos Provinciales y Municipales, incluso el de la ciudad de la Habana, funcionarán en igual forma que bajo la República de Cuba. Los tribunales seguirán administrando justicia y continuarán en vigor todas las leyes que no sean inaplicables por su naturaleza, en vista del carácter temporal y urgente del Gobierno.

El Presidente Roosevelt ha anhelado obtener la paz bajo el Gobierno Constitucional de Cuba y ha hecho esfuerzos inauditos para evitar la presente medida. Demorar más, sin embargo, sería peligroso.

En vista de la renuncia del Gabinete, hasta nuevo aviso, los Jefes de los diferentes Departamentos se dirigirán a mí para recibir instrucciones, incluso el mayor general Alejandro Rodríguez, jefe de la Guardia Rural y demás fuerzas regulares del Gobierno, y el Tesorero de la República general Carlos Roloff.

Hasta nuevo aviso, los gobernadores civiles y alcaldes también se dirigirán a mí para recibir órdenes.

Pido a todos los ciudadanos y residentes de Cuba que me apoyen en la obra de restablecer el orden, la tranquilidad y la confianza pública.

Habana, septiembre 29 de 1906.

W. H. TAFT,
Secretario de la Guerra de los Estados Unidos,
Gobernador Provisional de Cuba.

El crimen de lesa patria se había consumado. La historia será siempre severa al enjuiciar a los hombres de ambos partidos, moderados y liberales, que arrastrados únicamente por su ambición personal, provocaron el eclipse de la República.

Fué don Tomás, indiscutiblemente, un gran patriota; lo fué durante toda su existencia. Honorable y correctísimo caballero, de intachable honradez, escrupuloso cumplidor de sus deberes como ciudadano. Inteligente y firme organizador de la administración pública, se hizo cargo de un país devastado por la Guerra de Independencia y llevó el progreso y el bienestar a todos los ámbitos propiciando la inversión de grandes capitales extranjeros que transformaron nuestras industrias. Convencido de que en Cuba no había ciudadanos, como expresó adolorido, se empeñó en formarlos multiplicando las escuelas. Económico hasta la exageración, acumuló millones en las arcas del Estado, sin darse cuenta de que esos millones iban a constituir uno de los incentivos para la revolución. A tal extremo era esto cierto que un año después el gobernador Magoon, apremiado por los revolucionarios, había gastado los trece millones que recibió y lo recaudado durante su gobierno. La República estaba en precario. Con ellos pudo don Tomás haberle hecho frente a la gran obra de la Carretera Central, construyéndola con un costo tres veces menor de lo que se invirtió después, dando ocupación a miles de hombres desvalidos y utilizando a muchas personalidades que fueron después sus enemigos. Con gusto vió que le propusieron la reelección, porque si en cuatro años con el país aniquilado, pudo hacer tanto en su favor, estaba seguro que en otros cuatro años lo llevaría a un estado de prosperidad envidiable. Cosme de la Torriente ha dicho: "Su gobierno gozó de un crédito que jamás ha superado ninguno de los otros mandatarios del pueblo cubano que le han sucedido".[1] Motivos tenía para desear la reelección, y hubiera sido reelecto probablemente sin tener que acudir sus partidarios a la violencia y al fraude electoral. Nos iniciábamos en la vida nacional y no teníamos motivos para conocer todavía que las reelecciones debían ser condenadas para siempre. Su error no fué aspirar a cuatro años más en el Poder. El error estuvo en no haber sabido impedir los desmanes que en su nombre cometieron el *Gabinete de Combate* y los políticos que le secundaron para apoderarse de la totalidad de cargos elegibles. Y debió haberle extendido la mano a tantos jefes necesitados del Ejército Libertador y a prominentes figuras de la emigración.

    Cometió el error de creer que al llamar a los americanos, éstos vendrían a Cuba a obligar a los alzados a entregar las armas. Digamos a este respecto que posiblemente los grandes juristas que le aconsejaban, Méndez Capote, Dolz, O'Farrill, estaban acordes con la manera de pensar del Auditor General del Ejército, Mr. G. B. Davis, quien consultado por Taft sobre el alcance del artículo 3º del Tratado Permanente, hizo un informe diciendo entre otras cosas:

---

(1) Cosme de la Torriente: *Cuba y los Estados Unidos.*

El Gobierno y el pueblo de la Isla pudieran ser notificados oficialmente de la autoridad y del deber del Ejecutivo en virtud del Tratado existente, y podrían emprenderse las negociaciones con el propósito de restaurar el orden por métodos pacíficos, o por una apelación a los buenos oficios, o por medio de un convenio, o de un olvido de agravios.

Si estos procedimientos no dieran resultados, sin embargo, el próximo paso ejecutivo habría de ser la expedición, por el Presidente, de una proclama conjurando a todas las personas comprendidas en las combinaciones revolucionarias a que se dispersaren y se retiraren pacíficamente a sus respectivas residencias, dentro de un especificado número de días, a contar desde la fecha de tal proclamación.

Suponiendo que la referida proclama fuere dictada, se vería después de ella el Presidente en la necesidad de emplear las fuerzas de tierra y las navales para la restauración del orden en la Isla de Cuba y para destruir la oposición que se hiciera al cumplimiento de las leyes. Todo levantamiento armado de Cuba, en virtud del artículo 3º del Tratado de mayo 22 de 1903, viene a constituir una resistencia armada contra la autoridad de los Estados Unidos y coloca el caso dentro de las prescripciones del párrafo 15, sección 8ª, artículo 1º de la Constitución, el cual autoriza al Congreso para llamar a las milicias, con el propósito de hacer cumplir las leyes de la Unión, extinguir las insurrecciones y repeler las invasiones.

Y corroborando esa manera de pensar bueno será recordar aquí que el señor Robert Bacon, quien en unión de Taft fué enviado a Cuba cuando la revolución contra Estrada Palma, se manifestó después contrario a que en lo futuro se efectuaran otras intervenciones. Años más tarde, el Senador A. O. Bacon presentó en el Senado americano un proyecto sobre el derecho concedido en dicho artículo (se refiere al 3º de la Enmienda Platt), declarando el 7 de mayo de 1913, que él era uno de los que pensaban que ese derecho había sido ejercido de la manera más poco afortunada y con los más desafortunados efectos.[1]

Mr. W. Taft, siendo ya Presidente de los Estados Unidos reconoció tácitamente su error de 1906. "La forma inicial de la Enmienda —ha dicho Márquez Sterling— fué activa. Su aplicación posterior lo fué en forma "preventiva", efectuada por Taft desde la presidencia de los Estados Unidos y por Philander C. Knox, como Secretario de Estado de la Unión. El objeto de éste —políticamente, dice Howland— era mantener la paz en

---

(1) Cosme de la Torriente: *Cuba y los Estados Unidos*, pág. 191.

Cuba, sin entrar efectivamente en Cuba. El Presidente Taft, en una entrevista con el ministro de Cuba en Washington, el 12 de marzo de 1912, explicó su forma diciendo: "que consistía en hacer todo dentro de sus atribuciones (las del gobierno americano a tenor del Tratado) para inducir a Cuba a evitar toda causa que hiciera posible la intervención en cualquier tiempo". El objeto de la política preventiva era el de evitar el desarrollo de una situación que pudiera ocasionar la intervención.

Márquez Sterling, cuya veracidad y liberalismo están fuera de dudas, ha dicho en relación al arribo del *Denver*. "La noche no pasó sin que saludaran al comandante, a bordo de su buque, dos agentes del ejército constitucionalista, el cual, según ellos afirmaron, depondría las armas para tratar sus diferencias con el gobierno de Estrada Palma, si el de Norte América les garantizaba la libertad".[1]

Es evidente que dadas las relaciones que nos obligaban con los Estados Unidos y su inmensa fuerza moral —más grande que nunca en aquellos días en que comenzaba nuestra vida independiente— si Taft y Bacon hubieran exigido a los rebeldes la deposición de las armas, lo hubieran obtenido sin dificultad. La pacificación quedaría completada con una amplia amnistía y con la petición del gobierno de técnicos extranjeros para ayudar a redactar las leyes que demandaban los liberales, modificando el Código Electoral asegurando la representación de la minoría, la de los municipios y cualquier otra que considerara oportuna, con el compromiso de los partidos políticos de que fueran aprobados rápidamente por el Congreso. Pero los comisionados se dejaron impresionar por la voz de los grandes intereses extranjeros, a lo que llamó el insigne Varona el "talón de Aquiles" de aquella situación, y cuando reconocieron su error ya el daño a Cuba estaba hecho. Se habló mucho de la *inflexibilidad,* de la *terquedad* de Estrada Palma, aferrado a su determinación de renunciar. Por su decoro personal y por la dignidad del Gobierno, como él sostuvo, no cabía otra solución, dadas las bases de los comisionados que significaban el triunfo de los contrarios. Ahora bien, estimamos que debió haber dejado el camino preparado para que al

---
(1) Márquez Sterling: *Proceso histórico de la Enmienda Platt,* página 333.

aceptársele la renuncia a él y al Vicepresidente, un Secretario de Estado, que pudo haber sido previamente elegido, asumiera la Presidencia. Así no hubiera quedado en entredicho su decoro de gobernante, y la República no habría quedado acéfala.

Condenemos una vez más la actitud de los liberales levantándose en armas, iniciando la destrucción de las propiedades para provocar la intervención extranjera, sólo con el fin de obtener un cambio de gobierno, ni siquiera un cambio de régimen, y a sabiendas de que no tenían nada mejor que ofrecer. Condenemos la persecución de los liberales por el *Gabinete de Combate* en su propósito de copar todos los puestos públicos, y su intransigencia llevada al extremo de no concurrir a la última sesión del Congreso para que no se pudiera elegir substituto a Estrada Palma. Y condenemos, en fin, la cobardía y falta de patriotismo del Congreso, que no supo estar a la altura de su misión, salvando a la República de una caída vergonzosa.

¡Qué la historia sea con ellos severa para que no se olvide y pueda ser de alguna manera útil, tan dolorosa lección!

ALZAMIENTO RACISTA DE 1912

Presidía la República el general José Miguel Gómez. Evaristo Estenoz, un mestizo procedente del Ejército Libertador, donde fué oficial, había fundado, en 1908, la *Asociación Independiente de Color*, con el fin de agrupar a todos los individuos de su raza en un partido político.

Le salió al encuentro el senador Morúa Delgado, en febrero de 1910, con una ley que modificaba el artículo 17 del Código Electoral, por la cual se prohibe la organización de partidos políticos integrados por personas de una sola raza o color. Había además, otra razón importante para Morúa y sus amigos; la mayoría de los estenocistas pertenecía al Partido Liberal y se estaba alejando de él, y la raza de color componía el 27% de la población del país. De manera que al efectuarse elecciones, ellos podrían obtener, bien actuando aisladamente o bien pactando con otro partido político, un buen número de escaños en el Congreso, amén de alcaldías, cargos de consejeros, concejales y muchos otros puestos públicos.

Estenoz e Ivonet irritados por la ley que creían inconstitucional y abusiva, reaccionaron violentamente. Aunque la *Asociación Independiente de Color* estuviera disuelta, los mítines, los pasquines y la campaña airada por la prensa, no amainaba. Se decían cosas tremendas. La sociedad estaba justamente alarmada. Los directores racistas procedían torpemente, amenazando con la guerra si la Ley Morúa no se derogaba. "Si se van al monte —decían los timoratos— no habrá quien los coja, y vamos a ver cosas horribles". No tenían armas, pero les bastaría con las guardadas por algunos de la Guerra de Independencia para pelear en emboscadas. Y cuando se les advertía a los estenocistas que iban a provocar una intervención extranjera, contestaban que el Gobierno cedería antes para evitarla o que resultaría como en 1906, que vino Taft a reconocerle derecho a los alzados.

El día 20 de mayo de 1912 estalló, al fin, la sublevación racista en Oriente, capitaneada por Evaristo Estenoz y Pedro Ivonet, que lograron arrastrar gran número de hombres, entre ellos algunos libertadores, pobres negros, que tanto se habían sacrificado por la causa de la independencia, ganando grados a fuerza de mucho pelear. Se les había hecho creer que el Gobierno, atemorizado, no tardaría en ceder a sus demandas; y que si fuera necesario acudirían, como último argumento, al ataque a la propiedad de los extranjeros. En el resto de la Isla se pronunciaron grupos aislados, guiados por jefes de menor importancia.

Era a la sazón jefe del Ejército el general José de Jesús Monteagudo, hombre valiente, inteligente, gran conocedor de las guerras de guerrillas; y sabedor de que en las rebeliones en Cuba es preciso actuar rápida y enérgicamente para que el contrario no se organice y envalentone, despachó con rapidez expediciones para caer sobre los alzados y perseguirlos sin tregua. Me tocó a mí salir en la primera de aquellas expediciones, a las órdenes del coronel Eduardo Puyol, partiendo de La Habana en el crucero *Patria* con fuerzas del Cuerpo de Artillería; y desembarcamos en *La Caimanera*, bahía de Guántanamo. Toda aquella zona estaba infestada de alzados y estuvimos constantemente operando por Ramón de las Yaguas, La Gloria, La Maya y Songo, por montes y sierras que parecían impenetrables.

Sin pérdida de tiempo el general Monteagudo fué moviendo sus peones en el tablero de la guerra. Al general Pablo Mendieta lo envió a la posición estratégica de San Luis, con una brigada de las tres armas y llevando como jefe de Estado Mayor al comandante Miguel Varona. Varias pequeñas columnas mandadas por el teniente coronel Consuegra, el teniente coronel Carlos Machado, el comandante Rafael Castillo, el comandante Rosendo Collazo, el coronel Francisco de Paula Valiente, y el comandante Julio Sanguily fueron lanzados con mayor o menor independencia en su actuación, sobre las zonas donde se movían los núcleos mayores de alzados, que en conjunto no pasarían de ocho o diez mil. Todos los jefes que mandaban aquellas columnas, eran hombres de probado valor, procedentes de la Guerra de Independencia; pero durante las dos primeras semanas noté en ellos cierta falta de acometividad, como si no quisieran arriesgarse en operaciones que pudieran comprometer el éxito de la campaña. Ese temor a la responsabilidad los hacía proceder con prudencia.

Los alzados, envalentonados, pensaban que nunca podríamos nosotros perseguirlos en el corazón de las montañas y estaban convencidos de que el Gobierno los llamaría a un arreglo; y para obligar a los americanos a intervenir, principiaron a quemar caseríos, estaciones de ferrocarril y propiedades extranjeras. El incendio más importante fué el del pueblo de La Maya, donde quemaron todas las casas habitadas por personas blancas. Conocedores de la táctica mambisa, se movían rápidamente y peleaban sólo cuando les convenía, procurando cansar a las columnas que los perseguían. El desembarco de algunas fuerzas americanas que penetraron varias leguas en territorio cubano para proteger intereses extranjeros, no sin la enérgica protesta del gobierno cubano, que detuvo la ingerencia, y las noticias de los periódicos que llegaban a ellos fácilmente, donde leían los apremios del Gobierno de Washington al nuestro para que acabara la revolución, y sabedores por esa prensa de los aprestos del ejército y la escuadra americana para hacer mayores desembarcos, les confirmaron una pronta intervención.

No obstante los desmanes de los alzados, el Gobierno, para restar importancia al movimiento, no suspendía las garantías constitucionales, y los negros que habían quedado en los pueblos donde nos movíamos, en alguno de los cuales pasaban del 50% de la población, no dudaban en defender públicamente a Estenoz y a sus secuaces, y hasta se permitían burlas y cuchufletas contra nuestra tropa, considerándola incapaz del triunfo. Dos acontecimientos vinieron a cambiar la faz de la contienda: la llegada de Monteagudo a Santiago de Cuba, después de asegurarse de que en las provincias centrales y occidentales los pronunciamientos estaban dominados, y la suspensión de las garantías, decretada a los quince días del levantamiento, el 5 de junio. Ya en

Santiago, Monteagudo, con concepto cabal de la situación, hizo venir a la ciudad a los principales jefes del ejército y les dijo que aquello no era una guerra de generales y coroneles, sino de capitanes y tenientes, y que pronto sería sólo de sargentos y cabos. Imprimió gran actividad a las operaciones, ordenó activa persecución de los alzados y sus cómplices, y en dos meses la revolución fué vencida. Los muertos del enemigo quedaban abandonados en caminos y serventías, y al transitar por allí, los sublevados se horrorizaban al encontrarlos a su paso e imaginaban que todos los caminos estaban cubiertos de cadáveres.

Durante toda la contienda no hubo ningún combate de importancia, aunque algunos tuvieron trascendencia. El comandante Rafael Castillo atacó en Boquerón a un núcleo importante, persiguiéndolo entre las montañas, dando lugar cuatro días después a la captura de Eugenio Lacoste (a) *El Tullido,* tenido como un santón o director espiritual del movimiento. Lacoste fué conducido a Santiago de Cuba, donde enfermó de pulmonía y con este motivo, como yo le asistía, tuve ocasión de tratarlo, convenciéndome de que era un hombre vulgar, de escasa inteligencia y cultura, sin que hubiera explicación al predicamento de que gozaba. Por fortuna le curé de su pulmonía, pues si llega a morir nos hubieran colgado un *San Benito.* Después del incendio de *La Maya,* Estenoz e Ivonet se dirigieron a Sagua de Tánamo, atravesando el macizo de montañas más difícil de penetrar en toda la provincia. Esperaban rendir el pequeño destacamento que defendía la población, pero el teniente *Vivin* Rodríguez, que lo mandaba, se defendió bravamente, y desde aquel descalabro la revolución decayó rápidamente. El sargento Arán, con pocos hombres, les asaltó el campamento, quitándoles muchos caballos. Ya desconcertados regresaron hacia el sur y en Jarahueca trabaron combate con un escuadrón mandado por el capitán Amiel, y al llegar el coronel Valiente con otro escuadrón, los alzados volvieron grupas internándose hacia las sierras de Mícara, desmoralizados y dispersos en muchos grupos. Allí, perseguido tenazmente por el teniente La Torre, murió Evaristo Estenoz al ser asaltado su campamento. Jamás pensaron que hasta lo intrincado de Mícara pudieran llegar nuestras tropas y al verse asaltados y muerto su jefe, la dispersión fué completa, logrando algunos filtrarse en los pueblos distantes y pereciendo no pocos en la persecución. Un día, al campamento del jefe que allí dirigía las operaciones fué conducido Ramón Miranda, el expolicía que había dirigido el asalto al cuartel de la Guardia Rural en Guanabacoa seis años antes, la noche del 24 de febrero de 1906, asesinando a varios soldados que dormían y huyendo después. Me contaron que al llegar frente al jefe, Ramón Miranda, levantando en la diestra el sombrero, exclamó: "¡Misericordia para los vencidos!" —"Misericordia pide usted ahora —contestó el jefe— ¿cómo no la tuvo para los hombres que asesinó en sus camas en el cuartel de Guanabacoa?" —"Señor —repuso Miranda— usted debe saber que aquello lo hice yo por habérmelo ordenado José Miguel Gómez, Morúa Delgado y... "¡¡Silencio!!" —interrumpió el jefe... y unos minutos después el ex-policía Ramón Miranda dejaba de existir.

No merecen citarse otros encuentros entre las partes contendientes. Tal vez sí, la acción de Kentucky, realizada audazmente por el teniente Arsenio Ortiz que asaltó de madrugada el campamento enemigo en los altos de aquellas montañas, haciéndole muchas bajas y tomando prisioneros al supuesto general Gregorio Surín, que había sido uno de los oradores más fogosos durante la campaña de los *Independientes*. Todos fueron conducidos a Santiago y permanecieron en la cárcel con cientos de prisioneros más hasta que los amnistiaron.

Ivonet, el otro director del movimiento, pereció cerca de Santiago de Cuba. La revolución había sido totalmente vencida en dos meses. Las bajas del gobierno se redujeron a sólo una docena de muertos y el doble de heridos; las de los rebeldes se exageraron de modo considerable, por la propaganda hecha por la prensa con el fin de infundirle miedo a los alzados y levantar la confianza en nuestras tropas. En mi concepto no pasaron de trescientos. Y el fantasma de un levantamiento racista en Cuba, desapareció para siempre.

LA REVOLUCION LIBERAL DE 1917

ELECCIONES GENERALES

Durante los tres primeros años de gobierno del Presidente Mario García Menocal, se hizo una magnífica labor constructiva. El Consejo de Secretarios, compuesto de hombres cultos y honorables, reorganizó todos los servicios de la nación, actuando con acrisolada honradez y celo infatigable. Y la República acrecentó sus prestigios un tanto quebrantados por distintas circunstancias. Fué aquel un período brillante en nuestra historia en el que progresaron de manera notable las industrias, el comercio, las ciencias y las artes; y debido a la guerra europea, subió considerablemente el valor del azúcar, nuestra principal fuente económica, enriqueciéndose el país.

En 1916, los partidos políticos principiaron a agitarse con motivo de las elecciones generales que debían celebrarse el 1º de noviembre. Dos grandes partidos se discutirían la supremacía: el liberal, desde la oposición, y el conservador que ocupaba el poder. Estaba el primero muy dividido, constituyendo grupos sin nexo alguno, capitaneados por el general José Miguel Gómez, de una parte, y de la otra por el doctor Alfredo Zayas; no dejaban de tener importancia los que seguían al hábil político Ernesto Asbert; los Unionistas de Gerardo Machado y los liberales *históricos* de Eusebio Hernández. Más unidos parecían los conservadores, que decididamente apoyaban las aspiraciones del glorioso general Emilio Núñez para ocupar la presidencia de la República. De manera inusitada surgió la candidatura de Menocal para un segundo período presidencial. La reelección estaba autorizada por la Constitución y la brillante ejecutoria del general Menocal en sus tres años de gobierno le hacían merecedor del voto de su partido. Su prestigio se había acrecentado en el poder y parecía que la mejor manera de contrarrestar la pujanza de los liberales, era uniéndose bajo la bandera del *Héroe de Tunas*. Pero la reelección, como sistema político, tenía muchos enemigos en Cuba. Estaban muy recientes las dolorosas consecuencias de la reelección de Estrada Palma y parecía que ningún partido político osaría cargar con la responsabilidad de una nueva experiencia, por grandes que fueran los merecimientos del candidato. Apenas enunciado el propósito se abrió contra él recia oposición en el seno mismo del partido conservador; y los liberales, desde la prensa y la tribuna, fustigaron duramente la tendencia de los amigos de Menocal, pues aparte de su doctrina sobre la materia, veían en él, por sus prestigios, al más formidable contrincante.

La asamblea conservadora se reunió el 16 de enero para postular sus candidatos a la Presidencia y a la Vicepresidencia de la República. El gran jurista y orador Ricardo Dolz defendió la reelección, porque era un derecho constitucional y negarla era ir contra la Constitución. Se colocaba en un plano un tanto sofístico. Maza y Artola la combatió duramente, pero era natural que lo hiciera porque fué sistemático opositor al Presidente. También Freyre de Andrade habló en contra. Miguel Coyula y otros oradores les salieron al encuentro. Pero la nota predominante de serena oposición la dió el gran periodista Wifredo Fernández, muy admirador del Presidente, pero sincero adversario de la reelección. Son de su elocuente discurso los siguientes párrafos:

> Las naciones se crean con las virtudes heroicas; pero se consolidan con las virtudes que acaba de definir magistralmente en su gran discurso el general Freyre: con las virtudes cívicas, las únicas fecundas en la paz. Cuba tiene un caudal glorioso de los grandes hombres que fundaron la República. Necesitamos ir formando el otro caudal de los grandes hombres que la consolidan, la dignifican y la elevan con el ejemplo de sus enseñanzas en la vida pública. A esa obra los primeros obligados a llevar su contribución son los que ocupan la primera magistratura de su país. Uno de los primeros ciudadanos, puesto en las circunstancias excepcionales en que hoy se encuentra el general Menocal, no debe resolver, mirando los afectos, las pasiones ni las mayorías de una

Asamblea. Lo que debe hacer es sustraerse de la realidad del momento y mirar al porvenir porque al fin los poderes materiales son efímeros y en cambio, un instante de pequeñez o de grandeza, de humildad o de soberbia, es algo que se deja ahí imperecederamente, para que las generaciones vean y juzguen. Así cuando la posteridad mire hacia esta época, tendrá que decir: en Cuba hubo un hombre que pudo serlo todo. Eran tan extraordinarios sus méritos que para que él pudiera ocupar el sitial de los Presidentes, se estableció a su favor una excepción constitucional. Ese hombre mandaba y los cubanos más altos obedecían. Era Máximo Gómez. ¡Jamás aceptó la Presidencia de Cuba! ¡Ya ve el ilustre doctor Dolz cómo a veces, los derechos constitucionales resulta patriótico no ejercitarlos! ¡Ya se acabaron todos los inmensos poderes militares del caudillo: ya se va eclipsando poco a poco, el fulgor de sus hazañas; ya se van hundiendo en el olvido y en la muerte los que contemplaron sus heroísmos; pero en cambio, por encima de todo, brilla ese rasgo de suprema grandeza moral!

¡Y esa doble gloria merece tenerla el general Menocal!

En los anales de las tristes y empobrecidas naciones de América, hay presidentes que se han reelegido. Casi ninguno de ellos, dejó de ensombrecer sus méritos con grandes responsabilidades patrióticas. Citaré el caso de uno que se opuso a su propia reelección. ¡Ese sigue siendo la más alta figura de la democracia americana! Washington fué designado Presidente de los Estados Unidos. Cumplido su período, un serio conflicto internacional y la posibilidad de una guerra exterior, le hizo aceptar un segundo período. Conforme con su gestión, se pensó en reelegirlo; pero entonces empezó a discutírsele; se inició una campaña de oposiciones, sostenida casi exclusivamente por legisladores que eran a la vez periodistas. Un periódico festivo le llamó en tono burlesco el *Padrastro* de los Estados Unidos; se dijo que era el único ungido, el único indiscutible. ¡Y Washington se retiró de la vida pública! Celebró una recepción sencilla. Asistieron ministros, embajadores, políticos, obreros, damas, campesinos, etc., y en ella leyó él su grandiosa despedida al pueblo. Cuando terminó, cuentan las crónicas de la época que todos se despidieron besándole la mano y humedeciéndola con lágrimas de ternura.

Yo ambiciono para el libro que registre el existir de las presidencias cubanas, esas escenas que parecen sencillas y son inmortales. ¡Nosotros anhelamos que la historia vea en las manos de los presidentes de nuestro país, en vez de posibles manchas de sangre, algunas de aquellas lágrimas que el amor y la ternura, dejaron en la mano del fundador de la nacionalidad americana!

Fernández Guevara, al frente del grupo oriental —y según se dijo, no por idealismo— abandonó al general Núñez, y la asamblea se declaró reeleccionista por corta mayoría de votos. Al siguiente día fué aclamada la candidatura Menocal-Núñez.

Los liberales comprendieron la necesidad de olvidar sus rencillas y en la Asamblea celebrada el 20 de marzo en el teatro *Martí* eligieron sus candidatos: el doctor Alfredo Zayas, para la Presidencia; el coronel Carlos Mendieta para la Vice.

Y la lucha quedó entablada en defensa de ambas candidaturas.

Según nos íbamos acercando a la celebración de las elecciones, los actos de violencia se repetían por todas partes, y en ellos algunos hombres encontraron la muerte.

El coronel I. Consuegra, militar aguerrido, inteligente y gran conocedor de los hombres, desempeñaba a la sazón el cargo de Jefe del Departamento de Dirección del Estado Mayor del Ejército, y con este motivo tenía oportunidad de conocer y tratar a toda la oficialidad. Dos o tres meses antes de las elecciones se dió cuenta de que la disciplina se estaba resquebrajando por la propaganda de elementos políticos liberales, particularmente en Las Villas, donde actuaban las más conspicuas y activas personalidades del liberalismo; y en cumplimiento de su deber dió cuenta al Presidente de lo que estaba ocurriendo y del peligro que esto entrañaba; pero Menocal creyó que se trataba de alarmas infundadas. Un mes después acudió ante el Secretario de Gobernación, doctor Aurelio Hevia, llevando esta vez la lista de jefes, oficiales y clases que estaban haciendo política contra el Gobierno, detallando sus actividades en distintas provincias, particularmente en Santa Clara; mas Hevia, también supuso que se trataba de exageraciones, y al analizar las acusaciones manifestaba *que él no creía esos hechos; que ese oficial era su amigo personal, que le debía grandes atenciones y que garantizaba su gestión imparcial.*[1]

Dos años antes Menocal había tomado la precaución de hacer una depuración en el Ejército. La oficialidad de la Guardia Rural y la del Cuerpo de Artillería habían sido formadas lentamente, sin intervención de los políticos, pero al crearse el llamado Ejército Permanente, el general José Miguel Gómez, que ocupaba la presidencia, astuto y conocedor de que en los países hispanoamericanos el gobierno tenía que apoyarse en el ejército, ascendió a pocos de los antiguos oficiales y se creó *su ejército,* nombrando

---

(1) Consuegra: *La Revolución de febrero de 1917 en Las Villas.*

para el desempeño de todos los cargos de oficiales desde tenientes hasta generales, a hombres hasta ese día civiles, pero que le eran adictos. Muchos de los recién nombrados procedían del Ejército Libertador, que habían conquistado la independencia diez años antes, y algunos de ellos se convirtieron en excelentes militares; pero otros muchos no estaban capacitados para los cargos que desempeñaban, y no eran pocos los que ofrecían peligro porque seguían haciendo política partidarista en el ejército, como la habían hecho antes de su ingreso. La comisión depuradora recomendó la separación de dichos oficiales. Pero de la lista que confeccionó pudiera haberse dicho lo que del letrero que figuraba en el frontispicio de cierto manicomio: "No son todos los que están, ni están todos los que son". Y una buena parte de la oficialidad continuó pensando y actuando como subordinada de José Miguel Gómez. Que aunque la gratitud no es planta que se cultive con esmero en el predio de los hombres, crea a veces estrechos lazos que perduran a través de los años. Los hechos lo iban a demostrar en breve.

El día primero de noviembre celebráronse los comicios en medio de extraordinario entusiasmo. Desde prima noche principiaron a llegar los telegramas a la Secretaría de Gobernación y a los centros informativos de los partidos, acusando mayoría de votos por parte de los liberales, y ya por la madrugada parecía cosa resuelta que hubieran ganado las elecciones. El Gobierno explicó que el escrutinio en los colegios de La Habana, los primeros en llegar, era fácil y que de antemano se consideró perdida la capital, pero que la votación del interior demoraría bastante en recibirse y con ella se demostraría la victoria conservadora. Las noticias que iban llegando irritaban al Gobierno: en los distintos incidentes ocurridos, los muertos y lesionados fueron en mayor número entre sus amigos, lo que parecía demostrar la agresividad de los contrarios; la actuación de algunos militares, como lo había previsto el coronel Consuegra, fué en muchas ocasiones sectaria; hubo colegios, como el de Quinta, en el término de Vueltas, en que el presidente del colegio expulsó al miembro conservador y obtuvo de los guardianes del orden que no dejaran acercarse a ningún conservador, y como consecuencia aparecieron en la urna doscientos votos liberales y sólo uno conservador.

Algo semejante resultó en el Purial. De una y otra parte reclamaban la victoria. En muchos lugares se habían suspendido las elecciones por los desórdenes provocados; en otros se pedían la anulación por fraudes. Los ánimos estaban enardecidos.

LA REBELION EN MARCHA

Siguieron tres meses de agitación extraordinaria. Los liberales aseguraban que la victoria había sido suya y que el Gobierno se la quería arrebatar; los conservadores afirmaban que al verificarse las elecciones en los colegios anulados ellos triunfarían en cinco de las seis provincias. Toda la atención estaba fija en los colegios de Las Villas que iban a decidir el gran pleito. Como se amenazaba con la revolución el Gobierno tomó medidas: nombró supervisores militares en muchos ayuntamientos, prohibió la importación de armas y ordenó la recogida de las que estuvieran en venta en algunos establecimientos; varios oficiales fueron trasladados; movió destacamentos hacia la cercanía de los colegios en disputa y nombró al coronel Consuegra jefe del Distrito de Santa Clara con encargo de sostener el orden más estricto. Los directorios liberal y conservador, celebraron conferencias en busca de la mejor armonía; hablaron también con el mismo fin nuestros grandes hombres, Varona y Sanguily entre ellos. Pero era obvio que no se llegaría a una inteligencia. Las elecciones complementarias habían de celebrarse el 14 de febrero, mas los directores del liberalismo decidieron no esperar; tenían bien tramada una revolución en todo el país. Los doctores Raimundo Cabrera y Orestes Ferrara marcharían a los Estados Unidos a preparar la opinión pública. En la provincia de Santiago de Cuba mandaba el coronel Eduardo Lores, pero el comandante Rigoberto Fernández se comprometió a quitarle el mando y pronunciarse a favor de los liberales. Enrique Quiñones era el Jefe del Distrito de Camagüey y sería el factor primordial en el movimiento. Se supo que el comandante Luis Solano, hombre resuelto, conspiraba en favor del general Gómez y se cometió el error de trasladarlo de Matanzas a Camagüey, echándole leña al fuego. En Las Villas, contaban con el Tercio Táctico, la más importante unidad de la provincia. Según Raimundo Cabrera [1] el brigadier Gerardo Machado que debía dirigir el movimiento en Las Villas y Matanzas, contaba en ambas provincias con militares que lo secundarían. Y hasta un jefe de la fortaleza de La Cabaña y oficiales de Columbia y Pinar del Río estaban comprometidos. A los hombres civiles de mayor prestigio en el liberalismo, Asbert, Baldomero Acosta, Pino Guerra, Carlos González Clavel, Enrique Recio, Zayas Bazán, Carlos Mendieta, Roberto Méndez Peñate, etc., se les asignó mando donde eran mejor conocidos. El Gobierno llevaba el hilo de la conspiración, pero en lugar de arrestar a los jefes militares que sabía comprometidos, lo jugó todo a una sola carta, confiando en el compromiso de un sólo hombre que en un momento determinado habría de aplastar a los conjurados; y ese hombre le falló. El sábado, día 10, intentaron apoderarse de la persona del Presidente, asaltándolo cuando se dirigiese a su finca, cerca de El Cano, pero, avisado a tiempo, no salió de La Habana. Este acto estaba conectado con una sedición militar en el Campamento de Columbia. En efecto, a las dos de la madrugada del día 11, el cadete José Larrubia, jefe de una de las guardias del campamento, notó que en los cuarteles de la octava y quinta compañías estaban las luces encendidas y los soldados de uniforme de campaña empuñaban presurosos los rifles; y como se había hablado en aquellos días de posible sublevación militar, corrió a la guardia y al frente de ella, no obstante su exiguo número, intentó someter a los revoltosos y trabó con ellos combate a tiros. Los soldados, al verse descubiertos, ganaron la carretera donde los esperaban Pino Guerra y Baldomero Acosta, directores del movimiento. El valiente cadete Larrubia recibió una herida grave en la refriega y también fué herido otro miembro de la guardia, pero su acción impidió que otros comprometidos se pronunciaran. El teniente coronel Miguel Varona, jefe del campamento, y el comandante Morales Broderman ordenaron llamada general, y el golpe quedó frustrado, huyendo hacia el campo en automóviles los alzados con sus nuevos jefes Acosta y Guerra.

---

(1) Raimundo Cabrera: *Mis Malos Tiempos*, pág. 191 y siguientes.

El día 10 el coronel Enrique Quiñones, jefe del Distrito de Camagüey, al frente de parte de sus soldados se dirigió por tren a Ciego de Avila. El general Gómez salió por Batabanó el 8 de febrero, en el yacht *Julito,* acompañado de su hijo Miguel Mariano y de Pasalodos, con pretexto de una pesquería, y el 10 por la noche entraron en el estero de *Juan Hernández,* simulando que iba a su finca el *Sigual;* y dos días después se reunía con las tropas comandadas por Quiñones, con las que llegaron Carlos Miguel de Céspedes, Domingo Macías y otras personalidades. Hevia sabía que todo esto iba a resultar, pero confiaba en que llegado este momento su hombre de confianza se adueñaría de los sublevados. Fué engañado una vez más. Entretanto en Santiago de Cuba la oficialidad, movida por el comandante Rigoberto Fernández y por el capitán Estrada, le quitaba el mando del regimiento al coronel Eduardo Lores, asumiendo la jefatura Fernández y pronunciándose contra el Gobierno.

En la ciudad de Camagüey, el capitán José Izquierdo atacó, con fuerzas del ejército a la Jefatura de Policía a las diez de la noche del día 11; estaban allí reunidos el gobernador Sánchez Batista, el alcalde Sariol, el supervisor capitán Giraudy, el general libertador Javier Vega y otras personalidades y parte de la policía municipal. En el desigual encuentro resultaron tres o cuatro muertos y varios heridos. Seguidamente el capitán Izquierdo, sin el menor respeto para los jefes libertadores que allí había, les exigió que se pusieran de rodilla y le pidieran les perdonara la vida, a lo que se negó el general Vega, jefe de Estado Mayor que había sido del general Máximo Gómez y más tarde jefe del Tercer Cuerpo del Ejército; pero Izquierdo les amenazó apuntándole con su revólver y los amigos obligaron al General a doblar la rodilla, en cuyos momentos cayó al suelo por tener una pierna anquilosada de balazos en la guerra. Al siguiente día un tren lleno de civiles y militares partió de Camagüey hacia Ciego de Avila, al son de la *Chambelona,* para ir a reforzar al general Gómez.

Al tener noticias el coronel Consuegra de lo que ocurría en Camagüey, ordenó al coronel Collazo, que estaba en Aguada de Pasajeros con dos escuadrones, que se incorporara, y llamó por teléfono a Hevia, que estaba en Palacio, contándole los rumores que había recogido, pero Hevia le contestó: "No crea nada de lo que le digan; todo eso son cuentos, patrañas e infundios de los laborantes". Y al enterarse de que había ocupado máquinas y carros con fines militares, le reconvino por haber obrado así. Tan seguro estaba de *su plan*. Alarmado Fausto Menocal, que estaba en Santa Clara, con la actitud pasiva del Gobierno, a las dos de la madrugada habló con el Presidente por teléfono explicándole el peligro, recibiendo la siguiente contestación: "Dile a Consuegra que emplee todos los medios; que use todos los procedimientos y que se apodere de todos los recursos que pueda utilizar el enemigo".

A las doce del día surgió el momento crítico de la sublevación. El comandante Iglesias, jefe del Tercio Táctico, de servicio en el Cuartel Monteagudo, junto a la ciudad de Santa Clara, se le presentó a Consuegra diciéndole que sus oficiales no le obedecían. Partieron ambos para el campamento y, al acercarse, oyeron la gritería de los soldados dando mueras a Menocal, vivas a Zayas y la banda de música tocando la *Chambelona*. Todos los oficiales del Tercio iban hacia la avanzada en gran alborozo y al encontrarse con Consuegra le declararon terminantemente que se habían pronunciado contra el Gobierno; que éste había violado la constitución, cometiendo toda clase de actos ilegales; que iba a violentar las elecciones del día 14 y que sabían que a ellos mismos se trataba de asesinarlos. La situación del coronel Consuegra era desesperada. La rebelión del Tercio Táctico permitiría a José Miguel Gómez llegar hasta Santa Clara esa misma tarde sin disparar un tiro y el dios éxito le abriría el camino hasta La Habana. Era Consuegra hombre enérgico y muy firme en cuestiones de disciplina, pero dándose cuenta cabal de la situación no dudó en discutir con sus oficiales alzados, explicándoles que el movimiento de Columbia, la noche anterior, había fracasado; que el Gobierno tenía dominada la situación y que los únicos perjudicados iban a ser ellos; que no comprendía cómo ellos afirmaban que las elecciones del 14 iban a ser violentadas por el Gobierno cuando ellos precisamente iban a ser los guardadores del orden, y mucho menos podía comprender que creyeran se les iba a asesinar, cuando en sus manos estaban las armas, y él era amigo de todos; que él les garantizaba que el Ejército estaba al lado del Gobierno, y que si ocurriera lo contrario les dejaba en libertad de proceder como quisieran; pero que al menos aparentaran cumplir sus órdenes, y si el Gobierno triunfaba, como sería cierto, él comprometía su palabra de no dar cuenta de lo que había sucedido. No faltó oficial que quisiera arrestar al coronel, pero la habilidad de éste se impuso. Estrechó cordialmente la mano de cada uno de los oficiales y ordenó al comandante Iglesias que marchara con el Tercio hacia Báez y esperara órdenes allí. El pronunciamiento del Tercio Táctico hubiera resultado tanto más grave cuanto que en su cuartel se guardaban las reservas de armas y municiones del Distrito: mil trescientos rifles y medio millón de tiros.

Consuegra había puesto una pica en Flandes; había salvado la situación del momento; pero José Miguel Gómez, con su ejército en marcha por ferrocarril hacia el oeste, razonablemente debía llegar a Santa Clara en la mañana del 13, y no había fuerzas con que detenerlo ni recurso humano para impedir que se le uniera el Tercio Táctico. Concibió entonces detenerlo tan lejos como fuera posible, quemándole puentes. Durante la noche preparó un tren con dos locomotoras que partió a las cinco de la madrugada de ese día 13; conducido por los tenientes Américo Miranda y Federico Quintero, con sesenta soldados, con orden de recoger todos los aparatos telegráficos de los pueblos por donde pasaran para que no pudieran telegrafiar sus movimientos y hacer un esfuerzo por llegar hasta Jatibonico antes que el enemigo, y darle candela al gran puente tendido sobre aquel río, y si se encontraba con el tren de los contrarios en marcha, lanzar sobre él una locomotora a toda velocidad para provocar un choque violento. Al llegar a Jatibonico, tres horas después, el teniente Miranda se enteró de que el tren del general Gómez debía llegar de un momento a otro; recogió la guarnición del poblado, dió candela al puente y retrocediendo quemó también el puente *El Rubio* y llegó a Manajanabo, dando cuenta por teléfono a su jefe de lo que había sido brillante operación, sin tener una baja.

Al llegar a Majagua, a las ocho de la mañana, el general Gómez se enteró de la quema del puente de Jatibonico. Esa resolución del Gobierno demostraba claramente su debilidad, pero no habiendo tenido informes de que las tropas de Santa Clara se hubieran rebelado, como esperaba, y contando sólo en aquel momento con unos trescientos hombres, resolvió esperar allí al teniente coronel Eliseo Figueroa, sublevado en Ciego de Avila, que avanzaba por tierra con la caballería, a todos los elementos armados de Camagüey, y quizás pensó también en que se le incorporaran allí las tropas de Santiago de Cuba y los paisanos que en número de dos o tres mil pudieran haberse armado con los fusiles de reserva en dichas provincias. Esta opinión no la he visto nunca confirmada, pero es de suponer que el general pensara hacerlo así para reunir en veinticuatro horas un contingente poderoso y arrollar las débiles fuerzas que se le podían oponer.

La desviación hacia la legalidad del Tercio Táctico de Santa Clara y la quema del puente de Jatibonico, trastornaron el plan del enemigo que tuvo que abandonar el propósito de un golpe de estado y decidirse por la guerra de guerrillas. Ya en tal actitud el jefe contrario envió el día 14 al comandante Solano a ocupar por sorpresa a Sancti Spíritus, mientras él concentraba en *El Majá* todos los elementos de combate.

La provincia de Oriente había quedado completamente aislada desde el comienzo de la revolución, porque los sediciosos habían paralizado el movimiento ferroviario, el telégrafo y el teléfono. Poco a poco se fueron recibiendo noticias. Allí, como en el resto de la Isla, se conspiró sin recato, y se hablaba de posible participación del ejército, cosa que no creían los jefes. El coronel Matías Betancourt, jefe del Distrito, se hallaba accidentalmente en La Habana, sustituyéndolo el teniente coronel Eduardo Lores. El día 12, al llegar allí informes telegráficos de la sedición en Camagüey, el día anterior, el comandante Rigoberto Fernández, que estaba en la conspiración, apoyado activamente por el comandante Loret de Mola, el Capitán Estrada y otros oficiales, destituyó a Lores y al comandante Rosales, arrestó al capitán Cagigal, que había tenido el civismo de protestar de lo que se estaba haciendo, destituyó al gobernador civil de la provincia, general veterano Rodríguez Fuentes, y dominó las vías de comunicación y oficinas públicas. Demás estaría decir que todo el Partido Liberal secundó el movimiento. Cogido de sorpresa el ejército, lo mismo que en Camagüey, fué arrastrado por la oficialidad actuante; no obstante algunos oficiales al frente de sus respectivos destacamentos, se negaron a secundarlos, distinguiéndose en este sentido particularmente los capitanes Bernardo Sandó, que se hallaba en Mayarí; Arsenio Ortiz, Gaspar Betancourt, en Baracoa; García Feria, en Holguín; Grave de Peralta y otros, los que inmediatamente recogieron distintos destacamentos, armaron a civiles y emprendieron una vigorosa campaña contra miles de paisanos que con pocas armas se habían pronunciado.

Mientras estos hechos ocurrían en las provincias orientales y centrales, durante los tres días que mediaron entre el 11, que fué la sublevación, y el 14, en toda la Isla miles de hombres se alzaban contra Menocal, aunque la mayor parte mal armados; y el Gobierno organizaba rápidamente milicias mandadas por veteranos de la Guerra de Independencia; encarcelaba a muchos comprometidos y destruía una conspiración de parte de la policía de La Habana. El pundonoroso coronel Julio Morales Coello, jefe de Estado Mayor de la Marina, e hijo político de José Miguel Gómez, y el brigadier Pablo Mendieta, muy querido jefe, hermano del candidato a la vicepresidencia por los liberales, Carlos Mendieta, pidieron el relevo de sus cargos, por razón de delicadeza. Y atendiendo al argumento que invocaban, fueron complacidos, aunque ratificándoles la confianza que en ellos se tenía.

RECONQUISTA DE CAMAGÜEY

A los dos días de estallar la revolución, el 13 de febrero, salía yo por la boca del Morro, en el crucero *Cuba,* formando parte, como comandante de sanidad, de la expedición mandada por el coronel Eduardo Puyol, compuesta por unos ochocientos hombres del Cuerpo de Artillería, contando los servicios auxiliares y la banda de música. El regimiento formado frente a la Plaza de Armas fué despedido por el Secretario de Gobernación, Aurelio Hevia, que pronunció breves y sentidas frases, y desfiló por frente a Palacio, desde donde el Presidente y su familia presenciaron el desfile. Mandaba el crucero el teniente coronel Fernández Quevedo.

A media noche doblamos el cabo de San Antonio y, siguiendo rumbo al este, llegamos a Palo Alto al amanecer, dos días después. Como el contenido de este libro tiene el carácter de *memorias*, en los acontecimientos siguientes tendré que hablar necesariamente de mi actuación personal. Durante el viaje, el coronel Puyol me expresó sus temores sobre la inutilidad de algunos oficiales. No habían sido entrenados en la vida de campaña; carecía de hombres de la guerra contra España, conocedores de la guerra de guerrillas, y se avecinaban días de duras pruebas. En tal virtud el coronel me pidió que le ayudara cuanto pudiera, y como se trataba de un amigo a quien me unía gran afecto, accedí gustoso a sus deseos. Al llegar a Palo Alto, Puyol dispuso que un comandante al mando de dos compañías, desembarcara rápidamente, y sin impedimenta, con sólo cierta cantidad de parque de reserva, partiera por el ferrocarril del central *Stewart* hasta Ciego de Avila, pues el propósito inmediato de nuestra expedición era tomar dicha población e impedir que José Miguel Gómez pudiera recibir refuerzos de Oriente, donde suponíamos que Rigoberto Fernández contaba con 1,200 hombres del ejército y posiblemente otros tantos paisanos armados. Puyol se quedó dirigiendo el desembarco del material que llevábamos, operación engorrosa, pues se había cometido el error de hacernos cargar con cañones, cuando lo indicado era organizar columnas ligeras, muy móviles. Como el comandante no acababa de salir con su tren y estaba atrincherando los carros, Puyol, ya violento, le repitió sus órdenes dos veces por conducto de un ayudante, para que actuara con rapidez, pues personas responsables nos acababan de informar que había salido un tren de Camagüey y suponían llevara alzados. Al fin salió el comandante y como a las once partimos nosotros. El coronel, sus ayudantes, tres paisanos y yo, íbamos, imprudentemente, en una *gasolina,* a vanguardia del tren, llevando sólo dos tiradores. Cuando suponíamos a las dos compañías en Ciego, al llegar al *Stewart* encontramos que habían hecho alto allí para hacer almuerzo. Puyol se indignó; ordenó al comandante que me entregara a mí el mando de las dos compañías, las incorporó a nuestro tren, pagó y abandonó el almuerzo, y poco después llegamos a Ciego de Avila, tomando precauciones para enfrentarnos con el supuesto tren de Oriente, que al fin no llegó; y yo entregué el mando que ocupé sólo circunstancialmente unas horas. En Ciego nos enteramos de la quema del puente de Jatibonico y de que los alzados se concentraban en *El Majá*. Urgía ir sobre ellos, pero a Puyol le preocupaba dejar sólo una compañía defendiendo a Ciego cuando se estaba esperando un gran contingente de alzados. Le aconsejé que llamara por teléfono a Gustavo Caballero, que actuaba como jefe de los alzados en Camagüey, y le dijera que iba a marchar sobre aquella ciudad con su columna de las tres armas y se lo advertía porque quería salvar su responsabilidad si él resistía y sus cañones ocasionaban daños en la población civil. Caballero le contestó que con sus tropas le esperaría en la cercanía de la ciudad. Mi propósito fué *clavar* en Camagüey, en nuestra espera, a los hombres que ellos tenían disponibles, mientras nosotros marchábamos por tren en dirección contraria, hacia Jatibonico, dejando en Ciego una compañía con el capitán Capmany. Emprendimos la marcha a las once de la noche del 17, llevando dos locomotoras, una delante y otra empujando, y también una *gasolina* a vanguardia y otra a retaguardia; y después de más de una hora de marcha los exploradores de la *gasolina* de vanguardia hicieron señales al maquinista para que se detuviera mientras examinaban un puente; el maquinista paró de repente, la empujadora no fué advertida y ocurrió un choque tremendo, doblándose los carros como si fueran juguetes de lata y lanzando a tierra muchos soldados. Tuvimos en el accidente dos muertos, ambos destrozados: el cabo de la novena compañía, Carlos Benítez Gil, y el retranquero del tren; además cuatro soldados heridos, que fueron mandados para Ciego en una *gasolina* con el teniente médico Luis Febles. Puyol se creció en energía. En medio de una noche oscurísima formó sobre el terraplén doble línea de soldados y pasó todo el material a los carros delanteros, abandonando los descarrilados. Llevaba los hombres apiñados en el interior y sobre los techos. Seguimos adelante, llegando a Jatibonico a las diez de la mañana del 18, luego de un tiroteo en el que murieron el soldado de la sexta compañía, José Chacó Valdés, dos o tres paisanos y un guardia rural alzado que había en el pueblo.

El día 19 temprano, el coronel y yo, llevando veinte hombres montados, exploramos la finca *Pelayo*, donde se decía había un contingente; por fortuna acababa de salir de allí grueso núcleo mandado, según se nos dijo, por Zayas Bazán. Los informes recogidos situaban al general Gómez con todas sus fuerzas en Sancti Spíritus, tomado por Luis Solano tres días antes, y sobre ellos salimos a las tres de la tarde, con un lento convoy de cinco carretas, cargando cañones y parque. Al llegar a Flores de San Juan y Arroyo Raíces, encontramos como treinta caballos de la Guardia Rural muertos en un callejón. Esto indicaba que allí se había peleado duramente el día anterior y nos pareció confirmar que el grueso de la revolución estaba en Sancti Spíritus. Sin tener informes, apercibidos para una batalla, llegamos a Sabanilla a las tres de la madrugada y descansamos una hora tirados a lo largo del camino, y antes de amanecer Puyol dió a los subalternos las órdenes del caso; yo tomaría de nuevo el mando de dos compañías y atacaría por el cementerio. A poco de marchar fué detenido un muchacho mandadero quien nos informó que el coronel Collazo con sus fuerzas había entrado en Sancti-Spíritus la tarde anterior. Había que ver la cara de Puyol al palpar la realidad. Su soñado combate y victoria sobre el general Gómez se había esfumado. Al llegar a la ciudad me contó Collazo que el día 13, pocas horas después de la quema del puente, había llegado a Santa Clara él con tres escuadrones y el comandante Morales Broderman con un batallón, llegando hasta Zaza, y por orden del coronel Consuegra, que ostentaba la jefatura de todas las fuerzas de la provincia, partieron sobre Sancti-Spíritus, él desde Zaza, y Morales desde Cabaiguán; éste regresó poco después sin llegar a su objetivo y Collazo fué atacado por retaguardia en Flores de San Juan por el general Gómez, dirigiendo el ataque el teniente coronel Figueroa, siendo rechazado por los hermanos capitán y teniente Hernández con fuego de ametralladoras; él siguió adelante y en *Mano del Muerto* trabó combate con el comandante Luis Solano; habiéndosele acabado el parque, regresó a Zaza, se parqueó mejor y volvió sobre Sancti-Spíritus, encontrando que Solano lo acababa de abandonar. La toma de esta ciudad por el comandante Solano, puede decirse que fué la única victoria de los alzados en toda la campaña, pues además de rendir por sorpresa a la guarnición, se apoderó allí de las reservas de armas y parque del ejército, consistentes en trescientos fusiles *Kragg* y cerca de medio millón de cápsulas. Si el general José Miguel Gómez hubiera continuado atacando por retaguardia a Collazo en Flores de San Juan le hubiera puesto en duro aprieto, cogiéndolo entre dos fuegos al atacar Solano por vanguardia, obligándole a retirarse ya sin parque; pero José Miguel prefirió desviarse hacia la *Crisis* y el *Sigual,* fincas de su propiedad que conocía como las palmas de sus manos, llevar allí a Solano, y provocar a Collazo para que le atacara en lugar escogido por él, como sucedió poco después.

El coronel Puyol recibió orden de marchar sobre Camagüey, en cuya provincia habían ocho o diez mil alzados, pero con pocas armas. El 21 nuestro tren militar llegó a Majagua y el 22 a las tres de la madrugada, entramos en Ciego. Supimos que por nuestra amenaza a Gustavo Caballero no avanzaron más fuerzas hacia el este y el jefe camagüeyano optó por destruirnos los puentes y alcantarillas, preparando emboscadas. Como seguíamos cargando con la impedimenta de los cañones y teníamos que llevar muchos atravesaños para reparar las alcantarillas, tuvimos que organizar una expedición con cinco trenes. El mismo día partimos para Camagüey. Antes de llegar a Vicente nos detuvo la primera alcantarilla quemada, haciéndonos fuego una emboscada; arreglada la alcantarilla continuamos y nuevamente otra emboscada nos cayó a tiros. El 23 los puentes destruídos nos detuvieron en Gaspar y el 24 a las nueve emprendimos marcha. Un puente ardiendo nos hizo detener, lo que aprovechó el enemigo para tirotearnos, respondiendo nosotros con disparos de fusiles y de ametralladoras. A ciento cincuenta metros del anterior hallamos otro quemado. Y mientras Puyol y yo interrogábamos a un vecino junto a un pozo, a cien metros de distancia nos hicieron fuego, trabándose ligero combate por una de nuestras compañías y el enemigo. En *Salvador, Piedrecitas* y *Céspedes* nos obligaron los alzados a hacer trasbordos. Dejamos un destacamento en el tren y continuamos marcha a pie, toda la noche, entrando en Florida a las siete de la mañana del 25. En Céspedes y Florida nuestra vanguardia, al mando del comandante Lezama, sostuvo fuego, y en marcha el 25, en Algarrobo, nos atacaron la vanguardia mandada por el capitán García Espinosa, matándonos al soldado Alfredo Hernández Lamar. Dos horas más de marcha y principiamos a ver las altas torres de las iglesias de la ciudad prócer, donde entramos, sin más accidentes y con gran regocijo del pueblo.

Como habíamos tenido que conducir un gran convoy de parque, Puyol se vió obligado a utilizar como vía de transporte, el ferrocarril. Nada hay más peligroso para un ejército en marcha que contar sólo con una vía para su avance. Gustavo Caballero, jefe de los alzados en Camagüey, pensó que destruyéndonos las alcantarillas, tendríamos que abandonar la vía férrea, y movilizó sus hombres para batirnos al norte o al sur de la vía, dejando destacamentos pequeños para hostilizarnos cada vez que teníamos que detenernos frente a una alcantarilla quemada. No contó con la tenacidad de Puyol.

Por mucho que se multiplicaba Puyol no podía atender tantos asuntos distintos que originaba la ocupación de la capital camagüeyana, y con este motivo, no pudiendo nombrarme jefe de Estado Mayor por cuestión reglamentaria, resolvió utilizarme como tal, bajo la denominación de *jefe de información*. Esa misma tarde de nuestro arribo, el capitán Castillo Pokorny llevó a mi presencia a Mr. F. R. Hall, quien me refirió que los alzados que salieron por la mañana de la ciudad se habían reunido con otros grupos en la finca *La Matilde,* donde había unos seiscientos a ochocientos hombres; llevando prisionero al gobernador Sánchez Batista, al alcalde Sariol y otras personalidades; que si los queríamos atacar él nos podía servir de práctico. Nuestros soldados estaban muy estropeados por la marcha que acabábamos de efectuar, pero pensando en el efecto desmoralizador que habría de producir en el enemigo un ataque violento cuando nos juzgaban descansando, fuí en busca de Puyol y le propuse asaltar *La Matilde* esa misma noche. Aceptado el propósito, se preparó en el mayor sigilo una expedición de doscientos infantes, mandados por el comandante Lezama, y ochenta jinetes a las órdenes del comandante González Herrada, partiendo los primeros en automóviles y los segundos por tren hasta *Virginia,* y al ser de día asaltaron el campamento de *La Matilde,* huyendo el enemigo, asombrados de que tropas leales hubieran podido llegar allí ese día. Desde entonces no pudieron dormir tranquilos. Se rescató al alcalde Francisco Sariol, a otros prisioneros y abundante botín y un cañón de la Guerra de Independencia. Se hicieron varios muertos, entre ellos el llamado comandante Angel Vega, persona muy conocida en la localidad. Al regreso de la tropa con el alcalde rescatado, se le tributó una ovación a Puyol y a sus tropas.

Los siguientes días fueron dedicados a la organización de milicias y ocupación de pueblos hasta Nuevitas.

Durante las tres primeras semanas de la revolución, la prensa diaria comentaba vivamente a la par que el combatir continuo del ejército en toda la Isla, las notas de Mr. William E. González, Ministro de los Estados Unidos; la proclama del Centro de Veteranos, apoyando al Gobierno; la suspensión de periódicos; y las contestaciones dadas a los cablegramas de Ferrara. La primera nota americana fué el 12 de febrero, y por sus términos, que parecían un tanto ambiguos, fué muy comentada; pero en los días 14 y 19, Mr. Lansing, Secretario de Relaciones Exteriores de los Estados Unidos, hizo nuevas declaraciones por conducto de su representante en Cuba, en las cuales manifestaba con toda claridad que su Gobierno apoyaba y sostenía al Gobierno constitucional de Cuba y que la insurrección liberal se consideraba como un acto ilegal. Habiendo fracasado el plan del general Gómez de un rápido golpe de estado que le permitiera ganar las elecciones complementarias el día 14, asegurándose el triunfo liberal, y teniendo que refugiarse en el propósito de una revolución que obligara a los americanos a intervenir, la bien definida actitud de los Estados Unidos, mataba toda esperanza de los alzados. Esa fué la impresión que recibí de todos los jefes que se fueron acogiendo a la legalidad, y sin duda alguna la de los mismos directores del movimiento, como se hizo patente en el telegrama de Ferrara, representante de la revolución en el extranjero, a Wifredo Fernández, que decía así:

Nueva York, marzo 1º de 1917.—Wifredo Fernández, Habana.—No me dirijo al señor Presidente de la República debido a la contestación violenta que dió a mi cable. Lo hago a usted por el compañerismo que nos une, al pertenecer los dos a la Cámara de Representantes y por la buena amistad que supongo acontecimientos dolorosos y previstos no habrán empañado, especialmente en usted, que vió todos mis esfuerzos para evitarlos.

Estamos en vísperas de una intervención con la consiguiente caída de la República. Creo que una patriótica actitud se impone.

Si el Presidente está dispuesto a una solución que salve la independencia y libertad, ofrezco la retirada de la vida pública de todos los jefes del actual movimiento armado y la mía sobre todos los demás.

Saber ocultar su persona en momentos difíciles para la patria, no es sacrificio, es gloria.—Ferrara.

Wifredo Fernández, siempre diplomático, le contestó comedidamente, llamándole a la legalidad; pero el doctor Ricardo Dolz dictó un sarcástico comentario a los periodistas:

Sería una lástima que el señor Ferrara se retirara de la vida pública. ¿Qué iba a ser de nosotros? ¿Cómo funcionarían los partidos ni las Cámaras? El lo era todo. ¿No se ve en el mismo telegrama que es el dueño, señor y amo de la revolución, la cual la tiene, como cosa de su propiedad, entre sus manos y dispone de los jefes aun no pudiendo tener con ellos comunicación? Pues lo mismo era en la política: el amo de Cuba. Yo le puse mis piedrecitas en el camino; pero el amo nos amenaza con retirarse. No es posible aceptar que nos deje tan desamparados de su tutela.

El representante Armando André tomó el asunto en serio y suscribió el siguiente telegrama:

Doctor Orestes Ferrara, hotel *Waldorf Astoria,* Nueva York.—Ante representantes del Partido Conservador, reunidos hoy, propuse la expulsión de usted de la Cámara como el único medio adecuado de castigar, estando usted cobardemente ausente, su horrendo crimen de lesa patria encabezando una nueva revolución, y lo que es peor todavía, una malvada sedición militar. Deseo informarle yo mismo de mi iniciativa, por si usted estima que debo acudir al punto que usted elija a responder de ese acto personalmente, por más que a él no me impulsa, como usted pudiera creer, añejos agravios o exaltada pasión política, que en estos momentos críticos para Cuba no pesan nada en mi ánimo. Con toda sinceridad muéveme sólo la enormidad de su delito, tanto más grave en usted por la alta representación que ostenta al presidir una de nuestras instituciones, que lo obligaba, más que a ningún otro cubano, al mayor respeto a las demás que usted ha herido, sin embargo, tan profundamente sin medir las consecuencias que pueden ser fatalmente irreparables, aun dominada como está y próxima a expirar la revuelta armada. En su insana labor a usted no lo ha detenido nada, ni la menor piedad y consideración para esta tierra que ha sido tan generosa con usted, y he ahí la razón de mi actitud, que responde al clamor del país entero, que espera en aras de un porvenir más venturoso, el severo castigo de los culpables.—Armando André.

Como mejor comentario al cablegrama de su presidente, la Cámara de Representantes aprobó el 5 de marzo una moción presentada por Miguel Coyula y otros, autorizando al Presidente de la República para suspender determinadas garantías constitucionales, dando fuerza de Ley a todos los decretos, órdenes y disposiciones dictadas por el Poder Ejecutivo desde el 9 de febrero y facultándolo para disponer de los fondos del Tesoro para combatir la revolución.

LA GUERRA EN SU APOGEO

Mientras nosotros marchábamos sobre Camagüey, recibiendo rociadas de balas de las emboscadas al detenerse el tren frente a las alcantarillas quemadas, el 25 de febrero obtenía Collazo una brillante victoria en los potreros de *La Crisis,* donde el ex-presidente Gómez, le esperaba con fuerzas numerosas mandadas directamente por sus lugartenientes Figueroa, Quiñones, Solano, Tello Sánchez y otros. Hubo momentos en que el flanco derecho de Collazo se vió amenazado por cargas de caballería del enemigo, pero la pericia del coronel salvó las dificultades, secundado por los comandantes Rangel y Morales Broderman, las ametralladoras del teniente Hernández y particularmente por el capitán Gaspar Betancourt, que con una vigorosa carga a fondo coronó el triunfo.

Durante los siete u ocho días subsiguientes al combate de *La Crisis,* los movimientos de José Miguel Gómez quedaron más o menos velados a sus perseguidores, apareciendo el 5 de marzo acampado en *El Hortelano* con unos dos mil hombres, en marcha sobre Santa Clara. El coronel Consuegra concentró rápidamente en Placetas todas las fuerzas que le fué dable, entre las que figuraban ya muchas irregulares, y al amanecer del día 7 salía el coronel Collazo hacia Guaracabulla, dió con el rastro de los contrarios y lo siguió; en la finca *Platales* lo encontró acampado, haciendo almuerzo, a las diez y media, rompiendo sobre él vivo fuego. El general Gómez, que suponía haber dejado a las tropas del Gobierno muy al sureste, creyó que se trataba del ataque de una guerrilla y ordenó a Solano que contra-atacara con cincuenta o sesenta hombres, pero al darse éste cuenta de las numerosas fuerzas desplegadas por Collazo, corrió a José Miguel apremiándole para que siguiera la marcha. Así se hizo, pero el coronel Consuegra, que desde temprano había marchado paralelamente a Collazo, adelantándosele uno o dos kilómetros, movió sus escuadrones sobre la vanguardia enemiga en fuga, y retrocediendo ésta, desorganizada, estableció la confusión en todo el contingente que ya no tuvo más propósito que escapar como fuera posible. Cogido el enemigo en un círculo de fuego y desconcertado por una carga al machete llevada a efecto por el comandante Lima, se dispersó por montes y maniguas, rindiéndose a Collazo el general José Miguel Gómez con todo su estado mayor. En esta batalla pelearon aproximadamente dos mil hombres de cada parte y la victoria sonrió a los nuestros, gracias a las hábiles disposiciones de ambos coroneles, Consuegra y Collazo, y a la intrepidez de sus valientes subalternos.

Entre las operaciones llevadas a efecto por el coronel Puyol, en el mes de marzo, debo mencionar el combate de *Arroyo Hondo* y el recorrido por el sur de la provincia. En ambas iba yo acompañándole en mi doble carácter de Jefe de Sanidad, que era el efectivo, y de Jefe de Estado Mayor, con el que me honraba la opinión de los oficiales. En marcha sobre Guáimaro, el 18 de marzo chocamos en *Arroyo Hondo* con grueso contingente mandado por Gustavo Caballero, jefe de los alzados en toda la provincia. El combate duró sólo veinte minutos y los contrarios abandonaron el campo apenas principiaron a funcionar las ametralladoras. Actuaron por vez primera con nosotros fuerzas de caballería mandadas por el comandante Armando Montes. Según el parte de Puyol, Caballero abandonó veintisiete cadáveres, cuarenta y tres armas largas, mil quinientos cartuchos y su archivo. En el avance sobre los contrarios, mi ordenanza, José Díaz, se alejó más de un kilómetro de la línea de fuego y se batió con cuatro alzados, matando a tres. En la mañana del siguiente día, mientras José Díaz con un piquete que mandó Puyol registraba esos muertos, fué atacado por un escuadrón de Caballero y herido en un brazo. Se le propuso para la medalla de Mérito Militar de Guerra.

En otra extensa operación por el sur de la provincia ocurrieron varias escaramuzas que originaron a los contrarios unos treinta muertos en conjunto.

Vencida, prácticamente la revolución en Las Villas, en la batalla de *Caicaje,* el teniente coronel alzado, Eliseo Figueroa, acompañado del coronel libertador Carlos Mendieta, marchó a la provincia camagüeyana, con el fin de rehuir la persecución que se le hacía y conferenciar con Caballero sobre planes para el futuro, por lo que el Gobierno, después de organizar la persecución en Las Villas con algunos escuadrones y fuerzas de milicias principió a mandar mayor número de tropas a Camagüey.

El 22 de marzo el coronel Collazo, con su caballería, alcanzó en Antón a Figueroa, trabando combate. Allí murió el bien querido capitán Lorenzo Hernández. A su asistente, el soldado Carlos González, se le desbocó el caballo y fué a caer en las filas enemigas, donde le hicieron prisionero, y fué asesinado en la finca *La Gloria,* por indicación del doctor Domingo De Para, médico de Figueroa, produciendo esto gran indignación a Collazo, quien siguió la persecución sin poder alcanzar a Figueroa. Tampoco nosotros le encontramos en nuestra marcha por las cercanías de la costa, pues en una contramarcha hábilmente ejecutada fué a refugiarse por el norte de la provincia.

LA REVOLUCION EN ORIENTE

Mientras tanto el Gobierno acudía a la reconquista de Oriente donde se sostenían distintos grupos que habían permanecido fieles. El coronel Matías Betancourt salió de La Habana por mar el 22 de febrero y el 24 desembarcó con su columna en Manzanillo, llevando hombres aguerridos como los comandantes Pedro García Vega y Domingo Herrera, los capitanes Emilio Rousseau, Juan Corona y Carlos Martín Poey. Tras duro combatir, pues el enemigo estaba mandado por hombres de la Guerra de Independencia, tan famosos como Carlos González Clavel, Capote y Milanés, entró en Bayamo, donde se habían hecho fuertes los capitanes leales Ramón Cabrales, José Sagué, teniente Pedro Mirabal y el jefe de la policía Alfonso Guerra. Peleando sin cesar, Matías

Betancourt toma sucesivamente a Baire, Jiguaní, Palma Soriano, San Luis y Songo, donde murió valientemente el teniente Wifredo Díaz.

El teniente coronel Sanguily llegó por mar, el 15 de marzo a Santiago de Cuba, cuya ciudad acababa de ser abandonada por Rigoberto Fernández, sus tropas y gran número de civiles alzados en armas, que partieron a la jurisdicción de Guantánamo.

El Gobierno, en su deseo de atender al mismo tiempo a todos los frentes —medida de valor discutible desde el punto de vista estratégico, pero que le dió buen resultado— despachó al coronel Miguel Varona para Oriente con hombres y municiones, con el *Baire,* el *Patria* y el *Antinógenes Menéndez.* Zarparon a las doce de la noche del 4 de marzo, sin más tropas que dos compañías de milicias mandadas por Catalino Collazo. Visitó Varona, Nuevitas, Puerto Padre y Holguín, imprimiendo actividad a los leales. En *Juan Claro,* puerto de *Chaparra,* se enteró, por mensaje radiográfico de la caída de José Miguel Gómez en *Caicaje* y esta noticia le sirvió para desarrollar su plan político. Al llegar a Antilla donde se le había dicho que le esperaban mil hombres para empuñar las armas que llevaba, se encontró que casi todos los amigos y subalternos del general Menocal en la guerra con los cuales contaba, se habían alzado. Organizó y lanzó hombres sobre Mayarí y Banes y dió a conocer por todas partes el desastre de *Caicaje.* A bordo de un cañonero americano en la bahía de Nipe, celebró una entrevista con el coronel libertador Feria, alzado; y dió inicio a su política de autorizar a jefes enemigos para abandonar el país, lo que Feria aceptó, embarcándolo el señor Duany. Retorna a Holguín; organiza a una columna y en dos marchas llega a Jiguaní, y dos días después, a Santiago. El Secretario de Gobernación, Hevia, que estaba allí, lo mandó por mar a Caimanera, pues había recibido noticias de que el comandante Rigoberto Fernández deseaba entrar en arreglos. Desembarcó el 27 de marzo con ochocientos hombres, llevando a la vanguardia al comandante González Valdés. Entró en Guantánamo y al siguiente día por intervención de Mr. Randolph, dueño del central *Ermita,* celebró una entrevista con Rigoberto Fernández, autorizando su salida para el extranjero en unión de los capitanes Loret de Mola y José Cárdenas en un cañonero americano que los llevó a Haití; y todas las fuerzas que capitaneaban, más de trescientos hombres del ejército, hicieron su presentación en Guantánamo. Seguidamente llegó el prestigioso veterano y político prominente Rafael Manduley, que se entregó con más de quinientos civiles alzados. Prosiguiendo su política de pacificación, de nuevo en un tren con su escolta, celebró una entrevista con gran número de jefes de la Guerra de Independencia, muchos de los cuales habían sido sus compañeros a las órdenes de Antonio Maceo y Calixto García. Les repitió la inutilidad de la resistencia y el triunfo militar del Gobierno en todas partes, y obtuvo su rendición. Pacificado Guantánamo se trasladó el coronel Varona a Santiago de Cuba, donde uno de sus subalternos, el comandante González Valdés, sostuvo serio combate con Camacho, haciéndole algunos muertos y obligándole a rendirse. Quedaba sólo por someter el general Carlos González Clavel, que se sostenía en la zona de *El Cobre,* y sobre él concentró Varona tres columnas, pero pronto el jefe de una de ellas, el comandante Cruz Bustillo, recibió aviso de que González Clavel quería capitular. Varona y Carlos González habían sido compañeros en el Estado Mayor de Maceo, así es que les fué fácil entenderse, particularmente cuando el valiente González Clavel se enteró de su verdadera situación.

Así terminó la revolución en Oriente. El coronel Varona había seguido una hábil política, facilitando la salida del país a todos los jefes que optaron por esa solución y permitiendo a los jefes rendidos conservar sus armas y volver pacíficamente a sus hogares, actuando en todo esto por su propia cuenta y bajo su responsabilidad. No faltaron quienes pretendieron que el Presidente Menocal desaprobara su conducta, y éste se portó frío con Varona a su regreso a La Habana y hasta ordenó una investigación; pero después, mejor aconsejado, ordenó archivar la investigación y le nombró Jefe de Estado Mayor del Ejército.

COMBATES DECISIVOS

A fines del mes de marzo mi oficina de información preparó una hoja suelta, toda una plana del periódico *El Camagüeyano,* escrita por ambas caras, bajo el título de *Información para los Alzados,* donde reuní, sin comentarlos, los partes oficiales de los más importantes acontecimientos: la caída de José Miguel Gómez en *Caicaje,* la presentación de muchas personalidades, la proclama del Gobierno ordenando fueran puestos en libertad todos los que se acogieran a indulto, y como es natural di cabida también a proclamas del Ministro americano, para que no siguieran siendo víctimas de la propaganda engañosa de los laborantes. Aquella *Información para los Alzados* fué una de las medidas más eficaces en mi campaña pacificadora para evitar muertes y destrucción, y a estos efectos nos valió más que el empleo de varios escuadrones. Se hizo una larga tirada, y a todos los campesinos que entraban y salían de los pueblos y a las fuerzas que marchaban a operaciones se les cargó de tales avisos para que los fueran distribuyendo por todas partes; y centenares de hombres se acogieron a la legalidad.

En la primera quincena de abril aun quedaban en la provincia camagüeyana tres o cuatro mil hombres a las órdenes de distintos jefes, siendo los núcleos más importantes los capitaneados por Gustavo Caballero y el que seguía a Figueroa y Mendieta, probablemente el mejor armado, donde figuraban aún buen número de militares sediciosos. Angel Castillo, Zayas Bazán y Fernando Fernández también eran seguidos de muchos hombres. Caballero y Figueroa no habían podido entrevistarse en toda la campaña por haberlo impedido nuestra interferencia, y se movieron hacia Cubitas, y fué allí que se realizó la más importante operación de la campaña camagüeyana y la de mayor significación, después de *Caicaje,* durante toda la revolución; siendo sin duda alguna la mejor planeada y donde la estrategia y la táctica se complementaron admirablemente. Pero para recordar aquellas operaciones nada mejor puedo hacer que copiar a continuación el minucioso informe oficial del coronel Puyol al Estado Mayor del Ejército:

En distintos telegramas pasados a usted en estos últimos días he tenido ocasión de darle cuenta de variados incidentes ocurridos en la operación de Cubitas, según se ha ido desarrollando; hoy, terminada ya aquella operación, creo oportuno reunir en un solo informe todos los detalles para que se pueda apreciar mejor la actuación de las fuerzas a mis órdenes.

Sabiendo que el cabecilla Caballero, después de quemar el poblado de San Miguel de Nuevitas, había marchado por *El Retiro* y *El Cercado,* hacia *La Entrada,* e informado por los prácticos de que se dirigía sobre *Cuaba,* partí yo de esta ciudad a su encuentro, el 8 de abril, con una columna de cuatrocientos hombres, no encontrándolo en aquel lugar, porque torciendo su rumbo había pasado la línea de Nuevitas, por la sabana de *Bonilla,* la noche del 7 al 8, yendo a dormir a la finca *América.* El teniente del Ejército y capitán del 11º Escuadrón de Milicias, Américo Miranda, marchando a mi vanguardia, siguió al enemigo por la finca *América* y *El Cercado,* hasta que cruzó la sierra de *Cubitas,* por el paso de *Los Paredones.*

Por los informes del capitán Miranda y los recogidos entre paisanos y prisioneros, me di cuenta de que los dos cabecillas más importantes de la revolución, Figueroa y Caballero, trataban de entrevistarse y hacían una reconcentración de todas las partidas de la provincia al norte de la sierra de *Cubitas.* El lugar elegido para la reconcentración es una gran faja de terreno en forma rectangular de ocho leguas de ancho y catorce de largo, limitada al norte por el mar, al sur por la sierra de *Cubitas,* al este por el río *Máximo* y al oeste por el río *Jigüey;* todo el terreno es montañoso y los riachuelos que lo cruzan, el ganado que allí pasta y las labranzas establecidas brindan elementos de vida suficiente para sostener de cuatro a seis mil hombres por varias semanas: fué aquel un refugio seguro del Ejército Libertador durante las dos guerras que sostuvo Cuba por su independencia.

Convencido de la intención del enemigo, resolví hacer alto con mi columna en Altagracia, y dejarle todo el tiempo que fuera necesario para que llevaran allí la totalidad de sus fuerzas, lo que me daría mayor oportunidad de un combate importante, en tanto aprovechaba el tiempo en preparar y situar mis tropas, desarrollando el siguiente plan: pelotones de infantería ocuparían los cinco pasos de las sierras (Lesca, Las Trincheras, Los Paredones, La Entrada y El Burro) para impedir que el enemigo cruzara hacia el sur; una columna de caballería al mando del teniente coronel José M. Lezama, saldría de *Piedrecitas* para situarse sobre el río *Jigüey,* cerrando el paso y atacando al enemigo por el oeste; otra columna con el teniente coronel Braulio Peña y el comandante Gabriel González Herrada, se situaría en *Garden City,* impidiendo salida por el este, y yo con mis fuerzas de infantería y caballería, cruzaría por el paso *Lesca,* para atacar el centro del enemigo, el que, acorralado, no le quedaría más solución que combatir sin descanso.

Los jefes de fuerzas llevaban instrucciones para actuar libremente, según las circunstancias lo exigieran, siguiendo sólo las líneas generales trazadas. En la preparación de este plan me ayudaron eficazmente el teniente coronel Braulio Peña, el comandante médico Horacio Ferrer y el teniente Américo Miranda.

El día 9 dispuse que el teniente Ricardo Antón, que se encontraba en *La Gloria,* hiciera reconocimientos para situar al enemigo en dirección de *Canasí, Garden City, Santa Fe* y *Caldije,* informándome dos días después de los resultados negativos sobre presencia de alzados.

El 12 hice avanzar al capitán Miranda con el 11º Escuadrón de Milicia y 30 hombres de la primera Compañía de Artillería, a las órdenes del teniente Franco Beoto, quienes sostuvieron fuego el 12 en Tobaquey, con el titulado brigadier Regino Avilés, ocupándole veintisiete caballos equipados y documentos. El 13, la vanguardia del capitán Miranda, mandada por el teniente de Milicias Rafael Morales, sostuvo fuego en *Las Mercedes* con un grupo de cuarenta hombres mandados por el sargento desertor del Escuadrón número 6, Jaime Vallés, recogiéndose cuatro muertos que resultaron ser Joaquín Pichardo (a) *El Morito,* José Domínguez Hernández (abanderado), un tal Miguel, desertor del Ejército, suponiéndose que el otro cadáver era el del mismo jefe Vallés, por los documentos que llevaba. En esta acción resultó herido el soldado Eugenio Torres del 11º Escuadrón de Milicias.

El 15 mandé desde *Altagracia* al teniente coronel Peña, y al comandante González con 500 hombres para ocupar posiciones, estrechando al enemigo por el sur y el oeste; el 16 fueron ocupados todos los desfiladeros que permiten atravesar la sierra de *Cubitas,* en la siguiente forma: el capitán Algarra con la 6ª Compañía de Artillería, se situó en el *Paso de las Trincheras;* el teniente Isidro Franco Beoto, con un pelotón de la Compañía de Artillería, en el *Paso de Lesca;* el capitán Alonso, con otro pelotón de la 1ª Compañía, en *La Escalera;* el teniente Iznaga con otro pelotón de la 1ª Compañía en *La Entrada* y el teniente Alayón, con un Escuadrón del Regimiento número 6, en *Los Paredones.* El teniente coronel Braulio Peña, con el Escuadrón 11º de Milicias y el comandante González con cien hombres de distintos escuadrones del Regimiento *Agramonte* número 6 de Caballería, se situaron en el *Garden City,* cubriendo el camino por el sur hasta la vereda del *Burro* y estableciendo contacto por el norte con el teniente Antón, que con sesenta hombres de la 9ª Compañía de Artillería y cuarenta milicianos ya tenía su centro de operación en *La Gloria.* De este modo quedaban cerrados los alzados por el sur y el este.

El teniente coronel Lezama, a quien se le encomendó la parte oeste del cuadrilátero, llevando 500 hombres, siguiendo mis instrucciones, hizo avanzar el día 11 al capitán Corbo, con el 4º Escuadrón de Milicias, y al capitán Cutillas con el 5º, hasta *Pueblo Nuevo, Santa Rita,* partiendo él de Piedrecitas el 13 con los Escuadrones de Milicias número 1, al mando del capitán Sariol, el 12, con el capitán Cadenas, y el 5º, con el capitán

Varona; hizo noche en *Limpio Grande,* llegó el 14 a *Magarabomba* y el 15 se reunió con el resto de sus fuerzas en Santa Rita; ese mismo día el capitán Corbo estableció ya contacto con el enemigo, ocupándole algunos caballos. El teniente coronel Lezama con el fin de sitiar al enemigo, dispuso el 15 el siguiente avance: el capitán Varona a *La Tinaja;* el teniente coronel Suárez, a *Macagual;* el capitán Cutillas, a *Jagüey,* pasando por *Cortaderas,* y el capitán Corbo a *Mijial.* Con este movimiento, quedaban ya situados todas mis tropas en los puntos estratégicos deseados y a partir de este día empezó la acometida. El cabecilla Eliseo Figueroa había dejado el día 13 en *San Rafael de Guzmán,* cerca de Guanaja, a Gustavo Caballero, con quien logró entrevistarse, por vez primera desde su llegada a esta provincia; y para evitar el movimiento envolvente de mi ala izquierda, trató de ganar el río *Caonao.* Para impedir el avance el teniente coronel Lezama, puso tres emboscadas en *San Jacinto,* con las cuales se batió el capitán Corbo el mismo día 16, haciéndole diez muertos, perdiendo nosotros tres caballos. Enterado el teniente coronel Lezama de estas escaramuzas, partió en seguida con los Escuadrones de los capitanes Sariol y Cadenas, en apoyo de Corbo, al oír el fuego, y llegó a Cortaderas, donde los alzados habían tenido su campamento; los siguió por el rastro hasta la playa del *Jigüey,* donde acampó a las nueve de la noche, después de mil penalidades, habiendo tenido que cruzar tres brazos de mar que atravesó Figueroa con su columna con el fin de despistar a los nuestros. El día 17, a las cuatro de la mañana, principió de nuevo la persecución y a las 10 y 30 se estableció contacto con los contrarios en la finca *La Vega,* de la hacienda *Nigua,* lugar escogido por Figueroa para dar el combate, aprovechando la defensa natural que le brindaba el río *Caonao,* que forma allí un ángulo, en cuyo vértice está el bajo donde tenía su infantería emboscada a uno y otro lado. Roto el fuego sobre nuestra vanguardia, que mandaba el capitán Cadenas, éste resistió desmontando su gente, y medio Escuadrón del capitán Cutillas, mientras que la otra mitad con el capitán Giraudy, ayudante de la columna, atacaba por el flanco derecho. A poco de romperse el fuego de ametralladoras, el enemigo cedió sus posiciones y fué perseguido, teniendo que pasarse a la carga el río *Caonao,* bastante crecido, llegando al centro del potrero, donde estuvo acampado Figueroa, quien desde el monte trató aún de resistir, pero tuvo pronto que retirarse.

Sobre el campo se encontraron 28 muertos, entre ellos el titulado capitán Diego Betancourt, muerto personalmente por el capitán Cadenas, cuarenta armas de distintas clases, entre las cuales había cuatro *New Springfield,* documentos de Figueroa, una máquina de escribir, una bandera y otros objetos de menos importancia. Nuestras fuerzas tuvieron un muerto, el soldado Antonio Socarrás, del Tercio Táctico del Regimiento número 6, y herido el cabo Manuel Gutiérrez, del Regimiento número 5 de caballería.

Los caballos que perdimos por el fuego y el cansancio, los repusimos fácilmente con los ocupados al enemigo. Después de este combate de la *Vega de Nigua,* los jefes rebeldes se dispersaron completamente, tomando los pequeños grupos rumbos opuestos, perseguidos tenazmente por nuestros Escuadrones, que no lograron sin embargo, darle alcance de nuevo por lo precipitado de su huída y el mal estado de la caballería del teniente coronel Lezama; solamente los tenientes Mola y Miranda, a las órdenes del teniente coronel del Ejército Libertador, Luis Suárez, lograron batir cerca de *Macagual* a unos fugitivos matándoles un hombre y ocupándoles un *New Springfield,* dos escopetas, cuatro caballos y cinco monturas. De este modo quedó deshecha la fuerza del enemigo por el oeste del cuadrilátero de *Cubitas* habiéndose dejado su persecución a cargo del coronel Consuegra que de Morón y Piedrecitas acudió con tropas de refuerzos.

El 16 salí yo de *Altagracia* con la batería ligera y un pelotón de la Compañía Disciplinaria al mando del teniente J. H. Ventosa, ordené el avance del teniente coronel Peña hacia el centro del cuadrilátero y dispuse que el teniente Cosculluela que había sido colocado en Chaferinas con la Tercera Compañía del Regimiento *Goicouría,* partiera hacia *Garden City.* Sospechando Gustavo Caballero el cerco que se le preparaba, salió de Guzmán, rumbo al sur, el día 17, y se encontró en el paso de las *Trincheras* al capitán Ignacio Algarra que después de una escaramuza capturó a un alzado ocupándole un revólver y una escopeta. Tomó entonces hacia el paso de la *Escalera* y chocó allí con el capitán Alonso Riera que le hizo tres muertos, ocupándoles una mula y documentos, resultando muerto de los nuestros el soldado Joaquín Hernández, del Escuadrón 5 del Regimiento *Agramonte* número 6 de caballería; marchó sobre *Los Paredones* y tuvo fuego en *San Ramón* con el teniente de Milicias Juan Pérez quien ocupó el cadáver del alzado Ramón Huelga, dos caballos, un revólver y varias cápsulas; mandó reconocimiento sobre el paso de *Lesca* y sostuvo escaramuzas con el segundo teniente José C. González Rojas, del Escuadrón del Regimiento *Agramonte,* y el cadete Manuel Tuero Pérez; intentó abrirse paso por *Imías* y a las 2 p.m. se encontró allí con el comandante Gabriel González Herrada, cogiéndole un muerto, siendo herido en esta acción el primer teniente Ricardo Alayón Cayol, del Escuadrón del Regimiento *Agramonte,* número 6 de caballería; se dirigió sobre *Garden City* y fué batido por el coronel Braulio Peña que le capturó diez caballos equipados y un rifle *New Springfield.*

Dándose cuenta Caballero de que estaba completamente cercado, determinó hacer con macheteros un camino atravesando montes vírgenes hasta salir al trazado de la nueva línea en proyecto entre Morón y Nuevitas y después de un día sin comer en el que tuvo que sostener seis fuegos y una marcha de toda la noche entre las montañas, cruzando el río *Máximo* crecido, con grandes dificultades, salió el 18 a terrenos del central *Senado,* cruzó la línea de Nuevitas a Camagüey por *Keen City,* acampando en la colonia de Oliverio Tomeu, del central *Redención,* cuatro leguas al sur de Minas.

Aunque en esta huída a toda costa había logrado Caballero salvar las líneas que lo estrechaban, su resistencia no podía continuar, por las fatigas de las marchas y el hambre que rendía a sus hombres, y su rastro podía seguirse por los caballos cansados que iba dejando.

El capitán Zúñiga, jefe del destacamento de Minas, le seguía de cerca, dándome detalladas informaciones, y las fuerzas a sus órdenes atacaron un grupo de la retaguardia, haciéndoles un muerto que dejaron sobre el campo. Yo había seguido hasta el *Senado,* y conociendo bien la situación del enemigo, dejé sobre el rastro al capitán Patricio de Cárdenas con unos cincuenta hombres de la batería ligera, ordené al teniente Arturo Varona que de *Altagracia* partiera con treinta hombres de la misma unidad y regresando a Camagüey, dispuse que el comandante Armando Montes, que se hallaba en el *Oriente* con 150 soldados del Tercio Táctico del Regimiento *Calixto García* número 1 de caballería, le saliera por la vanguardia a Caballero, mientras avanzaban también los milicianos destacados sobre la línea de Camagüey a Martí.

El capitán Patricio de Cárdenas acampó el 20 por la noche en *La Esperanza de Samaraguacán,* donde se le incorporó el teniente Arturo Varona, reuniendo así un total de 86 combatientes y el 21 a las 5 a.m. siguió la marcha pasando por Santo Domingo, donde Caballero había acampado la noche anterior, continuó por *San José, El Desmayo, El Embeleso y San Miguel,* teniendo aquí informes de que el enemigo estaba acampado en la *Caridad* en número de 300; trató entonces de burlar la guardia a las 2 p.m. pero impidiéndolo las condiciones del terreno, reunió a los oficiales, les dió instrucciones precisas para el asalto al campamento, dejó un grupo de combatientes para atacar la guardia y llevando al flanco derecho al teniente Varona y al izquierdo al teniente Castillo, dió una carga a fondo al enemigo que se encontraba acampado junto a los corrales, sembrando en ellos el pánico más intenso; habiendo caído ya 28 alzados cuando el titulado general jefe de la revolución, Gustavo Caballero, se rindió al teniente Castillo, que en ese momento cargaba sobre él, y dándose cuenta el caudillo prisionero de que su gente iba a ser en gran parte acuchillada si la carga continuaba, ofreció rendirlos, y puesto en relación con ellos se entregaron sobre el mismo campo del combate más de 150 hombres, llegando a sumar doscientos doce con los que se rindieron durante la marcha a Nuevitas.

Como resultado del combate y de la capitulación se ocuparon 37 fusiles Kragg, 11 Springfields, 17 tercerolas Remington, 3 fusiles más de diferentes fabricantes, destruyéndose otras 30 armas de fuego que estaban en pésimo estado; 316 machetes, 37 cananas, 128 caballos, 375 cápsulas Springfield, 47 revólveres Colt, 50 de máuser español, 15 de Remington, un botiquín de medicinas y cirugía, 30 monturas de reglamento, 104 de otros tipos, gran número de importantes documentos y otros objetos. Nuestra fuerza no tuvo muerto alguno, sólo un herido, el soldado Martín León Vidaurreta de la batería ligera, el que, al dispárársele casualmente la carabina que acababa de quitarle a un alzado recibió un balazo en el pie izquierdo.

Gustavo Caballero falleció poco después, declarando antes que en *Cubitas*, al iniciar yo mi ataque, tenía reunidos a todos los más importantes jefes de la provincia con el fin de cambiar impresiones con Figueroa y Mendieta y acordar un plan para el futuro llegando sus hombres a completar la cifra de 2,500, aproximadamente, si bien hacía constar, que sólo el 25 por ciento estaban regularmente armados y aun éstos estaban con poco parque como resultado de los fuegos sostenidos en la tenaz persecución de las fuerzas del Gobierno; que no tenían depósitos de armas, municiones y caballos y que todos los jefes estaban convencidos del completo fracaso de la revolución, pero que se le ocultaba esto a las tropas con la remota esperanza de una intervención de los Estados Unidos. Declaró también que en el combate de Arroyo Hondo tuvo 27 bajas.

El capitán Cárdenas elogia el entusiasmo y arrojo de sus oficiales y soldados y la actitud del sargento Sánchez Aguilera y seis voluntarios de Minas que lo acompañaron.

Aunque continúa la persecución de pequeños grupos uno de los cuales fué alcanzado ayer por el teniente Varona, que le mató cinco hombres, doy por terminadas mis operaciones sobre el cuadrilátero de *Cubitas* con el feliz éxito de haber deshecho en la *Vega de Nigua* a Figueroa y a los cabecillas que lo acompañaban y haber copado en *La Caridad* a Caballero con todos sus secuaces.

Permítame que para terminar dedique un elogio a todos los jefes y oficiales y soldados que han tomado parte en estas operaciones; no obstante la inclemencia del tiempo que hizo sufrir a la tropa aguaceros sin cesar día y noche a pesar de las fatigas de una persecución sin tregua y en ocasiones de la falta de alimentos, nuestros hombres han estado en su puesto, y yo me siento orgulloso de ser su jefe.

Coronel Eduardo Puyol.

La muerte de Gustavo Caballero fué un error del Gobierno, mal aconsejado. Es cierto que él sustrajo ciento cinco mil pesos de las oficinas públicas y que ordenó el incendio de los cañaverales de los conservadores, ocasionando grandes pérdidas. En su archivo, que le ocupamos en Arroyo Hondo, encontramos su telegrama circular que terminaba diciendo: "quiero ver desde aquí rojo el horizonte". Pero no asesinó ni ultrajó a los prisioneros, como hizo Pepito Izquierdo, que, al cabo, llegó a ser alcalde de La Habana, por la voluntad expresa de Machado.

Todavía después de la captura y presentación de la mayor parte de los principales jefes o de su escape para el extranjero, continuaron nuestras fuerzas sosteniendo escaramuzas con pequeños grupos, pero la revolución estaba ya totalmente vencida.

La sedición de febrero de 1917, ha sido la más formidable revolución acaecida en Cuba en todos los tiempos. En cuarenta y ocho horas el general Gómez se hizo dueño de dos de las seis provincias, tenía medio conquistada la de Santa Clara y en el resto de la Isla, había partidas por doquier. La cuarta parte del ejército se había pronunciado a su favor; algunos escuadrones estaban indecisos y en total, no menos de treinta mil hombres se declararon en rebeldía.

No obstante esa manifestación de simpatía hacia el ex-Presidente Gómez, fué un error acudir a las armas, para dirimir una cuestión electoral. Si razones tenían los liberales para acusar a los conservadores de haber conculcado sus derechos en distintas ocasiones, no le faltaban motivos a los conservadores para hacer idénticas acusaciones a sus contrarios. Recuérdese que en un colegio de *Quintas,* el presidente de la mesa expulsó al miembro conservador, hizo presión sobre los guardianes del orden y apareció que habían votado doscientos liberales y un sólo conservador. Y algo semejante resultó en otros. Y la estadística publicada por la prensa al final de las elecciones, no acredita como víctimas a los liberales, puesto que en las luchas electorales, hubo cuarenta y dos muertos conservadores y siete liberales. Luego, parece que fueron los liberales los más agresivos. Aunque es evidente que en ambos bandos se dieron toda clase de *bravas.*

El momento fué inoportuno, porque hasta el 20 de mayo de ese año el general Mario Menocal sería el presidente constitucional de Cuba, y hacer armas contra él en febrero era atentar contra el gobierno legítimamente constituído, lo que ponía en débil posición a los alzados ante las fuerzas armadas, la masa neutra del país, y particularmente, ante los ojos de los gobernantes de los Estados Unidos que en aquel tiempo tenían el derecho de intervención para evitar estados anárquicos en Cuba.

Hacer una revolución que comprometía la estabilidad de la República, era a todas luces antipatriótico. Fracasado el golpe de estado y particularmente, vencido el jefe de la revolución en *Caicaje* y caído prisionero, era improcedente continuar peleando para provocar la intervención americana. La rendición total en aquel momento hubiera evitado la muerte de centenares de prosélitos liberales.

Levantarse en armas el 11 de febrero afirmando que en las elecciones del 14 los liberales que acudieran a votar iban a ser asesinados, era un argumento insostenible. Eso nunca ha resultado en Cuba ni podía resultar. Lo razonable era haber acudido a las elecciones en los pocos colegios anulados y si el Gobierno violentaba los resultados, acudir a los tribunales. Ya en diciembre la Junta Central Electoral formada por personas tan honorables como Hernández Cartaya, Marcos Aurelio Cervantes, José Rodríguez Acosta y Luis Octavio Diviñó, falló en favor de los liberales un famoso pleito electoral y cuando los gobernantes acudieron al Tribunal Supremo, considerándose maltratados, el más alto tribunal de la nación confirmó el fallo de la Junta Electoral. ¿No era este cívico proceder una garantía para seguir adelante por las vías legales?

Si las elecciones complementarias se hubieran celebrado el 14, lo más probable es que los liberales hubieran triunfado, porque hasta ese día el número de votos obtenidos era evidentemente superior al de sus contrarios, y éstos por mucho que se sintieran heridos en su amor propio, nunca se hubieran atrevido a barrer a los contrarios y mucho menos a desautorizar al Tribunal Supremo, cuyo fallo, en definitiva, hubiera sido acatado.

Por todas estas razones las fuerzas armadas procedieron bien al hacer tacto de codos y sacar adelante al Presidente de la República.

TERCERA PARTE

ACTUANDO CONTRA MACHADO Y CONTRA LOS SEPTEMBRISTAS

MACHADO, PRESIDENTE DE LA REPUBLICA

En las elecciones generales efectuadas el día primero de noviembre de 1924, fué elegido Presidente el brigadier Gerardo Machado y Morales, por franca mayoría de votos. Sin embargo, no representaba aquella votación el sentir del pueblo cubano, ni siquiera fué el exponente de la opinión del Partido Liberal, triunfante en las urnas. Es indiscutible que el candidato de aquel partido, su verdadero ídolo, era el coronel Carlos Mendieta, hombre inmaculado, de limpísima historia. Los liberales no le perdonaban a Machado que hubiera negado su participación en el levantamiento contra Menocal, durante el consejo de guerra que se le formó; y su gran amigo, el general José Miguel Gómez, llegó a acusarle de haber sido el causante del fracaso de la revolución. Pero al iniciarse la campaña por la postulación de candidatos en el partido liberal, Machado tuvo como director de su candidatura al doctor Clemente Vázquez Bello, político habilísimo, inteligente, sagaz y perseverante; mientras que Mendieta se entregó ciegamente en manos de Orestes Ferrara, personalidad un tanto efectista, de relumbrón, amigo de hacer frases de mal gusto y críticas apasionadas. Así fué que aunque en la asamblea nacional de los liberales la mayoría de los delegados estaba abiertamente a favor del coronel Mendieta, Vázquez Bello logró posponer la reunión una y otra vez, y se fué ganando los votos de los delegados, acudiendo al halago, la promesa o al soborno, según las circunstancias, y al llegar a la votación, su candidato salió triunfante con gran sorpresa de la masa liberal que creía asegurada la postulación de Mendieta. Y se perdió la oportunidad de que hubiese llegado a la Presidencia de la República, por la fuerza del voto, —sin las trabas que ulteriormente le afectaron—, este hombre eminentemente popular, de cuya seriedad, honradez y patriotismo tanto esperaba el pueblo cubano.

Una vez en posesión de su nominación, Machado emprendió una vigorosa campaña, activamente secundada por sus amigos, para luchar en las elecciones generales contra su temible adversario, el general Mario Menocal. Enarboló la bandera de la concordia, atrayéndose a los contrarios dentro de su partido; dirigió una formidable campaña de prensa; prometió abundancia de *agua, caminos y escuelas* para toda la Isla; se movió incesantemente por todo el territorio nacional, al influjo de los políticos que formaban su estado mayor y de su indiscutible vigorosa personalidad, y se ganó el apoyo oficial, suficiente por sí sólo para inclinar la balanza a su favor al contar con ciertos elementos venales de la judicatura y del ejército, y disponer a manos llenas de los fondos del erario público, que le fueron entregados ultrajando los más elementales principios de honradez. No era de extrañar que bajo estos auspicios, saliera de las urnas victoriosa su candidatura para ocupar la Presidencia.

Pronto la opinión pública evolucionó en favor del presidente electo que surgía como una promesa de rectificación, energía y acción fecunda, cosa que él no se cansaba de repetir en todas partes, y que conocedor de la adversión del pueblo por la reelección presidencial —génesis de nuestros grandes cataclismos políticos— juraba por sus compañeros, los veteranos inmolados en la Guerra de Independencia, que renunciaba al derecho que la Constitución le brindaba para optar por un segundo período. Mucho contribuyó al olvido de las impurezas de la lucha comicial el hecho de que su contrincante, el general Mario Menocal, le felicitara públicamente por su triunfo; que Carlos Mendieta se retirara a la vida privada, abandonándole el campo liberal, y que el propio Ferrara, su detractor de la víspera, publicara sobre él artículos encomiásticos, pensando, seguramente, en la conveniencia de sacarle partido, favorable para él, a la nueva situación.

Entre los muchos actos sociales que se celebraron en honor del próximo futuro presidente, hubo un almuerzo en el campamento de Columbia, obsequio de la oficialidad, donde se presentó

Machado vistiendo el uniforme de brigadier. El sabía que a los retirados les estaba vedado vestir de uniforme pero lo quiso hacer para demostrar mejor sus simpatías por las fuerzas armadas, de las cuales él había sido, aunque de manera efímera, inspector general. Yo, que era a la sazón coronel médico del ejército y asistí a aquel banquete, tuve ocasión de admirar la afabilidad con que aquel hombre estrechaba la mano de todos los oficiales, teniendo también amable sonrisa aún para los que le habían perseguido tenazmente, hasta hacerle prisionero, en la revolución de 1917. Hubo tal expresión de sinceridad en el brindis del presidente electo que desvaneció toda inquietud de los oficiales sobre su futuro, y con una ovación quedó sellada la simpatía del ejército al nuevo gobernante.

Tan intensa y hábilmente se movieron el General y sus colaboradores, que cuando llegó el día de la toma de posesión ya se había depositado en él toda la confianza y aparecía como la encarnación de una esperanza largo tiempo acariciada por todo el país.

EN EL PINACULO DEL PODER

Todo sonreía al general Machado en los primeros tiempos de su gobierno. El país entero parecía de fiesta por el advenimiento de un gobernante que, si bien es cierto que se le temía por considerársele de exagerada energía, se apreciaban en él actividad, patriotismo y su propósito, pregonado constantemente, de acabar con la inmoralidad administrativa, negociar tratados en favor de la riqueza agrícola, sacar del estancamiento nuestra atrasada legislación social, vigorizar el sentimiento nacionalista y lanzar a la República abiertamente hacia el progreso, cubriéndola de carreteras y escuelas suficientes para reducir a un mínimo el analfabetismo. La fecunda actividad del gobierno parecía sacudir al pueblo, sacándolo del marasmo y la abyección; y a la par que se ganaba el Ejército, elogiándolo con frecuencia; al Poder Judicial, demostrándole que acataría sus fallos y sería muy parco en indultos y amnistías; al profesorado de la Universidad, restableciendo su autoridad, quebrantada por el estudiantado rebelde; al Congreso, a la prensa y a sus contrarios políticos, jurando que le guiaba sólo el propósito de hacer de Cuba la nación *con todos y para el bien de todos* con que soñara el apóstol Martí, se entregaba a los deleites que en torno suyo creaba la adulación y acudía constantemente a los banquetes y las fiestas que la sociedad cubana celebraba en su honor, sintiéndose orgullosa de tenerle de invitado.

Los proyectos fantásticos de Carlos Miguel de Céspedes, Secretario de Obras Públicas, ofreciendo realizar obras en toda la República por valor de trescientos millones de pesos, sin gravar a la nación con nuevos empréstitos, contribuían mucho al estado de euforia en que se vivía, pues de todas partes llegaban las peticiones de obras, y todas eran atendidas y catalogadas en el ambicioso plan, y la ley que le daba forma al proyecto fué promulgada el 25 de julio de 1925, con gran alborozo de la mayoría y el recelo de los que pensaban que era imposible realizar tales obras sin gravar fuertemente el futuro económico de la nación. El doctor Céspedes, hombre de actividad extraordinaria, impulsivo y un tanto efectista, sobresalía, por su acción inagotable, sobre los otros miembros del gabinete —hombres bien seleccionados—, y por todas partes principiaron las obras de embellecimiento y de utilidad nacional.

Un mal día, el 20 de agosto de 1925, la muerte alevosa de Armando André, vino a poner el primer crespón de luto en la actuación del Gobierno. Armando André había sido comandante del Ejército Libertador; era hombre reputado de gran valor y director del periódico *El Día*. Desde el primer momento nadie dudó de que había sido asesinado por orden del Gobierno, a quien había atacado violentamente. Jesús J. López, periodista sin miedo, y Aurelio Alvarez, integérrimo patriota, dejaron oír su voz acusatoria; los más callaron y vieron asomar la amenaza de un sistema político basado en la violencia; no pocos lamentaban lo ocurrido, pero comentaban que Armando André había cometido el grave error de inferir un ataque improcedente a la familia del gobernante. Machado, por su parte, hizo declaraciones en el sentido de que él podía ser ecuánime, pero no podía exigir que otros lo fueran; con lo cual traspasó la responsabilidad, injustamente, a sus colaboradores. Y el periódico *El Día* fué clausurado. Los que conocíamos algo a Machado sabíamos bien que éste no toleraría los insultos personales que en un tiempo lanzó San Miguel desde *La Lucha* contra Estrada Palma; Eduardo Dolz y el mismo Armando André contra el Presidente Gómez, Ferrara y sus secuaces de *Heraldo de Cuba* contra los Presidentes Menocal y Alfredo Zayas. Poco tiempo bastó para demostrarlo.

Pronto aquel episodio, si no se olvidó, se amortiguó en la conciencia pública ante la acción benéfica del Gobierno. Hernández Cartaya, desde la Secretaría de Hacienda, se enfrentó con la acometida de gastos de las nuevas obras; Zayas Bazán, hombre de pureza y patriotismo indiscutible, se empeñaba en moralizar las costumbres públicas, aunque llegando algunas veces a la exageración; Barraqué, Secretario de Justicia, procedía enérgicamente, acabando con la inmoralidad de los indultos y amnistías, que avergonzaban a la ciudadanía y hacían infructuosa la acción de los Tribunales de Justicia; Francisco María Fernández, el simpático y culto Secretario de Sanidad, se movía incesantemente por toda la República mejorando los servicios de sanidad y beneficencia. El general Molinet, uno de los hombres de mejor preparación que han ocupado la Secretaría de Agricultura, trabajaba sin descanso y con pulcritud muy propia de él; y Céspedes, el *dinámico* Carlos Miguel, ya no hablaba de obras estupendas, sino las realizaba con el aplauso de la prensa y los elogios de sus conciudadanos, que le perdonaban sus despilfarros y actitudes teatrales, al contemplar cómo realizaba sus promesas.

El 25 de julio de 1925 se promulgó la Ley de Obras Públicas. En cuatro años se invertirían trescientos millones de pesos; tendríamos la tan anhelada Carretera Central, que se extendería de un extremo a otro de la nación, a manera de gran arteria, con ramificaciones a todos los pueblos del interior y de las costas, para llevar el bienestar y extraer las riquezas de todas partes. Levantaríamos un Capitolio digno no ya de un pueblo de tres y medio millones de habitantes, sino que fuera admiración de las generaciones futuras. No quedaría sin acueducto ninguna población, ni sin escuela ningún barrio, por apartado que estuviese. Las ciudades serían embellecidas para solaz de sus habitantes y para atraer al turismo; las plantas eléctricas llevarían el alumbrado y la fuerza motriz en todas direcciones, y todo esto y mucho más se conseguiría con sólo la creación de unos cuantos impuestos.

El Gobierno impulsa poderosamente las obras en su empeño de dejarlas terminadas en el breve plazo de cuatro años que estaría en el poder, pues Machado sigue jurando por sus antepasados que no irá a la reelección; reorganiza la administración acabando con los *botelleros* y los negocios sucios, y mete en la cárcel a los delincuentes de todas las categorías, entre los cuales se encontraban algunos amigos suyos. Y el pueblo le aclama dondequiera que se presenta como el gobernante ideal, tanto tiempo esperado, que habría de completar los sueños de Martí y el propósito de los libertadores.

Se había prometido al país llevar a efecto el sugestionador programa de la Ley de Obras Públicas sin acudir a nuevos empréstitos; pero, al revelarse la imposibilidad de cumplir la promesa se acudió al llamado *financiamiento* de las obras por el *Chase National Bank,* y de allí no se tardó en llegar al empréstito formal. El país había sido engañado, pero seguía aplaudiendo, dada la magnitud de las obras que se realizaban, que daban trabajo a miles de obreros.

La Sexta Conferencia Panamericana debía tener su sede en La Habana, y Machado aprovechó la oportunidad para ir a Washington a invitar personalmente al Presidente Coolidge al acto de la inauguración; mas, pronto se supo que su interés máximo fué conocer la opinión de la *Casa Blanca* sobre la proyectada prórroga de poderes, que empezaba ya a preocupar a la opinión pública, y captarse el asentimiento de Wall Street a fin de obtener nuevos empréstitos. Al regreso de su viaje, el Presidente fué recibido con gran ostentación. La Conferencia Panamericana se inauguró el 16 de enero de 1928 tomando parte en ella todos los países de América, bajo la presidencia de Calvin Coolidge, Presidente a la sazón de los Estados Unidos, lo que contribuyó a realzar la personalidad del Presidente Machado.

El Gobierno había obtenido el apoyo de los conservadores por intermedio del esclarecido escritor y hábil político Wifredo Fernández, máximo paladín del *cooperativismo,* y así logró que se aprobara en ambas Cámaras la reforma de la Constitución, casi por unanimidad. Era la ratificación por el Congreso de la obra del Gobierno.

La Convención Constituyente celebró sesiones desde el 14 de abril hasta el 10 de mayo, y actuando libremente, yendo más allá de los fines para lo que fué convocada, concedió la prórroga de poderes por seis años al Presidente y a los congresistas, en medio de una protesta casi general de la opinión pública. Y en su última sesión declaró *Ilustre y Ejemplar Ciudadano* al general Gerardo Machado.

Ya en el vértigo de la glorificación, Machado es llamado el *Egregio,* el *Salvador de la Patria,* el *Mesías,* y no pudiendo sustraerse la Universidad de La Habana al contagio general de admiración, el 11 de mayo el Claustro General acordó, en una reunión de ciento diez y siete profesores, con un solo voto en contra, proclamarle *Doctor Honoris Causa* en Derecho Público, y el día 31, ataviado de toga y birrete, fué investido del gran honor que se le concedía, aclamado por los más representativos elementos de la sociedad. Cueto y Sánchez de Bustamante, dos eminencias de la intelectualidad cubana, pronunciaron discursos alusivos al acto y el glorificado contestó con palabras en que dejaba saber claramente sus propósitos dictatoriales. La ceremonia resultó una verdadera apoteosis del hombre que se creía señalado por el Destino para engrandecer a Cuba.

¡Jamás ningún cubano había alcanzado en vida honores tan extraordinarios!

HACIA EL ABISMO

Machado cometió el mayor de sus errores al prorrogarse los poderes como gobernante, error que le iba a costar la Presidencia y daría lugar al inicio en Cuba de una era de largos años de dolor y de vergüenza como nunca los había sufrido.

Si algún pensamiento político está firmemente arraigado en la conciencia del pueblo cubano, es la aversión a las reelecciones presidenciales; y es que, aunque autorizadas por la Constitución, ellas han sido la causa de nuestros grandes tropiezos desde que establecimos la República. Estrada Palma, austero y de inmaculada honradez, provocó la revolución de 1906 y la intervención americana por haber ido a la reelección y con ella a la violación de todos los derechos del sufragio; Menocal cometió el mismo error con parecidas consecuencias, y ahora Machado, después de haber combatido hasta con las armas aquellas tendencias y de haber jurado repetidas veces que considerando la reelección el mayor de nuestros males no iría jamás a ella, hace reformar la Constitución para continuar en el poder seis años más. Los tres presidentes citados habían hecho fecunda labor constructiva durante sus dos primeros años de gobierno, pero al cabo de ellos soliviantaron la opinión pública con sus desmanes para asegurarse un nuevo triunfo electoral. Tal parece que la deficiente preparación política de los cubanos no le permite a ninguno mantener por más de dos años el equilibrio mental necesario para evitar el engreimiento que crea la adulación interesada.

Los tres partidos legalmente constituídos, el Liberal, el Popular y el Conservador se reunieron en magna asamblea el 28 de julio de 1928 y designaron candidato a Gerardo Machado para las próximas elecciones, y aunque en la justa electoral iría como candidato único, puesto que se impidió que la oposición proclamase el suyo, Machado recorrió la Isla con gran pompa, discurseando desde las mismas tribunas desde donde había prometido solemnemente no reelegirse y solicitaba ahora el voto del electorado para seguir mandando seis años más.

La oposición, que hasta entonces había sido solapada, principió a tomar caracteres violentos, y por medio de la prensa, hasta donde era posible, en hojas clandestinas, en mítines y dondequiera que se reunían los descontentos, se lanzaban contra el Gobierno acusaciones formidables, hasta entonces mal contenidas. Con el asesinato de Armando André, apenas iniciado su gobierno, el Presidente Machado, había dejado ver cuáles serían los medios a que acudiría para imponer su voluntad, y en su discurso en la Universidad, al ser honrado con el título de *Doctor Honoris Causa,* dejó entrever sus propósitos dictatoriales. Él, como una buena parte de los jefes del Ejército y casi la totalidad de los políticos cubanos cuando están en el poder, era de tendencias francamente totalitarias. Partiendo del principio cierto de que entre miles de hombres no se encuentra más de uno con facultades de mando, estos totalitarios que hablan constantemente de democracia, deducen sofísticamente que es un mito el precepto constitucional de que la soberanía reside en el pueblo; que el elegido para el mando debe ser quien, sin restricción alguna, determine qué es lo que al pueblo le conviene, mientras que a éste sólo le es dable dejarse conducir mansamente, aceptando que su bienestar debe estar confiado al mandón de turno. La autoridad debe residir únicamente en el Poder Ejecutivo; los otros poderes son meros engranajes a los que sólo les es dable funcionar para adaptarse a la voluntad del súperhombre. Encerrando en estos principios toda la filosofía de la gobernación del país —como si fuera tan fácil encontrar un dictador totalmente honorable— y creyendo quizás, que era la mejor manera de servirle, el General-Presidente, tomó en su férrea mano todos los resortes imaginables, por duros que fueran. Había suprimido el derecho a las huelgas con el pretexto de disciplinar a los obreros y favorecer el desenvolvimiento de las industrias, y como advertencia a los que se oponían a sus propósitos desaparecieron asesinados, uno tras otro, los líderes obreros Enrique Varona, Esteban Brooks, Alfredo López y Margarito Iglesias. Los agitadores más afortunados fueron encerrados en la cárcel; otros, los extranjeros, reembarcados a su país de origen, y otros más desgraciados como Claudio Brouzón y Noske Yalob, arrojados al mar para ser devorados por los tiburones. Pocos días después se confirmó este horrendo crimen al aparecer un brazo de Brouzón en el intestino de un tiburón pescado casualmente. Y mientras esto ocurría estaban reunidos en la capital los diplomáticos de todos los países de América en la VI Conferencia Panamericana. El coronel Blas Masó, veterano de la guerra de independencia, fué muerto a tiros en su propia casa por ser íntimo amigo de Rafael Iturralde, vehemente machadista, ex-Secretario de la Guerra, que acababa de perder el favor oficial y tuvo que embarcarse en fuga al extranjero, y Bartolomé Sagaró, ex-representante a la Cámara, periodista y conocido orador político, moría misteriosamente con el cráneo destrozado a golpes por haber atacado duramente al Gobierno.

Los crímenes se sucedían sin tregua y se extremaban para reprimir actos vandálicos, como si no hubiera tribunales de justicia para condenar a los delincuentes y cárceles para encerrarlos. A tal extremo llegó la impunidad que según el testimonio del propio juez de Ciego de Avila, doctor Angel G. Cadenas, para ofrecer un escarmiento con motivo del secuestro de Enrique Pina, fueron ahorcados o muertos de otro modo violento cerca de cien individuos *sospechosos* de ser encubridores del secuestro.

Uno de los crímenes más execrables del machadato fué el que se cometió con el joven escritor venezolano Francisco Laguado Jayme. Para referirlo me atendré a la sentencia del Tribunal de Sanciones que juzgó los hechos, como hago en otros casos, por estimarlo la más verídica fuente de información. El joven Laguado Jayme tuvo que huir de su país por haber combatido allí la tiranía de Juan Vicente Gómez, refugiándose en Cuba en busca de hospitalidad, y desde aquí siguió atacando al Dictador venezolano. La representación diplomática de Venezuela gestionó ante el gobierno cubano para que cesara aquella campaña, pero el doctor Alfredo Zayas que ocupaba entonces la presidencia de la República, se negó a ello, dando por el contrario garantías al paladín suramericano para el desenvolvimiento de sus ideas, por ser Cuba país donde no se debe poner cortapisas a la evolución y manifestaciones del pensamiento. Posteriormente, siendo ya Machado presidente, reanudó sus quejas el representante de Venezuela, y bien por servir a Juan Vicente Gómez o porque temía que la campaña sostenida por Laguado Jayme pudiera repercutir contra su sistema de gobierno, decidió eliminar al joven escritor quien fué detenido el 19 de marzo de 1929, y dos o tres días después le condujeron, de noche, en una lancha de la Marina de Guerra Nacional hacia la entrada del puerto, donde, después de golpearlo, lo arrojaron al mar para que fuera devorado por los tiburones. Según dice la sentencia mandaba la lancha el contramaestre Florencio García Gallardo y fueron ejecutores del crimen Julio Blanco y Amparo González, hombres de la confianza del Presidente. Los dos últimos fueron castigados por las turbas a la caída de Machado. Márquez Sterling, Embajador en México, fué apremiado por los intelectuales de aquel país para que informara qué había hecho el Gobierno con Laguado, pero la Secretaría de Estado contestó con evasivas.

Este crimen horrendo, perpetrado en un culto joven publicista que había venido a buscar asilo a nuestro país, tuvo consecuencias fatales para Machado, porque los escritores de todas las naciones americanas emprendieron tenaz campaña contra él, contribuyendo mucho a su merecido descrédito.

Los estudiantes de la Universidad habían sido los primeros en lanzar la protesta contra el Dictador, en 1927, guiados por su compañero Julio Antonio Mella, joven culto y tenaz luchador, pero envenenado por las erróneas doctrinas importadas de la Rusia soviética. Mella fué encarcelado, y al declararse en huelga de hambre, se le indultó, y en seguida se trasladó a México, desde donde persistió en su campaña contra Machado. El Gobierno de éste decidió hacerlo desaparecer, y fué asesinado el 10 de enero de 1929 por los agentes Magriñat y López Valiñas. Mella era un joven temible por su entereza y su elocuencia, y los comunistas perdieron con él a su más alto dirigente.

Para colmo de males el Gobierno luchaba desde 1926 con el malestar económico originado por la baja del precio del azúcar, secuela de la post-guerra, y en tres ocasiones consecutivas acudió al recurso de la reducción de la zafra; principio aparentemente lógico, pero que fué muy discutido, porque mientras nosotros restringíamos la producción, nuestros competidores aumentaban sus cosechas, con grave perjuicio nuestro, y no debieron ser muy firmes las convicciones del Gobierno cuando posteriormente decretó dos zafras libres y acabó por aceptar el *Plan Chadbourne* que establecía nuevamente las restricciones. Este famoso *Plan* que tenía mucho de científico, por cuanto tendía a la restricción mundial de la producción de azúcar, fué combatido enérgicamente, entre otros, por el ingeniero Leopoldo Freyre de Andrade, asesinado poco después por la policía secreta en unión de dos de sus hermanos. El objeto primordial del *Plan Chadbourne* se dijo que había sido salvar a la banca americana en sus préstamos a hacendados y colonos. Pero, ciertamente, el mayor de todos los males no dependió de la política económica vacilante del Gobierno cubano, sino del arancel Hawley-Smoot que estableció dos centavos de derecho por cada libra de nuestro azúcar que entrara en puertos de los Estados Unidos; fué aquella una medida cruel e injusta contra el pueblo cubano que durante la Guerra Mundial de 1914 aceptó la limitación del precio de nuestro azúcar, contribuyendo de este modo con cerca de mil millones de pesos al triunfo de los aliados.

La agitación política y el malestar económico aumentaban por días. El Partido Unión Nacionalista, dirigido por personas de alta representación, tales como Cosme de la Torriente, Carlos Mendieta, Roberto Méndez Peñate, Aurelio Hevia, Juan Gualberto Gómez y el general Peraza, combatía enérgicamente al Gobierno; la prensa era perseguida tenazmente, y establecida la censura previa, dejaban de publicarse algunos periódicos en señal de protesta después de las muertes misteriosas de Lora Infante, director de *La Voz de Oriente,* y Abelardo Pacheco, director de *La Voz del Pueblo.* Los actos de calle de los comunistas y las *tánganas* de los estudiantes eran continuas: las explosiones de bombas de dinamita se hacían oír todas las noches y aun en pleno día y los atentados se repetían sin tregua.

No obstante las enormidades que dejamos relatadas y otras muchas que pasamos por alto, porque no es nuestro propósito hacer una relación completa de todas ellas, aun se conservaba para el Presidente cierto respeto. Una proposición para darle muerte lanzada en el seno de los directores de la oposición, por estimar que esto era preferible a los horrores de una revolución, fué rechazada de plano. En realidad aun se confiaba en las gestiones conciliatorias de Antonio González de Mendoza, del general Francisco de Paula Valiente, presidente de los veteranos, y de Manuel Márquez Sterling, y muy particularmente se abrigaba la esperanza de llevar al ánimo de Guggenheim, Embajador de los Estados Unidos, la mejor apreciación de la situación del país y obtener, con su consejo, la manera de salir del atolladero; pero ni el asesinato, por la policía, de Arturo Tagle, ciudadano americano, alteró el apoyo desmedido del Embajador a la dictadura. Los mismos estudiantes, el elemento más avanzado, actuaba sólo en la defensa de sus demandas, limitadas todavía a reivindicaciones de carácter académico.

Las mayores esperanzas se cifraban en que el Tribunal Supremo de Justicia llegara a declarar inconstitucional la prórroga de poderes, y Cosme de la Torriente, tan mesurado en sus juicios, llegó a declarar que estábamos a un paso de esa resolución. El Dictador prohibió la reorganización de los partidos políticos y los mítines con el pretexto de que entorpecían las labores de la zafra azucarera, y el más alto Tribunal de Justicia anuló el decreto. Alentado por esta resolución, el partido Unión Nacionalista organiza un mitin en Artemisa, para el que obtiene la debida autorización, y el 18 de mayo de 1930, bajo la dirección de sus líderes supremos y en presencia de un público numeroso, se inició la fiesta con un discurso de Mendieta, que fué interrumpido por elementos del ejército y la policía, en cumplimiento de orden del Secretario de Gobernación, originándose en seguida un tiroteo que produjo cuatro muertos y diecinueve heridos, contándose entre los primeros el teniente Alberto Silva. La muerte de este oficial produjo gran indignación a Machado, y como el clamor general acusaba al ejército, declaró que como jefe supremo de las Fuerzas Armadas, asumía la responsabilidad de lo ocurrido.

Octavio Averhoff, Secretario de Instrucción Pública, poco después Carlos Miguel de Céspedes, ocupando el mismo cargo, y Alberto Barrera, presidente del Senado, trataron de conciliar a los estudiantes con el Gobierno, sin conseguirlo. Aún era tiempo de evitar males mayores, pues el proyecto de una nueva Constitución que redactaba el insigne tribuno José Manuel Cortina, parecía que iba a ser la panacea de todos nuestros males, y se disfrutaron unos meses de relativa calma.

En el mes de septiembre de 1930 el periódico *El País* publicó unas declaraciones de Enrique José Varona, ya octogenario, pero cumbre aun del patriotismo y la civilidad, fustigando a los estudiantes por apasionarse por cuestiones fútiles de *sport,* con olvido de sus deberes ante los graves problemas nacionales que confrontábamos. El requerimiento de Varona fué un latigazo a las conciencias semidormidas y los estudiantes acordaron ir en compacta manifestación a la casa del ilustre filósofo, reuniéndose, el día 30, en la Universidad; pero al encontrarse rodeados por militares y policías decidieron marchar en protesta al Palacio Presidencial. Llegaron al parque *Eloy Alfaro,* donde la policía trató de disolverlos, trabando con ellos una refriega, en la que resultó muerto el estudiante Rafael Trejo y fueron heridos varios policías y paisanos. Fué un error del Gobierno acudir a la violencia para impedir aquella manifestación. Olvidó que el fusilamiento de los estudiantes de medicina, en 1871, originó más odio contra el Gobierno de España que cualquier otra de las razones que tuvimos para lanzarnos a la guerra. Fué darle un mártir a la causa estudiantil, y desde aquel día la oposición iba a tomar un carácter trágico.

Como en la guerra contra España, la mujer cubana toma parte activa en la campaña contra la dictadura de Machado, distinguiéndose por sus valientes escritos Hortensia Lamar, Ofelia Rodríguez Acosta, Flora Díaz Parrado, Mariblanca Sabas Alomá, Silvia Shelton y otras muchas.

Cerró el año 1930 con dos sensacionales acontecimientos; el Claustro Universitario, constituído por los mismos profesores que en apoteosis magnífica habían honrado a Machado haciéndole *Doctor Honoris Causa,* el 9 de diciembre se solidarizó con los estudiantes haciendo suya su protesta. Carlos Manuel de la Cruz, José Ignacio Rivero y Fernando Ortiz publicaron sendos artículos aconsejando la renuncia de Machado y la adopción de una nueva Constitución, y él, adolorido e indignado, clausuró la Universidad, otros centros de enseñanza y parte de la prensa. Las garantías constitucionales fueron suspendidas. Las *tánganas* y los choques con la policía se sucedían a diario. Por todas partes podían observarse los síntomas premonitores de una terrible revolución.

MI ACTUACION CONCILIADORA

LA CONFERENCIA DE "EL DIQUE"

Yo había permanecido alejado de toda política partidarista en mi país. La circunstancia de haber actuado como médico del Ejército Nacional desde los albores de la República hasta 1928, me había permitido observar a distancia y sin apasionamientos a los partidos políticos y sus componentes, y llegaba siempre a la conclusión de que no había entre ellos ideales opuestos, tendencias determinadas, aspiraciones distintas, elementos bastantes para dar a cada partido orientaciones tales que les permitieran trazar un programa bajo cuya bandera se agrupasen elementos afines distintos a otros. El programa de un partido pudiera tomarse por el de su más tenaz adversario, y este concepto alcanzaba hasta a los que en nombre del cumplimiento de esos programas, ensangrentaron el país con guerras civiles. Eran sólo organizaciones que tenían por único fin adueñarse del poder para disponer del presupuesto a su favor. Y si del análisis de los partidos pasaba al de sus hombres dirigentes, se entibiaba más aun en mí el concepto de que todo ciudadano tiene el deber de actuar en la política de su país. Ninguno de nuestros prohombres me subyugó nunca al extremo de convertirme en partidarista, pero confieso que a todos, sin excepción, les vi subir al poder con satisfacción, renovando así mi optimismo por el futuro de la patria; optimismo que, a cada gobierno que se sucedía, duraba sólo poco tiempo. Decepcionado de la política sin haber penetrado en ella, y entregado por entero al intenso ejercicio de mi profesión, a mi retirada del Ejército, en 1928, me mantuve siempre alejado por igual de todos los partidos, y por lo mismo era cada día en mí más grande el concepto de la patria, y me sentía más obligado a ella según aumentaban sus desventuras.

Como la mayoría de los cubanos, yo había visto con satisfacción la intensa actuación del Presidente Machado durante los dos primeros años de su gobierno. Ya había cometido algunos graves errores, pero, en la opinión pública, aun el platillo de la balanza se inclinaba a su favor. Él y yo nos habíamos conocido desde su paso por el Ejército, sin que hubiéramos hablado más de cuatro veces en la vida, y mi única relación con él durante su presidencia, había sido subir las escaleras de Palacio el día 1º de enero de cada año —como hice con todos los Presidentes— para desearle que pudiera, en el año entrante, hacer por Cuba todo lo que le exigiera su deber de libertador.

A fines de 1930 se había acentuado de manera ostensible el divorcio del Presidente con el pueblo, y todas las miradas de los que ansiaban ver a Cuba redimida de la tiranía convergían hacia el general Mario G. Menocal, cuyos pecados como gobernante iban siendo olvidados a medida que el tiempo transcurría y palidecían al lado de los de Machado. Menocal, como Machado, había forzado violentamente unas elecciones a su favor, pero si su honradez política quedó quebrantada, no lucró con la hacienda pública y fué enemigo de los crímenes políticos. Soplaban vientos de fronda; la atmósfera estaba cargada de pesimismo y negros presagios; hacía falta un hombre que encarnara la protesta del pueblo contra la dictadura, y, poco a poco, los distintos sectores de la oposición fueron agrupándose en torno del prestigioso caudillo de Victoria de las Tunas. Menocal conspiraba abiertamente para derrocar al gobierno, y no había ya rincón de la Isla donde la próxima revolución no incubara sus escuadrones. Comenzó entonces el gobierno sus persecuciones contra Menocal, y en la tarde del 30 de diciembre de 1930 fueron detenidas todas las personas que salían de su casa; le querían aislar, pero no atreviéndose a poner la mano sobre él, se le ocurrió al gobierno la peregrina idea de permitir la entrada en su casa a todas las personas que allí llegaran, pero a la salida los visitantes eran aprehendidos y encarcelados. Actuando de esta manera, se pensó que nadie le visitaría, y que, por tanto, la conspiración no podría continuar. Pero sucedía entonces que los conspiradores se reunían en las sociedades de recreo, para continuar su obra, y a las sociedades de recreo los fué a perseguir el gobierno. El *Habana Yacht Club,* la elegante institución, orgullo de nuestra sociedad, fué clausurada, para evitar que se reunieran allí Menocal y sus amigos; pero otras, como el *Vedado Tennis Club,* le ofrecieron en seguida sus salones al general Menocal para que allí se vieran él y sus afines.

Entre los detenidos el 30 de diciembre, a que he aludido, estaba el coronel Eduardo Puyol y Comas, retirado del Ejército cuatro años antes por simple decreto presidencial, sin previa formación de expediente y sin poder esgrimir contra él ni un sólo argumento; su retiro fué uno de tantos errores de Machado, por servir a algún amigo político que, probablemente por enemistad personal contra el coronel Puyol, se lo pidiera. Yo era íntimo amigo del coronel Puyol; tenía de él el concepto de que era uno de nuestros oficiales más enamorados de su carrera, y los dos estábamos compenetrados en el mismo elevado concepto de la lealtad militar. El Ejército debía permanecer completamente alejado de la política, como única manera de poder consagrarse a su misión esencial: mantener la independencia de la patria, obedecer al gobierno constituído y sostener el orden en la República; y si bien era cierto que en muchas ocasiones el Presidente Machado —como todos los gobernantes anteriores— había comprometido a oficiales de poca entereza, impulsándolos a cometer delitos electorales en favor suyo o de sus amigos, era necesario, al menos, evitar que se cometiera el delito de traición sólo por servir determinadas banderías. Nunca, nunca deberían rebelarse las fuerzas armadas contra el Presidente de la República, a no ser que llegara un día en que un paranoico ensoberbecido o un criminal pretendiera entregar la nación al extranjero. No era posible, por tanto, que Puyol conspirara de acuerdo con Menocal, por íntima que fuera su amistad con el General. Fuí en busca del general Alberto Herrera, Jefe del Estado Mayor, y demandé la libertad del coronel Puyol, y aunque él no quiso actuar por su cuenta, me brindó una entrevista con el Presidente de la República.

Al siguiente día, muy temprano, llegamos a Palacio; era día de Año Nuevo, y los pasillos estaban ocupados por los Secretarios del Consejo y amigos que acudían a saludar al Presidente, y el general Machado, en traje de etiqueta, tenía para cada uno una sonrisa y palabras de afecto; todos esperaban la hora de dar comienzo la recepción en el salón principal. El general Herrera dijo algunas palabras al oído a Machado, y éste, en el acto, se adelantó a mí, y los tres pasamos a su gabinete. Repetí al Presidente lo que a Herrera le había dicho respecto a Puyol, y le pedí que lo pusiera en libertad. El Presidente me oyó muy amablemente, y poniendo ternura y emotividad en sus palabras, me dijo que él nunca había olvidado que durante la revolución de 1917, cuando él, estaba prisionero y enfermo en el Hospital de Santa Clara, abandonado de sus amigos, yo, que estaba en campaña, aproveché una hora de parada del tren en aquella ciudad para ir a verle, ofreciéndomele en lo que pudiera servirle, y que hasta me le había ofrecido para internarme sólo en los campos llevándoles cartas de él a Mendieta y a Méndez Peñate, por quienes él sentía vivo afecto, a fin de que se dieran cuenta del fracaso de aquella revolución. Agregó que me había seguido desde mi salida del Ejército y me consideraba el hombre más neutral en las luchas políticas del país. Seguidamente comenzó a hablarme de la situación política: se refirió con pena a la sociedad habanera, que meses antes le colmaba de atenciones, disputándoselo cada familia a su mesa y a sus fiestas, y ahora le volvían la espalda, sin que hubiera habido, a su juicio, de entonces a la fecha en que me hablaba, ninguna razón para ello. Me contó su esfuerzo por gobernar con todos los cubanos; los beneficios personales que había hecho a muchos conservadores, citando el caso de Miguel Angel Aguiar, a quien mantuvo, me dijo, en la Comisión del Azúcar, ganando $800 mensuales, y ahora le combatía despiadadamente; entró luego a hablarme del general Menocal, al que le había unido siempre el más sincero afecto, asegurándome que había tenido empeño decidido en reforzar más cada día el prestigio político de su amigo, haciendo volver a su lado al general Rafael Montalvo y a otros elementos que se le habían separado, pues era su propósito que en las próximas elecciones pudieran los conservadores enfrentarse con sus adversarios; él, Machado, no haría en los comicios ningún favor al caudillo, pero tampoco permitiría fraudes en su contra, y tendría el mayor gusto en entregarle la Presidencia, si el pueblo lo elegía.

No obstante que el Presidente era esperado para dar comienzo a la recepción oficial de Año Nuevo, él, consultando el reloj, demostraba estar dispuesto a dedicarme hasta el último momento disponible, y siguió hablándome de Menocal; era incierto cuanto se había dicho acerca de que éste disfrutara de un alto sueldo con cargo a la Carretera Central; la única ayuda económica que le había prestado, había sido en relación con su ingenio *Santa Marta*, operación que se realizó por indicación, suya, por él y varios banqueros, y de cuyos detalles me informó, poniendo cuidado en no lastimar en lo más mínimo a su amigo. Entró en detalles íntimos para demostrarme su afecto a Menocal, quien, sin embargo, ahora, mal aconsejado, se alejaba primero de él, y se convertía después en detractor suyo.

Mucho tiempo llevaba hablando el Presidente, cuando vino un ayudante a avisarle que era la hora señalada para la recepción oficial, y nos despedimos, prometiéndome poner en libertad a Puyol al siguiente día.

No se necesitaba tener mucha perspicacia para comprender que aquella extensa y emotiva peroración del Presidente, en momentos en que reclamaban su atención asuntos oficiales, envolvía un oculto propósito. El sabía de mi amistad con Menocal y, posiblemente, pensaba que no perdía el tiempo hablándome como lo había hecho.

Desde que salí de Palacio y durante todo el día, estuve rememorando las palabras del Presidente, y mientras más las analizaba en detalles, más me convencía de que Machado seguía sintiendo sincera amistad hacia el caudillo de Tunas y deseaba un acercamiento político a él. De todos modos, no me parecía probable que el rencor y el odio hubieran nacido en su corazón. Y, pensando audazmente, concebí el propósito de poner de acuerdo a aquellos dos hombres, representante el uno de la Dictadura y el otro de la Oposición, para que trazaran un programa que, al llevarse a efecto, restableciera la paz en nuestra amada República.

A las diez de la mañana del siguiente día, 2 de enero, me llamó el general Herrera a su oficina para entregarme la orden de poner en libertad al coronel Puyol. Yo había servido a las órdenes de Herrera hasta dos o tres años antes como coronel jefe de la Sección de Sanidad del Estado Mayor del Ejército, y durante aquel tiempo se consolidó la amistad que nos unía desde veinticinco años atrás, amistad sincera que entrañaba recíproco respeto y estimación mutua; así fué que no dudé en hablarle de mi proyecto y solicitar su apoyo. Mi primer paso debía ser proponer a Menocal la reconciliación y una inteligencia política, respaldada por todos o la mayor parte de los sectores de la oposición. Herrera me prometió ayudarme y, en consecuencia, dió órdenes a la Policía para que yo pudiera entrar y salir libremente en la casa del general Menocal.

A las doce, después de dejar en su casa al coronel Puyol, me fuí en busca de Menocal, reuniéndome con él en el *Vedado Tennis Club,* a donde acudía a almorzar con algunos amigos. Le informé de la libertad de Puyol, y seguidamente le referí mi conversación con el Presidente. Me replicó que todo aquello eran habilidades de Machado para ganar tiempo, que era su único objetivo. Él —Menocal— había agotado todos los recursos y estaba convencido de la necesidad de acudir a la revolución para imponer la voluntad del pueblo, y la revolución estaba ya en marcha. Pronto él desembarcaría en Oriente, y vendría hacia La Habana, con el país entero detrás. La zafra debía empezar el 15 de enero, pero la guerra civil comenzaría antes que la zafra. ¡Quedaban sólo dos semanas! Contaba también con que el Ejército se le uniría. Repliqué vivamente que todo aquello sería un suicidio; que no contara con el Ejército, porque éste sería fiel, no precisamente al general Machado, pero si al Presidente de la República, y que aunque él tuviera muy buenos amigos en las fuerzas armadas, estos amigos, para salvar la República, harían tacto de codos junto al gobierno, como en 1917 lo habían hecho en torno suyo, y que, aun suponiendo que la revolución triunfara, cuando él llegara a La Habana, se encontraría aquí a los acorazados americanos trayendo la intervención. Machado, agregué, ha ejercido una dictadura apoyado por tres partidos políticos, pero si vence a la revolución, se convertirá en un tirano.

Una revolución sería ahogada en sangre; los que se fueran a ella no volverían y los que se quedaran en las poblaciones lo pasarían muy mal.

—Y si no hacemos la guerra, ¿vamos los cubanos a seguir tolerando la vergüenza de la Dictadura? ¿Qué haremos entonces? —dijo Menocal.

—A eso vengo a verle —contesté—; Machado me ha revelado en su conversación que está muy deprimido y que anhela encontrar una salida honrosa, y yo vengo a proponerle a Ud. una entrevista con él, para ver si se llega a un acuerdo y evitamos los horrores y consecuencias de una guerra civil.

Menocal se resistía a la idea de una conferencia con Machado, pero, a ruego mío, al fin me dijo: —Bueno, voy a complacerte; pero ya verás que será inútil. Tú no conoces a ese hombre: no se le puede creer una palabra de lo que dice; ¡te está engañando!; pero, bien, acepto la conferencia.

Entusiasmado con aquel primer triunfo, salí directamente a ver al general Herrera, quien acogió con júbilo la relación que le hice y quedó en proporcionarme una entrevista con el Presidente, y, en efecto, en las primeras horas de la mañana siguiente, día 3, ya estábamos en Palacio. Confieso que pocas veces me he sentido tan embargado por la emoción como en aquella conferencia. Pensaba que del éxito que yo obtuviera, iba a depender que la paz se consolidase, o se desencadenara la guerra. Ya en el gabinete de recibo, el Presidente, su Jefe de Estado Mayor y yo, principié pidiéndole a Machado que no viera en mí al amigo carente de méritos para hablarle, como iba a hacerlo, ni mucho menos al coronel retirado, que tendría que hacerlo con la correspondiente circunspección; que tenía necesidad de que me oyera como al patriota angustiado por los dolores que afligían a Cuba, próxima a verse azotada por los horrores de una guerra entre hermanos; que era posible que yo usara un lenguaje que él no estuviese habituado a oír, pero que si le molestaba en algo, me lo advirtiera oportunamente. El Presidente me interrumpió para decirme que conocía mi patriotismo, y que nadie con más derecho que yo podía hablarle con toda claridad sobre el problema palpitante, señalándole sus errores, si fuera necesario. Le referí entonces la impresión dolorosa que se recogía en todas partes respecto a la situación política y al porvenir de Cuba; le conté mi conversación con Menocal, ocultando, naturalmente, las palabras ásperas de éste al referirse al Presidente, y recalqué mis frases de que el Presidente venía ejerciendo una verdadera dictadura apoyado por los tres partidos políticos; pero que si la guerra estallaba, la ahogaría en sangre y se convertiría en un Dictador, sin reconocer más ley que su voluntad. Machado hizo un ligero gesto de inquietud o desagrado y, al notarlo yo, le pedí me dijera si le habían molestado mis palabras, pero se repuso vivamente y me contestó que le gustaba le hablara con entereza. Yo aproveché para decirle que el gobierno debía ir francamente a la rectificación de sus errores, y terminé proponiéndole que aceptara la conferencia con Menocal, que representaría a los factores de la oposición, y, puesto de acuerdo los dos caudillos, nos salvaríamos del desastre nacional que preveía y que no era de otro modo evitable. Al mencionar yo *los dos caudillos,* Machado me interrumpió vivamente: "para mí el único caudillo es Menocal; yo no soy caudillo". Yo hablaba emocionado, haciendo un esfuerzo para persuadir a Machado, quien emocionado también, a mi juicio, me contestó diciendo "que yo había sabido hablar al corazón a Menocal, de la misma manera que lo había hecho con él, y por eso los había ganado a los dos, y que desde luego, aceptaba la entrevista". Resuelto el asunto esencial, el Presidente siguió hablándome de la situación del momento, quejándose de las ingratitudes que estaba palpando por parte de los mismos que le habían colmado de honores hasta la exageración, y de aquellos a quienes había prodigado su protección. Tuvo frases duras para los profesores de la Universidad, que cuando él subió al poder se encontraban en situación bochornosa, perseguidos, ultrajados y expulsados de sus cargos por los alumnos, y él los reivindicó totalmente; le hicieron *Doctor Honoris Causa,* y más tarde, sin que mediara una razón, tal vez porque le creyeron tambaleante, se sumaron a los estudiantes pidiéndole la renuncia. Me habló de sus deseos de llevar a término las próximas elecciones presidenciales, que serían modelo de imparcialidad y respeto a la Ley, única ambición que le restaba. "No obstante —me dijo— a veces me siento cansado y con ganas de acabar de una vez, pero si me decido a irme será para entregar el poder a esta gente", y señaló para el general Herrera, que escuchaba en silencio el curso de la entrevista. Quedamos en que él me avisaría esa tarde, por conducto de Herrera, el día y la hora para reunirse con Menocal, y nos despedimos llenos de esperanzas de encontrar una solución cubana a nuestros problemas.

Horas después nos poníamos de acuerdo Herrera y yo para celebrar una conferencia preparatoria a las cinco de la tarde, de ese mismo día 3 de enero, en mi propia casa, con Menocal, debiendo ser representado Machado en esta ocasión por el doctor José Clemente Vivanco, Secretario de Gobernación, y por el Jefe del Estado Mayor del Ejército, general Alberto Herrera; yo, como mediador en el asunto, estaría presente.

Vivanco se adelantó a la cita para tener un cambio de impresiones conmigo; y en el momento de su llegada, había aglomeración de público frente a mi casa, calle de Línea esquina a L, en el Vedado, porque la Policía secreta, después de una larga persecución de muchos días, acababa de sorprender al Directorio Estudiantil en plena sesión, a media cuadra de mi domicilio, aprehendiendo a todos los presentes. Seguidamente llegaron Menocal y Herrera, y como los cuatro éramos viejos amigos desde los días gloriosos de la guerra de independencia, prescindimos de formulismos y entramos de lleno a tratar del problema que allí nos había congregado. Yo expliqué mi propósito en dos palabras. Herrera expuso el deseo del Presidente de celebrar aquella conferencia previa, ostentando Vivanco y él su representación. Menocal tomó la palabra exponiendo las razones que tenía el país para su tenaz campaña de oposición al gobierno. Recuérdese que en aquella época, aunque ya había ocurrido la muerte trágica del estudiante Trejo y se habían cometido ya muchos crímenes políticos, todavía la Dictadura no había realizado los horrendos asesinatos con que quiso ahogar en sangre a la oposición y que levantó frente a ella una montaña de odios. Era la época de las *tánganas* estudiantiles, de las manifestaciones de las mujeres y de la conspiración azuzada por la prensa que se rebelaba airada contra los abusos de la oligarquía, pero aun no habían entrado en juego las escopetas recortadas, las ametralladoras de mano, los paquetes-bombas y los crímenes de la *Porra* a plena luz del día; había aún para Machado determinado respeto por su ejecutoria anterior y la alta dignidad de que estaba investido por el cargo que ejercía.

El general Menocal entró de lleno a tratar de las rectificaciones a que debía llegarse para devolver al país la tranquilidad. Para él, lo fundamental era anular totalmente las últimas elecciones y llevar a efecto otras en que estuviera garantizada la libre emisión del voto. Sobre este extremo discutió extensamente con Vivanco tratando el problema desde el punto de vista legal, señalando dos maneras de conseguir la anulación, bien por medio de una resolución del Tribunal Supremo, o bien por un acuerdo del Congreso declarando sucias las actas. Eran tantas y tan evidentes las monstruosas violaciones de la Ley en las elecciones, que a cualquiera de ambos organismos les sobraban argumentos para declarar la nulidad, y no dudarían en hacerlo a sabiendas de que estaban respaldados por el gobierno y la oposición, en busca de dar solución al problema nacional. Con la anulación de las elecciones, previa reorganización de los partidos y libertad para crear otros nuevos, y la promesa, por parte del gobierno, de entrar en franca vía de rectificación de sus errores, la oposición se sentiría satisfecha. Herrera preguntó: —Y si se llegara a ese acuerdo, ¿sería acatado por toda la oposición? A lo que Menocal repuso: —Sería acatado por todos los factores importantes de la oposición. ¿Y los estudiantes? —repuso Herrera. A los estudiantes —agregó Menocal— es preciso complacerles en algunos asuntos relacionados con la Universidad, en los que les asista la razón. Y a ellos les satisfarían mucho nuevas elecciones.

Se acordó que Vivanco y Herrera harían conocer al Presidente lo tratado, y brindamos con *champagne* por la consolidación de un pacto sobre las bases expuestas, sintiéndonos muy satisfechos de que pudiéramos evitar al pueblo cubano nuevos días de sangre y de luto.

El incidente de la detención del Directorio Estudiantil, a que antes me referí, motivó que el público aglomerado en aquellos contornos, se diera cuenta de la entrada y salida en mi casa de personalidades tan conocidas, y esa misma noche nos sorprendió *El País* publicando un artículo en el que daba a conocer quienes se habían reunido en mi consultorio y deduciendo que yo trataba de provocar un acuerdo entre el gobierno y la oposición.

La publicación de este artículo produjo un general beneplácito y la prensa del siguiente día lo comentó con regocijo, considerando que el problema político entraba en una nueva fase, haciéndose alto en los aprestos bélicos y buscando la solución en la concordia entre cubanos. Pero el haberse hecho público el lugar de reunión, me obligó a cambiarlo para la nueva entrevista, así fué que cuando recibí de Herrera la noticia de que el general Machado, después de conocer las demandas de la oposición, deseaba tratar personalmente con Menocal sobre el asunto, propuse la finca *El Dique,* en el kilómetro ventiuno de la Carretera Central, donde el Ejército tenía un destacamento, y que por su aislamiento era lugar más adecuado para la conferencia. Acordamos que estaríamos allí a las tres de la tarde del día 7 de enero.

Cuando llegamos Menocal y yo, acompañados de *Mayito* y Raúl, los dos hijos del General, cinco minutos antes de la cita, ya estaba allí el Presidente, que había acudido con el general Herrera, Vivanco y sus ayudantes. Yo me adelanté con Menocal hasta dejarlo frente a frente a Machado, quien se levantó a recibirlo, y gocé a mis anchas en el momento en que los dos caudillos rivales, después de tantas injurias y ultrajes, se dieron la mano y pasaron, juntos y solos, al gabinete que se les tenía reservado.

No se ha hecho pública la conversación sostenida durante hora y media entre los dos prohombres, a la que fué llamado el doctor Vivanco antes de terminarse, pero puede asegurarse que fué una discusión de las bases tratadas en mi casa, y que por primera vez se publican en este libro. Ambos salieron del gabinete expresivos y locuaces, abandonando la actitud de reserva con que habían entrado. Y después de charlar en conjunto todos los presentes allí, mientras examinábamos los preciosos sementales de la estación de remonta, nos despedimos más esperanzados que nunca en llegar a una solución. Machado dijo después a sus acompañantes: —"Nunca había visto a Menocal tan hábil". Y Menocal me dijo a mí: —"Machado quiere consultar el plan con Viriato".

Vivanco dió una nota a la prensa: los dos Generales se habían encontrado casualmente en la carretera, y entrando en la finca *El Dique,* hablaron amigablemente. La prensa creyó, y dió por seguro, que ambos Generales habían tratado sobre un proyecto presentado días antes por don Antonio González de Mendoza, que contenía artículos vejaminosos para el Presidente, como aquel en que reclamaba que un Consejo de Secretarios, nombrado por la oposición, velaría por que el Presidente cumpliera todo lo pactado. Los comentarios de la prensa soliviantaron al Presidente, así como las manifestaciones de esa tarde contra él, frente a Palacio. Según se me dijo, los consejeros de Machado, al ser consultados por éste sobre lo tratado en la entrevista, llegaron a la conclusión de que todo había sido una zancadilla que el de Tunas le había echado al de Las Villas por conducto mío, y aconsejaron no seguir las conferencias. Yo reclamé de Machado el aviso para la próxima reunión, que en *El Dique* me había prometido para tres o cuatro días después, y tras varias alternativas, me contestó, por conducto de Herrera, que había resuelto suspender las entrevistas indefinidamente.

Así terminó aquel esfuerzo mío por encontrar una solución pacífica, basada en un entendimiento entre el gobierno y la oposición. Menocal había tenido toda la razón, cuando al comienzo de mis gestiones me aseguró que Machado me estaba engañando, y que no tenía más propósito que ganar tiempo. Y entristecido por mi fracaso, me retiré de la escena política, convencido de que la terquedad de Machado y la ambición sin límites de sus satélites, nos llevarían al más terrible desastre... Y en el silencio de mi retiro parecióme escuchar el galopar de los caballos de los Cuatro Jinetes del Apocalipsis que avanzaban sobre Cuba.

GUERRA SIN CUARTEL

Abandonadas por el Presidente las bases acordadas en mi gabinete entre sus representantes, general Herrera y José Clemente Vivanco, y el general Menocal, en representación de la oposición, y que parecían aceptadas en principio en la conferencia de *El Dique,* perdió el Gobierno la última oportunidad que tuvo para salir del poder por una transacción y no expulsado por una revolución. La guerra sin cuartel quedó declarada y el propósito de dar muerte al Presidente Machado, rechazado hasta entonces por indigno de la oposición, fué ahora perseguido con ahinco.

Todo estaba preparado para la inauguración del Capitolio y de la Carretera Central el 24 de febrero de 1931, día de la patria, cuando la víspera sorprendió a todo el país un hecho inusitado: una bomba de dinamita había sido colocada en el Palacio Presidencial, en un bajante de la azotea, con el propósito de que estallara en la habitación donde el Presidente dormía, pero fué detenida por un codo de la tubería y estalló antes de llegar a su destino. La conmoción que el hecho produjo fué enorme. Fácilmente se descubrió que la bomba había sido puesta por el soldado Camilo Valdés, de la escolta de Palacio, quien al ser descubierto y por la crueldad de las torturas a que fué sometido en Atarés por el capitán Crespo, declaró que había actuado por orden de Emiliano Machado, conocido por *el Tuerto Machado,* pero horrorizado por los sufrimientos y obedeciendo órdenes imperiosas de Crespo, acusó de inductor al comandante Manuel Espinosa, ayudante muy querido del Presidente, joven correctísimo, de exquisita cultura y fiel servidor de su jefe, pero que por ser cuñado del doctor Miguel Mariano Gómez se buscaba con esta acusación envolver en el proceso al cívico oposicionista que hasta ese día había sido Alcalde de La Habana. Por otra parte, el comandante Espinosa estaba emparentado con el doctor Francisco María Fernández, que en aquellos días ocupaba interinamente la Secretaría de Estado y que hubiera sido el substituto de Machado, de haber muerto éste. Acusado también como cómplice Raúl Martín, fué torturado en el Castillo de Atarés y seguidamente ahorcado para aparentar un suicidio. El otro acusado, Emiliano Machado, logró escapar, pero la policía detuvo a José Domingo Machado, desgraciadamente tuerto también como Emiliano, lo confundió con él y lo eliminó. El Consejo de Guerra, reunido en la fortaleza de La Cabaña para esclarecimiento de los hechos, declaró no culpable al comandante Manuel Espinosa y pidió la pena de muerte para el único autor del atentado, soldado Camilo Valdés. Produjo al Presidente fuerte contrariedad el fallo del Consejo de Guerra, que no se dejó influenciar por presiones palaciegas, y delante de gran número de personas de significación, los testigos y acusados, trató en vano de obtener nuevas declaraciones, acabando por manifestar que acataba el fallo del Consejo aunque otras fueran sus convicciones. Espinosa obtuvo su retiro del Ejército y embarcó a los Estados Unidos; a Camilo Valdés se le conmutó la pena por la de cadena perpetua.

Este acontecimiento sensacional del 23 de febrero no impidió que el 24 se celebrara con gran pompa la inauguración de la Carretera Central y del Capitolio, bajo una tensión nerviosa extraordinaria, en presencia del Cuerpo Diplomático, el Congreso y todas las autoridades, y tal era la excitación, que por razones desconocidas se produjo un pánico entre el pueblo aglomerado en el Prado y la Plaza de la Fraternidad, con el consiguiente número de lesionados, costando trabajo restablecer el orden.

La oposición se agita sin descanso; las *tánganas* se suceden, rompiendo los manifestantes las vidrieras de los establecimientos y los faroles públicos; la partida de la *Porra* apaleaba y daba torturas impunemente. Aquella célebre partida de la *Porra* se había formado con hampones de la más baja esfera, muchos de ellos presidiarios indultados precisamente con este fin; gozaba del apoyo incondicional del Gobierno en todas sus fechorías y era mandada por el teniente coronel Antonio Jiménez, viejo veterano, y por Leopoldo Fernández Ros; y como sus miembros vestían de paisano, se mezclaban con las turbas estudiantiles para disolverlas a palos. Empezaron entonces a actuar los elementos femeninos de la mejor sociedad, que acudían frente al Palacio Presidencial para manifestar a gritos sus protestas y sus descontentos, y contra aquellas damas organizó *Pepito* Izquierdo —Alcalde capitalino por la voluntad del Dictador— la porra femenina, mandada por la negra *Mango Macho* y constituída por mujerzuelas del arroyo. Un día, al llegar frente al Palacio las damas oposicionistas, fueron agredidas por las huestes de la *Mango Macho* que las golpearon y destrozaron sus vestidos, dejando a algunas casi desnudas. Y como en las tragedias no falta la nota cómica y pintoresca, un grupo de jóvenes oposicionistas, vestidos de mujer y con sendos sombreros, hizo irrupción frente al Palacio gritando improperios; salió a atacarlos la porra femenina, y sacando sus bastones los disfrazados, les propinaron a las *porristas* una paliza, yendo muchas de ellas a curarse a las casas de socorros.

El doctor Octavio Zubizarreta, en la Secretaría de Gobernación, daba la nota extremista y de exterminio de sus contrarios. "Sé que estoy condenado a muerte —dijo un día— pero mientras esto ocurra me llevaré por delante a todo el que pueda". El capitán Crespo, se convirtió en el terror de los descontentos, por las torturas a que sometía a los presos de Atarés antes de matarlos. Y el comandante Arsenio Ortiz asolaba la ciudad de Santiago de Cuba, cometiendo cuarenta asesinatos durante los tres meses que fué supervisor, siendo felicitado por la Superioridad por la manera rápida con que restableció el orden; pero de tal modo consternó a aquella ciudad que el juez Río Balmaseda y el pundonoroso presidente de la Audiencia, Luis de Hechevarría, pidieron su procesamiento, y el Gobierno se vió obligado a retirarlo de Santiago. Por cierto que alrededor del comandante Ortiz ocurrió un incidente que pasó inadvertido y merece ser citado: dispuesto su ingreso en la Academia de Aplicación de Oficiales, en el Campamento de Columbia, el coronel Julio Sanguily, director de la Academia, se presentó al Jefe del Estado Mayor, rogándole que lo retirara de allí por estimar que no era digno de figurar entre tantos oficiales meritísimos; y la resolución fué relevar a Sanguily del cargo y nombrarlo Jefe de la Comisión de Retiros y Pensiones, quedando Ortiz en la Academia.

La última esperanza seguía siendo el Tribunal Supremo, pero celebrada la vista del recurso de inconstitucionalidad sobre la ilegalidad del Gobierno de Machado, presentado por el doctor Pedro Herrera Sotolongo, el fallo fué adverso a la oposición, y una ola de inquietud estremeció a todo el país. El fantasma de la revolución asomaba por el horizonte.

No obstante reconocer que la intransigencia de ambos bandos, gobierno y oposición, les hacía inabordables a cualquier nueva tentativa de entendimiento político, la perspectiva de los horrores de una guerra civil me inquietaban sobremanera y me consideré obligado a hacer un último esfuerzo en favor de la paz, aprovechando la amistad y consideraciones personales que siempre me brindaron personalidades de influencia decisiva.

El doctor José Clemente Vivanco ocupaba a la sazón la Secretaría de Estado, a cuyo cargo le había llevado el Presidente Machado para que asumiera la Presidencia de la República en el caso, bastante probable, de que él fuera muerto por sus tenaces perseguidores. El afecto que nos unía me autorizaba a dirigirme a él, y nadie mejor podía interpretar mi propósito, ya que había sido magistrado del Supremo y también fiscal del mismo tribunal, y con este motivo le dirigí la siguiente carta:

La Habana, 10 de julio de 1931.

Dr. José Clemente Vivanco.
Ciudad.

Mi querido amigo: después de mi fracasada gestión en pro de una reconciliación entre los dos grandes caudillos que militan en campo adverso, me he metido en mi casa en espera de ver si es posible que los políticos se entiendan y cesen las angustias en todos los corazones amantes de la patria, pero ya se vislumbra el fracaso del plan Cortina y vuelve a hablarse de medidas violentas por parte de la oposición. ¿No temes tú un nuevo atentado contra el Presidente? ¿No crees posible un atentado contra la República, por medio de una revolución? Si el Presidente es asesinado, y es evidente que él teme que suceda, sobrevendrían tristes días de anarquía, que al asumir tú el poder no podrías reprimir sino a costa de mucha sangre, y tú mismo, quizás, no podrías resistir el ímpetu de una oposición que se consideraría triunfante. Y no hablemos de una revolución. A diario les digo a los que hablan de alzamiento que el que se levante no volverá a su casa y que los que se queden en la población lo pasarán muy mal. No por el hecho de ser militar retirado sino por convicción, soy enemigo de toda revolución en Cuba, desde que conquistamos la Independencia. Estoy bien seguro de que cualquier revolución, por grande que sea, en cuatro o cinco semanas será ahogada en sangre. ¿No te aterra la posibilidad de cualquiera de esos dos caminos que tomaran los enemigos del Gobierno? ¿Si el plan Cortina-Ramírez está fracasado, no crees que merecía pensar un momento en el proyecto mío que yo les presenté a Menocal, a Herrera y a tí y que en principio les gustó a ustedes? Recuerda mi sencillo plan, muy anterior al de Cortina: "Estando todos convencidos, como debemos estar, de que es imposible llegar a una solución entre políticos, pongamos la resolución del problema en manos del mismo pueblo convocando a una Convención Constituyente con amplios poderes para hacer todas las reformas que crea convenientes en nuestra Constitución". Tú me objetaste que de acuerdo con el artículo 115 de la Constitución vigente, tenía que ser el Congreso el que dijera en qué debían consistir las reformas, pero yo entendía y sigo creyendo que el inciso primero de dicho artículo abre la puerta que se necesita, al autorizar la reforma total, y así como el Congreso, desde gobiernos anteriores, viene delegando en el Presidente de la República sus facultades de hacer leyes, y esto se ha aceptado como bueno, también podría ahora delegar en una Convención Constituyente sus facultades de reformar la Constitución.

Este criterio mío se lo expliqué a una de nuestras más grandes autoridades del Congreso, y me dijo que yo tenía toda la razón, que el Congreso podía delegar esa facultad.

Si este proyecto se aceptara, bajo la Presidencia del general Machado podrían llevarse a efecto el censo, la reorganización de los partidos y la propia reforma. Los partidos políticos presentarían sus programas al pueblo en demanda de los votos, vendría el choque de ideas en la Convención y se llegaría al justo nivel, y todos acatarían lo que el pueblo resolviera por medio de sus mandatarios constituyentes, y se salvaría el gran escollo. No habría vencedores ni vencidos. ¿No merece la pena estudiar este proyecto mío? Fracasadas las reformas que intentan los congresistas ¿no te atreverías tú a prohijarlo y hablarle del asunto al Presidente?

Desde luego, no me contestes por escrito sobre esto, que tu posición es muy delicada para hacerlo; pero si me necesitas para explorar la opinión de la oposición sobre el asunto, no tienes más que mandarme. Soy todo tuyo,

HORACIO FERRER.

El doctor Vivanco, siempre atento, y ansioso siempre de que se llegara a una solución armónica, me visitó en seguida. Había estudiado mi proposición y la creía viable; al redactar el proyecto de reforma, el Congreso podría señalar distintos particulares y autorizar a la Asamblea Constituyente para hacer otras alteraciones en persecución de los altos fines políticos que se querían solucionar. Si la oposición aceptaba en principio la proposición, él, Vivanco, se ocuparía en estudiar el asunto con amigos suyos, Magistrados del Supremo, y redactarlo de manera que el acuerdo del Congreso no pudiera ser tachado de inconstitucional.

También se haría cargo de tratar la cuestión con Machado.

En vista de la favorable acogida del doctor Vivanco, escribí al general Menocal:

La Habana, 17 de julio de 1931.

General Mario G. Menocal,
Finca *El Chico.*

Mi querido General: perdóneme si yo, el menos autorizado para ello entre todos sus amigos, vuelva sin embargo, a molestarle para hablarle de asuntos políticos. Bien sabe Ud. que al hacerlo me mueve solamente la angustia de la patria, que siento vivamente, y la convicción de que si llega a estallar la contienda civil, la sangre derramada de cubanos por cubanos caerá como gota de estaño derretido en la conciencia de los que no hicieron un esfuerzo sobrehumano por evitarlo, alcanzando aún a los que, creyéndonos impotentes para actuar, nos cruzamos de brazos ante la tormenta amenazante.

Yo bien sé cuanto usted ha hecho y sigue haciendo por evitar la revolución, y reconozco que de no ser por su actitud patriótica y enérgica, estaría la patria empapada en sangre; pero es necesario ir más allá de quemar el último cartucho en favor de la paz, aunque se arrostre la indignación de los exaltados. Yo no trato de estimular su patriotismo —que audacia sería en mí—; quiero más bien esforzarme, para tranquilidad de mi conciencia, en buscar una solución a nuestros problemas.

Usted me dijo, la última vez que nos vimos, que las reformas de Cortina estaban fracasadas, y el desarrollo de los acontecimientos me hace pensar que usted tenía razón y me temo que al convencerse de ello el país, vuelva a surgir un estado de ánimo revolucionario, como ya lo provocaron anteriormente otros sucesos. Me da horror pensar en lo que traería un levantamiento; sería ahogado en sangre, porque sin armas no es posible vencer al gobierno. Y si esto es así, si las reformas están fracasadas ¿por qué antes de que el país se convenza y se lance a las armas no estudian Ud. y sus amigos aquel plan que yo le presenté a Ud. y a mis amigos del Gobierno, y ustedes encontraron aceptable en principio? Recordará Ud. mi plan muy anterior al de Cortina. Puesto que no es posible que el Gobierno y la oposición se entiendan por ser diametralmente opuestas sus aspiraciones, entreguemos la resolución del problema político al pueblo mismo, convocando a una Convención Constituyente con amplios poderes para hacer todas las modificaciones que sean oportunas en nuestra actual Constitución. Hecha en breve la reorganización de los partidos y el censo electoral y convocada la Constituyente, cada partido presentaría al pueblo su programa de reformas, en demanda de sus votos. En la Constituyente defendería cada partido sus doctrinas, y la nueva Constitución sería la verdadera expresión de la mayoría del pueblo cubano acatadas por todos, sin que hubiera vencedores ni vencidos.

En aquella época se me objetó que, según el artículo 115, la Constituyente se tenía que limitar a aprobar o rechazar las reformas aprobadas por el Congreso; pero yo decía y sigo creyendo que el primer párrafo de ese mismo artículo autoriza la reforma total, y que de la misma manera que el Congreso desde hace muchos años viene delegando con frecuencia en el Presidente de la República sus facultades de hacer leyes, así también podría delegar en una Convención Constituyente sus facultades de modificar la Constitución. Yo expliqué mi criterio a uno de nuestros más sapientes legisladores, y él, después de conocerlo, me dijo que yo tenía toda la razón, que esas facultades se podían delegar con tal seguridad, que el acuerdo del Congreso no podría ser impugnado. ¿No cree usted que esa sería la mejor solución, la más patriótica, la más razonable? Si la oposición tiene, como cree, la mayoría del país, la oposición iría al poder por el único camino legal.

Si las reformas están fracasadas y ustedes creen posible un acuerdo sobre estas bases, yo tendría gran honor en explorar el campo opuesto. Yo creo que si este plan se aceptara, el general Machado encontraría una honrosa manera de abandonar el gobierno y dejaría a algún cubano sin pasiones ni ambiciones la gobernación de la República, pidiendo él licencia y no renunciando para evitar la inmediata elección presidencial.

Soy muy suyo amigo y servidor,

HORACIO FERRER.

Tres días después recibí la siguiente contestación del general Menocal.

La Habana, julio 20 de 1931.

Sr. Dr. Horacio Ferrer,
Ciudad.

Mi querido Horacio:

Contesto con gusto e interés a tu afectuosa carta del 17 del corriente, lo cual no había hecho antes, por tratarse del fin de semana, y querer consultar a una persona cuyo nombre te diré personalmente.

Comprendo tu estado de ánimo actual, como bien dices, *ante la tormenta amenazante*. —He hecho, y estoy haciendo— como tú bien lo reconoces cuanto he podido para evitar a nuestra patria un nuevo duelo con todas sus consecuencias; pero francamente estoy ya convencido de que la mayor responsabilidad recae sobre quienes anteponen su mal entendido *amor propio* o su egoísmo personal a la tranquilidad pública. No creas que me preocupa la indignación de los exaltados, ni mucho menos puede detenerme el deseo de conquistar aplausos, popularidad ni glorias; sólo ansío el reconocimiento de las libertades por las que luchamos, la tranquilidad y progreso de nuestro pueblo y el afianzamiento de nuestra independencia, por cualquier medio que sea compatible con la dignidad de ese pueblo que supo luchar por su emancipación.

He pensado, estudiado y consultado tu proyecto de solución, porque pienso en todas las posibilidades de arreglo y en cuantas fórmulas se indican, pero especialmente en aquellas que proceden de tan nobles sentimientos patrióticos como son todos en los que tú te inspiras.

Ahora bien, dos objeciones fundamentales se me ocurren a tu proyecto; primera: de acuerdo con la Consitución que nos rige, me parece imposible y así me lo indican abogados amigos —emplear para su modificación procedimiento distinto del que especialmente se estatuye en sus preceptos, si nos queremos desenvolver dentro de las vías legales; segunda: para llevar a cabo la rectificación del censo electoral, posteriormente la reorganización de los Partidos existentes, así como la posible organización de otros nuevos, la oposición reclama con derecho, garantías que no se le han ofrecido con hechos, sino con promesas que desgraciadamente ya no son creídas ni aceptadas.

Espero verte personalmente sobre este asunto, y agradeciendo sinceramente el interés que por todo aquello que afecta a Cuba siempre te has tomado, quedo tuyo afectísimo amigo que te abraza.

M. G. Menocal.

Correspondiendo a los deseos manifestados por Menocal, fuí a verle a su finca *El Chico* y le referí las gestiones que había hecho con el doctor Vivanco y la actitud optimista de éste, y le expresé que el legislador de quien le hablaba en mi carta era el doctor Cortina; que ambos creían mi proyecto viable; pero me contestó que sería un pretexto más para Machado, para ganar tiempo, y como siempre, burlarse de sus contrarios; que la revolución estaba ya en marcha sin que hubiera nada que la pudiera detener. Al darme cuenta de la realidad, le dije que mientras yo fuera coronel retirado no podría levantarme en armas contra el Gobierno, pero que iba a renunciar inmediatamente a mi condición de retirado, a lo que él se opuso, diciéndome que eso llamaría la atención, que era preferible que me quedara en La Habana y al estallar la revolución, procediera como mi patriotismo me aconsejara. Le expresé que en mi concepto las autoridades conocían todos los movimientos y si no habían detenido a los directores era porque esperaban que se pusieran fuera de la ley para destruirlos.

El desventurado plan se reveló dos semanas después por los acontecimientos.

El general Menocal, el coronel Mendieta y su plana mayor debían embarcar el 9 de agosto en el *Habana Yacht Club,* donde serían recogidos por el *Baire,* barco de nuestra Marina de Guerra mandado por el capitán de corbeta Juan Rivera, que los llevaría a Puerto Padre, donde les esperarían partidas armadas, prontas a incorporarse, y posiblemente algunos elementos del Ejército. El doctor Miguel Mariano Gómez, aprovechando su prestigio como alcalde saliente de La Habana, inmaculado por su labor administrativa, se sublevaría en La Habana con parte del Cuerpo de Policía y una buena cantidad de armas que se habían distribuído en silencio; distintos jefes prestigiosos se levantarían en grupos por todas partes para secundar el movimiento, y un barco fletado con armas y municiones y con figuras importantes de la política, mandado por Aurelio Alvarez y el coronel retirado Rosendo Collazo, llegaría conjuntamente a Gibara. El proyecto adolecía de un defecto capital, y era que el éxito inicial dependería de la voluntad del jefe del barco, hombre sin experiencia militar y sin condiciones de acometividad. Faltó el *Baire* a la cita y el plan se derrumbó estrepitosamente. Menocal, Mendieta y sus amigos se vieron obligados a embarcar en el pequeño yacht de recreo *Coral* y sabedores de que no podrían llegar a Oriente hicieron proa a Occidente, y cuatro días después fueron apresados todos en Río Verde y conducidos a la fortaleza de La Cabaña. El cañonero que los condujo fué escoltado en el viaje de regreso por el *Baire,* el mismo barco que se creyó los llevaría a Oriente, mandado por el propio capitán Juan Rivera, y éste fué acusado de traición por los revolucionarios. El doctor Gómez, al conocer el fracaso inicial, no se atrevió a moverse en La Habana, donde el único que se pronunció fué el capitán libertador Arturo Pino, que cercado en una casa de Luyanó, se defendió como un león, con sólo un compañero, de más de cien atacantes, haciéndoles muchas bajas, pero sucumbió al cabo, con su amigo Felipe Cabezas, acribillado a balazos, sin que ninguno de los comprometidos intentara secundarlo. El valiente brigadier libertador Francisco Peraza, de setenta y cinco años de edad, fué sorprendido, el día 11 en Loma del Toro, en las sierras de Pinar del Río y asesinado con todos sus compañeros por la Guardia Rural, mandada por un antiguo subalterno suyo en la Guerra de Independencia, del que esperaba se incorporara a la revolución.

Al *Ilse Volmaner,* conduciendo el cargamento de pertrechos, no pudieron llegar más que treintisiete expedicionarios, de los doscientos que esperaban, pues el resto y los jefes fueron detenidos por las autoridades americanas. Desembarcaron en Gibara siendo inmediatamente atacados por numerosas fuerzas del Gobierno, pudiendo, sin embargo, escapar al campo, protegidos por la partida del coronel libertador Balán, después de tenaz y valiente resistencia, y apresados o muertos todos los componentes de la expedición. En el resto de la Isla los grupos rebeldes fueron perseguidos sin tregua y se acogieron a indultos enviándoseles a la cárcel, o resultaron muertos en la persecución. El levantamiento había sido aplastado, tal como yo lo había previsto y se lo advertí a Menocal; pero la revolución quedó en pie.

Se sospechaba que el coronel Emiliano Amiel, jefe del Distrito Militar de Santa Clara, hubiera estado en relaciones con Menocal y en la tarde del 24 de noviembre su automóvil fué agredido a tiros por un centinela, resultando herido el Coronel y muerta una sobrina que le acompañaba. Se afirmó que habían tratado de eliminar a Amiel. El 21 de diciembre ocurrió otro hecho de sangre: el estudiante Félix Alpízar trabó combate con el experto policíaco Olave, resultando heridos ambos, y apresado el primero por el jefe de la Policía, Rafael Carrerá, se le torturó hasta darle muerte. Mientras tanto, se tomaban medidas extraordinarias de seguridad que ni aun en la época tiránica de Weyler se habían conocido; se ordenó un registro general de todas las casas en busca de pertrechos y se hizo responsable a los padres y tutores de menores de veintiún años de los actos que éstos pudieran cometer, amenazándoles con duros castigos; a los periódicos que habían dejado de publicarse se les obligó a reanudar sus tareas, bajo la severa censura de los *porristas*.

Pero la oposición no cejó en sus actividades: Domingo Méndez Capote, presidente de la Junta Revolucionaria de Nueva York, publicó un viril manifiesto afirmando que no obstante el fracaso del levantamiento de agosto, persistirían los opositores en sus demandas hasta obtener el cese de la dictadura; y a la vez entró en acción la organización secreta, celular, conocida por el "A B C". En su manifiesto-programa, aparecido en 1932, se hacía un inteligente estudio de la situación del país y se planteaban las reformas necesarias desde el punto de vista económico, político y social, dando forma por vez primera a las demandas del pueblo cubano en concordancia con los progresos culturales alcanzados y las necesidades presentes y futuras de la nación. Desgraciadamente la institución que surgía a la vida pública bajo tan brillantes auspicios cometió el error de condenar injustamente a los libertadores, diciendo que "la evolución nacional de los últimos treinta años ha demostrado que una gran parte de los males de Cuba se derivan de que la generación del 95 ha secuestrado para sí la dirección de los asuntos públicos, excluyendo sistemáticamente a los cubanos que alcanzaron la plenitud civil bajo la República". Y cuando tales afirmaciones hacía el "A B C", entre todos los Secretarios del Consejo sólo dos eran libertadores, y los cuatro tenidos por consejeros áulicos del Presidente tenían un origen político bien distinto; el Congreso, que en otro tiempo alcanzó el mayor prestigio de su historia, dirigido por pensadores de origen revolucionario —de esa misma generación del 95 que acusaban ahora los nuevos reformadores— tales como Salvador Cisneros Betancourt, Domingo Méndez Capote, Enrique José Varona, Antonio González Lanuza, Manuel Sanguily, Juan Gualberto Gómez, Aurelio Alvarez, Pedro Betancourt, Alfredo Zayas, estaba ahora en manos de la juventud y de los osados de todos los tiempos, al extremo de que de cada cien legisladores, sólo ocho habían estado en la guerra contra España; y era este Congreso de nuevos políticos el que estaba de rodillas ante el Dictador para obtener de él sinecuras y negocios ilícitos. En los cargos públicos no llegaba al 10% el número de libertadores, ya que se había hecho una Ley de Retiro para sacarlos de las oficinas públicas y darle paso a la juventud apadrinada por los políticos. La Judicatura nunca estuvo mejor organizada que cuando, a raíz de la contienda libertadora, se la puso en manos de los hombres que en ella habían tomado parte. Jamás estuvo la capital de la República mejor administrada que cuando ocuparon el cargo de alcalde hombres procedentes del Ejército Libertador: Perfecto Lacoste, Alejandro Rodríguez y Fernando Freyre de Andrade, y debe citarse también entre los honorables a Juan Ramón O'Farrill, presidente de los emigrados, y a Miguel Mariano Gómez, hijo de un veterano e identificado completamente con los libertadores. Compárese la honradez acrisolada de aquellos hombres con la conducta sin escrúpulos de los hombres producto de la política que han ocupado aquel cargo. El Ejército estuvo mandado por veteranos de la independencia durante el primer tercio del siglo y jamás pudo acusarse de mala conducta a ninguno de ellos, quedando inmaculado los nombres de sus jefes, generales Alejandro Rodríguez, Emilio Avalos, José Martí, Francisco de Paula Valiente, José J. Monteagudo, Julio Sanguily, Miguel Varona, Pablo Mendieta, Eduardo Lores, Armando Montes, Eduardo Puyol, Carlos Rojas, José Semidey, Armando de la Riva, Rogerio Caballero, etc. Y a sabiendas de todos estos hechos se hacían derivar los males de Cuba de la generación del 95.

Pero no conforme el "A B C" con esos desplantes agregaba que esa generación "desde sus primeros pasos en la gestión republicana puso de manifiesto su falta de aptitud para la labor civil de organizar y defender el nuevo Estado", diciendo después que "no ha sabido ni en el poder ni en la oposición, organizar las defensas nacionales". "Dominó, sin embargo, de tal modo el sistema político nacional, que los jóvenes admitidos a participar en el mismo, han sido únicamente los que se mostraron dispuestos a aceptar sus condiciones y a contagiarse con los vicios; estableciéndose así una selección a la inversa; la selección de los peores".

Aun dijo más el "A B C" contra los libertadores, pero no es mi intención aplicar el escalpelo de la crítica a todos sus desaciertos, al tratar este asunto, dictado tal vez por un *guerrillerismo* trasnochado, ya que probablemente no corría por las venas del autor de esos conceptos ni una gota de sangre libertadora ni se anidaba en su alma un átomo de gratitud para los que a costa de tantos sacrificios le habían dado patria.

Leí con desprecio las primeras páginas del Manifiesto-Programa, y con dolor seguí leyendo porque aquel documento me pareció lo más hermoso que se había publicado sobre propósitos de un partido, y me hubiera afiliado al "A B C" de no haber injuriado a los veteranos. Luego supe que lo mismo les había resultado a otros veteranos y a muchas personas que no lo eran; y tengo la convicción de que aquellos desplantes y la falta de firmeza en sus propósitos, militando en todos los gabinetes de todos los presidentes que se han sucedido, han sido las causas del descrédito de aquel partido que parecía llamado a ser el regenerador de la vida pública en Cuba.

Quílez, en *Carteles,* y *Pepín* Rivero, en el *Diario de la Marina,* se hicieron eco de lo que el "A B C" dijera contra los veteranos, y con este motivo escribí una carta al doctor Rivero, bastante mesurada por cierto, en defensa de los veteranos, y quedé sorprendido del número de felicitaciones que recibí. La primera carta fué de Enrique José Varona, y el primer telegrama, apenas salió a la calle el *Diario de la Marina,* fué del general Alberto Herrera, muy encomiásticos ambos.

El año de 1932 se inició con explosiones atrevidamente llevadas a cabo por los estudiantes y sus simpatizadores, perseguidos y castigados duramente por la policía y los *porristas,* particularmente por los jefes de ambas organizaciones, el experto Miguel Calvo y Leopoldo Fernández Ros, y contra ellos se encauzó la persecución, siendo Calvo acribillado a balazos desde un automóvil, cerca de la farola situada en Marina e Infanta, el 9 de de julio, en presencia de policías que huyeron cobardemente, y Fernández Ros, baleaceado también más tarde. Machado se desesperaba al ver la audacia de sus enemigos asesinando en pleno día y en lugares céntricos a sus mejores defensores, y acudía a tremendas represalias. El teniente coronel José Alvarez, que vivía en Los Arabos, tenía varios hijos que estuvieron complicados en el movimiento de agosto. Los hermanos Narciso, Ramón y José fueron detenidos y encerrados en el Castillo de San Severino, en Matanzas, y llevados el 26 de julio a un lugar cerca de Los Arabos, les dieron muerte a los tres, publicando el Estado Mayor un parte en que se decía que "la fuerza pública había sostenido un encuentro con los rebeldes y había matado a unos ladrones y salteadores de camino, *los temibles hermanos Alvarez*.

El día 27 de septiembre de 1932 puede ser considerado como el más terrible en la lucha contra el Machadato, y los sucesos que en él ocurrieron evidencian bien hasta dónde habían llegado los odios engendrados por las pasiones desenfrenadas. En su afán de acabar con Machado a todo trance, un grupo de oposicionistas concibió el propósito de darle muerte a Clemente Vázquez Bello, Presidente del Senado, y dando por seguro que el Presidente de la República concurriría al sepelio, minaron con grandes cantidades de dinamita un lugar situado junto a la tumba de Regino Truffin, suegro de Vázquez Bello, suponiendo que allí le darían sepultura, llegando a aquel lugar, audazmente, por el sistema de cloacas del Cementerio. El doctor Vázquez Bello estaba considerado como el más prominente de todos los amigos de Machado, al extremo de que tenía a su favor la mayor parte de las probabilidades de ser su sucesor en la Presidencia de la República. Hábil político, era contrario a la campaña de tenaz y cruel persecución de los adversarios; sin embargo, no aprovechó su fuerza moral para llegar a una avenencia, asegurando a sus amigos que la soberbia de Machado no le permitía oír consejos. Se negó a aceptar el automóvil blindado y la custodia que se le ofreció, afirmando que no tenía enemigos personales, y a las doce de la mañana de aquel funesto día, yendo en su automóvil por el gran boulevard del *Country Club,* fué atacado a tiros desde otro automóvil, muriendo casi instantáneamente. El Secretario de Gobernación, Octavio Zubizarreta, al tener noticia de lo ocurrido, ordenó a los jefes de policía que inmediatamente dieran muerte a prominentes personalidades de la oposición, y a las dos horas de conocerse la muerte de Vázquez Bello —que produjo fuerte conmoción— se propaló la noticia de que el doctor Miguel Angel Aguiar, representante a la Cámara, había sido asesinado en el portal de su casa, en el Vedado, por policías y *porristas,* mientras otro grupo de los mismos elementos asaltó la casa de los Freyre de Andrade y asesinó a los tres hermanos, Gonzalo, Guillermo y Leopoldo, distinguidos representantes de la intelectualidad cubana y personas de gran arraigo social. Otros dos prominentes abogados, los doctores Ricardo Dolz y Carlos Manuel de la Cruz, contra los cuales se había librado orden para que se les diera muerte, recibieron aviso oportuno y lograron escapar. Se afirma que Machado fué ajeno a estos crímenes, que fueron obra de Zubizarreta. En medio de la consternación general nadie se consideraba seguro; se ocultaron la mayor parte de las personas que se juzgaban comprometidas y algunas se refugiaron en Legaciones extranjeras.

Fué una fortuna que los familiares del doctor Vázquez Bello resolvieran llevar su cadáver a la ciudad de Santa Clara, porque de haberlo sepultado en la tumba de Truffin, como se pensó, hubiera acudido el Presidente con todo el Consejo de Secretarios, el Cuerpo Diplomático, el Congreso y otras altas autoridades, y al estallar la mina que se tenía preparada, la hecatombe hubiera sido enorme, conquistando los cubanos el calificativo de pueblo salvaje, y la ocupación militar del país por los Estados Unidos se hubiera efectuado inmediatamente, con el beneplácito de todas las naciones civilizadas.

LA CONJURA

El quíntuple asesinato, perpetrado el 27 de septiembre había conmovido profundamente a todo el país, tanto por la alta representación social de las víctimas como por la impunidad absoluta con que fueron cometidos. Ya el desenfreno no tenía límites. La oposición se movía abiertamente fuera de la ley y por los procedimientos más violentos; y fuera de toda ley actuaban también los gobiernistas para reprimir las violencias. Los primeros tenían a su favor que habían agotado todos los recursos legales contra la dictadura y siempre habían sido burlados, y era en vano que protestaran contra los crímenes del Gobierno; éste, olvidando que tenía jueces para juzgar a los delincuentes y cárceles para encerrarlos, se empeñaba en vencer a sus contrarios por medio del terror, y aplicaba tormentos y asesinatos y transgresiones de toda índole, que, lejos de ser ejemplares, provocaban mayor indignación.

El país estaba moral y materialmente desolado: las garantías constitucionales suspendidas y en vigor la arcaica Ley de Orden Público que sesenta años antes dictó España para perseguir a los cubanos que hablaran de libertad; negados los recursos de *Habeas Corpus;* desoído y burlado el Tribunal Supremo de Justicia; la Universidad y los Institutos de Segunda Enseñanza clausurados; clausurados también la mayor parte de los periódicos y establecida sobre ellos férrea censura. En los campos, los incendios de los cañaverales y en las ciudades el constante retumbar de las bombas, todas las noches; paralizados los negocios y casi toda la vida nacional; emigrando quienes podían hacerlo, para salvarse de las persecuciones; las cárceles y el presidio atestados de presos políticos; los *sin trabajo* recorriendo los campos, acosados por el hambre; el erario público en precario por merma de las recaudaciones que obligaban a reducir los sueldos a los empleados y dejar incumplidas importantes obligaciones; negado tercamente Machado a declarar una moratoria para el pago de los intereses y plazos de la deuda exterior, cuando en lo interior todo estaba moratoriado, lo que le hubiera permitido disponer de diez o doce millones de pesos para aliviar la grave situación económica, y, por ende, la política; los asesinatos y las torturas para hacer declarar a los presos sucediéndose constantemente; la prensa extranjera —perdido el respeto que siempre nos tuvo— presentándonos como país semi-salvaje. Tal era la situación general de la nación en 1932.

La situación de las Fuerzas Armadas era delicadísima. El Gobierno les exigía fidelidad absoluta, y para ganárselas, utilizaba a elementos débiles complicándolos en sus ilegalidades. La oposición, por su parte, les acusaba de que olvidaban sus compromisos con la patria por servir a un dictador, y la repulsa pública a los militares se evidenciaba más cada día.

Yo me aferraba a mi propósito, sostenido desde el año 1928, en que me retiré del Ejército, de ocuparme solamente en la atención de mi clientela, sin afiliarme a ningún partido político, entendiendo que mi condición de coronel retirado me exigía no caer del lado de la violencia. Pero si era evidente que el Gobierno no podía vencer a la oposición y ésta tampoco podía destruir la Dictadura, era indispensable que entrara en acción un nuevo factor decisivo para evitar que los Estados Unidos, autorizados como estaban por el apéndice de nuestra Carta Magna para intervenir en el caso de que cayéramos en la anarquía y un gobierno cubano no pudiera establecer el orden, decidieran hacerlo ellos con el consiguiente menoscabo de nuestra soberanía. Y pensé que ese factor no podía ser otro que el Ejército; pero siempre condené inmiscuir a los Cuerpos Armados en la política, por el quebrantamiento que se produciría en la disciplina. Era necesario actuar de tal modo, que se salvaran los principios y no se pudiera acusar al Ejército de traición al Gobierno. *Acción sin traición*, debía ser nuestro lema. Como todos los altos jefes habían sido mis compañeros durante largos años, concebí la idea de acercarme a ellos, hablarles de la situación angustiosa˙ del país y del deber que teníamos de evitar la vergüenza de una intervención americana, y proponerles que, reunido un grupo de jefes en activo y retirados, visitáramos al Presidente expresándole respetuosamente que siempre habíamos estado a su lado para el mantenimiento del orden y la defensa de la República, pero que era evidente que habíamos llegado a un extremo tal que estábamos expuestos a que de un momento a otro los Estados Unidos intervinieran en Cuba, vergüenza que había que evitar a todo trance; por lo que le suplicábamos que nombrara Secretario de Estado a un hombre inmaculado y a la vez el más capacitado para dominar la situación, y que él pidiera licencia, y marchara al extranjero. Si el general Machado asumía una actitud violenta, entonces había que deponerlo y una junta de militares asumiría el Gobierno.

En estas condiciones de ánimo me encontraba cuando en los primeros días de octubre de aquel funesto año 1932, me visitó en mi gabinete de consulta el coronel Julio Sanguily. Viejos amigos, nos conocíamos bien y sabíamos que ambos éramos enemigos de toda revolución por el quebranto económico que produciría al país, la perturbación profunda en el orden administrativo, las vidas que se perderían, y luego la secuela de odios, rencores y caudillos improvisados, que tan funestos han sido en nuestra América. Y por encima de estas razones, la posibilidad de cargar con la responsabilidad de una ocupación extranjera nos abrumaba. Pero por nuestra triple condición de cubanos, veteranos libertadores y militares, nos sentíamos avergonzados de tener que contemplar con los brazos cruzados los horrores en que estaba sumido el país. Sanguily me escuchó satisfecho y repuso que ya él estaba actuando y que venía precisamente a pedirme que me preparara para ocupar la Presidencia de la República, porque yo era el candidato en quien él había pensado.

En aquella entrevista y en otras posteriores que celebramos, siempre en mi gabinete, acordamos que él se ocuparía en explorar la voluntad de sus antiguos subalternos y que yo desenvolviera mi propósito de tratar con los jefes superiores, como yo había expuesto. El Ejército parecía formar un sólido bloque, no en defensa de Machado, pero sí al lado del Presidente de la República. El Tribunal Supremo, al declarar en el fallo de un recurso que la Asamblea Constituyente se había extralimitado en sus funciones, estuvo a punto de dar al Ejército una oportunidad de actuar poniéndose al lado de la ley, pero lamentablemente el alto Tribunal de Justicia no llegó a declarar la ilegitimidad del Gobierno. Encontramos que las Fuerzas Armadas estaban minadas por la masonería, por el "A B C" y particularmente por el Directorio Estudiantil y algunos políticos prominentes, y que había en su seno un descontento general por parcialidades cometidas en los ascensos y provisión de cargos, y el empleo de algunos oficiales y alistados como ejecutores de crímenes relajaba la disciplina. Esto nos confirmó que era necesario actuar hábil y rápidamente para evitar su desintegración.

Para que no se pensara que actuábamos movidos por ambición personal, yo había mostrado mi deseo de que en el caso de que llegáramos al derrocamiento de Machado designáramos Presidente provisional a un magistrado del Tribunal Supremo; pero Sanguily se opuso, insistiendo en que yo tenía que ser el Presidente y él tomaría el mando del Ejército para reorganizarlo. El cambio de Gobierno se haría procurando conmover al país lo menos posible. Sin embargo, si fuera necesario proceder revolucionariamente, obligaríamos a Machado a dimitir después de nombrar al Secretario de Estado que le habría de suceder, o bien lo destituiríamos; disolveríamos el Congreso, y los gobernadores provinciales y los alcaldes municipales serían provisionalmente substituídos, durante el período reorganizativo, por oficiales de la Marina y del Ejército o bien por hombres civiles inmaculados; después de un período preparatorio en el que se haría la reorganización de los partidos y se tomarían medidas para aplacar los ánimos y asegurar la absoluta libertad del voto, convocaríamos una Convención Constituyente. Procediendo de esta manera, calculábamos que en dos años se podrían celebrar elecciones generales y entregaríamos la nación a los legítimos representantes del pueblo. Estudiamos los problemas universitarios y los de las Fuerzas Armadas, acordando una amplia autonomía a la Universidad; respecto de los segundos estábamos de completo acuerdo en que las dos leyes que autorizaron, primero a Menocal y después a Machado, para depurar al Ejército, imponiendo retiros a oficiales sin formación de causa, habían sido un error. Este criterio no debía ser aplicado en lo futuro; al oficial manchado por el crimen o la malversación no debía premiársele con una pensión vitalicia, sino entregarlo a los tribunales de acuerdo con la Ley. La expulsión de unos cuantos oficiales y alistados por malvados no podía manchar el nombre del Ejército, por el contrario, lo enaltecía, y los acusados injustamente quedarían en las filas revestidos de toda dignidad después de ser depurada su conducta por un tribunal competente.

Y principiamos a actuar. El coronel Sanguily fué poco a poco conquistando adeptos, y en las conferencias que celebramos me refería con gusto que cada vez que proponía que yo reemplazara a Machado, era bien acogido su propósito.

El general Herrera ocupaba la jefatura del Estado Mayor; los coroneles Castillo, Cruz Bustillo y Rangel eran los jefes de Columbia, La Cabaña y el Distrito de La Habana, respectivamente, los cargos militares más altos en toda la República. Mi condición de apolítico, y a la vez amigo y médico de aquellos jefes, me permitía hablarles, aunque con alguna cautela. El general Herrera había cometido muy graves errores, pero tenía en su favor ser persona bondadosa, buen amigo y saber escuchar a todo el que se le acercaba. Nos unía sincera amistad, y como le ayudé mucho en la organización de la Sanidad Militar en la época en que a sus órdenes fuí jefe de aquella sección, tuvo siempre para mí excepcionales deferencias. En repetidas entrevistas hablamos de la grave situación del país y la imperiosa necesidad de buscarle solución. El era amigo fraternal del Presidente, pero se daba cuenta de que iba a ser necesario llegar a un gobierno provisional. La última vez que nos vimos en su finca de Santa Cruz de los Pinos le expuse mi proyecto de que visitáramos al Presidente un grupo de coroneles para hablarle en la forma en que ya antes dejo dicho, pero Herrera me aseguró que a Machado no se le podía decir eso, pues reaccionaría violentamente. Insistí en que dada la persecución de los contrarios, Machado podía ser asesinado en cualquier momento, y entonces los elementos más radicales perderían el freno de la razón y serían pasados a cuchillo los amigos de Machado. "Lo sé bien

—me contestó— y yo seré de los primeros en caer, pero no me queda otro camino que seguir la suerte de él". Me atreví a agregar que ya que él, Herrera, me había llevado ante el Presidente en dos ocasiones cuando estuvimos a punto de dar solución al pleito político, me obtuviera una audiencia para acudir yo sólo y decirle lo que yo quería que los coroneles le expusieran; pero resignado y fatalista, se negó a complacerme.

Pocas palabras cruzadas con el coronel Desiderio Rangel me convencieron de que podía contar con él; me dijo que siempre me había visto inspirado en beneficio de la patria; y sin cerrar compromiso determinado quedamos en volver a vernos, lo que no resultó, porque, ya enfermo de cuidado —murió meses después— no era razonable que fuera yo a aumentar sus preocupaciones. Creo que fué el 6 de octubre, en ocasión de un entierro al que asistimos ambos, que me acerqué a mi viejo amigo el coronel Rafael Castillo, y con cautela, abordé el tema del peligro de una intervención americana, cosa en la que él no creía. Le pregunté si no sería preferible que el Gobierno tuviera un acuerdo con la oposición y al darse cuenta de mis propósitos me replicó rápidamente: "¿Inteligencia con esa gente? Esos son una partida de *petardistas,* y lo mejor que se podría hacer con ellos es arrancarles la cabeza a todos". Cualquiera podía pensar, por esa contestación, que el coronel Castillo era un hombre violento, de malos sentimientos, pero lejos de ello, él fué siempre un hombre generoso, de noble corazón, incapaz de violencias y crueldades, pero de criterio cerrado respecto a algunos particulares. Y no intenté hablarle nuevamente.

El coronel Cruz Bustillo mandaba en la fortaleza de La Cabaña; nadie estaba en mejores condiciones que él para cooperar en nuestro plan. Desde allí podíamos enviar al Presidente una nota para que abandonara el país. La Cabaña tenía víveres y agua para dos meses y era inexpugnable para el resto de nuestro Ejército. Sanguily estudió el proyecto cuidadosamente y estábamos seguros de que a la presión de La Cabaña, hecha secretamente, pero con firmeza, Machado cedería para evitar el pronunciamiento de otras fuerzas. El coronel Cruz Bustillo, excelente patriota y hombre comprensivo, se hubiera avenido a una acción patriótica conjunta pero reclamaba como indispensable que el general Herrera se pusiera al frente del movimiento.

Cerradas las puertas para llevar a efecto un golpe de estado en la propia Habana, sin derramamiento de sangre, como era nuestro propósito, Sanguily pensó que había que acudir a un pronunciamiento en alguna provincia, y se entrevistó con el coronel Heriberto Hernández que mandaba el Tercer Distrito Militar, correspondiente a la provincia de Santa Clara, obteniendo de aquel jefe el compromiso de secundarle, con tal de que acudiéramos nosotros personalmente, cosa que se acordó. Bastaría un fuerte núcleo de rebeldía para obligar a Machado a dimitir, pues si intentaba mover tropas sobre nosotros, los comprometidos en todas partes nos secundarían. Pero las semanas pasaban sin que el coronel Hernández resolviera actuar, pretextando siempre la necesidad de prepararse, no obstante el buen número de oficiales a sus órdenes que demandaban acción inmediata en beneficio de la patria.

El triunfo de Franklin Delano Roosevelt en las elecciones presidenciales, de los Estados Unidos, cambió completamente el panorama político en aquel país, y repercutió muy favorablemente en Cuba, pues ya Machado no podría contar con el apoyo incondicional del Presidente Hoover. El embajador Guggenheim, íntimo del Dictador cubano y su socio en negocios poco limpios, era evidente que sería relevado por la nueva administración, y una nueva era, una esperanza para resolver pacíficamente nuestro problema, llenó de júbilo a nuestro pueblo. Consecuentes con los acontecimientos, Sanguily y yo resolvimos hacer alto en nuestras gestiones, felicitándonos de no tener que utilizar al Ejército pero siempre en contacto con los comprometidos por si fuera necesario intervenir.

El Presidente se dió cuenta de que su posición iba a ser cada día más difícil; trató de contemporizar, poniendo en libertad a muchos presos políticos, pero la Junta Revolucionaria de Nueva York hizo firmes declaraciones y los sectores revolucionarios multiplicaron sus actividades, siguiendo los asesinatos de una y otra parte, y las explosiones de dinamita continuaron.

Aunque la prensa persistía en fundar esperanzas en la acción del Presidente electo en los Estados Unidos, la ola de sangre de cubanos empeñados en terrible lucha fratricida y la descomposición cada vez mayor en el Ejército, nos llevó a Sanguily y a mí a la necesidad de actuar. A tal extremo avanzamos en este terreno, que una tarde me visitó mi compañero diciéndome que tenía motivos para pensar que el Gobierno conocía ya nuestro proyecto y que podríamos ser atacados en cualquier momento o tendríamos que forzar el levantamiento, recomendándome que tuviera preparada una proclama al pueblo y fuera pensando en quienes debían ocupar los cargos del Consejo de Secretarios. Dos días después volvió a verme contándome que si la situación se hacía más comprometedora tendríamos un avión para escapar hacia el interior, pues al visitar al capitán Torres Menier y comunicarle sus sospechas de que trataban de matarlo, sin mencionar la conspiración, el jefe de la Aviación le contestó que contara con el avión. Pasamos a tratar de los probables secretarios y al darle los nombres y los cargos que habían de desempeñar, le pareció que estaban bien elegidos, casi todos procedentes de los sectores revolucionarios y otras prominentes personalidades; y quiero señalar un incidente que dice mucho de la nobleza de mi compañero y de sus buenos propósitos. Al terminar la lectura de la lista de los candidatos me dijo que determinado individuo no le gustaba, y como yo repusiera que no tenía gran interés en su designación, me contestó: "Quiero aprovechar la ocasión para decirle que yo no intervendré en manera alguna en la designación del Consejo de Secretarios ni de funcionarios civiles. Usted actuará con absoluta libertad; yo tendré bastante que hacer con la reorganización de las Fuerzas Armadas". Compárese esta alteza de miras con la conducta del Jefe del Ejército, meses después, complaciéndose en designar y derrocar presidentes, nombrar secretarios del Consejo y funcionarios de todas las categorías, inclusive en el Poder Judicial y en las Fuerzas Armadas, sin atender a más razones que a su capricho.

Seguidamente le leí a Sanguily la proclama que había hecho y tenía bien guardada; expresándole que no contenía más que principios generales, y que pensaba encargar la redacción definitiva a nuestro amigo el doctor José Manuel Carbonell, gran cubano, exquisito literato y futuro secretario del Consejo.

Pero de improviso toda actuación bélica quedó nuevamente paralizada. El Gobierno de la Casa Blanca anunció que un nuevo Embajador vendría a Cuba, investido, además, de la representación personal del Presidente Roosevelt, aclarando que *"la presente administración interpreta la Enmienda Platt que autoriza a los Estados Unidos para intervenir en Cuba, al modo de Root, esto es, que solamente pueden hacer la intervención armada en el caso de que no exista un gobierno constitucional que mantenga el orden y la ley"*. Esa declaración de la Cancillería americana era terminante, empleando palabras bien estudiadas. Se nos recordaba, en el mejor lenguaje diplomático, el derecho de los Estados Unidos a intervenir en nuestros asuntos y se expresaba la necesidad de que fuera *un gobierno constitucional* el que mantuviera el orden y la ley. La amenaza era evidente: si a virtud de un golpe de estado tomábamos el gobierno del país, habría intervención armada. Y nos cruzamos de brazos confiándolo todo a la gestión del embajador Sumner Welles, que desembarcó en La Habana el 7 de mayo y comenzó en seguida su labor. Al principio hablaba solamente de que había venido a ayudar a los cubanos a resolver los problemas económicos creados entre nosotros y los Estados Unidos por la depresión en los negocios originados por la Guerra Mundial, pero todos sabíamos que aunque actuaba lentamente, había ya tratado con el Gobierno sobre el problema político. Fué en los primeros días de junio cuando Machado, en una conferencia de prensa, dedicada a los repórters de los diarios americanos en Cuba lanzó su célebre frase: *"No abandonaré el cargo hasta que no expire el término para que fuí electo en 1928, es decir, el 20 de mayo de 1935. Ni un minuto más ni un minuto menos"*. Aquello parecía un reto a las gestiones de Welles, y éste reaccionó en seguida creando la Mediación. Comisión compuesta por todos los partidos políticos y sectores oposicionistas, excepción hecha del Directorio Estudiantil y de los elementos que seguían al general Menocal, negados a aceptar la mediación de Welles; y como protesta contra la actitud de los mediadores, que habían prometido suspender las hostilidades continuaron los asesinatos en la vía pública y en los campos, y persistió el tronar de las bombas de dinamita.

Confieso que veía con satisfacción la actuación de Welles, puesto que se nos había advertido la necesidad de una solución *constitucional,* con la amenaza de una intervención armada si se procedía de otra manera; y confiaba en que el Embajador, enterándose cada día mejor de la verdadera situación del país, llegaría a aconsejar a Machado la dimisión de su cargo y creía que se formaría un gobierno *de facto.* ¿No era eso lo que todos perseguíamos? Y si lo podíamos obtener en breve por la presión continuada, como parecía posible, ¿a qué hablar más de revolución? Se acusaba a los sectores revolucionarios de haberse puesto al lado del Mediador tomando posiciones con vista al futuro político inmediato, yendo las acusaciones dirigidas particularmente contra Cosme de la Torriente y el "A B C"; sin embargo, en su honor puede decirse que Torriente, por sus méritos extraordinarios y su amistad con Welles, pudo aspirar a la Presidencia, y se negó a ello; y el "A B C", hizo pública declaración, reclamando que se actuara rápidamente o retiraría su colaboración.

Se exteriorizó que el plan considerado por Welles consistía en convocar a una Convención Constituyente y que al actuar ésta, Machado dimitiera. Ese propósito era loable dos años antes, en la época en que actuamos buscando solución al conflicto, Antonio González de Mendoza, y yo separadamente, pero ahora era inaceptable. Sin embargo, se veía cómo el Mediador iba evolucionando en sus ideas a medida que iba estudiando mejor la situación, y ya hablaba de la substitución inmediata del General-Presidente.

Por otra parte, aceptada la intervención amigable de los Estados Unidos por el "A B C" y los nacionalistas y declarada en receso la Junta Revolucionaria de New York, en espera de observar las gestiones de la Mediación, estimaba que toda la oposición debería ayudar al Embajador, y si no lograba convencerle de la necesidad inmediata de un gobierno *de facto* que cumpliera lo que el país demandaba, tiempo habría de retirarse, quedando su autoridad agigantada.

El general Menocal publicó unas declaraciones en el *Diario de la Marina,* expresando su inconformidad con la actuación de Sumner Welles y con este motivo le cablegrafié el 24 de junio, expresándole mi sentimiento por su actitud al negarse a aceptar la Mediación, al cual mensaje contestó, el 25, ofreciéndome escribir. Yo deseaba vivamente que el General tomara parte en la Mediación; su gran autoridad hubiera servido para encauzar mejor el problema de la manera más honrosa para el pueblo cubano, entrando a fondo y llegando desde el principio a donde debía, y Welles, a poco de tratarlo, hubiera sentido la necesidad de llegar con él hasta el fin.

Menocal contestó mi cablegrama con la siguiente carta:

230 Lincoln Road, Miami
Beach, junio 28, 1933.

Coronel Horacio Ferrer.
Línea esquina a L.
Vedado, Habana.

PERSONAL Y CONFIDENCIAL.

Querido Horacio:

He esperado dos días para escribirte con la esperanza de que las cosas se aclararan un poco más de lo que hoy están, pero en vista de la demora y de que continúa la confusión, me decido a cumplir mi promesa.

Creo que los procedimientos seguidos por el Embajador han sido disolventes y poco prácticos, si, en realidad, se quería llegar de buena fe a una solución con la conformidad de todos, y muy especialmente del pueblo, que sigue a los distintos directores de la Oposición y al que nada se le ha dicho, ni siquiera por conducto de los jefes locales, que se deben tener en cuenta y que son los que llegan a las masas y hacen opinión. Además, la mediación, tal como la viene ejecutando Sumner Welles, es una intervención oficiosa; y como ignoro sus planes y propósitos, sobre los cuales nada me han comunicado los distintos comisionados que han venido a verme, no me sentí en el caso de aceptarla y he preferido (sin estorbar) mantenerme en actitud expectante. Quiero también advertirte que la forma inconsulta en que se ha procedido, ha producido a parte de la separación de los sectores de la Oposición, serias divisiones en el seno de los mismos.

Consérvate bien, y con recuerdos para los tuyos te abraza tu afectísimo amigo y compañero,

MARIO G. MENOCAL.

Esa carta se cruzó con otra mía, dictada por la natural impaciencia del momento, al darme cuenta de que el Embajador estaba a punto de apoyar procedimientos ya fuera de tiempo, sin que Menocal ni el Directorio Estudiantil tomaran parte en los acuerdos, lo que consideraba un peligro. Yo decía:

La Habana, junio 29 de 1933.
General Mario G. Menocal,
Miami.

Mi querido General: El día 24 me dirigí a Ud. por medio de un cablegrama, que Ud. tan bondadoso como siempre, tuvo la atención de contestar el 25, prometiendo escribirme. Han pasado cuatro días sin que yo haya tenido el gusto de recibir su carta; bien corto tiempo, desde luego, si se tienen en cuenta sus múltiples ocupaciones en estos momentos, pero largo y angustioso para mí que veo precipitarse los acontecimientos y escucho la opinión pública, de boca en boca, y no siempre favorable para Ud.

Yo he dudado, días tras días, en escribirle, porque ajeno a la política al extremo de no haberme afiliado a ningún partido ni haber votado nunca, y recordando mi lamentable fracaso en enero de 1931, cuando quise evitar todo lo que veía venir, y después ha ocurrido, buscando, no cordialidad, pero sí una inteligencia salvadora entre la oposición y el gobierno, me sobra razón para considerarme insignificante para intentar que se me oyera, pero hay una razón poderosa que me da plena autoridad para hacer esta carta, y es mi cariño sincero y profundo a Ud. que desde los días de la manigua hasta los presentes momentos, había permanecido invariable, y que desde hace algún tiempo se agiganta a medida que se acrecentan sus vicisitudes.

En nombre de este afecto, que en pureza y desinterés el de ningún otro amigo suyo pudiera aventajar, resuelvo escribirle.

La actitud de Ud. General, negándose a aceptar la mediación del Embajador de los Estados Unidos en nuestros asuntos políticos, está siendo muy desfavorablemente comentada. Nadie se la explica, y yo menos que nadie. Recuerdo que en cierta ocasión me habló Ud. del bien que podían hacer los americanos aconsejando en determinadas circunstancias a nuestro gobierno; de labios de un familiar suyo me enteré con satisfacción de que Ud. en el *Yacht Club* había increpado al Embajador Guggenheim, por la pasividad de su gobierno, que pudiendo evitar nuestras desgracias con amistosos consejos, se cruzaba egoístamente de brazos, y me parece recordar que también al representante de la *Prensa Asociada* hizo Ud. hace un año declaraciones parecidas. Si era Ud. el paladín de esa idea, si casi todo el pueblo cubano creía que Sumner Welles había venido a Cuba gracias, principalmente a la gestión de Ud. ¿qué circunstancias pueden haber actuado sobre su ánimo para inducirle a pensar de una manera absolutamente contraria a como lo hacía anteriormente?

Me dicen que Ud. sinceramente, sigue pensando en la revolución como único remedio a nuestros males. No lo comprendo, Ud. sabe que siempre fuí contrario a entregarnos a una revolución. En el *Vedado Tennis Club* le dije a Ud. y luego se le repetí frente a frente al general Machado; *si aquí estalla una revolución, el gobierno la ahogará en sangre; el que se vaya al campo no volverá, y los que se queden en la población la pasarán muy mal.* Los centenares de víctimas caídas aquí y allá, después de la fracasada revolución de agosto de 1931, por todos los campos de Cuba, y los asesinatos políticos a plena luz del día, numerosos y horrendos, en las poblaciones, me han dado toda la razón.

Pero hay algo más: hace dos o tres meses había en todo el país un estado de ánimo francamente revolucionario; el ideal político había cristalizado en ese credo y sólo faltaban armas para que estallara una revolución formidable; pero desde que ese pueblo vió en la llegada de Welles el triunfo de la Junta Revolucionaria y de los sectores actuantes en el país, ya aquí no hay ambiente revolucionario, y el país entero se ha entregado, jubiloso, al propósito de obtener el fin que persigue por la mediación amistosa de los Estados Unidos, para evitar más sangre y más rencores.

Pero hay más razones y hasta más decisivas para no hablar más de revolución. Basta que cite una sola: el Embajador americano ha venido aquí enviado por su gobierno a arreglar los asuntos de Cuba. ¿Cree Ud. que en esas condiciones respaldado por su gobierno, Welles puede fracasar? Ud. ha sido Jefe de Estado y conoce mil veces mejor que yo, que un enviado de ese país, en el nuestro, dados nuestros compromisos políticos, no puede fracasar. Sumner Welles tratará de arreglar los asuntos cubanos, sin merma de nuestra soberanía, con la cooperación de todos los cubanos o de la mayor parte de los cubanos; pero si un sector se opone o se oponen varios, arreglará de todos modos nuestros problemas.

¿Qué razón hay para darles gusto a sus enemigos de Ud. que lo señalan ante el mediador como hombre díscolo y ambicioso, incapaz de aceptar ningún arreglo, afirmando que no lo quiso nunca, que sólo ha perseguido el poder? ¡Si Ud. supiera los malos ratos que pasamos sus amigos oyendo juicios e interpretaciones erróneas sobre la actitud de Ud. de labios de personas que hace dos meses veían en Ud. la personificación de la protesta contra la tiranía y el salvador de la patria!...

Y todos recuerdan los tristes sucesos de 1906, cuando un grupo de políticos apasionados se negó a elegir un Presidente en sustitución de Estrada Palma, prefiriendo entregar el país al extranjero a tener que tratar con sus adversarios. Y la historia los ha tratado tan duramente que hasta en las fiestas escolares, el día de la Patria, los maestros señalan a sus discípulos a aquellos hombres con adjetivos tremendos.

¿Es que no cabe en el ideal de Ud. y de los talentosos amigos que le siguen, presentar a Welles un programa de los fines que se persiguen: cese inmediato del gobierno de Machado, y bajo un gobierno provisional, reforma de la Constitución, reorganización de los partidos, elecciones absolutamente totales de todos los puestos elegibles, etc., demandando el cumplimiento de sus aspiraciones y hasta estableciendo algunas condiciones indispensables? ¿Qué afrenta puede haber en ello?

La actitud del A B C, el más radical de todos los sectores, ha sido franca y razonable, y por ello aplaudida; y ahí están ya alardeando de los nuevos procedimientos de la juventud; ofrenda generosa de la vida ante el enemigo implacable y deposición de toda intransigencia ante la demanda de las circunstancias para consolidar el triunfo; y presentan el contraste de su actitud con la de los que ellos llaman los *viejos políticos* abrumados por los resentimientos y las ambiciones.

Perdóneme, mi querido General, si he sido demasiado franco; pero esta carta es escrita sólo para Ud. y yo a Ud. no sabría hablarle de otra manera, en honor a nuestra amistad y a mi lealtad a Ud.

Le quiere siempre mucho y desearía poder serle útil en algo su afectísimo amigo,

HORACIO FERRER.

Tres semanas después recibí la siguiente contestación:

230 Lincoln Road
Beach Miami.
Julio 22 de 1933.

Sr. Dr. Horacio Ferrer.
Habana.

Mi querido amigo:

Recibí oportunamente tu interesante y afectuosa carta de 28 del pasado que mucho te agradezco.

No la contesté en seguida porque, en aquellos días, precisamente, preparaba las declaraciones dadas a la *Prensa Asociada* que publicó correctamente en La Habana el *Diario de la Marina,* y porque quería esperar los acontecimientos sensacionales y definitivos que con tanta publicidad anunciaban los señores que intervienen en la mediación.

No quiero, sin embargo, aguardar más y convertir en descortesía lo que no ha sido sino prudente período de estudio de los acontecimientos cubanos.

Permíteme, antes que nada, ratificar en todos sus extremos las citadas declaraciones. No se ha producido un hecho definitivo ni se ha señalado una orientación perdurable que me obligue a rectificar mi posición. Por el contrario, y muy lejos de ello, la marcha de los sucesos, las líneas generales conocidas y lo que pudiéramos llamar programa básico del arreglo me confirman en la actitud abstencionista.

Reitero aquí —y no me cansaré de ello— mi protesta contra la acusación infundada e injusta de intransigente que, sobre todo al principio de las negociaciones, se ha lanzado contra mis amigos y contra mí. Así dejé constancia en mis declaraciones.

Los acontecimientos cubanos, como antes apuntaba, confirman mi actitud. Me negué a participar en la mediación, no por intransigencia irreflexiva, ni por falta de confianza en la buena fe del Mediador sino porque una vez suficientemente informado del verdadero papel de éste y de las líneas generales de su plan, entendí enteramente inaceptable la gestión y absolutamente inútil mi participación en la misma. Me opuse por las razones indicadas brevemente en mis declaraciones. Consideré demasiado vagas las promesas del Embajador y entendí que, para entrar en esa mediación debía la oposición sacrificar bases esenciales de su programa y perjudicar, acaso, definitivamente, el fundamento de la protesta. Preví lo que ha ocurrido, es decir, la división y debilitación de las fuerzas revolucionarias; la fortificación del régimen; el ambiente insincero y falso de legalidad y orden con que el mediador y a despecho de Machado, iba a rodear al sistema imperante, concediéndole elementos de perdurabilidad y vida, pues como no podía vivir ese régimen era, precisamente, en el estado de crisis feroz que ha atravesado, especialmente de un año a esta parte; el plano de política personal, juego de ambiciones, aplazamientos y componendas a que iba a descender el gravísimo y trágico problema cubano. Por eso no me afectó la tempestad de críticas más o menos serenas y sinceras que mi conducta mereció entre los que, alardeando de mejor patriotismo que el mío, querían de *todas maneras* hallar un arreglo.

No presumo de más puro patriotismo ni de mayor visión que nadie. Pero como carezco de ciertos estímulos o ambiciones personales y me he colocado en el plano tranquilo del cumplimiento inexorable de un deber, ni he tenido, ni tengo, ni tendré jamás prisa en "arreglar" el pleito cubano. Sólo aspiro a contribuir a resolverlo. Pero a resolverlo total y definitivamente.

Tampoco era aceptable la manera desenvuelta por el Embajador para imponer la aceptación de sus buenos oficios. Su desprecio de los elementos realmente revolucionarios en la preparación secreta de la gestión y su apoyo absoluto a los antirrevolucionarios y pacifistas que han sido siempre y en todo tiempo los enemigos naturales y pérfidos de empresas del carácter imprescindible que la protesta posee y debe poseer, envolvía en todo género de sombras la buena fe y la sinceridad de sus propósitos.

Pero sobre todo, era inadmisible, y lo continuará siendo, y sus resultados los apreciará pronto el país cubano, tomar como base de la solución el régimen y la Carta fundamental inconstitucionales, ilegales, y reiterademente repudiados por el pueblo y por la oposición organizada.

La positiva y absoluta vaguedad de sus respuestas y su directo silencio a las exigencias inaplazables de la oposición constituyeron para mí prueba patente de que, en definitiva, Cuba iba a perder, por obra y gracia del nuevo Zanjón, la oportunidad, dolorosa, sangrienta y terrible, pero oportunidad al fin, de reconstruirse moral y materialmente pasando por la prueba de la agonía y el sufrimiento y sacando de todo ello confianza en sus propios esfuerzos, fe en su destino y un futuro más humano y feliz en el que jamás hombre ni partidos, después del tremendo precedente, se atreverían a cometer los desmanes y violaciones que hoy, y de acuerdo con algunas de las víctimas, se quieren cubrir con la bandera blanca del olvido y la paz.

Las recientes elecciones parciales de Las Villas; la política seguida por Machado frente a la mediación; la seguridad que éste tiene, como tenemos cuantos estamos al tanto de lo que ocurre en Washington que la amenaza de intervención armada es una falsedad manifiesta, mientras no se produzca la anarquía en Cuba; la forma en que se desea reformar la Constitución, verdadera monstruosidad jurídica; la mordaza hipócrita aceptada por la prensa, mordaza que ha de extenderse a las demás manifestaciones de la expresión del pensamiento y el balance, hecho hasta hoy de lo que cada bando ha cedido, balance enormemente favorable al Gobierno, constituyen otros tantos motivos, no ya de duda, sino de certeza firme que me permite, como a muchos cubanos, ratificar en todas sus partes la actitud por mí adoptada y esperar que el pueblo, miserablemente engañado por los autores de la componenda, se dé cuenta de la nueva farsa.

El hecho tristísimo de que discutan y acepten a sabiendas de todas sus funestas consecuencias, elementos que revolucionariamente han ofrecido bellas pruebas de resistencia y valor, carece, como es fácil de advertir, de importancia o fuerza. En toda lucha, obedeciendo a factores diversos y conocidos, se produce ese fenómeno. Cuba tuvo un Zanjón que puso bochornoso término a la Guerra Grande y en el que rompieron sus espadas ilustres caudillos de la Liberación y en la lucha de 1895, la reacción autonomista fué tan poderosa, que, como bien recuerdas, necesitó la Revolución erguirse dura y airada contra los traidores y dictar disposiciones drásticas, penando con la muerte la aceptación o proposición de aquella tendencia pacifista y de arreglo.

No acepto, por otra parte, la representación que asume el A B C de la juventud cubana. Eso es totalmente falso. En el A B C como en los demás sectores, como en el revolucionario Conservador, hay viejos y jóvenes, políticos nuevos y antiguos y elementos que jamás han intervenido en la vida pública. Los representantes genuinos de la juventud, en Cuba como en todas partes del mundo, son y no puede ser de otra manera, los estudiantes. Y tú sabes dónde están, en esta fiesta mediatoria, los jóvenes universitarios.

Los ataques personales a que tú te refieres no me impresionan. Los que hasta contra su voluntad —como me ocurre a mí— constituyen real o aparentemente obstáculos o dificultades en el camino político de otros, están siempre sujetos a esas agresiones, sea cual fuere la forma en que boguen en los mares de la vida pública.

Mi posición, pues, es clara como agua de roca. Rechazo la componenda y sus resultados por ilegal, incompleta, falsa y de funestos efectos. Mi abstención, desde luego, no alterará el propósito de los mediadores, pero mi responsabilidad histórica y la de mis amigos queda salvada. Personalmente, y sin querer ofender a nadie, no me extraña ni sorprende la actitud de los sectores que han pactado. Recuerdo los días de la Manigua y, constantemente, vienen a mi memoria y sin quererlo... los presentados.

Mil gracias otra vez y un fuerte abrazo de tu amigo y compañero,

MARIO G. MENOCAL.

He querido copiar al pie de la letra esta correspondencia, no obstante el carácter confidencial en que expresó el General que redactaba su carta y la declaración mía a él de que sólo para él escribía —disculpándome así de emplear un lenguaje probablemente un poco crudo— porque estimo que pasados los años no hay razón para guardar reservas; y en demostración de la sinceridad con que actué en todos aquellos conflictos.

Cuando se lee hoy la bien escrita carta de Menocal se ve en ella al estadista. Obsérvese, sin embargo, que cuando yo escribí al General, el 29 de junio, pidiéndole que actuara en la Mediación para inclinarla a aceptar el programa de la revolución, todavía Sumner Welles no tenía una línea de conducta definitiva, y era posible influir en su ánimo; y cuando el General me expuso sus razonamientos, el 22 de julio, ya todos dábamos por fracasada la Mediación yanqui por haber tomado una falsa orientación, y sus componentes se estaban desintegrando.

Es evidente que el desarrollo de los acontecimientos hacía modificar el criterio de los hombres; y así los gubernamentales como la mayor parte de los oposicionistas llegamos a pensar que posiblemente la Mediación, bien encauzada, pudiera permitirnos llegar a una solución patriótica, sin más derramamiento de sangre y sin quebrantar la disciplina del Ejército. Y que el mismo Menocal pensaba de manera parecida lo demuestran las declaraciones que hizo publicar dos o tres meses antes, cuando dijo:

> No habrá paz hasta que Machado abandone el poder que usurpó violentamente al pueblo cubano. Los Estados Unidos pueden ayudarnos considerablemente. Bastaría que Norte América amenazara a Machado con intervenir, y la oposición haría el resto. Sacaríamos a Machado de la Presidencia en menos de veinte y cuatro horas. Los Estados Unidos tendrían derecho a intervenir en todos los asuntos cubanos, porque Machado ha violado varias cláusulas de la Enmienda Platt.

He seguido pensando siempre que fué un grave error de Menocal no haber regresado de Miami para presionar sobre Welles y llegar rápidamente a una solución de nuestro conflicto por medio de un gobierno *de facto*. Él seguía siendo el Caudillo, el hombre más respetado y de mayor arrastre político en Cuba, y con su prestancia, con su patriótica y enérgica actuación, hubiera dominado y encauzado a la Mediación, impidiendo los terribles acontecimientos que sobrevinieron. Y si sus sugerencias no hubieran sido aceptadas, tiempo tenía de volverse a su retiro de Miami, sin que en nada afectara esto a su prestigio, lejos de ello, lo acrecentaría. Pero estoy seguro de que el Embajador, después de tratarle, hubiera dado oído a sus consejos.

LA MEDIACION

Procediendo hábilmente, el Embajador Sumner Welles había llegado a convencer a Machado de la conveniencia de que una amplia comisión mixta de elementos de partidos políticos afines al Presidente y representantes de la mayor parte de los factores de la oposición, se reunieran en mesa redonda para tratar los problemas políticos de Cuba, procurando buscarles una solución. Consiguió del Gobierno el restablecimiento de las garantías constitucionales, la libertad de los presos políticos, el regreso libre de los emigrados comprometidos, una ley de amnistía que borraba todos los delitos cometidos durante el régimen despótico, y la promesa de una tregua entre sus secuaces y la oposición, que debían cesar en sus actividades persecutivas. Obtuvo el compromiso formal de la mayor parte de los representantes de la prensa de suavizar asperezas, no publicando noticias alarmantes y no dando cabida en las columnas de sus diarios, a críticas violentas contra los bandos contendientes y contra la Mediación misma, mientras ésta llevaba a cabo sus gestiones. Y a la vez logró que los pequeños grupos de alzados que merodeaban por nuestros campos, mandado el más importante por Blas Hernández, se acogieran a la legalidad, deponiendo las armas.

Bajo tan excelentes auspicios, el 1º de julio de 1933 pudo inaugurar las sesiones el señor Welles, y en su discurso inicial volvió a tratar de la necesidad de encontrar una solución a nuestros problemas políticos, *acorde con el procedimiento constitucional.* Y leyó también un mensaje de Roosevelt en el que demostraba su satisfacción al saber que el pueblo de Cuba trataba de resolver sus problemas *mediante el procedimiento ordenado de gobierno constitucional*. Como se ve ni la Cancillería Americana, ni su representante en Cuba dejaban pasar ninguna oportunidad para recordarnos la necesidad de actuar dentro de los preceptos constitucionales.

Dos semanas de inútiles discusiones bastó a los mediadores y al país para darse cuenta del fracaso que les esperaba; los partidos del Gobierno, que el día 14 entraban a formar parte de la comisión mixta, viendo amenazada su posición en el Congreso y en los cargos públicos en un plazo más o menos largo, se fueron alejando, y a los pocos días la jefatura del Partido Liberal ordenó la retirada de sus representantes. Ya Machado había hecho lo mismo con los que a él le representaban personalmente. El "A B C" amenazaba retirarse si el Gobierno, violando lo pactado, persistía en asaltar las casas de los abeceístas, como acababa de hacer con la del doctor Agustín Castellanos y otros. La fórmula Welles no convencía ni a *tirios* ni a *troyanos*. Era ya demasiado tarde para transacciones. Los elementos de choque murmuraban que si imponían al general Alberto Herrera, le asesinarían. Menocal, desde Miami, seguía protestando y pidiendo diafanidad; el Directorio Estudiantil llevaba la voz cantante entre los oposicionistas con sus enérgicos manifiestos, y los directores del "A B C" hacían esfuerzos por contener a sus afiliados, que en virtud de la imposibilidad de llegar a un acuerdo razonable, pedían su alejamiento de las negociaciones y autorización para entrar de nuevo en acción.

A nadie debía interesar más el éxito de la fórmula Welles en la Mediación que al general Machado; dejar a un amigo suyo en el Poder, apoyado por la gran nación amiga, tenía que ser para él satisfactorio; pero había algo más importante: el estudio de la proyectada Constitución, primero, por la Comisión Mixta, y más tarde, por la Cámara y el Senado; la reforma del Código Electoral; elecciones de los delegados a la Constituyente y la discusión en aquella asamblea y después las elecciones generales indispensables, necesitaban para realizarse algunos meses, máxime cuando el Congreso estaba subordinado al general-Presidente y éste en condiciones de dar largas al asunto hasta que llegara el 20 de mayo de 1935, día que expiraba su mandato. Faltaban menos de dos años. Por esta razón es difícil explicar por qué, después de ser tan complaciente con Welles, accediendo a todas sus demandas, ahora se fingía enfermo para no recibirle, mientras enviaba a Washington al doctor Ramiro Guerra, Secretario de la Presidencia, para indagar hasta qué punto estaba autorizado el Embajador para proceder como lo estaba haciendo. Algún informe confidencial debió haber recibido cuando creyendo *cogerle un dedo en la puerta,* seguro de que su actitud era un *bluff,* el 26 acudió al Capitolio y zarandeó a Welles de la siguiente forma:

Deseo hablar también de la labor mediacionista de Mr. Sumner Welles. La razón que he tenido para aceptar la Mediación es clara, porque ella iba encaminada al restablecimiento de la paz. No puede creerse que la Mediación de Mr. Welles merme nuestra soberanía, porque su cooperación es de su espontánea voluntad y no obedece a instrucciones ni mandatos del Gobierno de los Estados Unidos. Si fuera de otro modo, yo hubiera dejado de ser Presidente antes de aceptarlo".

Y compareciendo seguidamente ante la Cámara de Representantes, expuso:

No es de extrañar que haya yo aceptado una mediación espontánea y generosa que desea laborar por el bien de Cuba, porque para mí basta amar a la Patria y querer servirla para que vea con agrado esas gestiones que se desenvuelven dentro del mayor respeto a nuestra Independencia, única forma en que yo podía admitirla.

A ese respecto, quiero hacer una declaración que sé estáis todos esperando: el por qué de la Mediación. ¿Han creído ustedes, por ventura, que después de haber dedicado mi vida al servicio de mi patria y al sacrificio por su soberanía e independencia llegara yo a realizar un acto que pudiera resultar una traición a esa patria?

Si la Mediación ha sido aceptada por la Oposición, el Gobierno, mientras ella se mantenga en el respeto a la soberanía, no tiene por qué repudiarla.

Tened la seguridad de que la Mediación no realiza ningún acto que pudiera mermar la soberanía de esta Cámara, porque si ello tratara de hacerse, el Ejecutivo no lo permitiría, ya que somos hombres libres de un pueblo soberano.

La Mediación no representa ningún Gobierno extranjero, como lo ha declarado repetidas veces el Mediador, sino que solo es gestión de un amigo de los cubanos. La oposición la ha aceptado, y nosotros, que debemos ser cubanos amantes de la libertad, de la democracia y de la justicia, hemos querido estar de acuerdo con todos y dar un mentís a los que dicen que hay tiranía donde hay sólo un Presidente cubano.

El pueblo presentía la tormenta, pero no perdía su buen humor haciendo chistes sobre los revuelos que le había tirado el gallo cubano al gallo americano, y esperaba ansioso conocer la reacción del último, al ataque, que no se hizo esperar, pues el 27 de julio ante la Comisión Técnica, declaró el Embajador:

Es un honor muy alto para mí como Mediador convocar hoy a la primera de las sesiones de la Comisión Técnica Mixta, compuesta de representantes de los Partidos Liberal, Conservador y Popular, y de los delegados de la Oposición que ahora se reúnen con el objeto de sugerir reformas a la Constitución de la República de Cuba. Las reformas que puedan acordarse en el curso de las deliberaciones deben, naturalmente, ser sugeridas al Honorable Congreso de la República para su libre determinación. El Congreso de Cuba es el único poder autorizado por la Constitución de Cuba para someter a la ratificación del pueblo cubano, por medio de una Asamblea Constituyente debidamente elegida, reformas a la Carta Fundamental de la nación. Aquellas reformas que surgen con el consentimiento común de todos los sectores de la opinión pública nacen animadas de vida, porque son el resultado de una necesidad popular.

En esta Comisión se encuentra representada la gran mayoría de todas las partes de la opinión pública de la República. No hace mucho tiempo, tuve el honor de hacer público un mensaje del Presidente de los Estados Unidos al pueblo de Cuba. Desearía aprovechar esta oportunidad para repetir una parte de ese mensaje. El Presidente Roosevelt dijo:

"Estoy convencido de que la restauración de la paz política es un paso preliminar, necesario y esencial en el camino del restablecimiento de Cuba".

Creo que la convicción así expresada por el Presidente de los Estados Unidos es compartida por todos los ciudadanos de Cuba. La restauración de la prosperidad nacional; esperanza y coraje para el necesitado y para el hambriento; el rápido mejoramiento de las condiciones económicas y sociales en Cuba, dependen de que se encuentre la solución que ustedes están al emprender. Nadie puede juzgar de antemano cuál pueda ser esa solución. La restauración de una verdadera paz política sólo puede sobrevenir por el consentimiento común de todos los elementos importantes en la vida cubana. Ese acuerdo sólo puede obtenerse poniendo a un lado todas las ambiciones y todos los sentimientos personales, y por medio de una concentración del pensamiento en el bienestar de la República. Tengo el honor de conocer a todos ustedes personalmente y de apreciar cabalmente por esta razón que sólo una ambición y sólo un pensamiento guiarán a ustedes en estas deliberaciones, y esa es la necesidad.

....

Esta mañana me conmovió profundamente saber que el Presidente de la República, en un discurso que pronunció ayer en la Cámara de Representantes, me hizo el alto honor de referirse a mí como un amigo de Cuba. No deseo mayor honor que ese, y puedo asegurar a ustedes que pondré a contribución todos mis esfuerzos para merecer la distinción que el Presidente tuvo la benevolencia de conferirme. Pero en mi carácter oficial, aquí, soy igualmente el Embajador de una nación que es la más íntima amiga que la República de Cuba tiene, y soy el Representante de un Presidente de los Estados Unidos, que está profundamente interesado en el bienestar de Cuba.

Washington, naturalmente, apoyó a su representante, pero en Cuba se entendió que la defensa había sido demasiado fría.

El cielo se encapotó, y Sanguily y yo nos volvimos a reunir en espera de nuevos acontecimientos.

Al iniciarse el mes de agosto, una huelga de los empleados de las *guaguas,* al parecer sin importancia, fué aprovechada por los oposicionistas para demostrar que la tregua en que se habían comprometido los mediadores de uno y otro bando carecía de consistencia, y actuando rápidamente, involucraron a todo el sistema de transporte, a múltiples gremios de obreros y obligaron al comercio a cerrar sus puertas. A las doce de la noche del día 5 de agosto se declaró la huelga general en toda la Isla. Era una huelga revolucionaria que venía a quebrantar profundamente los propósitos del Mediador, que, por otra parte, podía darse por fracasado desde su ruptura con el Gobierno, una semana antes.

La capital vivía horas de angustia a la par que de intensa alegría, porque veía acercarse el fin del Machadato y la situación se hacía más confusa por la carencia de medios de comunicación. Machado se apercibía a terminar con la huelga usando enérgicamente la policía y las Fuerzas Armadas. Así las cosas, en la tarde del 7 de agosto, numeroso público principió a aglomerarse en la Plaza de la Fraternidad y frente al Capitolio, en la creencia de que allí estaban discutiendo la renuncia del Presidente, cuando en realidad sólo ocurría que se discutía nueva suspensión de las garantías constitucionales, y el representante machadista Salvador García Ramos acusaba al Embajador, llamándole *agente perturbador, que estaba violentando la soberanía de Cuba.* El público colmaba los parques y calles en derredor del Capitolio, y en esos momentos, una estación de radio, cuya identidad no se ha podido precisar lanzó como verídica la noticia de que el Presidente había renunciado, lo que llenó de extraordinario alborozo a la muchedumbre; pero, apareciendo de improviso gran número de automóviles repletos de policías y *porristas,* al mando de su jefe el coronel Ainciarte, y de Zubizarreta, Secretario de Gobernación, rompieron fuego de fusil y ametralladora sobre la multitud que huyó despavorida, dejando las calles cubiertas de cadáveres y de heridos. Por la noche, el Presidente, desde la Jefatura de la Policía, pronunciaba un violento discurso haciendo saber que si los americanos desembarcaban tropas él se pondría al frente del ejército para resistir al invasor. Por otra parte, se decía que la actitud del Presidente en aquellos últimos días era debido a que, convencido del fracaso de Welles, pretendía forzar la intervención armada, por considerar que con esta medida estarían mejor garantizadas su persona, las de sus amigos y servidores, y la fortuna de todos ellos.

Esa tarde del 7 me visitó el coronel Sanguily, y convencidos ambos de que el choque entre Machado y Welles traería la intervención mucho antes de lo que pudiera pensarse, resolvimos precipitar los acontecimientos para evitarla. El me pidió que fuera a ver al coronel Cruz Bustillo y que hiciera un esfuerzo por atraerlo a nosotros. A las ocho de la mañana del día 8, con grandes dificultades, con motivo del paro general, logré llegar a la Fortaleza de la Cabaña. Le expliqué al Coronel el proceso conspiratorio con todas sus razones y nuestra inactividad en los últimos meses, esperando por la actuación de Welles, para evitar mayores males; pero que dada la situación actual, la intervención estaba a las puertas, y que el Ejército tenía el deber de evitarla. Omití decirle, desde luego, quién era mi compañero en la dirección del grave problema, y él, naturalmente, no me lo preguntó. Conociéndole bien y sabiendo de su entrañable amor a Cuba, exalté su patriotismo, ponderando nuestro deber como libertadores y militares de impedir que se mancillara una vez más nuestra soberanía. Cruz Bustillo apreciaba bien la situación, y estaba adolorido de tener que obedecer ciegamente, por deber de disciplina, y acabó por decirme que creía necesario contar con Herrera, y levantándose de su asiento violentamente, me dijo: "Vamos para La Habana; voy a hablarle al general Herrera". Le dejé en el Castillo de la Fuerza, sede del Estado Mayor, pero no pudo ver a Herrera, porque se encontraba en Palacio, reunido con Machado y con Welles. Más tarde se supo que esa mañana del 8 el Embajador presentó al Presidente el siguiente memorándum:

1. Que el Presidente de la República nombre inmediatamente un Secretario de Estado, que sea una persona imparcial, que no esté relacionada con la política activa y que tenga la confianza de todos los sectores.
2. Que inmediatamente después que el Senado confirme este nombramiento, el Presidente solicite una licencia del Congreso, cuya licencia continuará hasta que el Vicepresidente tome posesión.
3. Inmediatamente después que tome posesión el Vicepresidente, el Presidente de la República renunciará a su cargo, permitiendo al Vicepresidente que continúe en el cargo de Presidente de la República desde esa fecha hasta el 20 de mayo de 1935.
4. Al Secretario de Estado, que habrá de ser designado de esta manera, y que bien puede ser la misma persona escogida para Vicepresidente, inmediatamente, se le darán amplias facultades para reorganizar el gabinete, dando representación en el mismo a todos los grupos importantes de la República, haciendo que el gabinete sea de un verdadero carácter nacional.
5. Los miembros de la Cámara de Representantes convendrán en reducir los actuales períodos de duración de sus cargos, de tal manera que permita a aquellos miembros de la Cámara de Representantes, cuyos períodos vencen, según la Constitución actual, en 1937, que cesen en sus cargos en 1935, siendo electos sus substitutos en las elecciones nacionales de 1934, y que todos los demás miembros de la Cámara de Representantes acuerden reducir sus períodos en igual grado.
6. Ya que los períodos de una mitad de los miembros del Senado terminan en 1935, siendo electos sus substitutos de acuerdo con la Constitución actual en las elecciones nacionales de 1934, no hay necesidad de acordar que los períodos de los demás miembros del Senado se recorten.

Como podrá apreciarse, no obstante el grave problema de la huelga revolucionaria, el Embajador persistía en su mismo proyecto dilatorio para llegar al fin, pero, al menos, por vez primera le pide al Presidente que renuncie.

Seguidamente, un cablegrama de Washington, informaba:

El Presidente Roosevelt, a petición del Embajador Cintas, le ha concedido una entrevista. Comenzó el Presidente Roosevelt haciendo presente al Embajador Cintas que conocía perfectamente la situación de Cuba por los informes de su Embajador, que tenía, como siempre había tenido, toda su confianza y la de su Gobierno, actuando en todo de acuerdo con su criterio. Que el Presidente Machado tenía la oportunidad de realizar un gesto que lo cubriese de gloria ante la historia, evitando nuevos derramamientos de sangre. Que si el Presidente Machado realizaba ese gesto, él enviaría en seguida a Cuba varios barcos cargados de víveres para aliviar la crítica situación actual del pueblo cubano. Que si el Presidente Machado no lo realizaba, él advertía que los Estados Unidos por sus compromisos internacionales, por la Enmienda Platt y por su responsabilidad ante el mundo civilizado no podrían permitir la continuación del estado de anarquía, caos y tiranía existente en Cuba. El Embajador Cintas dijo al Presidente Roosevelt que si al Presidente Machado se le daba la oportunidad de salvar las apariencias, él creía que había la posibilidad de que aceptaría. El Presidente Roosevelt le contestó que no sólo se trataba de salvar las apariencias, sino que el gesto de Machado sería aplaudido por el mundo entero. Cintas insistió preguntando si se le permitiría a Machado hacer una contraproposición durante el día de hoy (jueves). Roosevelt contestó que con toda seguridad Welles estudiaría y consideraría esa contraproposición si no pasaba del plazo de hoy. Al terminar la entrevista, Cintas le ofreció que tan pronto llegase a New York comunicaría a Machado el resultado de la entrevista. Roosevelt redactó para la prensa una nota oficial.

Ese día el coronel Sanguily me visitó tres veces, atando cabos para lanzarnos a la acción.

EL GOLPE DE ESTADO

Por la tarde del día 8 de agosto fué a verme el teniente coronel Erasmo Delgado; me abordó con cierta prudencia. Estaba enterado de mi visita a La Cabaña y me dijo que era comentada por los oficiales en el sentido de que algo se tramaba, y si era así, él venía a ponerse a mis órdenes. Me sorprendió saber que ya se conocía mi actuación. Conociendo los procedimientos de la Dictadura y su espionaje, era sorprendente que aún estuviéramos con vida; y sin más, ocultando quien era el otro actuante, le declaré que efectivamente estaba dirigiendo un movimiento encaminado a evitar el desembarco de los americanos. Le expresé que hasta aquel momento, el jefe de los comprometidos en La Cabaña era el comandante Patricio de Cárdenas y sus más activos auxiliares los capitanes René Lamar, Carlos Montero, Varona y los tenientes González Parra y Galeano. Ya era inútil tomar ciertas precauciones y así fué que llamé por teléfono al comandante Cárdenas y le informé veladamente de que habiéndosenos incorporado el teniente coronel Delgado, en atención a la jerarquía, él quedaba nombrado jefe del movimiento en aquel Distrito, lo que Cárdenas aceptó gustoso. En su última visita del día, el coronel Sanguily, después de comentar estos incidentes, y temiendo que fuéramos atacados de un momento a otro, me dijo que en caso de que así resultara, nos comunicáramos por teléfono; que resistiéramos a puerta cerrada; que él reuniría los elementos que pudiera para venir en mi auxilio, y que yo procediera en igual forma si el atacado era él.

El día 9 los comandantes Rousseau, Betancourt y Pineda se presentan al coronel Castillo en el Campamento de Columbia y le manifiestan su deseo de que el Presidente renuncie, por el bien de Cuba. En castigo son trasladados Betancourt y Rousseau para Oriente. Sanguily me llama precipitadamente a su casa, donde encuentro al teniente coronel Perdomo y acordamos que Perdomo dé la orden a los oficiales de Matanzas para que una comisión se presente al Jefe del Distrito suplicándole haga llegar al Ejecutivo el deseo de que evite la intervención, aunque fuera a costa de su renuncia. Yo había de ordenar lo mismo en La Cabaña. El Ejército no está aún en rebeldía, pero ya le pide al Presidente que deje el cargo.

El día 10, por la mañana, el teniente coronel Delgado y el comandante Cárdenas se presentan al coronel Cruz Bustillo demandando la salida de Machado.

Por la tarde acude el coronel Sanguily a mi consulta y acordamos que yo visite por la noche al general Herrera y demande de él la renuncia del Jefe del Estado. El coronel quedaría alerta para que, en el caso de no regresar yo a mi casa, actuar él esa misma noche. A todas estas últimas entrevistas acudía el doctor July Sanguily, único paisano que conocía lo que se tramaba.

Envié una tarjeta al general Herrera, solicitando una entrevista con él y le explicaba que *era para tratar asuntos del Ejército*. Concedida la audiencia para las nueve y media de la noche, en su propio domicilio, llegué puntualmente, encontrando allí al Embajador de los Estados Unidos; éste demoró nuestra reunión hasta después de las diez. Principié diciéndole que iba a él haciendo un último esfuerzo para salvar al país de una revolución en que el Ejército había de tomar parte. El General me interrumpió para asegurarme que conocía bien al ejército y que éste no cometería ninguna traición. Repuse que no se trataba de una traición, sino de la necesidad imperiosa de salvar a la República. Entré en detalles: yo también conocía bien al ejército porque todos los oficiales habían sido mis compañeros durante veinticinco años y muchos venían a mí avergonzándose de llevar un uniforme que los confundía ante el pueblo con asesinos y malversadores, pero de algunos meses al presente era yo el que iba a los cuarteles en busca de los oficiales para tramar un golpe de estado. El General me interrumpe y con dura expresión en el rostro y energía en la frase, me dice: "Hasta ahora, Coronel, le he escuchado a Ud. pacientemente, pero..." Su actitud y el hecho de llamarme *coronel* cuando siempre me decía *doctor* y me trataba amablemente, me revela que algo grave va a decirme, y me apresuro a interrumpirlo vivamente: "Perdone que le interrumpa, General. ¡Oigame! Ya yo he vivido bastante y no voy a regatear a la patria el retazo de vida que me queda! La República nos ha sostenido a usted, y a mí y a todos los oficiales, con excelentes sueldos, permitiéndonos cuidar a nuestras familias, educar a nuestros hijos y vivir gozando de la consideración del pueblo. La ley orgánica de las Fuerzas Armadas dice que éstas tienen como deber el sostenimiento de la independencia, del orden público, etc. ¡La intervención armada está a la vista, y en estas condiciones seríamos nosotros muy cobardes y traidores a la patria, si la primera vez que ella vuelve los ojos a nosotros, confiada en que le debemos fidelidad, nos cruzamos de brazos y permitimos que el crimen se realice! Es menester que usted sepa que lo ocurrido ayer en Columbia y la actuación de los oficiales de La Cabaña hoy por la mañana, no son hechos esporádicos, sino que responden a un plan general de la conspiración: mañana mismo actuarán otros distritos y yo estoy aquí esta noche, como codirector del movimiento para pedirle el cese inmediato del Presidente Machado".

El rostro del General fué cambiando de expresión a medida que yo hablaba, y al revelarle la conspiración se dió cuenta de la verdadera situación en que estaba, y acudiendo a su habitual diplomacia me dijo: "Usted y yo hemos sido siempre buenos amigos, luchando juntos en otra época por el bien de Cuba; vamos a darle a este asunto amigable solución, pero es menester que nadie se entere de lo que estamos hablando. Yo me comprometo con usted a que el Presidente se vaya en seguida, y Ud. adquiera el compromiso de detener la acción de sus amigos". Repuse que era necesario término fijo para la salida del Presidente del territorio nacional, y él me pidió cuarenta y ocho horas, porque tenían que llenarse algunos requisitos. De hecho quedó acordada, mediante palabra de honor, la retirada del Presidente de la República. Ya en el portal de la casa, me ratificó el compromiso, que yo le dije aceptaba en nombre de la conspiración, haciéndole presente que por ningún motivo se le daría mayor plazo.

A las once y veinte de la noche comuniqué al coronel Sanguily por teléfono, y embozadamente, el acuerdo, aceptándolo muy gustosamente. Por lo avanzado de la hora, ya el bravo Coronel principiaba a dudar de mi éxito y de mi suerte.

En las primeras horas de la mañana del día 11, Sanguily comunicaba a los compañeros de la Aviación y de Columbia la orden de suspender toda actividad, afirmándoles que teníamos asegurado el compromiso de la resignación de Machado antes de las once de la noche del siguiente día. Yo, por mi parte, a las ocho de la mañana lo había informado de idéntico modo al teniente coronel Erasmo Delgado, para que lo hiciera saber a los subalternos.

El coronel Sanguily y yo nos sentíamos muy satisfechos. Posiblemente el pueblo no llegaría a saber que debía al ejército el servicio de haber arrojado al general Machado del poder, pero el ejército no tenía más interés que acabar con el gobierno dictatorial y cruel, restableciendo en Cuba el imperio de la Ley.

Pero mientras nosotros cumplíamos el armisticio suspendiendo nuestras actividades, el general Herrera, al llegar al Castillo de la Fuerza, en la mañana del día 11 viola el pacto tomando rápidas medidas para destruir nuestros planes. Como ya él sabía que el teniente coronel Delgado era el delegado nuestro en La Cabaña, ordenó su traslado inmediato para Cienfuegos, y sospechando la participación en el movimiento del batallón número 1 de Artillería, dispuso que se le quitaran las cuatro ametralladoras de que disponía, entregándole dos al capitán Crespo, en Atarés, y las otras dos al cuartel Abalos, en Dragones, dispuso asimismo retirarle las ametralladoras al batallón de Infantería que a las órdenes del comandante Pío Alonso se encontraba en la Quinta de los Molinos. Al informarme, el teniente coronel Delgado su traslado, como yo no quería violar lo pactado con Herrera en lo más mínimo, le dije que acatara la orden y embarcara para Cienfuegos, asegurándole que en breve le mandaríamos a buscar, y comuniqué el hecho al coronel Sanguily.

Los tenientes del batallón No. 1 alojados en el cuartel *Gómez*, en el antiguo edificio de la Hacienda, que estaban en la conspiración, comprendieron que se trataba de desarmarlos y se negaron a entregar las ametralladoras, acudiendo a su jefe el comandante Alonso Gramatges, explicándole la conspiración de que formaban parte y que ya ellos estaban en abierta rebeldía, pues se trataba de desarmarlos para después procesarlos. El comandante Alonso Gramatges se une a los conspiradores y resuelve marchar con el batallón y ocupar el Castillo de la Fuerza. En ese momento llega, casualmente, el teniente coronel Erasmo Delgado y acuerda con el comandante tomar el mando entre los dos y ocupar la Fortaleza. La acción estaba iniciada de un modo imprevisto, como ya nosotros calculábamos que podía resultar. El coronel Sanguily al conocer por el doctor Raúl de Cárdenas que algo anormal ocurría, acude a mi casa. Los teléfonos con el Castillo no funcionan, demostrando que estaban silenciados intencionalmente. Adquirimos algunos informes directamente del cuartel Máximo Gómez, y dudando aún si se trataba de un movimiento de amigos nuestros o de una acción del Gobierno, por haber descubierto la conspiración, resolvimos hacer actuar en seguida a todos los comprometidos, corriendo Sanguily al Campamento de Aviación y yo al Castillo de la Fuerza.

El teniente coronel Delgado me informó de lo que acababa de ocurrir. Traté de comunicarme por teléfono con el coronel Cruz Bustillo, con el propósito de que me permitiera entrar en La Cabaña y tratar de convencerlo, pero los teléfonos de la Fortaleza estaban silenciados para impedir la comunicación, y se me informó que la situación allí nos era hostil.

Entre tanto el coronel Sanguily llegó a las oficinas del Cuerpo de Aviación, junto al Campamento de Columbia, y al solicitar de los oficiales, sus antiguos subalternos, que se unieran al iniciado golpe de Estado para dar término a la caótica situación imperante, todos aceptaron, con excepción de cuatro que dijeron que, aunque simpatizaban con el movimiento, no se incorporaban a él porque le debían muchos favores al general Herrera. De allí se dirigió a Columbia donde todas las fuerzas estaban formadas y en la Jefatura del Distrito encontró al coronel Castillo, quien le pidió su parecer sobre lo ocurrido en el batallón número uno, contestándole que esa era la manera de pensar de todo el Ejército, a lo que Castillo repuso: "Pues bien, Gerardo está en el Club, vayan allí y díganselo". Trató de acercarse al Club de Oficiales, pero al notar la actitud agresiva de un grupo de *porristas* que lo custodiaban, se alejó de aquel lugar dejando al capitán Torres Menier la misión de hablarle al Presidente.

Mientras esto ocurría, el capitán Horacio Tabío, los tenientes Guillermo Sanguily, Concepción y otros más de los comprometidos hablaban al resto de la oficialidad, atrayéndoselos, y el capitán Angulo, ayudante del coronel Castillo, le explicaba a éste que la causa del Machadato estaba perdida y que toda la oficialidad deseaba evitar el desembarco de los americanos. El capitán Angulo fué comisionado por los oficiales para hacerle saber a Machado los deseos del Ejército.

Para proceder en orden a tiempo y lugar, volvamos a las horas del mediodía.

Para redactar los párrafos que van a continuación haré uso de los informes escritos que para mí hicieron el coronel Julio Sanguily, los comandantes Rodríguez León y Firmat, ayudantes del Presidente de la República, el capitán Plazaola, ayudante del Secretario de la Guerra, y otros oficiales.

Machado estaba descansando, después de almorzar cuando recibió por teléfono la noticia de la sublevación del batallón número uno, a las dos de la tarde. En mangas de camisa corrió a tomar un rifle y parque, que siempre tuvo a su alcance. Tomó el ascensor hasta el piso bajo, acompañado de su ayudante el comandante Rodríguez León y del sargento Baldrich, y evidentemente emocionado, ordenó cerrar todas las puertas que daban a las calles; dispuso que los capitanes Florindo Fernández y Morales, al mando de las tropas de la mansión presidencial, preparasen rápidamente la defensa e imperiosamente dispuso que se rompiera fuego sobre cualquier tropa que se acercara. Los comandantes Llaneras y Firmat, ayudantes presidenciales, ocuparon su puesto. Machado subió al tercer piso, donde su amante hija *Nena* le suplicó, llorando, que abandonara el Palacio. En esos momentos llegó Wifredo Fernández, confirmando la toma del Castillo de la Fuerza por los sublevados y demandando la salida inmediata en busca de un refugio más seguro. Las llamadas por teléfono a La Cabaña y a Columbia, para inquirir noticias, resultaban infructuosas, porque no se podía conectar con aquellas fortalezas. Apremiado por su afligida hija y por Wifredo Fernández resolvió la salida, pero fué sólo una estratagema para desorientar a su hija, disponiendo que partiera ella, con su esposo, delante en su automóvil. En la máquina de Machado tomaron también asiento los comandantes Firmat, Rodríguez León y Llaneras, el senador Fernández y Jorge Sánchez. En el instante de la partida llegó el general Herrera, informándole que, según sus noticias, el movimiento estaba limitado sólo al batallón número uno, y que él se dirigía al Castillo de la Fuerza para ver lo que pudiera hacer. Ambos acordaron que el Presidente partiera para Columbia, seguido de su escolta. Al llegar al parque de Maceo, mientras el auto de la hija del Presidente seguía rápidamente delante, éste sorprendió a sus acompañantes ordenando el retorno al Palacio. ¿Qué fin se propuso con este inesperado retorno? Probablemente, antes de partir para Columbia, quiso asegurarse de que iba a ser allí bien acogido, y al confirmarlo así, por conversación telefónica del ayudante Rodríguez León con el coronel Castillo, el Presidente tomó el teléfono y le dijo que partiría para allá inmediatamente. De nuevo se puso en marcha hacia aquel campamento, a donde llegó como a las cuatro de la tarde, dirigiéndose primero a la jefatura, donde el coronel Castillo le aseguró que podía contar con la fidelidad de su regimiento.

Hablaban solos; únicamente los ayudantes estaban presentes. El Presidente le ordenó a uno de ellos que diera órdenes por teléfono para que todas las tropas disponibles de las poblaciones cercanas partieran a marcha forzada hacia el Campamento de Columbia, y en seguida inquirió del coronel Castillo con qué número de hombres contaba para marchar sobre La Habana y someter a la obediencia al batallón sublevado. Se mostraba enérgico e impaciente. Pero Castillo procuraba tranquilizarlo diciéndole campechanamente: "Espérate, Gerardo; hay que proceder con calma. Ya nosotros somos viejos y debemos proceder sin precipitación, viendo lo que hacemos. Yo creo que es mejor que te vayas al Club y me esperes allí".

Al Club Militar fueron llegando unas tras otras personalidades gubernamentales: Octavio Zubizarreta, el brigadier Caballero, Averhoff, el general Molinet, el general Delgado, Ruiz Mesa, el representante Caíñas, doctor Cruells, Giordano Hernández, Rosell, coronel Manuel Benítez, el comandante Trujillo, Alfonso Fors, Pepito Izquierdo, alcalde La Habana; el coronel retirado Carlos Machado y Orestes Ferrara, pretendiendo éste último, que el Presidente recibiera a Sumner Welles, a lo que aquél se negó.

Todos, inquietos, preguntaban por el Secretario de la Guerra, el general Herrera, y Machado hacía inútiles gestiones para localizarlo por teléfono.

El Secretario, después de despedir al Presidente, frente al Palacio, se dirigió al Castillo de la Fuerza, sede del Estado Mayor; se encontró allí con Erasmo Delgado y con Gramatges, y al interrogarles sobre el fin que perseguían y contestárseles que era necesario que Machado dimitiera, les repuso, como me había dicho a mí la noche anterior, que el Presidente se iría en seguida, agregando que probablemente él sería el elegido. El comandante Gramatges, con entereza, le dijo que no lo aceptarían porque él —Herrera— estaba tan maculado como Machado. Esta frase indignó al Secretario de la Guerra, que se quejó de que a un cubano como él se le tratara así, y se refirió a su historia de luchador por la patria. Terció en la agria situación el teniente coronel Delgado diciendo que el General podía ser el nexo entre el Gobierno y la oposición, terminando la conversación amigablemente.

El Secretario de la Guerra y los dos jefes del batallón número uno acordaron —y así lo hicieron— publicar un párrafo de orden haciendo constar que a virtud de una orden del jefe del Ejército, general Eduardo Lores, ellos habían ocupado el Castillo y quedarían allí hasta nueva disposición. Al salir, el teniente coronel Delgado, ante las fuerzas formadas, dió un viva al general Herrera, próximo Presidente de la República, viva que la tropa coreó.

El teniente coronel Delgado, explicándome su conducta en relación con este último extremo, me dijo que había sido una estratagema suya, pues apenas contaba con doscientos hombres, y en menos de dos horas podían caer sobre ellos tres o cuatro mil soldados procedentes de Columbia, La Cabaña y del resto de la provincia.

Satisfecho de su triunfo, el Secretario de la Guerra y Marina partió para el Campamento de Columbia; le acompañaban en el automóvil los ayudantes comandantes Jiménez y capitán Arturo Plazaola; además, iban con él el capitán Portela, los dos hijos del General y su cuñado Fausto Rodríguez. Durante el viaje comentó que el jefe del Ejército había dado orden de que las tropas de Columbia marcharan a rescatar el Castillo de la Fuerza, y que ésto había sido un error; que él quería que no se derramara una sola gota de sangre; y al encontrarse en la Calzada de Columbia, junto a la llamada *Curva del padre Emilio,* la vanguardia de la tropa en marcha sobre La Habana, dió orden de que retrocediera. Su llegada al Club Militar y sus declaraciones de que el conflicto estaba solucionado, pues no había ocurrido más que un error de interpretación, puso alegría en los rostros de todos los gubernamentales.

Machado, Herrera y Castillo conferencian durante una hora en el salón de baile y acuerdan que el Presidente se vaya a su finca en Rancho Boyeros, mientras el Secretario de la Guerra vuelve a La Habana y da instrucciones a Erasmo Delgado y a Gramatges en el cuartel *Máximo Gómez.* En el viaje de regreso de Columbia había tomado asiento junto a él el Secretario de Estado, Orestes Ferrara, quien censuró que se hubiera permitido al Embajador de los Estados Unidos actuar como lo hizo, afirmando que si él hubiera estado aquí habría tratado protocolarmente todos los asuntos puestos sobre el tapete por el Embajador, sin ponerle nunca en contacto directo con el Presidente. Como siempre, Ferrara, pretendía aparecer como sumo pontífice, queriendo dar la impresión de que él lo hubiera arreglado todo. Él estaba bien enterado de todo lo que en Cuba estaba ocurriendo desde la llegada de Welles, tres meses antes, y sin embargo, aprovechó haber sido nombrado representante de nuestro país en una conferencia en Londres, para pasear tranquilamente por Europa, regresando a Cuba sólo dos días antes de la caída del Dictador.

Del cuartel *Máximo Gómez* partió Herrera hacia el Campo de Aviación para entrevistarse con Sanguily. Se reunieron a las seis de la tarde y la entrevista fué cordial, diciendo el Secretario que Machado se iría al día siguiente y que él sería designado Presidente provisional, a lo que Sanguily contestó que consultaría la opinión de los oficiales. Una hora después habló con él por teléfono, y le dijo que la oficialidad no lo aceptaba como Presidente, a lo que Herrera contestó secamente: "Ustedes mandan".

Por mi parte, viendo la imposibilidad de llegar a La Cabaña, no obstante mi insistencia, marché a reunirme en Columbia con Sanguily, pero al pasar por su casa, situada en el camino, cerca del Campamento, en el momento en que él hablaba con su esposa, me llamó al teléfono para decirme que algunos oficiales hablaban de darle plazo a Machado para que se fuera a las tres de la tarde del siguiente día, y otros querían que fuera a las doce. Le contesté que cuanto antes se fuera sería preferible para todos, y recomendé fijarle para su partida las doce del día. Conquistada Columbia tan fácilmente, debido a la opinión casi unánime de los oficiales, resolví volverme al cuartel *Máximo Gómez* e intentar nuevamente ser recibido en la Fortaleza de la Cabaña, para convencer al coronel Cruz Bustillo de la verdadera situación, pero fué imposible obtener comunicación.

De regreso el general Herrera a su domicilio, recibió a Cosme de la Torriente, a Ferrara y otros muchos políticos y militares, a los que informó que los militares de Columbia no le aceptaban como Presidente, pero para contrarrestar esta actitud acordaron llamar a todos los jefes de distritos y comunicarles que Herrera sería designado para ocupar la Presidencia, y que si cada uno de ellos estaba conforme lo telefonearan al Embajador de los Estados Unidos, y se envió al teniente ayudante Arturo Plazaola en misión al jefe de Estado Mayor de la Marina, contestando éste que sólo deseaba una solución patriótica, no teniendo inconveniente en aceptar a Herrera, pero que si al siguiente día no había acuerdo, aceptaría la opinión del Ejército, y terminó diciendo que si a él no le tiraban, él no tiraría.

A las cinco y treinta de la tarde, el Presidente partió del Campamento de Columbia para el Palacio Presidencial acompañado de sus ayudantes, Rodríguez León, Gali Menéndez, Firmat y Llaneras, yendo en otros autos distintas personalidades, y mientras el auto corría a lo largo del Malecón, le contó al primero de los ayudantes citados que las tropas habían aceptado volver a la normalidad con la promesa hecha por Herrera de que él renunciaría a las cuarenta y ocho horas, pero sin decir quien pudiera ser su substituto. Sólo demoró Machado en Palacio diez minutos; no se ocupó en recoger papeles, ni dinero, tan convencido estaba de que todo estaba arreglado, y partió a las seis de la tarde, con sus ayudantes y escolta, para su finca *Nenita,* en Rancho Boyeros.

El Presidente llegó a la finca *Nenita* a las seis y media de la tarde, quedando acompañado sólo del comandante Firmat, al que dió orden de que a cualquier persona que preguntara por él, se le dijera que no estaba allí; dió un paseo alrededor de la casa, se bañó y se puso en *pajama*. A las ocho se vistió y recibió a una familia. Iban las dos hermanas con sus esposos y la madre de ellas. La familia venía impresionada por las noticias que corrían por La Habana, pero durante la comida no tocaron ese tema, tratando sólo de generalidades. El Presidente, sin alterar sus hábitos, se echó en una silla de extensión en el portal y se quedó dormido, no sin antes repetir la orden de que no estaba para nadie y que se le dejara dormir. La familia visitante se apartó, siempre alarmada, simulando que jugaban en una mesa vecina.

Varias personas llamaron por teléfono inquiriendo el paradero del General, y a todas se les contestó que ignoraban dónde se encontraba. A las diez y media llamó el teniente coronel Guerra, quien le contó al ayudante el estado de perturbación, insistiendo en que el Presidente debía escapar, pero la orden dada se cumplió y se le dejó dormir. Seguidamente llamó Emilio Obregón, yerno del Presidente, desde Varadero, y le dijo a Firmat que el comandante del *Juan Bruno Zayas* había recibido un aerograma del jefe de la Marina de Guerra con la noticia de que el general Alberto Herrera había sido proclamado Presidente constitucional de la República y que las fuerzas de mar y tierra lo habían acatado. El comandante Firmat fué en busca del Presidente que, profundamente dormido, con el cinturón zafado, distendido el vientre roncaba sin cesar. Le despertó pidiendo excusa al hacerlo, pero que ante la gravedad de las últimas noticias, lo había creído necesario. El Presidente habló con Obregón, quien le confirmó lo antes dicho. Seguidamente hizo que le comunicaran con el coronel González del Real, jefe de la Marina, el cual le ratificó la misma información; recomendándole Machado que diera órdenes para que por el jefe del *Juan Bruno Zayas* se le prestara protección a su familia, que estaba en Varadero. Mostrándose sorprendido ante tales acontecimientos, llamó por teléfono al general Herrera, sosteniendo con él este brevísimo y trascendental diálogo, tomado textualmente por los ayudantes de ambos generales situados junto a ellos.

—"Ordene, Presidente.
—¿Cómo me llama Presidente?; ya sé que el Presidente ahora es usted, me lo acaba de decir el coronel González del Real.
—Ha sido necesario hacerlo por el bien de Cuba.
—Bueno, tenga cuidado, que lo que usted me ha hecho, se lo pueden hacer también a usted".

Como podrá juzgarse por esta breve conversación telefónica, Machado creía, hasta ese momento, que toda la actuación de Herrera tenía por finalidad que continuara él en el poder.

El general Machado había perdido la calma y se mostraba de mal humor. Trató a Herrera de usted, cosa que no acostumbraba. Pero recuperando en seguida la ecuanimidad, se dirigió hacia donde estaban sus visitantes; acarició con su diestra la cabellera de una de las señoras y exclamó: "El hombre en quien yo más confiaba me ha jugado una mala partida". Habló luego de cosas sin importancia y se paseó por la sala. La familia se dió cuenta de que debía dejarlo en libertad y se retiró a las once y media de la noche. Ya estaban recogiéndose el ayudante y la pequeña escolta cuando el General llamó al ayudante y le dijo que era preferible volver para La Habana, que se preparara para salir. Partieron a las doce menos cuarto; en la máquina del General iban éste, Firmat, Baldrich y el chofer; le seguía otro auto con la policía secreta. Al llegar frente al *Habana Yacht Club* la segunda máquina se ponchó, y no dándose cuenta los ocupantes de la primera, siguieron sin escolta, llegando solos al Palacio, donde nadie los esperaba. Poco después de la una de la madrugada ya estaba durmiendo.

Esta acción audaz de Machado de regresar a La Habana, donde el pueblo estaba ya en la calle, celebrando su caída, se debió probablemente a que pensó que si los exaltados decidían atacarle, estaría mejor defendido en el Palacio, donde había una guarnición, que no había en la finca *Nenita,* donde estaba aislado.

Su buena estrella le permitió que su máquina no fuera reconocida por el populacho.

Volvamos a las primeras horas de la noche del día once. Lo que en este párrafo refiero es tomado del informe que para mí escribió Sanguily. Al enterarse el Embajador Welles por el propio Herrera, de que el Ejército no lo aceptaba como substituto de Machado, se indignó con la actitud de los militares y solicitó una entrevista con Sanguily, en su casa. El doctor Raúl de Cárdenas, que llegó en esos momentos, acompañó al Coronel. Sumner Welles le pidió que le relatara los motivos del golpe de estado a lo que Sanguily correspondió refiriéndole cómo se había hecho la conspiración en expectativa de evitar una intervención americana. Welles se mostraba violento porque se le habían alterado sus planes, y le dijo que era necesario que el Presidente fuera Herrera, lo que el coronel rechazó, expresando que eso representaría el continuísmo del régimen anterior. El Embajador dijo que si no se aceptaba a Herrera, vendría la intervención americana. Sanguily repuso que habíamos actuado en cumplimiento de nuestro deber y que nosotros queríamos de Presidente a un hombre de manos limpias, y de ser posible, apolítico. Impresionado por la actitud del Embajador no se atrevió a pronunciar mi nombre. El Coronel cortó aquella situación embarazosa diciendo que iría a Columbia a consultar con los oficiales. Reunió en la Aviación a buen número de ellos, les expuso la situación y todos rechazaron la candidatura de Herrera, lo que le informó a Welles por teléfono a casa de Herrera a donde el Embajador se había trasladado. Una hora después volvió a telefonearle al mismo lugar diciéndole que había logrado calmar la agitación que había en Columbia y le pidió una entrevista, que acordaron fuera en la Embajada, a las nueve de la mañana del siguiente día, 12 de agosto.

Toda la tarde y la prima noche del día 11, las estaciones de radio no cesaban de informar al público, de que Sanguily y yo habíamos movido el Ejército, dando un golpe de Estado, y los corresponsales de la prensa extranjera cablegrafiaban a sus respectivos periódicos los detalles que estaban a su alcance. Esto motivó que en dos ocasiones en que llegué a mi casa, por la tarde, encontrara allí a muchos amigos que venían en busca de noticias. Como a las nueve de la noche vino a verme el doctor

José Manuel Carbonell diciéndome que el doctor Cosme de la Torriente quería verme. Fuimos a su casa; me hizo explicarle el proceso conspiratorio y al referirle la entrevista de la noche anterior con el general Herrera, me dijo que yo debía ser el substituto de Machado, contestándole yo que carecía de preparación para ocupar la Presidencia. Repuso que mis amigos me ayudarían a salir adelante; pero persistí en mi negativa, no tanto por el convencimiento de que Welles se opondría, como porque no se pensara que mi actuación había sido interesada.

Estando en esta entrevista con el doctor Torriente, me llamaron por teléfono de mi casa. La directriz del "A B C" se había reunido, y a propuesta de Llaguno y de E. Farrés, había acordado ofrecerme su apoyo para ocupar la Presidencia. Presidía la comisión el doctor Carlos Saladrigas. Hablamos por teléfono, les di las gracias y les dije que no aceptaba la oferta. De regreso a mi domicilio, llamó, desde Miami, Archibald Durland para felicitarme y expresé las razones que tenía para no dejarme arrastrar por la opinión. Durland refirió al general Menocal nuestra conversación y seguidamente el General acudió personalmente a tratar de convencerme. Le dije que puesto que conocíamos la opinión del Embajador, de que el Presidente debía ser el general Alberto Herrera, para ser substituido después por el doctor Carlos Manuel de Céspedes, según se había tratado en el seno de la Mediación, era preferible no destruir totalmente los planes de Welles, porque sería provocar la intervención armada; que con Céspedes en la Presidencia y Sanguily de jefe del Ejército, el país se encauzaría sin grandes dificultades, restableciéndose la normalidad, que era lo único a que todos aspirábamos. El general Menocal insistió en decirme que Welles estaba *blofeando;* que no estaba autorizado para imponer presidentes, y que si yo persistía en mi actitud, iba a dejar la revolución acéfala. Menocal, hábil político y conocedor de cómo pensaba Washington, sabía lo que decía; yo, obcecado por el fantasma de la intervención, permanecí firme en mi propósito.

Cerca de las doce de la noche me llamó el coronel Cruz Bustillo, jefe de la Fortaleza de la Cabaña. Me dijo que convencido de los buenos propósitos del movimiento revolucionario, había decidido aceptarlo, y que reunido un grupo de oficiales a sus órdenes, habían determinado apoyar mi candidatura presidencial. Mi viejo amigo y antiguo compañero recibió una decepción dolorosa al confirmarle mi propósito y repetirle las razones que expresé al general Menocal.

A las nueve de la mañana del día 12, el coronel Sanguily visitó al Embajador y le repitió que no era posible que el general Herrera fuera el Presidente,[1] y el teniente coronel Delgado, que llegó en seguida, ratificó esa opinión. Entonces el Embajador se levantó violentamente de su asiento y exclamó: "Cumplan ustedes su deber como militares, que yo cumpliré el mío como Embajador". Esta expresión daba por terminada la entrevista, y al retirarse los jefes militares, el diplomático norteamericano, que daba largos pasos por su despacho, les preguntó si ellos aceptarían al general Herrera solamente por unas horas, el tiempo necesario para designar un Secretario de Estado que asumiera en seguida la Presidencia, lo que fué aceptado, y pidiéndoles que le esperaran allí, salió de la Embajada. Luego les avisó para que fueran a reunírseles, a las once y media de la mañana en la residencia de Herrera, donde les esperaba en compañía de Cosme de la Torriente y Carlos Manuel de Céspedes, y les dijo que había resuelto que el Presidente fuera Carlos Manuel de Céspedes, nombrando accidentalmente a Herrera mientras se llenaban ciertos trámites en relación con la renuncia de Machado.

Otros interesantes incidentes ocurridos durante la noche del día 11 y la mañana del 12, fueron referidos por el doctor Carlos Manuel de Céspedes en un artículo que publicó en *El Crisol,* el 11 de abril de 1934, en que decía lo siguiente:

> Cuando el general Machado se avino a resignar el mando y salir del país, apremiado por el deseo de la inmensa mayoría de los cubanos, fué con la condición de que su Secretario de la Guerra, el general Herrera, sería su substituto constitucional. Al efecto, aceptó la renuncia de todos los miembros del Gabinete, con excepción de Herrera, que sería su sucesor. Pero habiendo el Ejército rechazado a Herrera, y ante la perspectiva de que el país quedase sin gobierno, si no se le permitía ocupar la Presidencia, lo que pondría a Cuba en uno de los casos que prevé el Tratado de Relaciones Permanentes para que los Estados Unidos puedan ejercer el derecho de intervención, el Embajador Welles insistió en que fuese aceptado aquél (Herrera) para evitar tan graves consecuencias.

---

(1) Informe escrito dado por el coronel Sanguily al autor.

Viendo, sin embargo, el mismo Herrera y el ilustre diplomático que actuaba de mediador, que esa substitución no sería apoyada por el Ejército, propusieron al coronel Horacio Ferrer para substituir a Machado. Esta idea fué rechazada por Orestes Ferrara, Secretario de Estado, que actuaba en representación de Machado, por estimarla incompatible con los deseos del jefe del Ejecutivo. Entonces se volvió a mantener la solución Herrera, quien todavía en la madrugada del 12 de agosto se hacía la ilusión de que él contaba con el apoyo del Ejército. Rechazado de nuevo Herrera por la junta de oficiales, y también Horacio Ferrer por ser militar, surgió, en la mañana del mencionado 12 de agosto, mi candidatura para la Presidencia provisional, que fué aceptada y había sido acordada antes por todos los elementos oposicionistas que tomaron parte en la mediación, y por los partidos Liberal, Conservador y Popular, que habían figurado igualmente en las conferencias y traído la situación que hizo posible la caída de Machado. Como se ve, también carece en absoluto de fundamento la afirmación de que, al ser derrocado Machado, entre Herrera y yo hubo, Mr. Welles de escogerme a mí para presidir la República.

Pocos días después, al ser presentado yo al Presidente Céspedes, a quien no conocía por mi alejamiento de la vida pública, me expresó cortésmente:

Como he visto que es usted amigo de guardar datos históricos (se refería a mi artículo *Mi actuación en el golpe de Estado*), quiero contarle la siguiente anécdota. Yo sabía que yo era el candidato de Welles para la Presidencia desde hacía algún tiempo. En la noche del 11 de agosto pasé en la Embajada Americana varias horas enterándome de las últimas noticias, y pude apreciar que la mayor parte de las personas influyentes que allí llegaban le pedían al Embajador que le designara a usted para ocupar la Presidencia. Ya algo tarde, pareciéndome que el Embajador se inclinaba a designarle a usted, me pareció que debía irme de allí y así lo hice. Al llegar a mi casa le dije a mi señora que el Presidente iba a ser usted. Al día siguiente muy temprano —era el día de mi natalicio— me despertó mi señora para felicitarme, exclamando: "¡Gracias a Dios que te puedo besar hoy sin que seas Presidente!"

Como a las once de la mañana me llamaron a la casa del general Herrera y me enteraron de que en la reunión que acababan de celebrar había sido propuesto usted para ocupar la Presidencia, pero que Ferrara se negó a aceptarlo, acordándose entonces que el Presidente fuera yo.

Agradecí al Presidente Céspedes el relato de este episodio, que mucho me honraba, y le repuse que en sus manos estarían mejor que en las mías los destinos de la patria.

Quiero cerrar este capítulo afirmando que mis palabras de felicitación al doctor Céspedes eran absolutamente sinceras.

A pesar del gran honor que representa ser Presidente de la República, por mi temor a la ocupación armada, me negué constantemente aquella noche a aceptarla. Yo ignoraba que durante algunas horas el Embajador estuvo inclinado a que yo ocupara la Presidencia. Los amigos que sostuvieron mi designación entre los cuales se destacaron el doctor Ernesto Aragón, actuando en nombre de la Federación Médica, algunos dirigentes del "A B C" y otros intelectuales, lo hicieron sin consultármelo, movidos seguramente por lo que conocían de mi actuación contra Machado.

Al mediodía del 12 abandonó Gerardo Machado el país en un aeroplano, acompañado de pocos amigos. Había ocupado el Poder durante nueve años, mereciendo del pueblo cubano el aplauso sincero en los primeros años de su gobierno, por su acción patriótica y constructiva, y convirtiéndose después en odiado dictador, al reformar la Constitución en su provecho propio y perpetrar numerosos crímenes políticos para sostenerse en la presidencia. Transcurridos ahora algunos años de la caída de aquel hombre singular, nos reafirmamos en que fué serena, justa y patriótica nuestra actitud para hacerle abandonar la presidencia; pero reconocemos también que sus errores parecían aún mayores porque no podíamos imaginarnos la degradación a que íbamos a llegar después.

La situación del Embajador Welles resultó dificilísima: el Presidente Roosevelt le exigía que se movieran dentro de la Constitución y la inmensa mayoría del país reclamaba la renuncia inmediata de Machado, la anulación de la Constitución de 1928 y la del Congreso, y a ésto no se podía llegar sino por medio de un gobierno *de facto*. Había por tanto un escollo infranqueable entre uno y otro criterio que no podía soslayar la habilidad del ilustre diplomático, ni su decidido empeño en servir a Cuba. Welles creó la Mediación para asesorarse y compartir responsabilidades; pero a fines de julio la Mediación estaba deshecha. El propósito de que el general Herrera ocupara la presidencia constitucionalmente, haciéndole antes Secretario de Estado era un error; ni el pueblo ni el Ejército lo aceptaban. Creyó Welles que el General como Secretario de la Guerra, tenía bien controladas las fuerzas armadas; el mismo General lo creía así. Su caballerosidad y don de gentes no podían hacer olvidar tan rápidamente sus errores. Y si el *heredero* no satisfacía, menos podía aceptarse el proceso dilatorio de nueva Constituyente y renovación parcial del Congreso. El Embajador estaba metido en un callejón sin salida. Al sobrevenir el golpe de Estado, el 11 de agosto, y persistiendo en su propósito de moverse dentro de la Constitución, quiso que el Congreso aceptara la renuncia de Machado y fué esto tan inconstitucional que según el historiador Gonzalo de Quesada [1] en la Cámara de Representantes sólo pudieron reunirse seis legisladores para considerar la renuncia y en el Senado recibió el documento un solo senador.

El golpe de Estado se produjo porque abiertamente enemistados Machado y Welles; desintegrándose la Mediación y exigiendo Roosevelt que se aceptaran inmediatamente los términos del ultimátum del Mediador, hubo que evitar males mayores, ya que el Presidente, hablando por radio desde la jefatura de la policía, había amenazado con oponerse con el ejército al desembarco de los americanos. Si en aquel momento Welles hubiera tomado una actitud expectante, dejando a las fuerzas armadas y al pueblo resolver su propio problema, le hubieran bastado cuarenta y ocho horas para ver cómo se instalaba un gobierno *de facto* con el apoyo de todo el país, y el Embajador hubiera salido del embrollo en que estaba metido. Pero preciso es confesar que ni Sanguily ni yo le apuntamos tal solución; lejos de ello nos sentimos temerosos de que pudiéramos provocar sus iras, al frustrar sus planes; y yo cometí el error de no acercarme a él en ningún momento.

---

(1) Gonzalo de Quesada: *En Cuba Libre*.

EN LA SECRETARIA DE LA GUERRA
Y MARINA

A los dos días de tomar posesión el general Sanguily del cargo de Jefe del Estado Mayor del Ejército, recibí aviso de que lo llevaban para una clínica, gravemente enfermo. Corrí allí, y cuando en el curso de la operación, el doctor Núñez Portuondo me mostró una úlcera del duodeno que había perforado totalmente el intestino, produciendo peritonitis, quedé consternado, dándome cuenta en el acto de lo que ocurriría en el país. Aquella úlcera, en momentos tan difíciles, iba a influir decisiva y funestamente en el porvenir político de Cuba, pues inutilizaba, no se sabía por cuánto tiempo, al hombre que necesitaba actuar todos los días y todas las horas para corregir el desbarajuste imperante y restablecer el orden.

Por ministerio de la ley, el grado superior en el Ejército era el de coronel, y en relación a los cargos que desempeñaran, uno tenía atribuciones de mayor general y dos de brigadieres. Al ocupar Sanguily el cargo de Jefe de Estado Mayor asumía el grado de mayor general. Al enfermar de gravedad, era necesario que alguien empuñara las riendas del Ejército interinamente, pero a la sazón no había ningún coronel que le pudiera substituir, porque con motivo de haber desempeñado altos cargos en el Machadato, todos estaban acusados de complicidad con el régimen caído, unos con razón, sin ella otros. Había coroneles que permanecieron puros, que jamás mancharon sus manos con crímenes ni participaron de negocios sucios, pero las acusaciones a muchos alcanzaban, y mientras no se depuraran cargos no se les podía utilizar. Por otra parte, la oficialidad joven, contagiada con los estudiantes, pedía renovación en los altos grados, estableciendo divisiones entre oficiales de escuela y oficiales que habían llegado a los más altos grados, muchos años antes, por nombramiento directo del Ejecutivo, a su ingreso; olvidándose que al organizar las fuerzas armadas, en los primeros pasos de la República, fué necesario acudir a hombres procedentes del Ejército Libertador, donde conquistaron fama y prestigio, y con ellos al frente del Ejército se continuó mientras en las academias militares se formaban los futuros oficiales, que eran después enviados a las Academias del Ejército norteamericano a perfeccionarse en las distintas armas, y de ese modo se iba formando una oficialidad de sólidos conocimientos militares, que fué poco a poco substituyendo a los antiguos jefes. Y la mejor prueba de que aquellos jefes tildados ahora de incapaces, porque no pasaron por escuelas militares, eran, sin embargo, hombres de efectivo y hasta de extraordinario valer en el mando, se evidenció cuando las revoluciones conmovieron al país. Para no citar más que un hecho, en la formidable revolución de 1917, el valor, la pericia y la inteligencia de los coroneles que utilizó el Gobierno le salvaron de ser barrido por el enemigo mucho más numeroso y a las órdenes de un caudillo prestigioso. Los coroneles Miguel Varona, Rosendo Collazo, Eduardo Puyol, Ibrahim Consuegra y Matías Betancourt se desenvolvieron demostrando capacidad extraordinaria, sin tener más escuela militar que las enseñanzas que les dió la Guerra de Independencia. Ningún jefe formado en las más renombradas escuelas del mundo les hubiera aventajado.

Fuí profesor de la Escuela de Cadetes, establecida en el Castillo del Morro, dirigida por el hoy olvidado comandante Lezama, y allí pude darme cuenta de la necesidad de elevar la cultura de los oficiales, y ferviente partidario de esta idea, durante los años que influí en el Cuerpo de Sanidad Militar o fuí su jefe, y no obstante que los oficiales médicos ingresaban por rigurosa oposición, celebraba todos los años cursos de perfeccionamiento que fueron utilísimos y enviaba cada año dos oficiales médicos a la Escuela Médico Militar de Washington, y de este modo llegaron a tomar cursos completos más del cincuenta por ciento de oficiales de Sanidad, con gran provecho para su cultura. Y digo esto en demostración de que fuí hasta cierto punto mentor y entusiasta amigo del perfeccionamiento de los jóvenes oficiales, pero eso no me cegó para darme cuenta de los errores que más tarde cometieron.

Hubo contagio, he dicho, de la Universidad, donde se hacía propaganda contra los viejos políticos y se proclamaba la necesidad de que la juventud dirigiese los destinos de la República. Se llegó a considerar como viejos inútiles a todos los hombres que pasaran de los cuarenta años. Y hubo también impaciencia por ascender. Los oficiales del ejército, constituído en su fundación totalmente por hombres del Ejército Libertador, fueron substituídos poco a poco, como he apuntado, por hombres jóvenes, y probablemente en 1933 no quedaba más de un diez por ciento de los antiguos oficiales, ocupando, desde luego, los cargos más altos, porque llevaban veinticinco o treinta años de servicios, y era evidente que por su edad poco tiempo más podían permanecer en activo.

Procedían injustamente los jóvenes oficiales, pretendiendo eliminar a todos los jefes, de comandantes para arriba. El mal no había que buscarlo en que estuvieran mandados por jefes sin bastante conocimiento de táctica y estrategia, que alguna vez hicieran frases desagradables para los oficiales salidos de las academias, cuando, al necesitarlos para combatir revoluciones, se encontraran que no tenían bastantes conocimientos para la vida en campaña. El grave problema para la oficialidad joven era el estancamiento en los grados y el haber sido aprobados gran número de cadetes y figurar como oficiales supernumerarios mayor cantidad aún de sargentos aprobados para el ascenso a oficiales. Pero todo esto se hubiera salvado en breve, con un poco de habilidad y sentido práctico al llevar a efecto la reorganización que era indispensable, sin haber tenido que acudir a la conspiración contra los superiores, que acabó por relajar completamente la disciplina y abrió los ojos a las clases y soldados, haciéndoles pensar que siendo ellos los más, debían actuar para aprovecharse de la confusión imperante.

La convalecencia del General se hacía más larga por habérsele entreabierto la herida operatoria, y entre tanto el desorden, verdadera anarquía, se extendía por ciudades y campos. Los *porristas* y los policías maculados eran perseguidos por el pueblo, sacados de sus casas y muertos en la vía pública, y los cadáveres arrastrados por calles y paseos, en festín dantesco. Los sectores radicales a los que se agregó el populacho, ávido de venganzas y sediento de saqueo, asaltaban las casas de las personas señaladas como *machadistas,* se llevaban impunemente cuanto encontraban e incendiaban los edificios. Los automóviles particulares se convirtieron en botín de guerra; en muchos establecimientos entraron a saco; centrales azucareros e industrias importantes, nacionales y extranjeras eran ocupados por los comunistas que aprovechaban el momento de confusión para proclamar el *soviet* en algunos términos, incendiar iglesias y apoderarse de lo ajeno, que era así como interpretaban los credos de Marx.

La policía uniformada casi desapareció de la escena al ser depuestos sus jefes y oficiales y encarcelados otros. La judicial y la secreta fueron disueltas, sin pensar en substituirlos por cuerpos similares, para el indispensable servicio que tenían que rendir.

En el orden militar la desorganización era enorme. Se ha culpado mucho a Castillo Pokorny, Secretario de Guerra y Marina, por haber desatendido a las fuerzas armadas dictando medidas absurdas y dedicando casi todo su tiempo a asuntos políticos, como la designación de alcaldes en todos los municipios, pero la verdad es que la culpa de todo lo que luego acaeció estuvo muy repartida, aunque reconozco que, al principio, hubiera bastado una persona de autoridad en las altas esferas para encauzar al Ejército. El Jefe de Estado Mayor, por substitución reglamentaria, el teniente coronel Héctor de Quesada fué largos años excelente oficinista que conocía al dedillo todas las leyes, reglamentos y órdenes en relación al Ejército, y a ello se debió que se persistiera, indebidamente, en retenerlo en el Estado Mayor, pero carecía de condiciones de mando y estaba tan enfermo, que murió algún tiempo después. Un estado de inquietud se extendió entre los oficiales, al extremo de que nadie se consideraba seguro en su puesto, y la Guardia Rural esquivaba actuar en los conflictos de huelgas, desórdenes y atropellos, temiendo los oficiales ser acusados por cualquier revolucionario improvisado e ir a parar a los calabozos de La Cabaña.

El Estado Mayor, invadido por elemento civil, casi siempre supuestos estudiantes, y también por oficiales jóvenes, estaba al garete. Bastaba que cualquier desconocido formulara una denuncia contra algún oficial del interior de la República, para que se ordenara por telégrafo que se presentara en la Jefatura de Dirección, y al llegar, se le remitiera preso a la Fortaleza de la Cabaña; y esta práctica se seguía con jefes y oficiales de todos los grados desde coroneles hasta supernumerarios, que fueron arrestados sin una previa investigación de las acusaciones que se les hacían.

La indisciplina era tal que a los tres días de operado el general Sanguily, ya principiaban a reunirse en el domicilio del doctor Gustavo Cuervo Rubio, reputado cirujano y brazo derecho de Menocal, muchos oficiales y estudiantes con el fin de trazarle al Presidente Céspedes la línea de conducta que debía seguir. Y el Secretario de la Guerra Castillo Pokorny dió autorización, por medio del jefe de Estado Mayor por substitución, para que pudieran reunirse los alistados y pedir las reivindicaciones que creyeran necesarias.

Al siguiente día del golpe de Estado, yo renuncié a toda actividad política, y me volví a mi gabinete, pero al tener conocimiento de estos hechos solicité del doctor July Sanguily autorización para hablarle a su padre, quien por su estado delicado permanecía alejado de visitantes. Le expuse al General cual era la situación imperante, sin llegar a decirle toda la verdad por no inquietarle demasiado, y le expliqué la necesidad de llamar al servicio, de acuerdo con la ley, a un coronel de condiciones suficientes para ocupar el cargo de Jefe de Estado Mayor durante su enfermedad o bien que aconsejáramos que ese hombre ocupara la Secretaría de la Guerra y Marina. Agregué que, en mi concepto, el militar llamado a desempeñar ese cargo debía ser el general Armando Montes. Otros dos jefes retirados de capacidad sobrada podían utilizarse; el general Miguel Varona y el coronel Eduardo Puyol, pero ambos no estaban bien de salud y era echar sobre sus hombros un peso que les quebrantaría más aún. Sanguily oyó mis razones y asintió en que el general Montes tomara el control del Ejército, autorizándome para llevar a efecto las gestiones oportunas.

Visité al doctor Cosme de la Torriente, consejero máximo del Presidente Céspedes, y le expuse el estado de indisciplina del

Ejército y la conveniencia de substituir con el general Montes al señor Castillo Pokorny, en la Secretaría de la Guerra. Me llevó a ver al Presidente para que le expusiera mis razones y temores, y así lo hice imponiéndole de la necesidad de que nombrara a Montes. El doctor Céspedes no parecía participar de mis inquietudes, pero accedió a mi recomendación, y telegrafié al General, que estaba en su finca, para que regresara rápidamente. Le referí todo cuanto dejo dicho del desconcierto imperante y la necesidad urgente de su acción rápida y enérgica en la Secretaría de la Guerra. "Voy a acabar con tu tranquilidad —le dije— pero la patria te necesita y tú no puedes negarle un sacrificio más". Montes dudó en aceptar, pero al fin accedió y fuimos a ver al Presidente. Al llegar a Palacio, listo el general Montes para jurar el cargo de Secretario de la Guerra, nos encontramos con que el doctor Raúl de Cárdenas, Secretario de la Presidencia, había hecho variar de opinión al Presidente y querían ahora que fuera yo quien ocupara aquella Secretaría. Me defendí tenazmente; quería estar alejado de la vida pública, aunque sin negar mi actuación incidental en algunos momentos. No podía abandonar mi cómodo y productivo gabinete, donde ejercía rodeado de afectos y consideraciones para lanzarme al mar tempestuoso de la política imperante donde todos los valores estaban subvertidos, el país en completa anarquía y el Ejército completamente desmoralizado. Por otra parte consideraba a Armando Montes de mayor capacidad técnica que yo por haber ocupado en años anteriores casi todos los cargos de importancia en el Ejército, habiendo sido jefe del Departamento de Dirección, jefe de Estado Mayor y Secretario de la Guerra, y era un hombre enérgico y honorable a carta cabal. Ningún otro jefe reunía mejores cualidades. Además el general Montes había ido allí a jurar el cargo, y se le pondría en situación desairada si no se le nombraba. El Presidente, muy cortés y halagador, se empeñó en convencerme de que debía aceptar, entendiendo que iba a prestar un gran servicio a la República, y a él personalmente, pero me negué resueltamente. Nos invitó a almorzar a Montes y a mí, y de sobremesa volvió a la carga, pero sin obtener que yo cediera. El doctor Cárdenas, con una tenacidad extraordinaria, persistió en sus propósitos, y como ya me iba a retirar sin complacerlo, me pidió que juntos fuéramos a ver a Sanguily. Así lo hicimos, y él y yo expusimos al General, nuestros puntos de vista; y durante un breve instante en que Cárdenas y Montes cambiaban impresiones, Sanguily, con gesto de súplica, me señaló su situación, en cama aún por la operación recientemente sufrida, y me pidió que aceptara. No pude resistir al ruego de mi compañero de acción contra el *machadato*, y al día siguiente, 29 de agosto, juré el cargo de Secretario de Guerra y Marina.

El 24 de agosto el Presidente había firmado un Decreto de extraordinaria importancia, porque derogó la funesta Constitución de 1928, poniendo en vigor la de 1901; disolvió el Congreso, los Gobiernos Provinciales y los Ayuntamientos; creó una Comisión Consultiva; prometió elecciones generales el 24 de febrero próximo y entrega del Poder a los elegidos el 20 de mayo. ¿No era todo eso lo que el pueblo demandaba? Cierto que así era, pero el Directorio Estudiantil, dirigido por el doctor Grau San Martín, lo que ansiaba era ocupar el Poder a todo trance. Y siguió conspirando.

Al llegar al Castillo de la Fuerza, sede de la Secretaría, al siguiente día, encontré un grupo de jóvenes oficiales y civiles, supuestos revolucionarios, que dictaban a los alistados militares comunicaciones y telegramas llamando a oficiales del interior para enviarlos detenidos a La Cabaña, bajo la acusación de crímenes y malversaciones.

Interrogué al teniente-coronel Quesada, jefe de Estado Mayor, por substitución reglamentaria, quien me dijo que aquello se estaba haciendo con autorización del Secretario de la Guerra saliente. Ordené que inmediatamente cesara tal situación, yendo los oficiales a ocupar sus puestos y no permitiéndose la entrada en el Castillo más que a las personas que vinieran a tratar de asuntos del servicio.

Celebré un amplio cambio de impresiones con el jefe de Estado Mayor. De todas partes de la Isla llegaban telegramas alarmantes. Los comunistas se asociaban a los revolucionarios, que decían seguir las inspiraciones del Directorio Estudiantil, para llevar a efecto venganzas políticas y personales, y ocupaban centrales cubanos y extranjeros, industrias diversas y ayuntamientos e incendiaban propiedades; verdadero estado anárquico. Al preguntarle sobre las juntas que yo sabía celebraban en Columbia y otros lugares oficiales y alistados, me contestó que eran perfectamente legales, porque fueron autorizadas por Castillo Pokorny. Dispuse que inmediatamente se dejara sin efecto tan errónea disposición, prohibiendo que se volvieran a efectuar tales reuniones. La orden se dictó en seguida por telégrafo a todos los Distritos militares y urgentemente a Columbia.

Como yo calificara duramente la indisciplina imperante y la inacción del Estado Mayor, el teniente coronel Héctor de Quesada me presentó verbalmente la renuncia de su cargo, que por el momento no quise aceptar, hasta no estar mejor orientado. Además, Sanguily no debía demorar más de una semana en estar suficientemente restablecido para hacerse cargo de la Jefatura del Estado Mayor. Al día siguiente, dicté la orden que va a continuación que se transmitió a todos los mandos, y que obra en el Archivo del Ejército:

La Habana, 1º de septiembre de 1933.

Siendo necesario restablecer el imperio de la ley en todo el territorio de la República con la mayor rapidez, tome las medidas oportunas para la mejor protección de vidas y haciendas. Detenga a todo individuo portador de armas y a los que atenten a la propiedad saqueando casas, repartiendo ganado, destruyendo siembras, etc. poniéndolos a la disposición de las autoridades civiles.

En relación con las huelgas, observe cordura, pero esté dispuesto a intervenir aunque su intervención no sea demandada.

Manténgase constantemente en contacto con todos los destacamentos de su mando y envíe informes telegráficos al Estado Mayor todos los días a las 8 de la mañana y a las 4 de la tarde de los accidentes que ocurran, a reserva de informar inmediatamente de cualquier asunto importante.

Es urgente que lleve usted al ánimo de sus subalternos la necesidad imperiosa de restablecer el orden. Acuse recibo.

En realidad, la orden no podía ser más terminante y a la vez discreta, y recibí con este motivo muchas felicitaciones del elemento civil y del militar que vieron en ella el principio esencial para restablecer las garantías sociales y la autoridad perdida.

El mismo día que tomé posesión de la cartera de la Guerra se celebró Consejo de Secretarios. El Secretario de la Guerra saliente había redactado un memorándum para llamar al servicio activo a los coroneles Morales Coello, Varona, Montes, Puyol y Torriente, para poder constituir el Consejo Superior de Guerra y juzgar a varios coroneles acusados. Hice mío ese memorándum, después de consultarlo con distintos jefes de secciones, y el Consejo de Secretarios lo aprobó. Se hacía constar que el llamamiento era sólo para juzgar a los acusados, volviendo después a su condición de retirados. Seguidamente di cuenta del estado de indisciplina de las fuerzas armadas, provocado por la asistencia de militares y marinos a juntas políticas con el "A B C Radical" y con los estudiantes, y que en las ciudades y campos reinaba un estado anárquico, y el Presidente dispuso que se pusieran de acuerdo el Secretario de Gobernación y el de la Guerra para tomar medidas oportunas; pero al intentarlo después encontré que la Secretaría de Gobernación estimaba que en todas las revoluciones en Hispanoamérica los desórdenes continuaban siempre por varios meses después del golpe de estado, y por tanto no era necesario tomar medidas extremas. Esto me decidió a actuar por mi cuenta, como antes dejo expuesto.

El 1º de septiembre un ciclón azotó las provincias centrales, y durante dos días sólo pude atender a dar auxilio a los damnificados, impidiendo los saqueos con la Guardia Rural.

El día 3 se celebró otro Consejo de Secretarios y di cuenta de la actuación de las fuerzas armadas con motivo del ciclón. El doctor Presno, Secretario de Sanidad, presentó un proyecto un tanto violento contra los Centros Regionales, casi todos españoles. La Federación Médica, invadida por elementos radicales, que no perdían oportunidad para crearle dificultades al Gobierno, pretendía cerrar todas las quintas de salud, y Presno lo propuso así. Ningún Secretario le apoyó; era evidentemente una medida cruel cerrar las quintas y lanzar a la calle a miles de enfermos pobres, a los que tampoco se les podía dar albergue en nuestros repletos hospitales. Mi buen amigo Presno, hombre generalmente ecuánime, estaba exaltado, casi indignado por no encontrar apoyo del Consejo. Entonces yo propuse que se nombrara una comisión compuesta de tres médicos federados, tres representantes de los Centros regionales y uno nombrado por el Presidente de la República para que estudiaran detenidamente los problemas pendientes y trataran de encontrarle una solución armónica. El Presidente aprobó mi proposición, me nombró a mí su representante y se restableció la tranquilidad en el Consejo. La referida comisión no llegó a actuar.

Al llegar a mí la noticia de que se propagaba entre la tropa una nota diciendo que se iban a rebajar algunos miles de hombres del servicio militar y que a otros se les iban a rebajar los sueldos, hice publicar en seguida la siguiente circular:

CIRCULAR DE 3 DE SEPTIEMBRE DESMINTIENDO EL RUMOR DE LA REBAJA DE SUELDOS A LAS TROPAS

Ha llegado a conocimiento de este Estado Mayor que personas mal intencionadas vienen propagando con insistencia que los efectivos del Ejército serán reducidos y que los sueldos de los soldados serán rebajados a trece pesos mensuales; y aunque esta patraña es de las que nadie debe darle crédito por carecer de fundamento, precisamente en estos momentos en que el Ejército está rindiendo el máximo de eficiencia para restablecer el orden perturbado y viene actuando con el aplauso y beneplácito del pueblo, sin embargo, interesa a este Centro dar un mentís rotundo a esas especies falsas y repetir que el Ejército goza del prestigio que siempre ha disfrutado y que los efectivos y sueldos de nuestra institución permanecerán inalterables en cuanto a su cómputo y ascendencia, pudiendo agregar que cuando las condiciones económicas de la nación se normalicen y todos los sueldos se restituyan a la cuantía que antes regía, también nosotros los militares, como servidores de la nación, percibiremos lo que justamente nos corresponde.

Para activar la depuración que era necesaria en el Ejército, el día 30 de agosto firmó el Presidente de la República un decreto que decía así:

Cuarto por cuanto: El Secretario de la Guerra y Marina llamó al servicio activo a los coroneles retirados Miguel Varona y del Castillo, MM., Eduardo Puyol y Comas, MM. y Leandro de la Torriente y Peraza, MM. y al Capitán de Navío retirado Julio Morales Coello, MN.

RESUELVO:

Quinto: Nombrar miembros del Consejo de Guerra Superior de las Fuerzas de Mar y Tierra, a los coroneles Miguel Varona y del Castillo, MM., Eduardo Puyol y Comas, MM., Leandro de la Torriente y Peraza MM., al Capitán de Navío Julio Morales Coello, MN., y al teniente coronel auditor Arturo F. Hevia y Díaz, MM.

Estos oficiales prestarán sus servicios en el Consejo de Guerra Superior, exclusivamente, con excepción del teniente coronel auditor Arturo F. Hevia y Díaz, MM., que continuará prestando sus servicios en la Sección de Auditoría del Estado Mayor General del Ejército.

....

Noveno: Los referidos oficiales estarán destacados en el Consejo de Guerra Superior, sin perjuicio de las comisiones especiales y servicios compatibles con su cargo, que anteriormente se mencionan.

Horacio Ferrer,
Secretario de la Guerra y Marina.

Carlos Manuel de Céspedes,
Presidente.

Me visitó un oficial, familiar mío, y me dijo que los oficiales supernumerarios y los tenientes verían con gusto que yo dejara sin efecto las disposiciones vigentes, según las cuales al cubrirse las plazas vacantes de segundos tenientes, se hiciera tomando un supernumerario de la lista de los procedentes de la Escuela de Cadetes y otro de la lista de los supernumerarios que lo eran por haber sido sargentos más de ocho años, de acuerdo con una ley de 1923. Le contesté que ese derecho creado por una ley, no se les podía quitar a los exsargentos; que en breve serían retirados, separados o expulsados cierto número de oficiales y supernumerarios maculados y esto daría lugar a muchos ascensos, que se harían reglamentariamente, y los supernumerarios de una y otra lista quedarían satisfechos, y ordené que se suspendiera la propaganda malsana para privar de su derecho a los supernumerarios procedentes de la clase de sargentos.

Al terminar mi quinto día al frente de la Secretaría de la Guerra y Marina había tomado todas las medidas esenciales para el restablecimiento de la disciplina en las fuerzas armadas, y del orden en la República; ahora sólo faltaba que la colaboración que se me había ofrecido se cumpliera para consolidar las instituciones.

EL 4 DE SEPTIEMBRE

Durante la mañana estuve despachando asuntos rutinarios en la Secretaría de la Guerra, sin que nada de particular se me informara. El Presidente Céspedes continuaba en Sagua la Grande, inspeccionando los daños causados por el ciclón, tres días antes, y su regreso era esperado para el siguiente día; con él retornaría el general Montes, jefe accidental del Estado Mayor, y yo lo esperaba para darle forma a los decretos impulsando la depuración de las fuerzas armadas. Almorcé en el Palacio Presidencial con el doctor Presno, Secretario de Sanidad y otras personas y a las dos de la tarde fuí a la casa del general Sanguily, que permanecía en cama, y por tanto fuera de servicio, pero quería tratar con él algunos asuntos, especialmente el problema de la depuración. Acordamos que ningún oficial fuera expulsado ni retirado sin que se depurara su conducta por un consejo de guerra, pero que podíamos separar de los cuadros del Ejército y de la Marina a ciertos oficiales cuyo criminal comportamiento todos conocíamos, a reserva de que fueran juzgados cuanto antes. El capitán auditor José Manuel Villalón redactó el proyecto de decreto, que yo recogí para presentarlo en el Consejo de Secretarios que probablemente se celebraría el siguiente día 5. Acordamos también activar la actuación de los Consejos de Guerra utilizando a los coroneles llamados al servicio cuatro días antes exclusivamente para llenar esa misión, y publicar diariamente sus fallos, para satisfacer la opinión pública y atender al bienestar de los militares y marinos; y esperábamos que en quince o veinte días la depuración se habría completado, haciéndose los ascensos para cubrir las vacantes sin apartarnos de las leyes ni reglamentos.

Ultimando lo relativo a este importante asunto, Sanguily me informó que en el Campamento de Columbia había cierta agitación, porque oficiales y sargentos querían intervenir en la reorganización que se llevaría a cabo en el Ejército y la Marina, y que él tenía citada para las diez de la mañana del siguiente día a una comisión de sargentos que deseaba tratarle de este asunto. Me opuse a que dicha entrevista se efectuara. Le dije que él y yo conocíamos bien las necesidades del Ejército; que el momento no era propicio para hablar de reorganización, sino sólo de depuración y control de la disciplina, y que cuando llegara la ocasión de reorganizar —si esto fuera necesario— nos aconsejaríamos de los jefes mejores conocedores de los distintos departamentos. El general me dijo entonces que quería recibir a los sargentos, porque durante la mañana se había celebrado una junta de oficiales y alistados en Columbia, presidida por el capitán Torres Menier tratándose de diversos asuntos. Me quedé sorprendido. ¡Oficiales y soldados en junta discutiendo tópicos militares! El General hizo entrar en la habitación al capitán Torres Menier, que se encontraba en la casa, y le dijo que me contara lo ocurrido. El Capitán me informó que el día anterior, 3 de septiembre, se había enterado de que un grupo de sargentos estaba incitando a la tropa a establecer determinadas reclamaciones y se habían reunido en el Hospital Militar; que durante la mañana del 4, día en que hablábamos se había celebrado una reunión en el Club de Alistados concurriendo gran número de oficiales y alistados, presidiendo él la reunión. El sargento Batista asumiendo la representación de los alistados, habló del mal trato que se le daba a la tropa; del propósito que había de rebajar los sueldos; que era denigrante para los soldados servir de ordenanzas a los oficiales; que los oficiales se habían cogido para ellos la caída de Machado, y muchas cosas más. Que él, Torres Menier, discutió con Batista extensamente rebatiendo sus afirmaciones y acordaron que le entregarían una exposición de las demandas para que se la llevara a Sanguily. Aquel relato me produjo primero, sorpresa, y seguidamente indignación. El capitán Torres Menier en el *Diario* que más tarde publicara en *Bohemia* al referirse a mi actitud frente a su conducta, dice sin nombrarme: *"se me censuró por persona cuyo nombre me reservo, en forma bastante des-*

compuesta". No trataré de disculpar la forma en que me expresé. Repetí, indignado, que todo aquello demostraba una degradación de la disciplina y una manifiesta desobediencia a mis órdenes. ¿No había yo dispuesto en una circular que quedaban terminantemente prohibidas las reuniones de militares? ¿Cómo, pues, la mayor parte de los oficiales de Columbia y como mil soldados se atrevían a reunirse para discutir públicamente, frente a frente, asuntos del servicio? Torres Menier trató de disculparse diciendo que el jefe del Puesto había autorizado la reunión. Para mí no cabían reflexiones. Me volví hacia Sanguily y le dije: *"esto es una traición que se me hace. Inmediatamente voy a renunciar a mi cargo de Secretario de la Guerra y Marina. ¡Yo no me quedo entre traidores!"* La frase le dolió al capitán Torres; pero seguramente reconociendo la razón que me asistía, sólo pudo contestarme: *"yo lo hice obedeciendo órdenes del general Sanguily".* El general repuso que al enterarse de la actitud de los sargentos la noche anterior le había dicho al Capitán que se metiera entre ellos para conocer mejor cómo pensaban y que los trajera a una entrevista con él a las diez de la mañana del siguiente día. Ningún razonamiento me devolvía la calma, y al despedirme del General, repitiéndole que salía de allí para firmar la renuncia, él me pidió que aunque así lo hiciera, le prometiera volver a verle esa misma noche para hablar más tranquilamente.

Al llegar a mi despacho, en el Castillo de la Fuerza, a las cinco de la tarde, el salón de espera estaba atestado de amigos civiles y militares que acudían a saludarme. Sin embargo, ninguno me hizo la más ligera indicación de que se proyectaba una asonada. Suspendí el despacho y el recibo puesto que, resuelto a renunciar, nada más debía hacer allí, y tomé la pluma para redactar la renuncia y enviársela al Secretario de la Presidencia para que la entregara a la llegada del Presidente. Perdí, no obstante, más de una hora tratando con los presidentes de cinco o seis sociedades regionales españolas que venían a mí para tratar de buscar solución a su problema con la Federación Médica, y en esto estábamos cuando se me anunció que el Secretario de Justicia, Carlos Saladrigas, el de Gobernación, Laredo Bru y otros acompañantes, deseaban verme. Laredo venía a pedirme que dejara sin efecto el nombramiento de jefe de policía de La Habana que desempeñaba el comandante Alfredo Bofill, en mi concepto excelente oficial, pero no bien visto por Laredo. El Secretario de Justicia estaba justamente alarmado por lo que le acababa de referir un teniente, y lo traía a mi presencia para que repitiera su relato. El teniente había estado en la junta de oficiales y alistados celebrada en Columbia por la mañana y me relató, aún más ampliamente que Torres Menier, las discusiones habidas y la pasividad de los oficiales presentes. ¡Ninguno había hecho el más ligero esfuerzo por aplastar aquel movimiento subversivo! Me expresó que en su concepto se tramaba un golpe de mano para realizarlo en breve. En presencia de los Secretarios llamé por teléfono a la Fortaleza de la Cabaña, y hablé con el jefe del Regimiento, teniente coronel Cárdenas, hombre de probado valor y de toda mi confianza. Cárdenas me aseguró que La Cabaña estaba tranquila; que podía confiar que allí no habría alteración alguna del orden, pues la tropa ya conocía mis disposiciones prohibiendo reuniones y aclarando que no habría rebaja de sueldos, y estaba satisfecha. Llamé en seguida al comandante Pineda, jefe de Columbia, quien me contestó que conocía lo que se hablaba, pero que no tenía importancia y que Torres Menier estaba arreglando el asunto. Más tarde he dudado que la persona con quien hablara fuera Pineda. A los dos jefes les pedí que procedieran con energía y que de cualquier novedad me avisaran a Palacio, para donde yo saldría.

Esta visita de los Secretarios de Justicia y de Gobernación hizo alterar mis planes. Si era cierto que se tramaba una rebelión, según se me acababa de informar ¿cómo iba yo a renunciar en aquellos momentos? Resolví hacerle frente a la situación y guardar la renuncia para cuando la tormenta hubiera pasado. A la salida de mi despacho me llamó a un lado el comandante Hernández Savio, antiguo amigo mío, y me dijo que anduviera con cuidado, que los oficiales tramaban un movimiento contra el Gobierno.

A prima noche estábamos reunidos en el Palacio Presidencial, el Secretario de Agricultura, Demetrio Castillo y el de la Presidencia, Raúl de Cárdenas.

No había noticias del regreso del Presidente. A las nueve se nos avisó que el batallón número uno, cuyo cuartel estaba a una cuadra de la Plaza de Armas se había sublevado, arrestando a los oficiales. Salí con mi ayudante, el teniente César Lorié, para el lugar de los hechos. Cárdenas y Castillo Pokorny quisieron acompañarme, pero me opuse diciéndoles que el puesto de ellos estaba en esos momentos en Palacio, para atender lo que ocurriera, y el mío donde estaba el batallón en rebeldía. Al llegar al cuartel me encontré que toda la oficialidad estaba detenida en el salón de oficina, y al interrogarles me dijeron que el movimiento les había cogido de sorpresa y nada habían podido hacer. Un sargento que estaba al frente del batallón me informó, tratándome siempre con mucho respeto, que por un acuerdo entre los sargentos y soldados habían resuelto tomar el mando accidentalmente hasta arreglar determinados asuntos. Le ordené que reuniera todo el batallón en el patio del cuartel, que tenía que hablarles. Así lo hizo; y, primero yo, y después el capitán Lorié, explicamos la gravedad del acto que estaban realizando, que exponía la República a una intervención armada de los Estados Unidos, nación que tenía derecho a intervenir en casos semejantes. Les informamos que todos los asuntos se estaban resolviendo rápidamente y les dijimos que entregaran otra vez el mando a la oficialidad. Como ellos tenían los fusiles y ametralladoras en las manos y no aparecían leales por ninguna parte, no se podía hacer otra cosa. El capitán Lorié, vehemente orador, arrastró a la tropa a dar vivas al Presidente Céspedes, al Ejército y a la oficialidad, pero cuando quisimos que los oficiales tomaran el mando, se opusieron, diciendo que esperáramos media hora que tenían compromisos con Columbia y no querían que se les acusara de traidores. Todo fué inútil.

Al regresar a Palacio, como a las once de la noche, me esperaba en la puerta el señor Eladio Villa, familiar mío, quien me informó que el doctor Cárdenas se había llevado a la familia del Presidente y que los Secretarios me esperaban en la casa del doctor Presno, en el Vedado. Nada práctico sacamos de aquella reunión. Fuimos a la Embajada Americana donde supimos que en Columbia una comisión de sargentos había depuesto a la oficialidad sin que se disparara ni un solo tiro, y había tomado el mando. El Embajador Sumner Welles reflejaba la indignación que todo aquello le había producido, aunque permaneció hermético. De regreso, al pasar por la glorieta del Malecón, vimos grupos que vociferaban. Raúl de Cárdenas me dijo que temía que uno de aquellos grupos, exaltados por el alcohol, fuera a atacar a la Embajada Americana, y entonces yo hice retroceder mi automóvil diciendo que si había peligro personal para el Embajador, yo debía estar a su lado. Se lo hice presente así a Welles, quien insistió en que él tenía a su lado agregados militares, pero me opuse a dejarle salir solo y le acompañé hasta su residencia en Barandilla. Era doloroso el espectáculo en las inmediaciones de Columbia. Jóvenes armados y soldados, en bochornosa actitud, apenas se entendían. Nuestro auto fué dos veces detenido, pero cuando di el nombre del Embajador y el mío, nos dejaron seguir.

Al regresar me detuve en la casa de Sanguily, pero la señora me suplicó que le dejara dormir. Llegué a mi casa a las tres de la madrugada, donde me esperaban algunos amigos, entre ellos mi compañero de siempre el coronel Eduardo Puyol, que estaban dándole protección a mi familia.

En las primeras horas de la mañana del día 5, a instancias del doctor Laredo, fuimos varios secretarios a Columbia, para que se nos explicara el alcance de aquel movimiento. La comisión de civiles nos dijo que era cosa resuelta que a las doce del día tomarían el Poder. Aquella camaradería alborozosa entre auténticos, alistados y algunos oficiales, me consternó. No hablé con ningún militar, y nos volvimos a la ciudad. Ya había aparecido en la prensa de la mañana la siguiente declaración:

Proclama al pueblo de Cuba

La Agrupación Revolucionaria de Cuba, integrada por alistados del Ejército y la Marina y por civiles pertenecientes a distintos sectores, encabezados por el Directorio Estudiantil Universitario, declara:

Primero: Que se ha constituído para impulsar, de manera integral, las reivindicaciones revolucionarias por las cuales lucha y seguirá luchando la gran mayoría del pueblo cubano, dentro de amplias líneas de moderna democracia y sobre principios puros de soberanía nacional.

Segundo: Estas reivindicaciones de manera sucinta, son las siguientes:

1 — Reconstrucción económica de la nación y organización política a base de una próxima Asamblea Constituyente.

2 — Depuración inmediata y sanción total para los delincuentes de la situación anterior, tanto de la civilidad como del Ejército, sin las cuales es imposible el restablecimiento del verdadero orden y de la auténtica justicia, salvaguardando la vida y la propiedad de los nacionales y extranjeros.

3 — Respeto estricto de las deudas y compromisos contraídos por la República.

4 — Formación inmediata de tribunales adecuados para exigir las responsabilidades mencionadas.

5 — Reorganización dentro del menor plazo posible, de todos los servicios y actividades nacionales, procurando un rápido retorno a la normalidad.

6 — Tomar, en fin, todas las medidas aun no previstas en este documento para iniciar la marcha hacia la creación a una nueva Cuba asentada sobre las bases inconmovibles del derecho y del más moderno concepto de la democracia.

Tercero: Por considerar que el actual gobierno no responde a la demanda urgente de la Revolución, no obstante la buena fe y el patriotismo de sus componentes, la *Agrupación Revolucionaria de Cuba* se hace cargo de las riendas del poder como Gobierno Provisional Revolucionario que resignará el mandato sagrado que le confiere el pueblo tan pronto la Asamblea Constituyente que se ha de convocar, designe el Gobierno Constitucional que regirá nuestros destinos hasta las primeras elecciones generales.

Este Gobierno Provisional dictará Decretos y Disposiciones que tendrán la fuerza de Ley.

Ante el pueblo de Cuba y con el indudable beneplácito del pueblo de Cuba, al que saludamos en nombre de la Libertad y de la Justicia, este nuevo gobierno irá adelante garantizando plenamente la estabilidad de la República y se desenvolverá dentro de los tratados, confiando en que Cuba sea respetada como una nueva patria soberana que surge plena de vigor a la gran vida internacional.

Campamento de Columbia, a 4 de septiembre de 1933.

Carlos Prío Socarrás; José Morel y Romero; Rafael García Bárcenas; Justo Carrillo Hernández; Guillermo Barrientos; Juan A. Rubio Padilla; Laudelino H. González; José M. Irisarri; Oscar de la Torre; Carlos Hevia; Emilio Laurent; Roberto Lago; Ramiro Valdés Dausá; Gustavo Cuervo Rubio; Guillermo Portela; Ramón Grau San Martín; Sergio Carbó; Julio E. Gaunaurd; Fulgencio Batista, sargento jefe de todas las Fuerzas Armadas de la República.[1]

---

(1) *El Mundo*, sept. 5 de 1933.

Como podrá apreciarse fácilmente la llamada *Agrupación Revolucionaria de Cuba* no pudo presentar en su programa ni un sólo argumento que justificara su violenta actitud. Todo lo que decía querer hacer ya lo había hecho o lo estaba ultimando rápidamente el Presidente Céspedes. En realidad no hubo más motivo que el afán del grupo de acción del Directorio Estudiantil y de los sargentos rebeldes de adueñarse del poder; y la historia dirá algún día cuáles eran en realidad los fines que persiguieron.

DIAS DE TORMENTOS: RESOLUCION

El pronunciamiento clasista del 4 de septiembre me dejó consternado. Cuando cinco días antes me vi forzado a aceptar la Secretaría de la Guerra, conocía el estado de descomposición en que se encontraba el Ejército, aunque no sabía todo su alcance, y confiaba en poder restablecer la disciplina con medidas enérgicas y justicieras, contando con la caballerosidad y el honor militar que reconocía en la oficialidad.

No cabía en lo posible imaginar que cuatro sargentos desconocidos, sin razones que invocar para justificar su actitud, pudieran sublevar a todo un Ejército cuyos oficiales habían sido educados en el concepto del deber militar, y gran parte de ellos se habían perfeccionado en las rígidas y prestigiosas academias del Ejército de los Estados Unidos. No se registraba un hecho semejante en la historia. La suerte de los que se lanzaron a tal aventura, parecía razonable que terminara frente a un piquete de ejecución.

Durante un tercio de siglo de vida republicana, en distintas ocasiones se ha quebrantado de manera más o menos considerable la disciplina de las fuerzas armadas, pero siempre actuaron como directores de la conspiración figuras prestigiosas de la vida nacional y se invocaron razones que pesaban en la opinión pública; y siempre también triunfó el espíritu militar. En el año de 1906 gran número de figuras prestigiosas de la nación se levantaron en armas contra el Presidente Estrada Palma, pero no pudieron arrastrar ni a un sólo oficial del Ejército o de la Guardia Rural, mandados por hombres procedentes de la Guerra de Independencia, no obstante reconocer muchos oficiales, individualmente, que Estrada Palma había cometido un gravísimo error, sometiéndose al criterio de sus consejeros, impidiendo que llegaran al poder los que representaban, probablemente, la mayoría del país, dando con ello oportunidad a una rebelión.

El concepto del deber estimuló la iniciativa personal de manera notable en muchas ocasiones. Durante la presidencia de José Miguel Gómez, el jefe del Ejército con el pretexto de que se estaban cometiendo graves errores desde el poder, y estimulado, probablemente, por los admiradores interesados, que nunca faltan, estuvo preparando un golpe de mano con el Ejército, contra el Presidente de la República. Enterado de ello uno de sus ayudantes, el teniente J. M. Lezama, luchó entre su lealtad al Jefe y su juramento de fidelidad al Gobierno legítimamente constituído, y acabó por renunciar su cargo e inmediatamente denunció la conspiración, salvando así a la República de días de luto y a su antiguo jefe de un borrón que hubiera manchado su historia. En 1917 concordando con la sublevación del general José Miguel Gómez, que arrastró las dos provincias orientales, buena parte de las tropas de Columbia debían pronunciarse al influjo del general Faustino Guerra, que había sido jefe del Ejército hasta poco antes, y del coronel libertador Baldomero Acosta. Ambos esperaban los acontecimientos cerca del campamento la noche del 10 al 11 de febrero. Percatado, de improviso, el cadete graduado José Larrubia, a media noche, de que en varias compañías los soldados se apoderaban de las armas y cananas, envió aviso a sus jefes de lo que ocurría, y sin esperar órdenes, consciente de su obligación, corrió a la guardia, intentó con ella someter a la obediencia a los rebeldes, y al no conseguirlo abrió fuego contra ellos, trabando combate, sin importarle su inferioridad numérica, produciendo la alarma consiguiente y dando tiempo al coronel Miguel Varona, jefe del Distrito, a tocar llamada general y controlar la situación.

La actitud de este oficial fué digna de loa. Mientras esto ocurría en La Habana, otros oficiales en Camagüey y Oriente daban magníficos ejemplos, de lo que debe ser la iniciativa individual ante la alteración de la disciplina. El jefe del primer Distrito, pronunciado a favor del general Gómez, ordenó la incorporación de todos los destacamentos del interior, pero el capitán Cagigal, protestó enérgicamente hasta ser arrestado y los capitanes Sandó, en Mayarí; García Feria y Arsenio Ortiz, en Holguín; Betancourt, en Baracoa, y Cabrales, en Bayamo, aisladamente, sin previo acuerdo, dándose cuenta de que se trataba de una rebelión contra el gobierno, desobedecieron las órdenes del jefe, y al frente de sus respectivos destacamentos se movieron sin cesar, constituyendo núcleos de leales, hasta que el gobierno pudo enviar tropas a aquellos lugares y consolidarse. También en Ciego de Avila, el capitán González Herrada, desobedeció las órdenes del jefe del Distrito, rebelde, y lejos de incorporarse a él como se le ordenó, marchó de destacamento en destacamento, recogiendo las guarniciones, y organizando un escuadrón en defensa de la causa gubernamental. Y es de señalarse que estos oficiales, interpretando debidamente el concepto del honor militar, se negaron a cumplir las órdenes, no de desconocidos sargentos, sino de los coroneles jefes de Distritos.

Y ya que hablo de estos hechos quiero recordar un episodio de la Guerra de Independencia que debieran tener siempre presente los militares cubanos, tomándolo como norma de su mejor conducta. A principio de 1898, la situación del Ejército Libertador era dificilísima; no solamente sufría los horrores del hambre, la miseria y las enfermedades, sino que tenía, ahora que luchar contra la propaganda del enemigo que acababa de implantar el régimen autonómico para desmoralizarnos. El general Masó Parra fué el primer gran traidor que se pasó al enemigo, arrastrando buen número de oficiales y soldados, siguiéndole el coronel Cuervo, en Nueva Paz y algunos otros. El cubano Marcos García era director de las presentaciones. Entre los jefes de Las Villas habían dos hombres de extraordinaria ejecutoria por su pelear constante: los tenientes coroneles *Cayito* Alvarez y Vicente Núñez; Marcos García y Masó Parra los catequizaron, prometiéndoles cuanto pidieron como precio a su traición. El 14 de marzo fué el día señalado para la rendición y las tropas de *Cayito* Alvarez acamparon a dos kilómetros de La Esperanza. Un grupo de oficiales pundonorosos, dirigidos por los tenientes Leonardo Puente y Primitivo del Portal, se juramentaron para impedir la traición, y en el momento en que sus jefes se dirigían a la tropa para explicarle las supuestas razones de la entrega, se acercaron a ellos y dieron muerte a los famosos *Cayito* Alvarez y Vicente Núñez y a los comandantes Joaquín González y Antonio Espinosa; inmediatamente explicaron su conducta a la tropa formada y se alejaron con ella de aquella trampa a donde se les había llevado engañados. Las fuerzas de aquellos dos jefes tenían idolatría por ellos, que tantas veces los habían llevado a la victoria, pero al darse cuenta de las razones de los conjurados, aplaudieron su hazaña y siguieron fieles a la patria hasta la consumación de la independencia.

Aquellos oficiales que de modo tan enérgico procedieron, nunca habían estado en una academia militar, pero tenían, sin embargo, un alto concepto del deber y del honor militar.

Evocando todos estos recuerdos me sorprendía la humillación de la entrega del mando a los sargentos en todos los destacamentos de la República, sin que hubiera corrido una gota de sangre. No parecían aquellos oficiales los mismos que en 1917 se cubrieron de gloria en la *Crisis* y en *Caicaje*, en Oriente y Camagüey.

El origen de tal rendición sin precedentes hay que buscarlo en la descomposición de las fuerzas armadas por la lucha violenta durante varios años de la oposición contra el Gobierno y la infiltración en su elemento joven de las llamadas doctrinas avanzadas. La prolongada inactividad del Ejército facilitó la penetración de la indisciplina. Desde mis años juveniles, en la Guerra de Independencia, pude observar que nada había más perjudicial para la disciplina, que la prolongada inactividad en cuarteles y campamentos. Los hombres, entregados a la holganza, invierten el tiempo en comentarios apasionados, y pasan del comentario a la murmuración y de la murmuración a la calumnia. No hay organización que no se quebrante con el veneno de la inacción, y esto fué lo que resultó en nuestras tropas.

No quiero seguir expurgando en este terreno, pero para que se comprenda mejor la razón que me asiste para culpar del 4 de septiembre a una buena parte de la oficialidad, quiero agregar a las razones que dejo apuntadas en este capítulo y en el anterior, algunos conceptos emitidos por el teniente Adán Silva en su interesante libro *La Gran Mentira* que acaba de aparecer; y téngase presente que Silva es doctor en leyes, se educó en academias militares en los Estados Unidos, y es uno de los oficiales de mayor cultura del antiguo Ejército. No obstante se expresa despectivamente de sus jefes en la siguiente forma:

> La incultura profesional de los que estaban en ese caso (se refiere a los que mandaban) era notoria y por ello fué cuestión de ver la más suprema de las ignorancias en quienes consideraban los mapas militares como si fueran jeroglíficos, las características de las armas modernas un acertijo y los problemas tácticos más simples, una complicación irresoluble.

....

Pero es indudable que el grupo a que nos venimos refiriendo, por ser dirigente, mucho contribuyó a desmerecer el Ejército ante la opinión pública por su inconsciente *laissez faire*.

Uno de los rasgos salientes de los jefes impreparados que tuvimos era el temor a la responsabilidad. Habituados a no resolver, porque en muchos casos no sabían cómo hacerlo, solían dejar los asuntos al tiempo, lo que, según ellos, denotaba "experiencia" y les permitía ir tirando. Aquello que se apartaba de la vulgar rutina les preocupaba grandemente, siendo un hábito inveterado resolver a medias, dejando una puerta abierta para adaptarse a lo que conviniera a última hora. Lo usual era dejar las cosas al azar o a los *arreglos entre cubanos*. Es decir, antimilitarmente, por medio de componendas y zurcidos. Sistema, si eso puede calificarse de tal, que trajo las fuerzas armadas al estado en que se hallaban en 1933, haciendo que el Ejército perdiera, cada día más, sus condiciones peculiares, entre ellas, la compenetración entre sus cuadros de mando, y que en definitiva produjo el cuatro de septiembre.

....

Otra de las peculiaridades más acusadas fué el absoluto desdén con que se miraba a los graduados de las escuelas militares, y el desprecio profundo que se exteriorizaba en todo momento contra los propósitos de superación técnica.

Nada de táctica ni estrategia. Esas son pamplinas que se enseñan en las Academias. Lo que se necesitan... son otras cosas. En Cuba, con un tiro y al machete se resuelve cualquier problema.

Así solían manifestarse, con no rara unanimidad, en cuanta ocasión quisieron exponer su concepto sobre las cuestiones militares, esos jefes. Y es que como llegaron sin ningún linaje de conocimiento, se les escapaba la importancia de tan esencial requisito o, ladinamente, querían demostrar lo innecesario de la superación profesional.

....

Por ignorancia se extendió la idea de que ciertos conocimientos eran pura teoría que *no servían* o no tenían aplicación en Cuba, y que las enseñanzas clásicas militares eran una especie de elegante adorno, pero sin utilidad práctica. Que así de osada es la estulticia.

Y ahí va otra prueba. Un batallón de infantería en práctica de marcha, llegó a una capital de provincia allá por el año de 1929. El jefe del batallón, como es reglamentario, acudió a la Jefatura del Distrito Militar a cumplimentar al coronel, presentándole todos sus oficiales. Entre ellos, y así lo recalcó de buena fe el jefe visitante, estaban varios oficiales recién graduados, pero, con asombro de todos, el coronel se expresó así:

Yo no veo la necesidad de las Academias ni de tanto tecnicismo. Todo eso me parece inútil, porque no hay como la práctica. Nosotros hicimos la guerra sin escuelas militares. Yo, cuando tengo que actuar, me las arreglo con mis sargentos.

El teniente Silva al hacer tan rudas declaraciones contra el pequeño grupo de veteranos que aún permanecían en el Ejército, que tanto habían contribuído a su organización y prestigio y que por razón de su edad estaban siendo rápidamente retirados, pone bien de manifiesto la predisposición que contra ellos existía, precisamente entre los oficiales jóvenes. Y confesando la conspiración contra los superiores a la vez que esforzándose en defender a los conspiradores, agrega:

La natural división que existía, hizo crisis al exteriorizarse la inconformidad de buen número de oficiales que pretendían arrojar de los cuadros, sin más trámites, a los desconceptuados y, sobre todo, al ponerse de manifiesto el abismo moral que mediaba entre éstos y aquéllos.

En esa actitud estaban muchos oficiales antes del cuatro de septiembre, pues nada contribuye al descontento como la injusticia y he aquí como un justo anhelo de superación se tradujo en el más inesperado de los resultados, toda vez que dió lugar a que el movimiento clasista se promoviera con el propósito neto de echar a un lado esa finalidad, por sospechar sus autores que la era del favoritismo había terminado.

Los que actuamos contra el régimen, sin incluir en esto a los inevitables arribistas, teníamos por programa no escrito un deseo patriótico de doble aspecto.

Y agrega más adelante el distinguido escritor:

Algunos oficiales jóvenes se erigieron en depuradores por sí y ante sí, agravando su falta la circunstancia de no recatarse de los alistados para exhibir el escalafón donde habían tachado a medio Ejército. No se libraron ni oficiales de limpia historia y de los primeros en oponerse a la dictadura, a mayor abundamiento. Este ejemplo hará notar la festinación e irresponsable ligereza con que cualquiera se permitía juzgar a los demás.

El error de que la depuración no hubiera sido inmediata a la caída de Machado es la causa de esta ineficaz iniciativa, porque, si no con la rapidez apetecida, iba a realizarse de todos modos. Pudiendo agregarse que la ejecutoria de algunos depurados sin motivo, era superior a la de quienes, sin título alguno, se constituyeron en imaginario tribunal eliminador. Todo esto sin contar los demoledores efectos de su desatinado proceder, y sin calcular que ese ejemplo despertaría, como en efecto sucedió, la ambición de algunos sargentos, ávidos de ascensos, por los precedentes sentados por anteriores gobiernos en cada reorganización militar, que más que reorganizaciones verdaderas fueron cambios de personal.

Este grupo, al realizar de manera festinada, porque no había un acuerdo concreto a ejecutar, la simbólica depuración por vía de tachaduras con lápiz rojo en el escalafón de cada cual, pues de ahí no se pasó, aunque otra cosa se diga, sembró el pánico, evidentemente, entre el elemento, anquilosado y rutinario, que tenía en sus manos la dirigencia militar. Desprovistos de fuerza moral, con la opinión pública señalándoles implacablemente, al verse perdidos, porque todo el país se concitaba contra ellos, optaron por dejar hacer a los sargentos, creyendo que ahí encontrarían menor oposición y, al propio tiempo un respiro frente a la tormenta que amenazaba eliminarles.

Al elemento joven le asistía la razón. Era una cruel ironía, y una injusticia manifiesta, que purgaran los pecados de otros y que aparecieran como culpables sin serlo, pues nunca hubo solidaridad con aquellos que tantos males habían traído a las fuerzas armadas y al país. Pero por haber sido todo tan inesperado, por haberse producido los contecimientos sin obediencia a un plan madurado; con la alegría que produjo la obtención del primer objetivo, se descuidó la tarea importantísima de la inmediata limpieza que procedía lógicamente, no sólo para castigo de los pocos delincuentes conocidos, sino para eliminar a los incapacitados y negligentes que usufructuaban cargos que no sabían, ni debían desempeñar.

El nuevo Secretario de la Guerra, coronel Ferrer, dictó sus medidas para detener esa obra inoportuna, y algunos oficiales, por su cuenta, amonestaron a los que más sobresalieron en la labor, y los proyectos fueron desechados. Pero ya el mal estaba hecho. Puedo aclarar que en casi todos los grupos en que se dividió la oficialidad no había plan alguno a ejecutar por medio de la fuerza, pero como todo se comentaba en alta voz y el ambiente era de intranquilidad, muchos, sin fundamento verdadero, dieron en creer que había varias conspiraciones de oficiales. Se habló mucho, es verdad, pero nadie pensó pasar al terreno de los hechos.

Contribuyó no poco a la actitud de los sargentos la propaganda constante que hacía el elemento joven para que al cubrirse las plazas que habían de quedar vacantes al hacerse la depuración, se hiciera con los cadetes aprobados, anulándose el derecho que correspondía a los sargentos, ya que estaba estatuído que para cubrir vacantes se tomaran alternativamente individuos procedentes de ambos escalafones. Ya he dicho anteriormente cómo actué desde la Secretaría de la Guerra contra esta torpe propaganda. El autor que venimos extractando comenta este importante asunto de la manera siguiente:

> De ahí que al devenir una situación por ellos propiciada, estos pocos oficiales fueron demasiado lejos, al punto que algunos cometieron la imprudencia de declarar, a todo el que les quiso oír, que las vacantes se cubrirían en lo adelante con los aprobados de la Escuela de Cadetes, sin considerar que había un grupo de sargentos de la Escuela de Aspirantes con legítimo derecho y otros en trance de serlo, los cuales no podían ver con resignación la frustración de sus aspiraciones.

El capitán Carlos Montero, distinguido oficial que actuó como ayudante del jefe de Estado Mayor en aquellos días aciagos, ha escrito:

> Lo inexplicable de la actuación de los oficiales el 4 de septiembre fué la pasividad expectante con que lo aceptaron los oficiales con mando de tropas y en general todos los que pertenecíamos al Ejército.
>
> Estoy seguro de la complicidad de algunos oficiales con las clases en la preparación y plan original de la asamblea de Columbia para eliminar a un grupo de jefes y oficiales y llamar a otro.
>
> ....
>
> un grupo de oficiales que para vergüenza se quitaron sus guerreras e insignias, se pusieron galones de sargentos y se quedaron en el campamento de Columbia, mezclados con los alistados y paisanos, participando, aunque en segundo plano, con el movimiento, y que eran los primeros que propagaban y decían a los que preguntaban: no te ocupes, los sargentos van a hacer la depuración y mañana van a llamar a los oficiales que no están maculados.
>
> ....
>
> Para aclarar esto tal vez sería conveniente estudiar... la mala fe de algunos oficiales... los cuales creyendo que el coronel Sanguily se moría... quisieron aprovechar el momento para ser nombrados jefes de Estado Mayor, del Departamento de Dirección, del de Administración y otros altos puestos del Ejército... Fueron los más altos culpables del inexplicable éxito del 4 de septiembre.[1]

---

(1) Informe escrito del capitán Carlos Montero, al autor.

Para que pueda apreciarse mejor aun el grado de indisciplina existente, transcribo a continuación un documento cuya copia me fué facilitada cuando estábamos recluídos en el Hotel Nacional.

Dice así el referido documento:

Como información de parte del proceso que cristalizó en la unificación de los distintos sectores políticos que aceptaron el ideario estudiantil sancionado después por el Gobierno, damos la siguiente nota:

Dos oficiales del Ejército, el capitán Mario Torres Menier y el teniente René Reyna Cossío, cooperando con buena y desinteresada voluntad, celebraron diferentes reuniones, desde el día 17 del actual, con distintas representaciones de los diferentes sectores políticos, llegándose a la aceptación, en principio, por todos del siguiente:

PROGRAMA MÍNIMO DEL DIRECTORIO ESTUDIANTIL UNIVERITARIO

I. Disolución del Congreso.
II. Destitución de los Gobernadores, Alcaldes y demás puestos electivos de la nación.
III. Exigir responsabilidades civiles y criminales.
IV. Destitución del Presidente y Fiscal del Tribunal Supremo, así como de todos los miembros del Poder Judicial que la opinión pública haya señalado como parciales en sus funciones.
V. Estas demandas solamente pueden ser satisfechas por un gogobierno auténticamente revolucionario, con la declaración de ser un Gobierno *de facto* y dispuesto a cumplir todas las exigencias de la revolución.

El Decreto Presidencial del día 24 del actual, de extraordinaria importancia, al parecer, recogió y sancionó en sus disposiciones el anterior *Programa Mínimo*, que responde al clamor general de la opinión pública y encauza la actuación del Gobierno.

Consecuente con dicho Programa y Decreto, los anhelos del Ejército se concretan en cuanto a la parte que le concierne del anterior programa al siguiente:

PROGRAMA

I. Depuración de las Fuerzas Armadas, exigiendo responsabilidades criminales por crímenes y delitos comunes.
II. Reorganización de las Fuerzas Armadas, revisando las leyes orgánicas, especiales y de retiro.
III. Creación de Tribunales de Honor para juzgar y resolver los casos de acusaciones hechas por el clamor público.
IV. Limitación o supresión de ascensos para cubrir las vacantes que produzcan los hechos actuales hasta la reorganización.

V. Apoyo y censura de las resoluciones gubernamentales que se tomen en la reorganización de la vida civil nacional, teniendo por norma básica el programa mínimo del Directorio Estudiantil que constituirá el verdadero anhelo de reconstrucción de la vida nacional si se acepta previamente por todos los sectores de la oposición.

Suplicada su reproducción y divulgación.

Agosto de 1933.

¡Los oficiales del Ejército pidiendo la disolución del Congreso, destitución de gobernadores, alcaldes y del Tribunal Supremo! ¡Y ese documento lo firmaban dos de los capitanes que gozaban de la mayor reputación en el Ejército!

Meditando sobre todo esto, consideraba que nada más debía yo hacer en favor de la oficialidad destituída. Y razones tenía para sentirme resentido por su falta de cooperación a mis esfuerzos en la Secretaría de la Guerra. Durante los cuatro días siguientes estuve atento a las noticias, esperando que algunos oficiales del interior de la República, reaccionaran y actuaran contra el cuartelazo, pero todos estaban completamente anodadados y desorientados, por la sorpresa. El día 8 se me informó que la noche anterior habían sido llamados a Palacio los oficiales y que la Pentarquía, que había tomado el poder, temiendo que de un momento a otro desembarcaran fuerzas americanas —dado el estado de anarquía pavorosa que había provocado en toda la Isla la sedición de los alistados— les había suplicado que volvieran a sus puestos, pero bajo tales condiciones, que fueron rechazadas sus ofertas. Quise enterarme mejor de lo ocurrido, y como, por otra parte, los asaltos y saqueos a las casas de los contrarios a los sediciosos eran continuos, resolví irme al Hotel Nacional a donde habían llevado a Sanguily, aún postrado, y donde se estaban reuniendo muchos oficiales. De labios de ellos conocí las ofertas vejaminosas que se les hicieron. Batista protestaba de que nada quería para él, y propuso a los tenientes coroneles Quesada y Perdomo para ocupar los cargos de jefe de Estado Mayor y jefe de Columbia respectivamente; pero a continuación de aceptar en principio, Quesada y Perdomo, fueron tales las restricciones que se le imponían que los dos rehusaron la oferta. Se pretendía que cada oficial hecho cargo de una unidad, tuviera a su lado dos sargentos, uno para resolver sobre cuestiones administrativas y otro para asuntos de mando; el oficial sería sencillamente un firmón. Se exigía una depuración previa que había de realizar un tribunal formado por sargentos, y como los oficiales protestaron indignados de ser juzgados por sus inferiores, después de largo conciliábulo entre los jefes rebeldes y Sergio Carbó, miembro de la Pentarquía que tenía a su cargo el Departamento de Guerra, se les dijo que a lo más que se podía acceder, era a que el tribunal de sargentos fuera asesorado por un oficial. Nueva ola de indignación produjo esta proposición que fué acompañada de severa conminación de Carbó para que la aceptaran, diciendo que estábamos bajo la amenaza inminente de intervención americana y que si esto ocurría toda la responsabilidad recaería sobre la oficialidad por negarse a volver a sus puestos. Se me dijo que el capitán Alonso Thomas, en nombre de sus compañeros, rechazó indignado esa imputación, afirmando que si la intervención venía, los únicos responsables serían precisamente Carbó y los sargentos por su actitud e intransigencia. Y se retiraron todos de Palacio sin haber llegado a un acuerdo.

El conocimiento de esta postura de los oficiales me confortó. Hombres que no contaban más que con un modesto sueldo para el sostenimiento de su familia, que tenían que vivir al día, sin la menor reserva económica, y para los cuales perder su posición en el Ejército representaba caer en la mayor miseria, al rechazar virilmente las proposiciones que se le hacían, demostraban que se estaba operando en ellos una reacción.

A prima noche de ese mismo día 8, llegó frente al hotel un piquete de unos veinte hombres a las órdenes de un sargento; a la voz de mando cargaron sus rifles y subieron hasta formar en la explanada. El sargento penetró en el hotel y nos dijo que tenía instrucciones de desalojar de allí a los oficiales y arrestar a los que estuvieran armados. Le salimos al encuentro el teniente coronel Quesada y yo. Le contesté que no estaba allí un grupo de revoltosos, como él decía, sino que le sería fácil apreciar que era la mayoría de la oficialidad del Ejército y de la Marina, de todos los grados, y que no estábamos dispuestos a desalojar el hotel ni a dejarnos desarmar. Quesada, que había sido jefe del sargento en cuestión, agregó otros argumentos, y el piquete militar se retiró pidiendo perdón por el error en que le habían hecho incurrir.

Pasé la noche en el hotel. Fué para mí una noche de insomnio entre reflexiones y dudas. El comportamiento de la oficialidad en todo aquel proceso del pronunciamiento clasista seguía produciéndome indignación. Pero su actitud la noche del 7, en Palacio ¿no significaba un arrepentimiento de haber permanecido con los brazos cruzados durante los sucesos del día 4? ¿No había encontrado en el hotel multitud de antiguos compañeros, hombres meritísimos y pundonorosos que habían sido arrastrados por la vorágine y que me vieron llegar con alegría? Además, la amenaza de una intervención americana se hacía cada vez más ostensible. Treinta barcos de la escuadra americana navegaban a toda máquina, hacia los puertos más estratégicos de la República, y en el sur de la Florida estaba ya preparado el Ejército de ocupación, pues el gobierno de Washington estimaba que imperando en Cuba la anarquía, había llegado el momento de intervenir para restablecer el orden. ¿No había sido mi propósito esencial en la lucha contra Machado evitar la vergüenza de una nueva intervención? Y ahora, cuando ya la intervención parecía inevitable, me iba a quedar con los brazos cruzados sin intentar un postrer esfuerzo para impedirnos ese bochorno? Por otra parte, ¿no me alcanzaba a mí alguna responsabilidad? Si yo hubiera tomado la Presidencia tal cual fué el propósito de Sanguily durante toda la conspiración; como quiso el "A B C" cuando el doctor Saladrigas estuvo en mi casa en las primeras horas de la noche del 11 de agosto a ofrecerme su apoyo en nombre de su partido, con ese fin; cuando el coronel Cruz Bustillo me habló por teléfono, a las once de la noche, para decirme que en junta de oficiales habían acordado llevarme a Palacio; cuando el general Menocal, desde Miami, me instaba a aceptar, pues de lo contrario entendía que iba a dejar la revolución acéfala; si yo no me hubiese negado, testarudamente, a ocupar la Presidencia, temiendo que Welles, al ver frustrados sus planes de que fueran presidentes Herrera o Céspedes, se decidiera por la ocupación armada; si yo hubiera tenido mejor visión política, hubiera sustituído a Machado aquella noche sin preocuparme de la Mediación, y el país se hubiera salvado de caer en la anarquía. Y siendo todo esto cierto, ¿no era yo, en parte, responsable de la situación del momento?

La imagen de Cuba, torturada, entregada al salvajismo, vilipendiada por buena parte de sus hijos, desprestigiada en el extranjero, en trance de perder su libertad, no se apartaba ni un momento de mi imaginación, y parecíame escuchar su voz acusatoria y en demanda de auxilio. Sabía hasta dónde podía llegar la acción de una tropa insubordinada; pensaba en las cabecitas rubias que en mi hogar dejaba abandonadas, probablemente para siempre, cuando más necesitaban de mí; pero la voz de la patria se impuso y salté de la cama, al amanecer del día 9, resuelto a hacer un sacrificio más en su favor.

EL "HOTEL NACIONAL"

Cuando en 1904 fuí nombrado teniente médico del Cuerpo de Artillería, se me asignaron, entre otros, los servicios médicos de las guarniciones situadas en la parte oeste de La Habana, contándose entre ellas la batería de Santa Clara, y con este motivo, durante cinco años consecutivos visité diariamente a las tropas allí destacadas, por lo que la batería y sus contornos me llegaron a ser muy familiares, siendo testigo presencial de las transformaciones que con el transcurso de los años fueron verificándose en aquellos lugares.

Ocupaba la batería una alta meseta, cortada a pico en todos sus contornos, menos por el sudoeste, por donde continuaba por la parte alta de la Loma de Medina. No fué esa su forma primitiva; durante el primer siglo de la fundación de la ciudad de La Habana, mejor dicho, de su traslado desde La Chorrera, en las márgenes del Almendares, a las inmediaciones de La Ceiba, a cuya sombra dijeron su primera misa los conquistadores, a orillas del puerto de Carenas, la meseta que forma hoy la parte alta del Vedado se extendía hasta cerca de la Caleta de San Lázaro, poética playa de pescadores, situada entre el Torreón y lo que es hoy Parque de Maceo. Los progresos de la urbe exigían mucha piedra para la fabricación de las casas y la construcción de las calles, y el lugar más adecuado para adquirirla era la Loma de Medina, que fué durante tres siglos la proveedora principal. Poco a poco la rocosa altura fué desapareciendo, subrogada por profundas y grandes furnias que todavía hoy se pueden observar en distintos lugares del Vedado, quedando restos aislados de la antigua cantera entre las calles de Hornos, Príncipe y Vapor.

En los primeros tiempos no había camino alguno entre la loma y el mar, pues el Cabildo habanero, para hacer difícil el acceso a los piratas, que ya una vez habían desembarcado por La Chorrera, sorprendiendo junto al puerto a la pequeña colonia, no conforme con haber levantado el Torreón junto a la Caleta para que vigilara aquella entrada, había declarado vedado el paso de los vecinos por todo el territorio, cubierto de montes, que se extendía hasta La Chorrera, penando con ser desjarretado a todo infractor de aquella disposición. Del acuerdo del Cabildo declarando *vedados* aquellos lugares, nació la denominación de Vedado para toda la zona que, andando el tiempo, habría de convertirse en la más rica y aristocrática barriada de nuestra capital.

Aquella afanosa extracción de materiales de construcción y la ulterior necesidad de abrir un camino que, siguiendo la costa, comunicara la progresista población con La Chorrera, dejó tallada cerca del mar una meseta de varios metros de altura, en forma de lengua, con la punta hacia la costa, cortada a pico como los bordes, y cuya base se extendía sin accidente formando un todo continuo con la Loma de Medina.

Los progresos de La Habana, convertida ya en populosa ciudad, emporio de comercio y de riqueza y capital del más rico florón de la corona de Castilla, obligaron a los españoles a aumentar sus defensas contra un ataque por mar, se erigieron modernas baterias rasas en distintos lugares de la costa, y, como era lógico, los ojos de los ingenieros militares se fijaron en aquella lengua de roca con la punta hacia el océano, desde la cual se dominaba la entrada del Golfo Mexicano, e hicieron de ella la mejor defensa de la ciudad, estableciendo allí baterias con los más poderosos cañones que la ciencia de la guerra había consagrado, hasta entonces, como los de mayor efecto destructor. La batería de Santa Clara, construída de 1797 a 1799, nombre con que se designó la nueva y sólida defensa de la ciudad, no pudo anotarse una brillante historia militar, pero contribuyó, al menos, a que se tomaran en consideración las dificultades de un ataque a La Habana por mar.

La intervención norteamericana de 1899, y la República que la sucedió, en 1902, en el manejo de los destinos del pueblo cubano, apreciaron siempre en su justo valor la formidable batería, que sólo necesitaba remozarse con artillería más moderna para aumentar su eficacia. Pero en la época de los grandes negocios del *machadato,* se fijaron sobre ella ojos codiciosos, y no obstante un informe del Estado Mayor del Ejército reclamando la necesidad de sostener y modernizar aquella excelente posición militar, la batería de Santa Clara cayó al golpe demoledor de la piqueta de los intereses privados, y sobre sus ruinas se levantó, elegante y majestuoso, el espléndido Hotel Nacional.

La naturaleza había hecho de aquel lugar uno de los sitios más pintorescos de los alrededores de La Habana, y la *Manhattan Plaza Hotel Co.* utilizó su experiencia y sus millones en levantar allí uno de los hoteles más cómodos del mundo. La naturaleza y el hombre obraron de acuerdo, y la atalaya española quedó convertida en un pequeño paraíso.

Desde las ventanas y azoteas que dan al sur se domina la ciudad en gran extensión, y muy cerca, se ven las espléndidas Avenida de Menocal y Avenida 23, que la República construyó cruzando sobre altos terraplenes, entre las furnias abiertas, a fuerza de pico, en busca de piedras, por los negros esclavos, los presidiarios y los presos políticos, que siempre abundaban en la época colonial, entre ellos nuestro gran Martí. Más allá se destacan las altas cúpulas de los edificios públicos, las empinadas torres levantadas por el culto católico; las bellas construcciones de la Universidad, erigida sobre la loma de la antigua Pirotecnia; los grandes hospitales, que la piedad de nuestros gobiernos construyó para la caridad pública; el Vedado, con sus espléndidas residencias, y asomando por encima de aquel *maremagnum* de edificaciones disímiles, contrastando con los típicos edificios de la época colonial, ofrecen su mole enorme los modernos rascacielos, denunciando la influencia de la arquitectura norteamericana en nuestras construcciones modernas.

El visitante que desde un balcón de los salientes del norte contemple el panorama que se ofrece a su vista, queda encantado de su magnificencia. El mar del Golfo de México tiende a sus pies su llanura azul, sin horizontes, que en las mañanas tranquilas de verano semeja un inmenso lago, de superficie lisa como el cristal; que ríe en mil olas coronadas de espuma al más ligero soplo de la brisa, y se encrespa, brama y ruge, y rompe soberbias sus olas contra el Malecón, y lo salta y destruye cuanto encuentra a su paso, cuando una tempestad conmueve sus entrañas. ¡El mar inmenso, siempre lleno de misterio, atrayente siempre a los ojos de los hombres!

Diríase que son allí más hermosas las mañanas, más grata la brisa tropical y el firmamento más lleno de luz; y cuando el astro rey, a la caída de la tarde, hunde su disco ardiente en el océano para apagar en él su fuego y su luz, irrumpen en el poniente los más bellos celajes adornados de insospechables variantes de toda la gama de colores, con los que teje la naturaleza esplendoroso sudario de pedrería deslumbrante a la majestad del caído.

Y entre el mar y la escarpada rocosa donde el hotel se levanta, por aquel mismo lugar por donde antaño se deslizaba el atajo estrecho, que la previsión del Cabildo habanero vedó, so pena del desjarrete, se abre paso ahora la hermosa Avenida del Golfo, abarcando entre sus ramas el gracioso parque que la gratitud del pueblo erigió para conmemorar la muerte de aquellos marinos del *Maine* que una horrenda explosión sepultó en nuestra bahía, víctimas, no de la maldad española, como se creyó a raíz del suceso, sino de una funesta combustión espontánea, pero que el pueblo cubano recuerda con cariño, porque aquellos marinos vinieron a Cuba como nuncio de amistad hacia nosotros, y porque el terrible accidente fué la causa que precipitó a los Estados Unidos a intervenir en nuestra contienda con España.

Toda la explanada que rodea el hotel está convertida en precioso parque tropical, donde mecen sus penachos airosos, palmeras y cocoteros, crecen los cactus y ofrecen su fresca sombra árboles variados; pueblan el naciente bosque, en tres años formado, multitud de aves que contribuyen a su encanto; bandadas de gorriones que acuden al visitante en demanda de golosinas; toties de plumaje negrísimo y ojos verdes que dejan oír sus alegres trinos, y en las copas frondosas de los árboles, en las ramas secas y en las tupidas enramadas, desde la mañana a la noche, tejen los sinsontes sus burlas imitando los cantos de otras aves o entonan incansables sus dulces melodías.

No pudieron imaginar nunca los turistas que en pos de tranquilas vacaciones acudían al Hotel Nacional, que en un día no lejano aquel pequeño paraíso se iba a trocar súbitamente en un infierno dantesco, exponente bien elocuente de la barbarie de los hombres cuando, agitados por las bajas pasiones, pierden el freno de la ley; que en sus espléndidos salones de baile reventarían las granadas, sembrando la muerte; que su elegante *lobby* y sus magníficos *suits* se convertirían en campos de Agramante, y que la encantadora explanada que hermosean las palmeras se habría de cubrir de heridos y muertos.

ACTUANDO CONTRA LOS SEPTEMBRISTAS

Por momentos acudía al hotel mayor número de oficiales, pero se hacía muy difícil permanecer allí, dado el alto precio de las habitaciones, y se daba el caso de que en algunas se alojaran cinco o seis personas, teniendo por único alimento pan, sardinas y café; por lo que inicié una subscripción, entregando cien pesos, para los gastos más perentorios, recaudándose sólo algunos pesos más. Salí del hotel y me arreglé de modo que al siguiente día la comisión administrativa nombrada, recibiera dos mil pesos en efectivo, que fueron utilísimos en los días posteriores.

Resuelto por el momento el problema económico y estando en mi casa en la mañana del 9, me visitaron los doctores Guillermo Belt y Antonio González de Mendoza. Venían alarmados por el desbarajuste imperante y las noticias sobre intervención de los Estados Unidos; y querían conocer cuál sería mi actitud. Les informé que tratándose de dos amigos como ellos, que tanto habían luchado en bien del país, no dudaba en declararles toda la verdad. Estaba resuelto a hacer cuanto fuera posible por evitar la intervención; contaba con toda la oficialidad reunida en el Hotel Nacional y esa misma tarde iba a visitar a los jefes de los partidos políticos que combatieron a Machado para invitarles a actuar de común acuerdo. González de Mendoza y Belt me demostraron su conformidad con mi manera de pensar, y se me brindaron para acompañarme. Desde allí nos citamos con los jefes políticos, y a las dos de la tarde estábamos en la casa del general Menocal. En breves palabras expuse mi propósito; urgía actuar contra la Pentarquía y los alistados sediciosos antes de que los americanos desembarcaran; no era posible tolerar que el golpe militar se consolidara, porque si esto ocurría sería la muerte de la libertad en Cuba. Era preciso coordinar nuestra acción y llegar a donde fuese necesario. Menocal me contestó que él pensaba de la misma manera y que podíamos contar con su cooperación.

Confortados por aquel primer triunfo fuimos a ver a los coroneles Carlos Mendieta y Méndez Peñate. Yo repetí los argumentos que usé con Menocal. El doctor Méndez Peñate se negaba firmemente a cualquier tentativa de acción que pudiera significar una contrarevolución; girando su argumentación en la necesidad que tenía su partido —Unión Nacionalista— en mantenerse a la expectativa para intervenir en el momento en que pudiera ser más útil al país. Méndez Peñate, coronel del Ejército Libertador y culto magistrado, era un gran patriota y persona muy honorable, pero cuando emitía un juicio no había manera de hacerle modificar su criterio. Belt y González de Mendoza apoyaron mi tesis, pero Méndez Peñate se mostró irreductible. Mendieta, que oía atentamente, intervino de improviso diciendo con energía: "Usted tiene la razón, doctor Ferrer; no es posible tolerar que esa gente perdure en el poder; acabarían con Cuba. Cuente usted conmigo y con mi partido". En vano Méndez Peñate trató de disuadirlo, diciéndole que él no podía comprometerse en nombre del partido; Mendieta persistió en su afirmación y acabó por decirme: "Pues bien, si mi Partido no me sigue, cuente usted conmigo". Aprovechamos el momento para despedirnos y darle las gracias al coronel Mendieta, no sin antes decirle a Méndez Peñate que yo esperaba que recapacitara; que él, por encima de toda otra consideración, había sido siempre un patriota y tenía que darse cuenta de que la sargentería embriagada por su triunfo sería cada día más exigente y sometería toda función gubernamental a su capricho, estableciéndose una dictadura militar con los elementos más impreparados del país.

Algunos meses después, el coronel Méndez Peñate, ya en el poder como miembro del Consejo de Secretarios del Presidente Mendieta, atormentado por las exigencias de Batista, ponía fin a su vida disparándose un tiro en la cabeza.

Con mis dos amigos, Belt y González de Mendoza, fuí a ver al doctor Miguel Mariano Gómez, connotado oposicionista. Nuevamente expliqué mi propósito y le conté nuestras visitas a los otros jefes de la oposición y la contestación no se hizo esperar: podíamos contar con el doctor Gómez y con su Partido. Por falta de tiempo no visitamos esa tarde a los directores del "A B C", pero ellos resultaban nuestros aliados naturales y en el hotel estábamos en contacto con algunos abeceístas.

El día 8, Sergio Carbó después de su fracaso para que la antigua oficialidad aceptara someterse incondicionalmente al mando de las clases y soldados, actuando por su cuenta como comisario de guerra, hizo coronel al sargento Batista, produciendo esto grave disgusto en la Comisión Ejecutiva o *Pentarquía*, que reclamaba para ella la facultad de designaciones de esa índole y estimaba que con lo hecho se agravaba más la situación y se cerraban las puertas a un acuerdo con los oficiales. La Comisión estuvo reunida toda la noche del 8 al 9 discutiendo ampliamente la situación. El país estaba en plena anarquía. Se había perdido el freno de la Ley y las residencias eran saqueadas, incendiadas, apaleados sus moradores y muchos asesinados para satisfacer venganzas personales. En el interior la situación era aún más pavorosa; el populacho tomaba posesión de los centrales azucareros, se repartía el ganado de los campos y entregaba a las llamas los cañaverales y las casas de los que juzgaba que habían sido amigos de Machado. No había quien reprimiera tanta delincuencia; la Guardia Rural y los jueces parecían no existir... Y la escuadra americana seguía navegando hacia los puertos de Cuba... La reunión conjunta de la Comisión Ejecutiva y el Directorio Estudiantil, resultó tempestuosa. Porfirio Franca, convencido del error que cometió al aceptar el cargo, a los dos días lo abandonó. Irisarri y Portela estaban consternados, temiendo haber provocado la intervención que parecía inevitable, y renunciaron sus cargos. Aurelio Alvarez, integérrimo patriota, dejaba escapar lágrimas de dolor. Sólo persistían en su política Carbó y Grau, apoyando al Directorio Estudiantil, que luchaban tenazmente por no dejar escapar de sus manos el Poder que tan fácil e inesperadamente habían conquistado. La *Pentarquía* quedó disuelta; había durado sólo cuatro días. Se acordó volver al régimen presidencial. Al siguiente día el Directorio Estudiantil, un grupo compuesto de unos treinta jóvenes estudiantes y pseudoestudiantes, erigidos en árbitros absolutos del país, proclamó Presidente al doctor Grau San Martín a propuesta de Eduardo Chibás, que hizo de él una apasionada defensa.

Acompañado del doctor Guillermo Belt visité al doctor Carlos Manuel de Céspedes; hablamos de la situación anárquica y le propuse que como él no había renunciado a la Presidencia, citara a su Consejo de Secretarios y nos fuéramos a reunir todos al Hotel Nacional y desde allí comunicara al Cuerpo Diplomático que él no había renunciado y se encontraba en el hotel ejerciendo su autoridad con su Consejo y con toda la oficialidad del Ejército y de la Marina, y a la vez debía lanzar un manifiesto al pueblo de Cuba explicando su situación. Yo estimaba que actuando así le atravesaríamos un hueso en la garganta a los *pentarcas* y a Batista, creándoles un conflicto de tal magnitud que agravaría más considerablemente su dificilísima situación y esto pudiera acarrear un entendimiento de las partes discordes. Pero el doctor Céspedes se negó rotundamente a tomar en consideración mi proyecto; mas yo no me di por vencido y volví a la carga días después.

El Embajador Sumner Welles, que estaba alojado en el Hotel Nacional, lo abandonó trasladándose al Hotel Presidente, el día 9. Fué un error o una burda treta el que se cometió por alguien diciendo que los oficiales estaban concentrándose en el Hotel Nacional a virtud de un acuerdo con Welles. Sanguily se trasladó allí porque donde él vivía, cerca de Columbia, los amigos que le visitaban estaban siendo insolentemente molestados por los soldados, y eligió aquel lugar por gestión de su hijo July, su médico de asistencia y a la vez médico del Hotel Nacional. Al saberlo allí la oficialidad destituída, acudió en busca de orientación, cerca del hombre que seguían considerando como su jefe. Estoy bien seguro de que el Embajador de los Estados Unidos, lejos de simpatizar con los oficiales, estaba profundamente irritado contra ellos por haberse opuesto a su propósito de hacer al general Herrera Presidente de la República y por dejarse después quitar el mando por los sargentos. El escritor que se aprecie de verídico no debe abrigar más dudas sobre este asunto.

El día 10 recibí una invitación del Presidente Grau para que fuera a verle. Reuní a los oficiales superiores en el Nacional y después de un cambio de impresiones con ellos fuí a ver a Grau.

En síntesis éste me expuso su gran interés en que los oficiales volvieran a ocupar sus puestos en las fuerzas armadas, y yo me sostuve en que esto no podía resultar a menos de que se les devolviera el mando en las mismas condiciones en que lo ejercían de acuerdo con los reglamentos, antes de la sedición clasista. Me dijo que esa condicional era muy grave, que volviese a tratar con mis amigos y al siguiente día conferenciaríamos de nuevo. Al despedirse me dijo que le llevara un abrazo a los oficiales. ¡Cruel sarcasmo! Después de arrebatarles sus puestos, ganados tras largos años de servicios, dejándoles como alternativa la humillación o la miseria, ahora enviarles un abrazo!

Al darle cuenta a mis compañeros de la entrevista, aprobaron lo hecho por mí y me pidieron que en la segunda entrevista sostuviera los mismos puntos de vista; y eso fué lo que hice el 11, sin conseguir que Grau cediera un ápice, pues él pretendía que la oficialidad aceptara los hechos consumados y se sometiera a la sargentería triunfante. En tal virtud dirigí al Presidente Grau la siguiente carta:

La Habana, 13 de septiembre de 1933.

Dr. Ramón Grau San Martín.
Habana.

Mi distinguido amigo y compañero: durante los 4 días que lleva Ud. de Presidente, le he visitado en dos ocasiones, en su calidad de Jefe de la Nación, para tratar con Ud. la cuestión relativa a los oficiales que se niegan volver al servicio mientras perdure este estado de cosas. Permítame, ahora, escribirle, no al Presidente, sino al amigo con el cual tanto le agradaba discutir temas científicos, según su expresión de hace tres días, aunque esta vez no sea para tratar de asuntos profesionales, como antes hacíamos, sino temas de alta política, de esa ciencia nueva para Ud. y para mí, a la que nos han traído, con sorpresa de nosotros mismos, las desventuras de la patria.

Yo imagino, mi querido Dr. Grau, que Ud. no se da bastante cuenta de la situación política reinante. Me decía Ud. que todo el que no coopere con Ud. no es buen cubano; y yo, oyéndole, recordaba que otro gobernante de no lejana época, repetía a cada paso idénticas palabras. Cree Ud. que el país entero se encuentra dichoso y tranquilo, y que la libertad impera en todas partes; se olvida, o no sabe que el comunismo ha sentado planta y se ha establecido en toda la nación, repartiéndose el ganado de las fincas, dominando en los centrales azucareros y sembrando el desconcierto en todas partes.

Piensa Ud. que hay libertad para todos, y los periódicos y la radio están amordazados por Uds., como lo estuvieron en época de Machado; los grupos numerosos de gente armada recorren las calles, se llevan los automóviles particulares, asaltan las casas de los *machadistas* y de los oficiales del Ejército que defienden pacíficamente su honor ultrajado, y yo, que he vivido siempre respetado, recibo ahora amenazas porque trato de evitar males mayores, con soluciones que no agradan a sus amigos, aunque empleo lenguaje más suave que el que empleé con Machado y con Herrera.

Amigo Grau: yo he tenido siempre el defecto de hablar demasiado claro, pero mis prédicas han sido oportunas o se han recordado más tarde con pesar. Yo no sé si Ud. estará dispuesto a oír consejos míos. ¡Soy tan pequeño para dar consejos a un Presidente! Pero en días de tormenta para Cuba no sé cruzarme de brazos. Léame, si quiere; oigame, si se lo permiten sus amigos políticos.

Dése Ud. cuenta que está demasiado aislado y así no se puede gobernar a un país donde no existe el principio de autoridad, habiéndose subvertido todo el orden social, e imperando en ciudades y campos la más terrible miseria. Contra Ud. se ha pronunciado la oficialidad de todo el Ejército y la Marina de Guerra que Uds. humillaron, entregándole el mando a los sargentos, sembrando una simiente que ha de ser funesta para Cuba, y decretando desde aquel día una intervención americana a corto plazo, de no rectificar. Le ha negado su apoyo la agrupación del "A B C", que tanto se sacrificó por arrojar de Cuba al Tirano. El sector que sigue a Menocal y los Nacionalistas, tan poderosos, que dirigen Mendieta y Méndez Peñate, le han negado su apoyo. Los Partidos Liberal, Conservador y Popular han sido proscriptos. El doctor Miguel Mariano Gómez está en franca expectativa. ¿Qué fuerzas políticas restan a su lado? —¡Los estudiantes!— se me pudiera contestar. Pero yo replicaría que con los estudiantes, o mejor dicho, con el grupo de estudiantes que coopera en el Directorio Estudiantil, con una minoría tan exigua, no es posible gobernar una nación, y mucho menos estando como está Cuba convertida en un cadáver putrefacto, secuela lógica del *machadato*. Yo admiro a los estudiantes; ellos se hicieron dignos de admiración por su heroica lucha contra la Dictadura, pero me doy cuenta del peligro en que están poniendo al país; por eso anhelo verlos rectificar. De seguir por este camino, también en Cuba, la Revolución, como *Saturno,* devorará a sus propios hijos. Cuba necesita llevar una vida honesta y ordenada, o dejará de ser República.

¿Solución? Yo no veo más que una, y a Ud. la declaro con entereza, aunque por ello me convierta en un proscripto más de la intransigencia de unos cuantos. Han puesto en sus manos un clavo ardiente y su fuego no lo podrá Ud. apagar. Antes de que el país se le deshaga entre las manos, actúe como un buen patriota; cite a junta a todos los llamados sectores de la oposición contra Machado y consúlteles. Mucho me equivoco, o le aconsejarán formar un gobierno constituído con un Presidente rodeado de Secretarios que sean los mismos jefes de los sectores oposicionistas o representantes de ellos. El doctor Céspedes pudiera ser el Presidente, por el gran valor moral que tendría el retorno a la legalidad, y si no se le quiere retener en el Poder, el Consejo de Secretarios podía proveer, y puesto que está en vigor la Constitución de 1902, nombraría un Vice-Presidente, previamente acordado por todos Uds., y éste asumiría el Gobierno al renunciar Céspedes. Entre los miembros del Poder Judicial podría encontrarse, quizás, el hombre que se necesita, Ud. mismo podría ocupar la Secretaría de Instrucción Pública, dando con ello un admirable ejemplo de cordura y patriotismo.

Si ese gabinete no fuera bastante para salvar al país, entonces habría que aceptar que estábamos definitivamente perdidos.

Yo no puedo callar en estos supremos momentos; y es para mí cosa cierta que de no formarse el gobierno de conjunción nacional que aconsejo, no pasarán muchos días sin que las tropas americanas nos traigan la vergüenza de la intervención.

No le pido perdón por el disgusto que pudiera producirle esta carta, porque espero con ella prestarle buen servicio a la Patria y a Ud.

Su afmo. amigo y compañero,

(firmado) HORACIO FERRER.

La contestación de Grau fué poner sitio al hotel y ordenar mi detención, según me dijo uno de los miembros de la guardia.

Durante los días comprendidos entre el 8 y el 14, fecha esta última en que se estableció el sitio, el *lobby* del hotel semejaba un salón de recepciones, tan numerosas eran las familias que acudían a demostrarnos sus simpatías. Nos visitaron también algunas personalidades en busca de un acercamiento entre el Gobierno y los oficiales, pero la contestación de éstos fué siempre la misma; estaban dispuestos a volver al Ejército pero con el goce pleno de sus funciones, sin trabas incompatibles con su dignidad. Entre las personalidades que brindaron sus buenos oficios recuerdo a Domingo Ramos, coronel Morales Coello, Aurelio Alvarez, Edel Farrés y Lucilo de la Peña. El general Menocal visitó a Sanguily, pero no hubo ninguna proposición aceptable; el mismo día fuí a verle a su casa y al pedirme que utilizara mi influencia para la vuelta al servicio de mis compañeros, le contesté que eso era lo que ellos deseaban, pero que mientras se les exigiera sometimiento a los sargentos, muchos de los cuales habían sido ejecutores de los horrores del *machadato*, no cederían; ni tampoco yo aconsejaría que aceptaran algo que ofendiera su dignidad.

El día 12 el general Sanguily, parcialmente repuesto de las operaciones que se le habían practicado, abandonó la cama y tomó el mando, y el hotel quedó convertido en un puesto militar. Organizó una junta que se reunía todos los días a las diez de la mañana y a las cinco de la tarde para cambiar impresiones sobre los asuntos del día. Formaban la junta el general Julio Sanguily, los coroneles González del Real y Arturo Carricarte, por la Marina; el coronel Heriberto Hernández, teniente coronel Quesada, por el Ejército; el capitán Torres Menier, por la Aviación, y yo. Actuaba como secretario el capitán Carlos Montero. En distintas ocasiones se tomaron acuerdos de importancia, como fueron los de mantenernos firmes en el hotel en espera de los acontecimientos y propiciar si fuere necesario una contrarevolución apoyada por fuerzas militares, llegando a parecer adictos, el batallón número Uno de Artillería, el Tercio Táctico de Matanzas, elementos de Columbia dirigidos por el capitán Angulo y otros del departamento de Administración, encabezado por el comandante Ciro Leonard. Pero la deserción del hotel de uno de los capitanes —según se ha dicho— y su entrevista con Batista, dió lugar a que éste ordenara el traslado del batallón número Uno para Santa Clara, frustrándose el plan. Algunos oficiales que tenían determinado arraigo en la tropa, fueron enviados a distintos lugares de la República a preparar núcleos amigos. Burlábamos la vigilancia del cerco pasando por la noche al edificio vecino de la *Ford* y saliendo por la madrugada en camiones de aquella compañía. Pero poco se adelantaba. En la última decena del mes penetró subrepticiamente en el hotel un individuo que no quiso hablar con nadie más que con Sanguily; le dijo ser antiguo militar alemán, simpatizador nuestro y enviado por el "A B C" para coordinar una acción punitiva. El hombre entraba y salía por la *Ford* con gran misterio, y así lo hizo tres o cuatro veces. Siempre he tenido sospechas de que aquel individuo fuera un hábil espía del Directorio Estudiantil o de Batista. Nuestro jefe ordenó a un oficial de academia, ducho en asuntos de estrategia, que combinara un plan de cooperación con el "A B C" y lo presentó a la junta, tal cual debía ser enviado por escrito. Consistía el proyecto en que al amanecer de un día que acordáramos en un momento preciso, los abeceístas atacarían simultáneamente las cinco guardias enemigas que custodiaban el hotel, y al sonar los primeros tiros, cinco destacamentos nuestros apostados previamente en lugares adecuados, caerían sobre las referidas guardias, las coparían y con los rifles y parque que ocupáramos marcharíamos sobre Palacio, haciendo prisionero a Grau. El secretario dió lectura al documento y todos los presentes, uno por uno, fueron declarando su conformidad; con relación a la jerarquía los últimos que debíamos opinar éramos primero yo y luego Sanguily y al pedirme éste mi voto, dije casi textualmente lo siguiente: "Soy el menos autorizado para hablar en esta junta de marinos y militares de experiencia, sobre cuestiones de estrategia, sin embargo conozco algo de estas cosas por mi actuación en la Guerra de Independencia y en las distintas revoluciones que el país ha confrontado, y mi criterio es completamente opuesto al de ustedes. Basa el ponente su proyecto en la actuación isócrona del "A B C" y de nosotros, y eso es absolutamente imposible conseguirlo. El "A B C" es una organización civil, muy útil para actos de calle y *tánganas*, pero carente de valor táctico y no se puede esperar que grupos de abeceístas atraviesen la ciudad armados sin ser vistos, para actuar en un momento preciso en cinco frentes distintos; de donde resultará que si alguno llega a una de las guardias, al sonar el primer tiro todas las otras correrán a las armas y no habrá sorpresa. En mi concepto en un ataque a los sitiadores hay que confiarlo todo a nosotros mismos, con la seguridad de que después que tengamos un éxito inicial se nos unirán los abeceístas y gran número de amigos".

Terminando yo de dar mis razones, intervino el coronel Heriberto Hernández que volviéndose a mí exclamó: "Coronel Ferrer, ha hablado usted como un verdadero estratega; tiene usted toda la razón; el plan es descabellado"; e inmediatamente el proyecto fué abandonado. Y nos dimos a la tarea de buscar algo viable.

En otra reunión se acordó decirle al "A B C" que puesto que ellos, según nos habían anunciado, contaban con dos mil rifles y bastante parque, nos enviaran doscientos rifles y doscientos tiros para cada uno de los rifles. Le explicamos cómo podía llegar el camión conduciendo el cargamento hasta entrar en el patio del hotel, donde ya nosotros, preparados, nos armaríamos rápidamente y marcharíamos sobre Palacio. Por grave que fuera el peligro que arrostráramos, no quedaba más solución que actuar violentamente, porque nuestros enviados a distintos lugares nada habían podido obtener; casi desde el principio del sitio hacíamos una sola comida al día, y ya los víveres se iban agotando. La contestación fué que sus dos mil rifles los necesitaban para otros tantos afiliados y no podían cedernos ninguno. En vano repusimos que estaban entre nosotros los mejores tiradores de la nación y que un rifle en manos de un oficial ansioso de vengar las ofensas que se le habían inferido, valía más que veinte rifles en poder de inexpertos. Nada pudimos obtener.

En los últimos días del mes ocurrió un desagradable incidente. El capitán ayudante Carlos Montero notificó al General que el capitán Alfredo Céspedes Montes y su hermano el teniente estaban corriendo un referéndum para conocer la opinión de los oficiales en el sentido de que determinaran si debíamos persistir en permanecer en el hotel o si era preferible volver a nuestras casas. El hecho entrañaba gravedad; era un manifiesto acto de indisciplina que esto se hiciera sin la autorización de Sanguily, y contribuiría a aflojar los lazos que nos habían unido. El General llamó a los dos comprometidos y los amonestó duramente. Cinco minutos después volvieron a presentarse los dos oficiales, que por cierto eran de los mejores que tenía el Ejército, y virilmente declararon que si habían cometido un error había sido porque el coronel Heriberto Hernández, jefe del Puesto, a quien debían obediencia, les había ordenado que llevaran a efecto el plebiscito, y si no lo confesaron así de primera intención fué porque el coronel Hernández les dijo que mantuvieran su nombre en secreto, pero antes de cargar ellos con las consecuencias, determinaban hablar con claridad.

Citado el coronel Hernández, se presentó muy conmovido informando que su propósito fué sólo tantear la opinión, en el terreno privado. Sanguily era hombre muy ecuánime y amigo particular del acusado, no obstante después de amonestarlo, le quitó el mando del puesto, asumiéndolo él, personalmente. En seguida convocó una reunión de todos los oficiales aconsejándoles que no se impacientaran, que con el desenvolvimiento de sus planes teníamos el setenta y cinco por ciento de probabilidades de éxito; quedando todos conformes en sostener la demanda de la restitución sin cortapisas. Por cierto que pocos días después, durante el ataque del enemigo, la oficialidad que no perdió el buen humor, mientras las granadas reventaban dentro del hotel a centenares, convirtiéndolo en un infierno, comentaba jocosamente: "El General nos habló de sus setenta y cinco probabilidades, pero no contó con los cañones de setenta y cinco de Batista".

Finalizaba septiembre imperando el caos. El Gobierno sin gobernar; Batista cada vez más engreído, sobre todo después que se convenció de que a los norteamericanos no les convenía desembarcar, dictaba por su cuenta disposiciones, modificando reglamentos y leyes relativas el Ejército, sin preocuparse del Gobierno. El desorden llegó a su colmo el día 29. Los restos del líder Julio Antonio Mella habían sido traídos de México a La Habana, que estaba intensamente agitada por los comunistas, y llevados con gran ostentación al local de la *Liga Anti-imperialista de Cuba*. En el lugar más céntrico de la Plaza de la Fraternidad se erigió un obelisco y panteón donde debían guardarse las cenizas del líder asesinado en plena ascensión de su carrera política. Los comunistas eran dueños absolutos de la situación; la sociedad, el comercio, las industrias estaban consternados. El Presidente concedía autorización para todo lo que los comunistas demandaban. Cuando más delirante era la orgía, los gobernantes cambiaron de criterio, según se dijo, obligados por el Cuerpo Diplomático atemorizado, y el ejército y la policía, haciendo irrupción en medio de la inmensa muchedumbre, barrieron a tiros y cargas de caballería las calles por donde debía pasar el cortejo y destruyeron el improvisado panteón, y los restos de Mella fueron llevados al cementerio. Desde el hotel oímos el tiroteo que duró hasta entrada la noche, y por los receptores de radio nos enteramos de lo que estaba ocurriendo.

Los víveres escaseaban más cada día. El coronel González del Real, comisionado para hacer un recuento, informó que no quedaban alimentos para más de dos días. La junta acordó entonces pedir a nuestros aliados el envío de víveres en un camión utilizando la manera que habíamos aconsejado para el envío de armas. Pensábamos que al burlar el camión la guardia, era posible que los contrarios rompieran fuego, y se tomaron las medidas procedentes. Al amanecer del día primero de octubre vimos bajar un camión por la calle 23 y al llegar frente a la entrada donde estaba un centinela torció rápidamente a la izquierda y penetró hasta la puerta que se le había indicado. Sorprendido el centinela de tal audacia, después de haber tenido que saltar para que el camión no lo arrollara, disparó un tiro al aire para dar la alarma; y a los cinco minutos los víveres estaban descargados e introducidos en el hotel. Quedaba demostrado que si nos hubieran concedido las armas que pedimos días antes no hubiéramos perdido ni un cartucho. En el camión vinieron bastantes víveres, pero como nosotros éramos como cuatrocientos, podrían alcanzarnos sólo para tres días más.

Cerró la noche sin más accidentes y en la pizarra del *lobby* se fijó como de costumbre la orden del día, la que transcribo al pie de la letra por haber sido la última dictada por Sanguily.

PUESTO HOTEL NACIONAL
Habana, Oct. 1 de 1933,

ORDEN DEL DÍA

Oficial de día: Comandante Emilio Rousseau y Mendive. De 6 p.m. a 6 a.m.
Auxiliar: Primer Tte. Alberto Coto Mederos. De 6 p.m. a 6 a.m.
Oficial de día: Comandante Antonio Pineda y R. De 6 a.m. a 6 p.m.
Auxiliar: Teniente Manuel Ubeda Izquierdo. De 6 a.m. a 6 p.m.

Servicio en la planta principal y en los tanques.

Lo prestará el capitán Carlos González Hechevarría, con todo el personal de los grupos mandados por los comandantes Díaz del Gallego y Casimiro Gumá, de la Marina, y Américo Lora del Ejército, y el de los capitanes Domingo del Monte y Virgilio Villalta, también del Ejército. Estos grupos serán turnados en el servicio durante las 24 horas, y se montarán tantas postas como fueren necesarias.

Servicio en las terrazas del segundo piso.

Lo prestará el capitán Horacio Tabío Espinosa con todo el personal de su grupo.

Servicio en las azoteas del octavo y noveno pisos.

Lo prestará el capitán César L. Castaños y García, con todo el personal de su grupo, y de éste se le presentarán al capitán González Hechevarría 6 hombres armados con fusiles para que presten servicio en los jardines del hotel desde las 6 p.m. a las 6 a.m.

Servicio de máquinas, calderas, etc.

Lo prestará el capitán Enrique Sierra y del Hoyo con todo el personal de su grupo.

Servicio de almacenes, cocina, comedores, etc.

Lo prestará el personal fijo designado por las distintas órdenes del Puesto, y además, como policías de comedor los siguientes oficiales:

Capitanes médicos: Elizardo Castellanos y Martínez Guiral.
Capitanes veterinarios: Rafael Santa María y Tte. Martínez Arredondo.
Teniente médico: Pérez Lamar y Dentista Rafael Caminero.
Por orden del coronel Julio R. Sanguily Echarte, M.M., Jefe de E. M.

FERNANDO Rz. SIGLER, M. M.
Capitán Ayudante.

ATAQUE Y DEFENSA
DEL "HOTEL NACIONAL"

No parecía razonable esperar que las tropas sediciosas de Batista resolvieran atacarnos mientras no hubiera un acto ostensible de agresión por nuestra parte, y nosotros nos habíamos esforzado durante el sitio en evitar cualquier actitud que se pudiera tomar como pretexto. Toda la oficialidad allí reunida estaba compuesta de hombres de experiencia en los combates y de técnicos bien conocedores del valor de las armas, y sabíamos que si bien las tropas sublevadas carecían de dirigentes para acometer una acción de guerra, tenían, en cambio, una superioridad de armamentos extraordinaria en relación con nosotros, que sólo habíamos podido reunir veintiséis rifles, algunas escopetas, cuatro ametralladoras de mano y un buen número de revólveres; de manera que exceptuando los veintiséis rifles, las otras armas sólo podían ser utilizadas en caso de asalto, para combatir a muy poca distancia, y el parque era muy escaso.

El hotel estaba convertido en un puesto militar y todas las medidas necesarias habían sido tomadas para evitar una sorpresa, y aunque no podíamos esperar acatamiento de leyes de guerra y de derecho internacional en nuestros contrincantes, nos era difícil creer en un ataque sin que se intimara antes la rendición. Este criterio fué la causa de que no se dispusiera previamente la salida de las señoras de varios oficiales que allí se encontraban.

En esta situación nos encontró el 2 de octubre, de recuerdo imperecedero para la población de La Habana, que escuchó, espantada, el rugir de los cañones en sus calles durante diez horas, y para toda la República, que pudo darse cuenta de que nada ni nadie podría refrenar en adelante las ambiciones desencadenadas.

Durante la noche los sitiadores habían estado colocando sus fuerzas en lugares estratégicos alrededor del Hotel Nacional sin que nuestros centinelas pudieran darse cuenta de ello, debido a la obscuridad. Serían las cinco y veinticinco de la mañana cuando el comandante Américo Lora, que ocupaba la habitación 668 con el teniente Malberti, al asomarse a una ventana vió con sorpresa, entre las nieblas del amanecer, que de un tanque blindado que había entrado por la Avenida 23, junto al edificio de la *Fordson,* salían varios soldados y se situaban junto a la lavandería del hotel, y dándose cuenta de la inminencia de un asalto, corrió a la habitación 620, avisándole al capitán Carlos Montero, jefe de la compañía de guardia. Minutos después volvía el tanque con nuevo cargamento de soldados, cuando fué visto desde la habitación 202, donde se encontraba una guardia compuesta por los tenientes Alfonso, Sosa, Abelardo Concepción, Vargas, Pacot, Adán Silva, Aurelio Naranjo, Benito Herrera y González Parra; éste último, dirigiéndose a los soldados, de acuerdo con la consigna, les gritó que se fueran de allí, que nosotros no queríamos pelear, a lo que contestó uno de ellos: "¿Ustedes no querían víveres? Ahora los tendrán". La guardia del 202 avisó en seguida al comandante Rousseau, jefe de día, quien acompañado del comandante Firmat tomó las primeras medidas. Entre tanto eran avisados los tiradores para que corrieran a sus puestos. Varios grupos de oficiales salieron a inspeccionar los contornos: el comandante de la Marina Casimiro Gumá con el capitán Gustavo Torroella y el teniente de Infantería Ferrer, fueron junto a la piscina; el capitán Torres Menier y el teniente Gandía, hacia el edificio *Carreño,* y el capitán Montero, en compañía del teniente Antonio Martínez Arredondo, salió del hotel para explorar por el patio que da al Malecón, y al llegar a la cerca se encontró con una hilera de cabezas de soldados asomadas tras ella, y les gritó: "¡No vayan a tirar, muchachos, que no queremos bronca!", recibiendo por contestación una descarga a diez metros de distancia. Montero ganó a escape el hotel, y el teniente Martínez se arrojó al suelo, haciéndose el muerto, y una hora después pudo reunirse con nosotros. Desde que sonó el primer tiro todas las tropas que nos rodeaban abrieron nutridísimo fuego de fusilería y ametralladoras sobre nosotros. Eran las seis y cinco de la mañana. La mayoría de los oficiales no habíamos recibido el aviso de la presencia de los asaltantes y fuimos sorprendidos en nuestras camas. Para mí la primera noticia fué una lluvia de balas de ametralladora que entraba por la ventana de la habitación 735, que yo ocupaba y que evidentemente el enemigo conocía bien.

A poco de iniciado el ataque, los sitiadores se lanzaron al asalto bajo una cortina de fuego de sus ametralladoras, pero nuestros muchachos habían corrido rápidamente a sus puestos, que previamente se les señaló, y apuntando serenamente, hacían blanco en aquella fila de soldados en desorden, donde no se alcanzaba ver uno sólo de sus oficiales. Media hora después, el sol sobre el horizonte hacía mejor la visibilidad, y nuestros tiradores barrían materialmente a los servidores de las ametralladoras, que el enemigo, con desconocimiento del arte de la guerra, había colocado a ciento cincuenta y doscientos metros de distancia. La tentativa de los sitiadores de ganar el *lobby* del hotel, había fracasado, y se resignaron a retroceder, arrastrando a sus muertos y heridos, mientras todas las otras fuerzas sitiadoras entraban en acción desde lugares cubiertos.

A las seis y treinta de la mañana, el coronel Sanguily y yo hacíamos el primer recorrido por el hotel, y en todas partes encontrábamos a los oficiales alegres y entusiasmados con la pelea, satisfechos de que sus antiguos subalternos, los sargentos que les depusieron, le hubieran dado una oportunidad de lavar con sangre la ofensa recibida. Después de aquel recorrido hicimos otros, y siempre encontramos la misma compostura, idéntica seguridad en el triunfo. De vez en cuando caía herido un tirador, y su rifle era empuñado inmediatamente por otro, y como la posición de estar echado sobre las azoteas, oteando los contornos para disparar a la mejor oportunidad, fatigaba bastante, era de ver cómo los otros compañeros trataban de convencer a los combatientes para que tomaran algún reposo, mientras ellos corrían a ocupar el puesto vacante. Y mientras nuestros veintiséis rifleros ponían a raya al ejército enemigo y le hacían refugiarse en sus atrincheramientos, más de trescientos cincuenta oficiales, sin armas que esgrimir, permanecían en los pasillos conversando alegremente, preparaban la defensa de las escaleras o ayudaban a la sanidad, dirigida por el teniente coronel Céspedes, a mover el improvisado hospital de sangre, según lo aconsejaban las balas enemigas que penetraban a granel y las granadas de los cañones de 75 mm., situados en N y 21, en la Universidad y en Calzada y M, que reventaban en habitaciones y *halls*. Y en las escaleras del este, a la altura del sexto piso, un grupo de señoras, compuesto por las esposas del coronel Sanguily, del capitán Cutilla y del teniente Tapia, asustadas, pero heroicamente serenas, elevaban sus oraciones al Todopoderoso en demanda de piedad.

Transcurrían las horas, y no cesaba un instante el fragor de la batalla; apenas si aminoró cuando caían algunos *chubascos*. Correspondió al teniente Federico Camacho el honor de ser el primero en derramar su sangre en aquella pugna en defensa de la patria ultrajada y del honor de la oficialidad. Fué herido apenas iniciado el combate, y seguidamente cayó atravesado por una bala el teniente José A. Acosta. Otra bala alcanzó también al capitán Miguel Portela, mientras enseñaba a disparar a su hijo Carlos Miguel, valiente muchacho de diez y nueve años, quien después de cerciorarse, en el puesto de socorro, de que no era grave la situación del padre, se fué rodando por el pavimento hasta empuñar de nuevo el rifle en el lugar más avanzado.

Una granada que entró por el pasillo del saliente del suroeste, en el sexto piso, explotó, saturando de gases irrespirables los contornos, y obligó a trasladar el pequeño hospital junto a la encrucijada de pasillos del saliente sureste. A este último lugar llegué en una ocasión, cargado de balines que me entretenía en recoger cuando explotaban las granadas. Allí estaba un grupo de médicos con el comandante Lora, comandante Pío Alonso, teniente Malberti, capitán Mario Gómez y teniente Hernández Coto. Me senté sobre el colchón de un herido, tendido sobre el suelo, negándome a aceptar las sillas que ocupaban y me brindaban con atenta insistencia los coroneles González del Real y Alberto de Carricarte. "No les quito su comodidad; voy a descansar sólo cinco minutos" —repliqué. A poco seguí andando, y apenas lo hice, una detonación, acompañada de una lluvia de *schrapnell*, retumbó en el *hall*, y los coroneles Carricarte y González del Real fueron gravemente heridos, sentados en las sillas que poco antes me brindaban. Pocos minutos después los dos caballerosos jefes de la Marina comentaban, impresionados, no la gravedad de sus heridas, sino el peligro en que yo estuve por la insistencia de ellos en cederme sus asientos. ¡A tanto llegaban las atenciones de aquella brillante oficialidad para conmigo!

Una bala de cañón rompió una gruesa cañería, que subía junto a un ascensor, en el octavo piso, y una cascada de agua dificultaba el servicio de los ascensores paralizando varios de ellos. Yo temía que en el momento del asalto a fondo que esperábamos se paralizaran los elevadores y quedáramos enjaulados, por lo que prefería hacer los recorridos subiendo y bajando escaleras. Preferentemente me iba al octavo piso, desde donde un grupo de tiradores disparaban echados sobre la azotea del saliente que da a la calle 23 e Infanta, dominando gran parte de los contornos al norte, sur y este del hotel. Allí estaba, cuando fué herido, al otro extremo de la azotea, el teniente Rafael Lubián, antiguo discípulo mío en la Escuela de Cadetes, y más tarde compañero en el Estado Mayor del Ejército. Como llovía la metralla sobre la azotea, uno de los tiradores, rodando por el suelo, que era la manera de comunicarse para aminorar el peligro, llegó hasta Lubián, tratando de ayudarle, pero como no pudiera, porque el herido parecía estarlo grave, salté un pequeño muro y corrí hacia él, arrastrándolo a la habitación. Esto puso de manifiesto una vez más el afecto de los oficiales hacia mí, pues trataron de impedir mi acción, horrorizados de que me pudieran alcanzar las balas. Llevé a Lubián hasta el puesto de socorros y me volví al octavo piso. Era muy sugestivo contemplar desde allí la pelea. Desde una habitación miraba a través de las persianas hacia el sur: en la casa en ruinas de 21 y N se veía una ametralladora abandonada, pero desde los huecos de ventanas salían tiros sobre el hotel, sin que se asomaran para disparar los agresores. El cañón emplazado en aquella esquina había sido retirado más lejos, a 21 y K, para evitar la efectividad del fuego de nuestros hombres. Desde detrás de los muros de las azoteas de múltiples casas vecinas partían disparos a granel de fusiles y ametralladoras. Un tanque blindado cruzaba por la Avenida 23 vomitando metralla sobre nosotros. Si evidentemente el hotel gozaba de una espléndida posición para la defensiva, también era cierto que su inmenso tamaño lo convertía en un blanco excelente para los sitiadores. Yo estaba entretenido en estas observaciones, cuando fuí visto por dos oficiales que estaban tendidos entre la habitación y el muro, y con ademanes imperativos, juzgando peligrosa mi situación, me hicieron retirar de allí. Me fuí a un *suite* que daba al Parque del Maine; desde la ventana del poniente, se veían dos barcos de guerra, uno era el *Patria,* que ensayaba lanzar sobre nosotros ráfagas de ametralladoras y algunos cañonazos, pero pronto abandonó su intento, probablemente por falta de hombres que pudieran manejar las piezas. Un aeroplano volaba sobre el hotel a gran altura. Al observar que no se veía ni un solo sitiador a lo largo del borde rocoso del patio que limita con el *Parque del Maine,* por donde se inició el asalto, me paré frente a la ventana abierta y fuí visto por un grupo de tiradores nuestros que estaban tendidos sobre la azotea baja del saliente izquierdo del norte, quienes a fuerza de señas me indicaron que me retirara.

A las doce del día emprendimos Sanguily y yo un nuevo recorrido. El coronel, no obstante estar aún en convalecencia de la operación que sufrió semanas antes, conservaba completa ecuanimidad, a pesar del peligro que estaban corriendo su esposa y sus dos hijos bajo aquel fuego incesante. Se volvió a mí y me interrogó: "¿Cómo cree usted que terminará esto?" —"Con la intervención del Cuerpo Diplomático"— repuse sin vacilación. En efecto, no era posible pensar que nosotros, con veintiséis rifles, pudiéramos hacer una salida y derrotar a un enemigo que tenía a su disposición dos o tres mil hombres y todos los recursos de la guerra moderna; por otra parte, yo dudé siempre de una eficaz ayuda de nuestros amigos de la ciudad, faltos de preparación; así fué que, aunque en los días anteriores no entraba en mis cálculos la posibilidad de que los diplomáticos intervinieran en nuestro conflicto, el sesgo que habían tomado los acontecimientos, el brutal cañoneo de un hotel situado en el centro de la urbe, sin intimar previamente su evacuación, y sin aviso previo al vecindario —en flagrante violación del derecho internacional—, me hacían creer que el Cuerpo Diplomático protestaría enérgicamente contra aquel acto e impediría que el crimen continuara consumándose.

Hasta aquel momento sólo habíamos tenido una información respecto a este asunto. Fué un aerograma que nuestra estación recibió a las ocho y media, en el que se nos decía que los diplomáticos estaban actuando. Algunos meses después, al recobrar la libertad, tuve ocasión de enterarme de lo ocurrido aquel día, en relación con las Legaciones, lo que vino a confirmar mi razonable presunción cuando contestaba a Sanguily sobre el final que esperaba en el combate. A las dos horas de comenzado el ataque, el improvisado coronel Batista, jefe de los sitiadores, impresionado por el considerable número de bajas de sus tropas, comunicó al Presidente Grau su fracaso y la imposibilidad de tomar el hotel por asalto, y en un cambio de impresiones del comando militar y las altas autoridades civiles se aceptó que la única manera de dominar a los defensores del hotel era destruyendo el edificio a cañonazos y sepultando bajo sus escombros a la oficialidad. Se dispuso entonces acumular sobre el Hotel Nacional todos los cañones de las baterías ligeras, y que se utilizaran también los de grueso calibre de una de las baterías de la Fortaleza de la Cabaña, que por su emplazamiento podía hacer fuego sobre nosotros. Se acordó, a la vez, informar de estas medidas al Cuerpo Diplomático acreditado en Cuba, para que hiciera evacuar las residencias ocupadas por extranjeros, que estuvieran inmediatas al teatro de los hechos. El señor Barnet, Subsecretario de Estado, fué comisionado para trasmitir este absurdo acuerdo al Embajador de España, Decano del Cuerpo Diplomático, señor López Ferrer, quien expresó la más firme repulsa por semejante atentado contra los derechos internacionales, pues ya el cañoneo había comenzado; a la vez, en su condición de Decano, se ofreció al Gobierno para mediar entre los combatientes. La Secretaría de Estado pidió opinión al Consultor Legal, doctor Lucas Lamadrid, quien la expresó valiente y brillantemente en la siguiente forma:

Sobre el posible bombardeo del Hotel Nacional

Conforme a las leyes, usos y costumbres de la guerra terrestre, el bombardeo del Hotel Nacional no puede justificarse por las razones siguientes:

1. Porque no es una plaza fortificada.
2. Porque no existen peligros de que el grupo de oficiales allí atrincherados puedan causar mayores bajas a las tropas que lo rodean, salvo las ventajas de la posición estratégica.
3. Porque existe la posibilidad de que con los oficiales haya mujeres refugiadas en el hotel.
4. Porque no se puede, conforme al derecho internacional, iniciar un bombardeo sin aviso previo, que ponga a salvo los no combatientes.
5. Porque, en este caso, y no corriendo mayor peligro de destrucción las tropas sitiadoras, no debe procederse al bombardeo sin antes intimar la rendición.
6. Porque tratándose de un edificio no fortificado, en medio de la población civil, el riesgo que correría ésta es inminente.
7. El bombardeo aéreo, por sus desastrosos efectos y consiguientes gravísimos peligros para la población civil, no se justifica de *ninguna manera*.
8. Aparte razones de técnica militar, el bombardeo, de cualquier clase que sea, resultaría una medida superflua, ya que se puede establecer un sitio efectivo contra los ocupantes del hotel.
9. Reforzando el sitio, puede y debe intimarse la rendición amenazando con el bombardeo, dentro de un plazo prudencial, que permitiera la mediación *ya ofrecida y aceptada,* del Cuerpo Diplomático.
10. Vencido este plazo sin resultado, podría concederse otro y otros, sin levantar por ello el sitio.
11. Todos los tratadistas, sin discrepancia, condenan el bombardeo como medida de agresión, mientras no se justifique por razones *puramente militares* que equivalgan al estado de necesidad en los civiles.
12. Existe otra razón suprema para *dilatar,* en todo caso, el bombardeo, y es la mediación *ofrecida y aceptada* ya por el Embajador de España, en su carácter de Decano del Cuerpo Diplomático.

No hacerlo así, podría interpretarse en su día, si el bombardeo se efectúa, como el más rotundo menosprecio de los principios del derecho internacional.

Atentamente, sometido al señor José A. Barnet, Subsecretario de Estado, en relación con su consulta.

Lucas Lamadrid,
Consultor.

Hubo aún algo más en este consejo de la Cancillería que estuvo a punto de producir un desenlace del combate muy distinto del que la suerte nos deparó. A las ocho de la mañana la situación de los atacantes era casi desesperada. Rechazado el asalto inicial con grandes bajas, los soldados contrarios se resistieron a otra nueva tentativa y se escurrían por las calles transversales, amparándose de los edificios, limitándose a disparar sobre el hotel a buen recaudo. Bien enterado el Gobierno de lo que ocurría, resolvió aceptar la oferta del Decano del Cuerpo Diplomático para mediar y el señor Barnet le llamó por teléfono diciéndole que el Presidente Grau aceptaba con mucho gusto su intervención y que quería que le llamara directamente a su teléfono privado, para expresarle su gratitud personalmente. Una bala —desventuradamente para nosotros— cortó el alambre del teléfono de Su Excelencia el Embajador de España [1] en los momentos en que éste se comunicaba con el Palacio Presidencial, no pudiendo restablecerse la comunicación. A las diez de la mañana, fué enviado a la residencia del Embajador el teniente Belisario Hernández, ayudante de Batista, a pedirle su mediación, en nombre del Gobierno. La residencia del Embajador, situada en la calle 13, esquina a N, estaba dentro de la zona de fuego, y ni el representante de España determinó salir para reunir al Cuerpo Diplomático ni Batista se atrevió a ir hasta allí para persuadirle, desde su cuartel general, situado a dos cuadras de distancia, en el garage de M y Calzada. El Decano de los Ministros extranjeros reclamó que se suspendiera el ataque para salir de su casa con garantías, y hubo la orden de *alto el fuego,* pero fué acatada sólo por los hombres que disparaban desde las cercanías al cuartel general. A las diez y media de la mañana, el temor de los dirigentes usurpadores se había hecho mayor, e hicieron un nuevo esfuerzo para poner el pleito en manos del Cuerpo Diplomático, enviando al Decano un automóvil blindado y al señor Alvaro R. Caldevilla, persistiendo el Embajador López Ferrer en su propósito de no moverse de su casa mientras no se suspendiera el combate. El Embajador no estuvo a la altura de las circunstancias, olvidando el deber que su cargo le imponía. ¡Cuán dis-

---

(1) Informe personal del Embajador señor López Ferrer al autor.

tinto hubiera sido el fin de la batalla si los diplomáticos extranjeros hubieran intervenido en aquellas horas!

Perdida por Grau y por Batista la esperanza de una mediación de los ministros, prevaleció el consejo de algunas personalidades que indicaron la necesidad de reconcentrar contra el Hotel Nacional todos los recursos en hombres y armamentos de que disponía el Gobierno. Se hicieron venir todos los cañones disponibles y se recabó la cooperación de tropas hasta del interior de la República, arreciando el ataque, pero sin atreverse a lanzar un nuevo asalto.

Serían las doce y media del día cuando el fuego amainó y se vió aparecer por frente a la calle 21 un grupo de hombres con la bandera de la Cruz Roja desplegada, que avanzaban lentamente; eran don Víctor G. de Mendoza, el caballeroso tesorero de aquella institución, y el señor Julio Alba, a quienes se incorporaron en seguida los señores Eladio Villa y Pedro López, miembros ambos de la Cruz Roja.

El señor Mendoza nos entregó una nota del coronel Batista, que decía textualmente:

Hemos declarado una tregua hasta el regreso del señor Víctor G. Mendoza, representante de la Cruz Roja, cuyo tiempo será de una hora, a lo sumo, a fin de que dicho señor haga las gestiones de su humanitario cargo y proponga las siguientes bases para terminar con la guerra declarada en la mañana de hoy por los habitantes del Hotel Nacional.

1º Deponer su actitud bélica inmediatamente. Salir de 5 en 5 a intervalos de diez minutos, completamente desarmados, en calidad de detenidos.

2º Que por esta parte se respetará la vida y se les darán toda clase de garantías para terminar situación tan penosa, en nombre de la República.

A las once y media de la mañana del día 2 de octubre de 1933, en el Campamento de operaciones, en la ciudad de La Habana, del Estado Mayor del Ejército.

(Firmado) FULGENCIO BATISTA,
Jefe del Ejército Nacional.

No dudó Batista en suscribir aquella misiva con la acusación de que "la guerra había sido declarada por los habitantes del Hotel Nacional". Pronto iba a ser desmentido por el propio Juez que tuvo a su cargo la causa que se formó, el doctor Morales del Castillo, que tuvo el civismo de declarar en ella que los oficiales allí reunidos habíamos sido atacados por las fuerzas del Gobierno.

Don Víctor G. de Mendoza me refirió la consternación que había en la ciudad con motivo del combate; que fué a ver a Batista encontrándolo acompañado de Antonio Guiteras, Secretario de Gobernación, en el garage de M y Calzada, en el Vedado, y que éste —Batista— acogió gustosamente su intervención.

Cuando don Víctor me preguntó por el número de muertos que hubiéramos tenido y le dije que ninguno, y sólo doce heridos, se quedó admirado, pues creían que eran muchas las bajas. Se le pidió que la tregua fuera hasta las tres de la tarde, para tener tiempo de evacuar los heridos, de que salieran las señoras y someter a votación si debíamos o no rendirnos. Se nombró una comisión para que investigara el parque que nos quedaba, y la información fué impresionante; dedujimos que economizando mucho el parque, podríamos resistir una hora más, y si nos daban otro asalto, se quemarían todos los cartuchos en quince minutos.

La votación fué lenta porque había que hacer los relevos de los combatientes, y se hizo personalmente, anotando el doctor July Sanguily los votos, que fueron a favor de la rendición.

Influyeron también en el ánimo de los oficiales las noticias recibidas por radio. Nuestro pequeño aparato, que había estado tres horas sin lograr comunicarse con otro similar del "A B C", logró comunicar a la una del día, y fuimos informados de que no debíamos esperar ayuda alguna. "¿Y qué noticias nos da del "A B C"?", —preguntó nuestro telegrafista. —"No esperen nada del "A B C"— contestó el comunicante amigo. A nosotros mismos nos tiene abandonados. Por la mañana ordenó el acuartelamiento de sus hombres, pero después dispuso que todos volvieran a sus casas".

En la habitación inmediata a la que se celebraba el plebiscito, yo estaba redactando la contestación a Batista diciéndole que estábamos dispuestos a abandonar el hotel, a condición de que quedáramos todos en libertad, se les respetaran sus armas a los oficiales, y que esto fuera bajo compromiso ante el Cuerpo Diplomático, cuando se me presentaron dos distinguidos oficiales auditores, el comandante Alfredo Bofill y el capitán José Manuel Villalón, proponiéndome que exigiéramos que del hotel fuéramos conducidos a un barco, custodiados por marinos de los barcos de guerra extranjeros surtos en puerto, pues temían que una vez desarmados fuéramos objetos de una matanza. Pero en ese momento, las tres de la tarde, el enemigo rompió nuevamente el fuego y no pude tomar en consideración la proposición que se me hacía, contestando a mis amigos que roto el fuego de nuevo, ya no cabía pensar más que en defendernos. Diríase que el comandante Bofill había presentido su trágica muerte, pues dos horas después fué muerto, a la salida del hotel.

Esta segunda parte del combate fué muy dura, porque el enemigo había aprovechado la tregua para erizar de cañones y ametralladoras los alrededores del hotel y hacía un fuego intensísimo. El primer disparo, al romper la tregua, fué sobre el capitán Miguel A. Cossío, que, confiado en ella, cometió la imprudencia de dejarse ver por una ventana, y le costó la vida. Luego una bala de cañón le destrozaba un muslo al primer teniente veterinario Abelardo Fernández Malberti, que expiró minutos después. Fueron los dos únicos muertos durante el combate. La misma bala que mató a Malberti le fracturó una pierna al valiente y culto capitán auditor René Lamar.

Intenté a las cuatro de la tarde hacer otro recorrido, pero encontré vacíos los pasillos, pues los oficiales habían descendido al sótano y todo el hotel estaba lleno de gases irrespirables por las granadas que reventaban por todas partes. El coronel Heriberto Hernández, que descendía de la azotea, me gritó desde lo alto: "Coronel Ferrer, mis oficiales se niegan a seguir disparando, ¿qué hago?" Nada se podía hacer, ni era posible exigir de aquellos hombres más sacrificio, dejándoles que reservaran las pocas balas que les quedaban para el caso de un asalto final.

Hora y media más estuvo el hotel bajo un fuego intensísimo. En el piso bajo, un grupo de oficiales instaban al coronel Sanguily para que pusiera bandera blanca, ya que se había acordado la rendición; pero el Coronel se mostraba renuente a hacerlo, hasta que uno de sus ayudantes, el capitán Miguel Cutilla, lo ordenó. El teniente Virgilio Beltrán y el teniente Ubeda fueron los ejecutores de la orden, con grave riesgo de sus vidas. El combate había terminado, pero las horas más difíciles iban a sobrevenir.

Una avalancha de soldados en desorden y fuerzas irregulares, creadas por el Gobierno, empuñando sendos revólveres, se precipitaron sobre la entrada principal; pero, por fortuna, antes que ellos entró el teniente Belisario Hernández. Sanguily y yo, rodeados de un grupo de oficiales, esperábamos en el centro del *lobby*, y al reconocer Sanguily a Hernández, antiguo subalterno suyo, le dijo que aceptando los términos de la carta de Batista, rendía el hotel; y al ver cómo se esforzaban los contrarios por entrar, le gritó: "Belisario, ordene cerrar esa puerta"; pero la muchedumbre la rompió a empujones, a los gritos de "¡A matarlos, a matarlos!, ¡aquí mismo!" La serenidad de Sanguily despertó el coraje de Belisario Hernández, que no cesaba de gritar: "¡Estos hombres se me han rendido a mí y los voy a llevar al coronel Batista; al que los toque, lo mato!" La multitud protestaba y seguía pidiendo nuestras cabezas. Fueron minutos de ansiedad trágica extraordinaria. Un parpadeo del teniente Hernández en su cálida defensa nos hubiera costado la vida; al fin, se impuso, y haciéndonos rodear de ocho o diez soldados, salimos del hotel, Sanguily, sus dos valientes hijos y yo. El teniente Virgilio Beltrán, ex-ayudante mío, quiso acompañarme, pero me acordé de que tenía tres hijos y juzgué tan difícil el momento, que le ordené que se quedara. Al salir del hotel, nos encontramos con don Víctor G. de Mendoza que llegaba, pálido y fuertemente impresionado; tomamos una máquina de alquiler que acababa de llegar con alguien, y resguardada por los ocho soldados, nos dirigimos al cuartel de Batista, situado en la calle M esquina a Calzada. Allí, en un garage subterráneo, y dentro de un automóvil blindado, estaba el jefe del Ejército, acompañado de Antonio Guiteras. Belisario Hernández habló con él, abrió la portezuela del auto y salió Batista, y sacudiendo sus mechones de pelo sobre la frente, exclamó: "¡A la Cabaña, a la Cabaña!" Sanguily repuso con energía y serenidad: —"Señor Batista, hemos recibido su carta y vengo a tratar de la rendición de los oficiales", pero el improvisado jefe revolucionario, que no se había separado de la portezuela, repitió las mismas palabras y penetró de nuevo en el auto. Conducidos por el sargento Díaz Castañeda y custodiados por los mismos soldados, partimos para La Cabaña, con la protesta constante del chofer de que por el mucho peso, se le habían reventado las gomas del auto.

Al llegar nosotros al Muelle de Caballería, se enteraron los soldados del Castillo de la Fuerza, a una cuadra de allí, y hubo un conato de insubordinación, porque quisieron apoderarse de los rifles e ir sobre nosotros. El teniente Viera logró detener a la mayor parte, y cuando algunos llegaron al muelle, ya nosotros íbamos llegando al otro lado del canal. Allí tomamos dos automóviles, yendo en el primero Sanguily, su hijo July y cuatro custodios, y en el otro llevaba yo de compañero al teniente Guillermo Sanguily. Tras de varias peripecias por el camino, por habernos encontrado con un grupo de soldados, llegamos al fin a la Jefatura de la Fortaleza de la Cabaña. Se repitió allí la violenta situación de la salida del hotel; mientras esperábamos en la pequeña escalinata al jefe del Puesto y mientras Sanguily hablaba con él, reclamando que su hijo July debía ser puesto en libertad, porque estaba en el hotel sólo para practicarle curaciones, con motivo de la operación que había sufrido días antes, iban apareciendo soldados por todas partes, y reclamaban a gritos que nos dieran muerte allí mismo. El momento culminante fué cuando el sargento Díaz Castañeda, desde la escalinata, junto a nosotros, se volvió a los soldados y les dijo: "Señores, yo recibí la orden de traerlos vivos hasta aquí; ya mi compromiso está cumplido". El capitán Tarrau ordenó que nos llevaran a la prisión. Cuando sentí cerrarse tras nosotros la reja, recibí una impresión, no de tristeza, como les ocurre a otros presos, sino de alivio, por encontrarnos allí más seguros.

Sanguily se me acercó y me dijo: —"Me parece que ya no nos matan". "Así lo creo yo —contesté— pero me inquieta la situación de los oficiales que dejamos en el Hotel Nacional".

Media hora después trajeron detenido al coronel retirado Eduardo Puyol. El estaba acompañando a mi familia, y al enterarse de que yo había sido llevado al garage-cuartel de campaña de Batista, a dos cuadras de mi casa, acudió allá a interesarse por mí, y lo detuvieron. A las siete y media de la tarde llegaron varios vehículos conduciendo gran número de oficiales, y ya éstos en el patio de la prisión, se produjo la más grave de las situaciones que habíamos afrontado. Fuera de la prisión, los soldados insubordinados pedían a gritos que nos fusilaran, y disparaban sus armas al aire, produciéndose por algunos minutos gran tiroteo y confusión extrema; un soldado llegó a montar una ametralladora apuntando para los oficiales, y el teniente Metauten, jefe de la prisión, les hizo tirarse en el suelo para evitar las balas. En ese difícil momento recibí una nota que por una hendija de la división de madera de nuestra pequeña galera me pasó el señor Wifredo Fernández, y que decía: "Dr. Ferrer, dígale a sus amigos que lo acepten todo; que no protesten de nada. Rompa en seguida este papel". Me paré frente a la reja que daba al patio e hice señales con las manos, calmando a los oficiales, particularmente al teniente Felipe Cadenas, que valiente y temerario se negaba a echarse al suelo. Metauten corría de un lugar para otro, con una ametralladora en la mano, hasta que ordenó que rápidamente metieran a todos los oficiales en *Pan y Agua;* esto era un algibe situado en el centro del patio, donde encerraban a los presos incorregibles, sometiéndolos a alimentarse sólo de pan y de agua.

Seguidamente trajeron a nuestro calabozo a los tenientes Raúl Montero y Carlos Pérez Lamar; por ellos, particularmente por éste último, nos enteramos de la horrible carnicería de oficiales que tuvo lugar después de nuestra salida del hotel. Los oficiales del ejército sitiador recogieron las armas de todos los oficiales del antiguo ejército que se habían rendido, y ordenaron su traslado, unos para el campamento de Columbia, otros para el Castillo del Príncipe, y el resto para La Cabaña. Quedarían sólo unos setenta oficiales colocados en fila, en la explanada, esperando vehículos que los transportaran, cuando de improviso fueron acometidos a tiros, que partieron de un grupo de soldados y paisanos armados que estaban junto al campo de *tennis,* y el tiroteo se generalizó en seguida. Los oficiales rendidos no tenían un sólo revólver con que defenderse, y a incitación de dos o tres oficiales contrarios, se arrojaron al suelo; allí fueron atacados con ametralladoras y rifles, y cuando cesó el ataque se levantaron consternados al contemplar a sus compañeros muertos, pero tuvieron que tirarse nuevamente en el suelo ante un nuevo ataque. Cesó por fin el fuego, y quedó la explanada cubierta de muertos y heridos.

La oscuridad de la noche envolvió la vetusta fortaleza, y mientras se iniciaban los primeros signos de una tempestad en el espacio, la tempestad de las pasiones se fué calmando, al menos en violencia, pues en la oficina contigua a nosotros discutían los nuevos oficiales apremiados por los soldados, si se debía o no darnos muerte inmediatamente.

¡Qué tristes reflexiones nos embargaron aquella noche! Hicimos un esfuerzo por devolver a Cuba la normalidad, neutralizando la anarquía entronizada con Grau y la sargentería insubordinada. Era evidente que estaban con nosotros las fuerzas vivas del país, y los partidos políticos, exceptuando los *auténticos;* Columbia lo sabía, y conocía también que la tropa, cogida de sorpresa por el movimiento audaz del 4 de septiembre, estaba indecisa, por eso prevaleció en ellos el criterio de interponer un charco de sangre entre la tropa y sus antiguos oficiales. Las unidades militares más o menos comprometidas a pasarse a nuestra causa, estuvieron esperando las unas por las otras; de habérsenos pasado una sola compañía, la hubiera seguido medio ejército. El "A B C", que días antes nos negó doscientos rifles, pretextando que los dos mil con que contaba los necesitaba para sus afiliados en el momento oportuno, no dió señales de vida. Los jefes de los partidos políticos que yo visité tres semanas antes y me ofrecieron su apoyo decidido, se quedaron en sus casas; ni ellos ni personalidad alguna, que yo sepa, actuaron ante el Presidente y el Jefe del Ejército en el transcurso de las once horas que duró el ataque, para impedir que continuara aquella flagrante violación de los derechos internacionales; y el Cuerpo Diplomático extranjero, cuya mediación habían pedido Grau y Batista desde las ocho y media de la mañana, no aprovechó la tregua para intervenir, porque el Embajador López Ferrer no supo cumplir con su deber.

Todo se conjuró para que se perpetrara nuestra derrota aplastante y se entronizara el caos, eclipsándose la civilidad.

www.ingramcontent.com/pod-product-compliance
Lightning Source LLC
Chambersburg PA
CBHW022210090526
44584CB00012BA/365